Eckart Lohse
Markus Wehner
GUTTENBERG

Eckart Lohse
Markus Wehner

GUTTENBERG

Biographie

Droemer

Für Andrea und Christiane,
für Fanny, Juliane, Jasper, Theodor und Martha

Besuchen Sie uns im Internet:
www.droemer.de

Copyright © 2011 by Droemer Verlag
Ein Unternehmen der Droemerschen Verlagsanstalt
Th. Knaur Nachf. GmbH & Co. KG, München.
Alle Rechte vorbehalten. Das Werk darf – auch teilweise – nur mit
Genehmigung des Verlags wiedergegeben werden.
Satz: Adobe InDesign im Verlag
Druck und Bindung: CPI – Ebner & Spiegel, Ulm
Printed in Germany
ISBN 978-3-426-27554-2

2 4 5 3 1

INHALT

EINLEITUNG:
DEUTSCHLAND FINDET DEN SUPERSTAR 7

1
DIE GUTTENBERGS 31
Das Erbe: Adel, Politik, Widerstand 33
Väter und Mütter 78
Der junge Guttenberg 112

2
AUFSTIEG 141
In der CSU 143
Plötzlich Wirtschaftsminister........................ 171

3
EIN BILD VON EINEM MANN:
GUTTENBERG UND DIE ÖFFENTLICHKEIT 185

4
EIN BILD VON EINER FRAU:
STEPHANIE ZU GUTTENBERG 205

5
KRIEGSMINISTER................................... 241
Kriegsähnliche Zustände 243
Ein Mann räumt auf................................ 259
Das Ende der Wehrpflicht 299

SCHLUSS:
WARUM GUTTENBERG? 349

Dank 367
Anmerkungen 369
Bildnachweis 378
Namensregister 379

EINLEITUNG:
DEUTSCHLAND FINDET
DEN SUPERSTAR

Am 2. Oktober 2010 dröhnen in der Berliner Parteizentrale der CDU die Glocken.

Alarm?

Es sind die Glocken der Hölle.

Halleluja!

Während im Rest Deutschlands an dessen Wiedervereinigung erinnert wird, die sich am Tag darauf zum 20. Mal jährt, während viele Helmut Kohl lauschen oder Angela Merkel zuhören, schlägt im Konrad-Adenauer-Haus die Zukunft an die Tore. Aus den Lautsprechern schrillt »Hell's Bells« der australischen Hardrock-Band AC/DC. Seit dem Frühjahr 2009 weiß jeder politisch Interessierte, was es bedeutet, wenn auf einer Veranstaltung von CSU oder CDU diese Musik gespielt wird.

Karl-Theodor zu Guttenberg tritt auf.

Unter dem hämmernden Rhythmus teilt sich die Schar der vielleicht 200 von der Jungen Union geladenen Gäste wie einst das Rote Meer beim Auszug Mose aus Ägypten, und hindurch schreitet der Bundesminister der Verteidigung. Philipp Mißfelder, der Vorsitzende der Jungen Union, ist an seiner Seite und freut sich über den Coup. Nicht Helmut Kohl, nicht Angela Merkel, sondern Deutschlands Top-Promi hat er an Land gezogen. Zusätzlich zu den Deutschlandfahnen, die die jungen Gäste schwenken, sind einige blaue Pappschilder mit den Lettern KT zu sehen, den Initialen des Vornamens von Guttenberg.

Mißfelder begrüßt den Gast. Begrüßt ihn jedoch nicht als Verteidigungsminister, sondern als Ausdruck der Hoffnung, dass konservative Werte in der Union künftig wieder stärker vertreten würden. Und das mitten im Haus der gerade von den Konservativen in der Union so gescholtenen CDU-Vorsitzenden Merkel. Guttenberg weiß, dass sein Auftritt Fragen aufwirft. Warum steht er hier, ein Mann, der am Tag des Mauerfalls 17 Jahre alt war und kaum gewichtige Erinnerungen präsentieren kann? Warum er als CSU-Mann in der CDU-Zentrale, noch dazu in Abwesenheit der Vorsitzenden? Will er die Aufmerksamkeit, die der 20. Jahrestag der Einheit mit sich bringt, nutzen, um sich in den Vordergrund zu spielen? Will er seine Beliebtheit, die in der CDU ohnehin längst ähnliche Ausmaße hat wie in seiner eigenen Partei, weiter steigern?

Guttenberg kennt diese Fragen. Wie es seine Art ist, greift er sie gleich zu Beginn auf. Er sei gewarnt worden, hier zu sprechen. Der Ort, der Tag, das Thema seien falsch. Aber: »Alle Verschwörungstheoretiker sind bisher im Praxistest durchgefallen.« Und an die Journalisten im Saal: Da jetzt wieder alle mitschrieben, wie oft er Kanzlerin Merkel und den CSU-Vorsitzenden Seehofer erwähne, werde er das gleich zu Beginn tun. Es folgt eine höfliche Nennung der beiden Parteivorsitzenden. »Das war die Erwähnung.« Nun würden die Namen im Rest der Rede »nicht mehr inflationär« vorkommen. Das ist weit untertrieben. Sie kommen so gut wie gar nicht mehr vor in der folgenden knappen Stunde. Am Ende wird Guttenberg den Namen der Brauerei Löwenbräu, die die anschließende Einheits-Party sponsert, häufiger genannt haben als die seiner Chefin in der Regierung und seines Chefs in der Partei.

Seit Guttenberg angekündigt hat, er werde die Wehrpflicht aussetzen, hält er überwiegend Reden zu diesem Gegenstand. Oder er beginnt mit einem anderen Thema, schwenkt dann aber schnell auf die Bundeswehrreform um. An diesem Samstag hat er sich vorgenommen zu zeigen, dass sein Spektrum breiter ist. Passend zum Jahrestag geht es mit der deutschen Einheit los. Die Begriffe »Ossi« und »Wessi« seien überholt und würden nur noch mit einem humorvollen Augenzwinkern benutzt. Wenn einer heute noch von »Anschluss« statt von »Wiedervereinigung« spreche, so fehle ihm, Guttenberg, jedes Verständnis dafür. Als Beleg für die Erfolge des Ostens erwähnt er den hohen Bildungsstandard in Sachsen. Dieses lasse etwa Rheinland-Pfalz links liegen.

Das Beispiel nutzt er als Sprungbrett, um von der bedeutungsschweren Betrachtung der deutschen Geschichte mit einem Hopser zur Polemik zu wechseln. Angesichts der Regierung in Mainz seien die Ergebnisse der Bildungspolitik ja auch kein Wunder. Mit Blick auf den sozialdemokratischen Regierungschef Beck sagt Guttenberg, es gebe neben Fidel Castro keinen Bartträger, der ihn so ermüde wie Kurt Beck. Diese – zumindest partielle – Gleichsetzung eines Diktators und eines deutschen Ministerpräsidenten hebt er postwendend wieder auf, indem er erklärt, er habe keinen Vergleich zwischen Beck und Castro angestellt. Guttenberg tut so, als könne er definieren, was ein Vergleich sei und was nicht. So wie er zu Beginn der Rede behauptet hat, sein Auftritt habe mit einer Verschwörung gegen Merkel oder Seehofer nichts zu tun.

Vielleicht hat er damit sogar recht. Denn was sich am Nachmittag jenes 2. Oktober 2010 in der Berliner CDU-Zentrale abspielt, ist keine heimliche Verschwörung. Es ist ein offener Angriff: »Was wir uns heute im politischen Geschäft wünschen, ist etwas mehr Leidenschaft.« Guttenberg fordert »Bekenntnisse« zur politischen »Gestaltung auf der Grundlage eines christlichen Selbstverständnisses«.

Er schwitzt. Er kämpft.

Das ist keine seiner routinierten Reden zur Bundeswehrreform mit ein paar Späßchen fürs Publikum. Dann fährt er die ganz große Kanone auf. Zum 20. Jahrestag der Einheit macht er Adenauer und Kohl zu seinen Kronzeugen, ohne die nach dem Mauerfall so machtvoll gewordene Angela Merkel auch nur zu erwähnen. »Konrad Adenauer und Helmut Kohl stehen dafür, dass man sich zu etwas bekennt.« Von ihnen könne man die Leidenschaft lernen, die Politik brauche. War der Beifall bislang schon stark, so gibt es jetzt Versuche, ihn rhythmisch werden zu lassen.

Als wolle er zeigen, welche Palette von politischen Themen

er bereithält, folgt ein Ausflug zum Thema Rente. Er warnt
vor einer Politik, die nur auf Wahlerfolge blicke: Die »Leute
draußen haben die Schnauze voll davon«, wenn man sich nur
in Versprechensspiralen von Wahltag zu Wahltag drehe, donnert er. Kaum ein Satz, ohne dass er ausladend mit den Armen
gestikuliert, auf den Füßen wippt, den Oberkörper vor und
zurück pendelt oder ruckartig den Kopf zur Seite dreht.

Guttenberg lebt, Guttenberg bebt. »Wer in die Politik geht,
der will gestalten. Wer gestalten will, der braucht die Fähigkeit zur Führung. Führung heißt, unbequeme Wahrheiten
vorgeben, auch mal eine Richtung vorgeben.«

Erst wenige Tage zuvor hatte der Merkel-Vertraute und
Vorsitzende der Unionsfraktion im Bundestag, Volker Kauder von der CDU, mit leichter Bewunderung in der Stimme
gesagt, Guttenbergs Umgang mit der Bundeswehrreform sei
ein »klassischer Fall von Führung in der Demokratie«. Ist es
aber nicht genau das, was in der Union auf immer mehr Un-
zufriedenheit stößt: dass es Angela Merkel an Leidenschaft,
am Willen zur Gestaltung und schließlich zur Führung fehlt?
Dass sie mit ihrer Handvoll Vertrauter nur noch darauf achtet, ihre Politik auf den nächsten Wahltag auszurichten?

Guttenberg muss den Namen Merkel gar nicht erwähnen,
es geht unausgesprochen ständig um die Kanzlerin. Er fordert
nun schon fast aggressiv eine Politik, die sich nicht nur danach
ausrichtet, wohin gerade die vermeintliche Mehrheitsmeinung
wabere, sondern die selbst Maßstäbe setze. Es gebe »nichts
Grauenvolleres« als die Worte, man müsse die Menschen
»mitnehmen«. Es spielt Guttenberg in die Hände, dass just an
jenem Samstag der niederländische Rechtspopulist und Islam-
kritiker Geert Wilders in Berlin eine Rede hält. Guttenberg
warnt davor, dass »irgendwann die Stunde der Rechtspopulis-
ten« schlage. Die Botschaft, die mitschwingt, könnte eindeutiger nicht sein: Wenn die Volksparteien in Deutschland nicht
bald wieder zu einer klaren, an Werten und Bedürfnissen der
Menschen statt an Meinungsumfragen über das Wahlverhal-
ten ausgerichteten Politik kommen, dann hat auch hier ein

Populist eine Chance. Seine knapp einstündige Rede in der CDU-Parteizentrale darf als Bewerbung verstanden werden, für eine solche Politik die Führung zu übernehmen.

Nein, eine Verschwörung ist das wirklich nicht. Alles geschieht auf offener Bühne.

Als kleinen Test darauf, wie sehr er als Feldherr taugt, kommt Guttenberg zum Schluss noch auf Afghanistan zu sprechen. Er könne beurteilen, was es heißt, dort die Augen zu verschließen. Wer kann damit gemeint sein, außer der Regierung Merkel, die den Einsatz seit fünf Jahren verantwortet und sich lange so schwer tat mit klaren Worten? »Es war bitter geboten, endlich dort von Krieg zu sprechen!«, donnert Guttenberg den jungen Leuten entgegen, und der Applaus donnert zurück. Die von ihm selbst vor einem knappen Jahr geprägte rhetorische Zwischenlösung »kriegsähnliche Zustände« ist schon Geschichte. Das Wort Krieg geht ihm inzwischen selbstverständlich über die Lippen. Und auch sein Fotoshooting an der vordersten Front in Afghanistan, wo er sich einige Wochen zuvor im Kampfdress mit Sonnenbrille filmreif ablichten ließ, verkauft er dem Publikum geradezu als Pflichtübung: »Es gehört sich für einen Minister«, sagt dieser, an die Front zu gehen, um Sachen zu erleben, »die man an seinem Schreibtisch nicht erlebt«. Riesenjubel. Der Parteijugend gefällt der Minister in der Pose des Feldherrn.

Vorbei an der Kanzlerin

Als er diese Rede hält, ist Guttenberg gerade 20 Monate Bundesminister. In dieser Zeit hat er das Ressort bereits einmal gewechselt, wurde vom Wirtschafts- zum Verteidigungsminister, hat als solcher die beiden höchsten Mitarbeiter seines Hauses mit einem Riesenknall vor die Tür gesetzt, dabei als Kollateralschaden den Bundesarbeitsminister in den politischen Abgrund gestoßen, anschließend einen Untersuchungsausschuss des Bundestages ausgelöst, den er allerdings schon bald als eine harmlose Episode seines jungen Lebens abhaken kann. Suchen andere Neulinge im Ministeramt zunächst nach Orientierung und Themen für einen ersten kleinen inhaltlichen Vorstoß, so lässt Guttenberg die Kanzlerin wissen, er gedenke, die Wehrpflicht abzuschaffen. Ein halbes Jahr später ist auch dieser Tagesordnungspunkt politisch durchgesetzt. Dass es ihm in dieser Zeit gelungen ist, nicht nur den Außenminister in allen Beliebtheitsumfragen hinter sich zu lassen, sondern sogar die Bundeskanzlerin, ist im Oktober 2010 nach Guttenberg'schen Maßstäben schon derart lange her, dass die wiederkehrende Bestätigung durch die Umfrageinstitute fast langweilt.

Wann und wie hat dieses politische Hochgeschwindigkeitsrennen angefangen?

Im Februar 2009 ist Guttenberg gerade seit drei Monaten Generalsekretär seiner Partei. Als solcher ist er in Deutschland so bekannt, wie es Generalsekretäre der CSU nach 100 Tagen nun mal sind. In Bayern und natürlich in der CSU kennt man ihn. In Berlin nimmt ihn ein kleiner Kreis außenpolitisch Interessierter wahr, denn Guttenberg ist seit 2002 als Bundestagsabgeordneter in der internationalen Politik unterwegs.

Für die breite Öffentlichkeit in Deutschland ist der Enddreißiger ein unbeschriebenes Blatt. Dass er einem jahrhundertealten Adelsgeschlecht entstammt, das verwandtschaftliche Verbindungen zur Familie Stauffenberg hat, selbst im Widerstand gegen Hitler aktiv war, schon in den sechziger Jahren einen Parlamentarischen Staatssekretär im Bundeskanzleramt in seinen Reihen hatte und zudem ein Schloss in der Nähe der oberfränkischen Stadt Kulmbach besitzt – all das ist weitgehend unbekannt. Die Vorstellung, dass dieser Mann schon bald ein Millionenpublikum vor die Fernseher ziehen würde, wenn er in Talkshows auftritt, dass seine Frau wenig später ähnlich populär wie der Gatte sein wird, potenzielle Kinderschänder mit Hilfe von RTL II vor laufender Kamera jagt, bei Günther Jauch mit einem Glas Bier in der Hand der Frage »Wer wird Millionär …?« nachgeht, obwohl die in ihrem Falle angesichts des Familienvermögens längst beantwortet ist, all das ahnt im Februar 2009 kein Mensch.

Denn Guttenbergs Name wird zwar genannt, wenn über den Nachwuchs der Union gesprochen wird. Doch sind die Dinge in der CSU in jenen Monaten derart in Bewegung, dass ein Aufstieg zum Generalsekretär nicht als zwingender Schritt nach ganz oben gewertet werden kann. Guttenberg ist schließlich Parteimanager von Gnaden des Vorsitzenden Horst Seehofer, und ob der eine große Zeit an der Spitze der CSU vor sich hat, ist zu Beginn des Jahres 2009 völlig ungewiss. Viele wetten auf das Gegenteil. Bis zum Februar 2009 hätte es auch sein können, dass Guttenberg eine Episode in der CSU-Geschichte bleibt, dass er in der so bewegten Nach-Stoiber-Phase nach oben gespült und von einem der innerparteilichen Strudel wieder nach unten gerissen wird. Verschwunden für lange oder gar ewig, ein junges Talent, das den Unbilden seiner Zeit zum Opfer gefallen ist. Ausgerechnet Seehofer wird mit der Benennung Guttenbergs als Wirtschaftsminister dafür sorgen, dass es anders kommt. Er drückt den Knopf an jenem Karrierekatapult, das Guttenberg in den deutschen Politikhimmel schießen wird. Geplant hat er das so nicht.

Es gibt ein Kinderspiel für Geburtstagsfeiern, das Schokoladenwettessen heißt. Die Kinder am Tisch würfeln reihum, und wer eine Sechs wirft, darf so viel Schokolade essen, wie er kann, bevor der Nächste eine Sechs hat. Seit zwei Jahren kriegt der kleine Karl-Theodor die ganze Schokolade, und die anderen werfen partout keine Sechs. Guttenberg startet ins neue Amt, als die Wirtschaftskrise, die auf das Erdbeben an den Finanzmärkten folgt, Deutschland überzieht. Ohne jeden Vorlauf und ausgestattet mit nur etwas Erfahrung aus dem Familienunternehmen muss der bisherige Außenpolitiker Position beziehen zu der Frage, ob der Autobauer Opel mit den Geldern des deutschen Steuerzahlers gerettet werden soll oder nicht. Im Gegensatz zur Kanzlerin, dem Finanzminister und weiten Teilen des politischen Establishments sagt er nein. Damit trifft er den Nerv der Bevölkerung. Es ist sein erster und auf Anhieb geglückter Versuch mit der Methode, die ihm später noch so viel Ansehen eintragen soll und die heißt: Endlich sagt es mal jemand! Ein Großteil der Menschen in Deutschland will anscheinend nicht, dass die Politik Staatsgeld für Opel ausgibt.

Bis zum 10. Februar 2009 ist die deutsche Politik- und Umfragewelt noch in Ordnung. Über die Jahre und Jahrzehnte waren die Bundeskanzler beliebt, die Außenminister erst recht, da sie selten etwas tun mussten, womit sie sich unbeliebt machten, die Verteidigungsminister genossen dagegen einen mittelmäßigen Ruf beim Volk. Jedenfalls konnten sie Kanzler und Außenminister nicht überflügeln. Auch Wirtschaftsminister gehörten nicht in die Spitzenkategorien der Beliebtheitsumfragen. Das galt auch für den CSU-Mann Michael Glos, Guttenbergs Amtsvorgänger im Wirtschaftsressort. Dem über Jahrzehnte erfahrenen und erfolgreichen Parlamentarier wollte das Ministeramt am Ende seiner politischen Karriere partout keinen Ruhm eintragen.

Dann wird alles anders. Gerade mal ein Vierteljahr nach seinem Amtsantritt, im Mai 2009, ist Guttenberg in den Beliebtheitsumfragen auf Platz zwei hinter der Bundeskanzlerin gelandet.[1] Und das nur wenige Monate bevor Angela Merkel sich beim Wähler um eine zweite Amtszeit bewerben wird und somit besonders viel Aufmerksamkeit genießt. Auch der SPD muss die Sache zu denken geben, denn der CSU-Minister steht in den Umfragewerten sogar vor ihrem Kanzlerkandidaten Frank-Walter Steinmeier. Ende Juli 2009 ist es dann so weit: Die Forschungsgruppe Wahlen meldet, dass Guttenberg in der Beliebtheitsumfrage erstmals vor Merkel liegt. Erst mit deutlichem Abstand auf die Kanzlerin folgen die Sozialdemokraten Peer Steinbrück und Steinmeier. Guttenbergs Parteichef Seehofer findet sich auf Platz acht und damit noch hinter dem FDP-Vorsitzenden Westerwelle.[2]

Die CDU jubelt

In der Union können viele ihr Glück gar nicht fassen. In einer Phase, da die CDU an Zustimmung einbüßt und die CSU immer noch in einer der tiefsten Krisen ihrer Geschichte steckt, kommt einer daher, der die Leute zum Jubeln bringt, die Hallen und die Festzelte füllt. Es ist die Zeit, da der Wahlkampf vorbereitet wird. Wer wird plakatiert? Wer tritt wo auf? Wer bekommt welchen Prominenten für seinen Wahlkreis?

Es ist schnell erkennbar, dass es ein großes Interesse in der CDU gibt, sich den Bundeswirtschaftsminister von der Schwesterpartei »auszuleihen«. Von Guttenberg erhoffen sie sich alle etwas. Sein Konterfei wird auch außerhalb Bayerns großzügig plakatiert. Zwar stimmt die Behauptung nicht, die CDU plakatiere erstmals seit den Kanzlerkandidaturen von Franz Josef Strauß und Edmund Stoiber wieder einen CSU-Politiker in ihren Breitengraden. Es wurden immer wieder auch CSU-Minister auf die Plakatwände geklebt. Aber eine solche optische Präsenz wie Guttenberg hatte in der Tat noch kein CSU-Bundesminister in den Wahlkreisen der Schwesterpartei.

Diejenigen der CDU-Kandidaten für den Bundestag, die es schaffen, nicht nur Plakate Guttenbergs zu bekommen, sondern ihn leibhaftig begrüßen zu können, sind überglücklich. Es ist der 30. Juli 2009, der CDU-Bundestagsabgeordnete Jochen-Konrad Fromme ist einer der Auserwählten. Mitten in der Woche sind seiner Einladung Hunderte Anhänger gefolgt, die Lindenhalle in Wolfenbüttel ist am helllichten Tag randvoll, denn angekündigt ist Karl-Theodor zu Guttenberg. »Ich bin dankbar, dass du heute in diese Stadt gekommen bist«, begrüßt Fromme den Minister. Jetzt habe Wirtschaftspolitik in der Union »wieder ein Gesicht: Karl-Theodor zu Guttenberg«. Das ist weder für Guttenbergs Vorgänger Glos noch für die Wirtschaftspolitiker der CDU schmeichelhaft. Wer wolle, so fährt Fromme fort, dass »solche Leute wie Karl-Theodor zu Guttenberg« weiterregierten, der müsse die Union wählen.

Eine bemerkenswerte Botschaft: Wegen der CSU muss die
CDU gewählt werden.

Guttenbergs Auftritte enthalten in dieser frühen Phase seiner Superpopularität schon alle Elemente, die man später oft
erleben wird. Er eilt durch die Halle nach vorne, besteigt und
verlässt die Bühne springend, macht Scherze über das Trinken
von Bier während seiner Reden. Auch rhetorisch ist der Mann
im Wahlkampf 2009 nach nur wenigen Monaten als Wirtschaftsminister schon eine weitgehend komplette, fertige Erscheinung, als habe er sich über Jahre darauf vorbereitet und
gewartet, dass endlich der Startschuss für die große Guttenberg-Show falle. Sein Lieblingswort ist Demut. In dieses Thema führt er in Wolfenbüttel mit einem Auftakt ein, den er oft
wiederholen wird. Der vielbeschäftigte Star ist zwar nur einen
kleinen Moment später als angekündigt in der mit vielleicht
500 Menschen voll besetzten Halle. Dennoch bittet er um
Nachsicht dafür, dass er zu spät sei. Das ist ein Hinweis auf
sein Verständnis von Erziehung und Benehmen, zu dem es
nun mal gehört, stets exakt pünktlich zu sein. Es folgt ein kleiner Witz, mit dem er auf die sozialdemokratische Gesund-
heitsministerin Ulla Schmidt zielt, die in jenen Tagen für Aufsehen sorgt, weil sie ihren Dienstwagen nebst Fahrer mit in
den Spanienurlaub genommen hat, wo ihr das Auto gestohlen
wurde. Er sei nicht verspätet, weil er seinen Dienstwagen
nicht gefunden habe – erste Heiterkeit im Saal –, sondern weil
er in Baden-Württemberg einen Mittelständler besucht habe.
In wenigen Minuten ist schon alles für einen gelungenen Auftakt getan: leichte Verbeugung vorm Publikum, Ohrfeige für
den politischen Gegner, Arbeitsnachweis als Wirtschaftsminister. Der Saal gehört ihm.

Ein gutes Wort des jungen Ministers über den nicht mehr
ganz jungen Bundestagsabgeordneten Fromme rundet die Sache ab: Da breche auch dem Jüngeren »kein Zacken aus der
wohlpolierten Krone«, wenn er den Älteren lobe. Die Sorge,
dass ihm seine aristokratische Herkunft irgendwann auf die
Füße fallen könnte, bewegt Guttenberg von Anfang an.

Schließlich sind viele Mitglieder der Union ähnlich stolz wie die Genossen von der SPD darauf, sich aus einfachen Verhältnissen nach oben gekämpft zu haben. Guttenberg will nicht als reich geborener Schnösel dastehen, der nur aus Langeweile mal ein bisschen politisiert. Vor den Menschen in Wolfenbüttel erklärt er, was er unter Demut versteht, und fügt hinzu, dieser Begriff werde nicht immer mit den Guttenbergs in Verbindung gebracht. Das sagt mehr über sein eigenes Empfinden aus als über tatsächliche Bedenken seines Publikums. Denn die meisten im Saal dürften den Namen Guttenberg noch nicht lange kennen und gar nicht die Gelegenheit gehabt haben, die Familie für nicht demütig oder gar für hochmütig zu halten.

Bevor der Wirtschaftsminister auf sein Thema zu sprechen kommt, geht es weiter um seine Person. Rankings von Politikern seien nur »Momentaufnahmen, Wimpernschläge«, versucht er sich in Bescheidenheit. Ein Politiker solle sein Handeln nicht danach ausrichten, ob er in irgendwelchen Popularitätskurven oben auftauche. Es gelte, die Arbeit zu machen und nicht nach der nächsten Stufe auf der Karriereleiter zu schauen, man dürfe sich nicht immer nur im Lichte der Sonne sehen, dürfe beim persönlichen Fortkommen nicht nur an den kommenden Wahltag denken und so weiter, und so weiter. Zehn Minuten spricht Guttenberg nur über Guttenberg, versucht, sich nach unten zu schrauben vor einem Publikum, das offenbar nur eines will: dass er oben bleibt und noch höher aufsteigt.

Beliebtheit ist noch keine Macht

Jemand, der zwischen 2002 und 2009 in der CSU nach oben kommt und politische Erfahrungen sammelt, wie es Guttenberg tut, weiß, wie vergänglich die Macht ist. Er hat erlebt, wie Edmund Stoiber um Haaresbreite als erster CSU-Politiker Kanzler der Bundesrepublik Deutschland geworden wäre, wie er wenig später die Sensation vollbrachte, für die CSU die Zweidrittelmehrheit im Bayerischen Landtag zu erkämpfen, wie er anschließend den Zug nach Berlin verpasste, seinen Parteifreunden damit die politische Zukunft vermasselte, von ihnen gejagt, gehetzt und schließlich zur Strecke gebracht wurde. Das alles in wenigen Jahren. Guttenberg weiß zudem, dass Stoiber echte Macht besaß, erkämpft im Laufe vieler Jahre und Jahrzehnte, verbunden mit Niederlagen und neuen Anläufen – so, wie nachhaltige Macht nun mal entsteht. Und er ist sich in jenen Jahren 2009 und 2010, als sein Aufstieg an die Spitze stattfindet, bewusst, dass er zwar beliebt, aber noch nicht mächtig ist.

Auf seinem Weg nach oben hat Guttenberg nicht über die Jahre ein belastbares Netz aus politischen Freunden oder Abhängigen geknüpft. Er braucht das zunächst ja nicht, ihm fallen schließlich alle Ämter in den Schoß. Er muss sie nur annehmen und ausfüllen, so gut das geht. Trotzdem lässt er in kurzer Zeit so viele Konkurrenten hinter sich, dass, wenn schon keine Feindschaften, so doch Neid entstehen muss. Immer ist er der Überraschungskandidat: 2002, als er sein Bundestagsmandat erobert, 2007, als er Bezirksvorsitzender der CSU wird, 2008 als Generalsekretär und dann 2009 als Wirtschaftsminister. Nur der Wechsel ins Verteidigungsministerium ist nicht mehr überraschend. Immer bedeutet so etwas zugleich, dass die Anwartschaft eines anderen auf ein Amt, häufig über Jahre aufgebaut, übergangen wird.

Alles in allem befindet sich Karl-Theodor zu Guttenberg also seit dem Jahr 2009 in einer instabilen und politisch gefährlichen Situation. Im Grunde hat er nur einen wirklich starken Verbündeten: seine Beliebtheit in der Bevölkerung. Aber auf die kann man sich dauerhaft nicht verlassen. Was so schnell kommt wie die Superwerte für den jungen Minister, kann ebenso rasch wieder verschwinden. Das gilt zwar für andere Politiker auch, aber wer über Jahrzehnte ein tragfähiges Netz aus persönlichen Beziehungen geknüpft hat, kann gelegentliche Durchhänger in den Beliebtheitswerten leichter überstehen. Vor diesem Hintergrund sind Guttenbergs Beteuerungen der eigenen Demut und seine Behauptung, er wisse um die relative Bedeutung von Umfragen, nicht nur eitles Gerede.

Je mehr Guttenberg allerdings merkt, dass es sich bei seiner Beliebtheit nicht um eine politische Eintagsfliege handelt, sondern sie auch schwierige Phasen wie die Kundus-Affäre und den Beginn der Wehrpflichtdebatte übersteht, desto selbstbewusster wird er. Schon früh wird er nach den Gründen für seine Popularität gefragt. Im August 2009, er ist gerade ein halbes Jahr Minister, will die »Bunte« von ihm wissen, ob er auch über Wasser laufen könne. Guttenberg nimmt die Frage ernst, antwortet, dass er »mit dem ersten Schritt erbärmlich baden« gehen würde. Natürlich sagt er, dass er sich seine Beliebtheit selbst nicht erklären könne, um im folgenden Satz seine eigenen Vorzüge noch einmal aufzuzählen: »Ich versuche mich einfach nur so zu verhalten, wie ich bin, und mir das zu bewahren, was ich immer schon hatte. Ein hohes Maß an Geradlinigkeit und Berechenbarkeit, damit gelegentlich auch Unbequemlichkeit.«

Dass ihn nicht immer nur die Demut leitet, zeigen auch andere Stellungnahmen, etwa wenn er danach gefragt wird, wie man es lerne, so druckreif zu reden, wie er es tue. Guttenberg schafft es, in einem Satz gleich zweimal sein Lieblingswort »Herz« in unterschiedlichen Wendungen unterzubringen: »Indem man aus seinem Herzen keine Mördergrube macht und im Zweifel das Herz sprechen lässt.« Als dann der Vergleich mit dem amerikanischen Präsidenten Barack Obama fällt, weist Guttenberg ihn nicht etwa zurück, weil er sich mit dem amerikanischen Präsidenten nicht auf eine Stufe stellen möchte, sondern nennt einen politischen Unterschied: »Obama ist dem linksliberalen Spektrum zuzuordnen, ich würde mich als modern-konservativen Kopf bezeichnen.« Zudem sei der amerikanische Politikbetrieb mit dem deutschen nicht ansatzweise zu vergleichen.[3]

Nicht zu vergleichen? Guttenbergs Auftritte und Inszenie-

rungen scheinen zu einem Gutteil der amerikanischen Poli-
tikvermarktung entlehnt. Als Schüler, junger Berufstätiger
und Bundestagsabgeordneter war er so oft in den Vereinigten
Staaten unterwegs, dass er eine genaue Vorstellung davon bekommen hat, wie ein moderner Politikerauftritt im Medien-
und Unterhaltungszeitalter in Amerika funktioniert. Die zar-
ten Nachahmungsversuche durch die Parteien in Deutschland,
die seit ein paar Jahren auch Musik spielen, wenn ihre Mata-
doren die Parteitagshalle betreten, wirken dagegen halbher-
zig, ja ängstlich. Guttenberg huldigt der Devise, dass nur das
große Kaliber durchschlägt. Für ihn wird der Fleetwood-
Mac-Song »Don't stop« schon gespielt, wenn er an einem
Samstagmorgen in einer Stadthalle zu einer kleineren Konferenz erscheint. Und das war immerhin die Hymne in Bill
Clintons Wahlkampf, aus dem jener als amerikanischer Präsident hervorging. Nein, klein, verzagt und allzu bürgerlich-
deutsch geht es nicht zu beim Freiherrn zu Guttenberg.

Schon bald nach dem Beginn des großen Aufhebens um
seine Person ist nicht mehr exakt zu unterscheiden, wie viel
davon der Sehnsucht des durch große Koalition, Merkel und
Steinmeier gelangweilten Publikums geschuldet ist und wie
viel die aktive Inszenierung durch den Hauptdarsteller bei-
trägt. Wie meistens im Leben ist es eine Mischung. Deren
nicht sehr geheimes Rezept heißt: Guttenberg und seine Truppe, zu der von Anfang an seine Frau gehört, zielen auf ein
Publikum, das Politiker in erster Linie über Fernseh-Talk-
shows, Hochglanzzeitschriften oder höchstens noch Boulevardzeitungen wahrnimmt. Dass diese Methode in den Kom-
mentarspalten der seriösen Zeitungen auch auf Kritik stößt,
nimmt Guttenberg in Kauf.

Doch wie ist das eigentlich mit der Inszenierung des fränkischen Shootingstars? Treibt er es wirklich für einen Politiker
zu toll? Will ihm jemand vorwerfen, dass er in einer Wahl-
kampfhalle oder einem bayerischen Festzelt gut ankommt?
Das versuchen die anderen schließlich auch alle, die meisten
kriegen es nur nicht so gut hin. Eine hohe Dosis an Talkshow-

Auftritten Guttenbergs ist nicht zu bestreiten, und wenn sie – wie im Dezember 2010 – mit Johannes B. Kerner in Afghanistan bei einem Truppenbesuch stattfinden, dann ist die Frage erlaubt, wie wichtig dem Minister bei einem solchen Besuch die sicherheitspolitischen Inhalte sind und ob es nicht vielmehr um die Showeinlage geht.

Doch seine Inszenierungen sind weitestgehend auf die Politik beschränkt. Die Kinder? Das Schloss? Sportliche Aktivitäten oder andere Freizeitvergnügungen? Es gibt kaum Home-Storys, bloß einen größeren Film im öffentlich-rechtlichen Fernsehen über die Familie samt Schloss in Guttenberg, aber inflationär ist das nicht.

Andere Politiker haben in dieser Hinsicht lange vor Guttenberg ganz anders hingelangt. Joschka Fischer, der prominenteste aller Grünen-Politiker, schrieb ein Buch über sein innerstes Befinden, über das Joggen, seinen »langen Lauf« zu sich selbst. Zeitweise lockte er mit seinen sportlichen Betätigungen mindestens so viele Kameras an wie mit seinen politischen Auftritten. Gerhard Schröder posierte in modischen Anzügen eines italienischen Edelschneiders und inszenierte sich als Zigarrenraucher. Guido Westerwelle zog in den RTL-Container bei »Big Brother« ein. Alles das hatte nicht das Geringste mit Politik zu tun, sondern war der Versuch, auf fachfremdem Gebiet Sympathien zu sammeln, in der Hoffnung, dass diese sich auf die politische Zustimmung positiv auswirken würden.

Da aber Karl-Theodor weiß, wie schwer es ist, das Wohlwollen der Menschen nur mit verteidigungspolitischen Themen zu erwerben, hat er für die breite gesellschaftliche Akzeptanz der Marke Guttenberg von Anfang an eine enge Mitarbeiterin: seine Frau Stephanie. Sie ist dafür zuständig, die harten politischen Themen ihres Mannes – Krieg, Wehrpflicht, Leute rausschmeißen, Ministerium halbieren – zu ergänzen. Ist sein Part in Afghanistan der Frontbesuch (Männer unter sich), spricht sie mit den Soldatinnen »von Frau zu Frau«. Doch hat sie ein ebenfalls hartes Thema, und das schon aus einer Zeit, da ihr Mann noch nicht Minister war: den Kampf gegen sexuellen Kindesmissbrauch.

Immer wieder wird der Minister angesprochen auf den Hype um seine Person. Er versucht, ihn herunterzureden. Etwa bei der Verleihung des Deutschen Kulturförderpreises am 9. September 2010, wo er die Festrede hält, stellt ihn die ZDF-Moderatorin als ein echtes »Phänomen« dar: »Egal ob bei ›Wetten, dass ...?‹ oder im afghanischen Kampfgebiet, er glänzt – und das kann nicht immer nur an seiner Frau liegen.« Guttenberg antwortet mit einem Scherz, den er in ähnlichen Variationen häufiger macht: »Wenn man mir die Möglichkeit zum Glänzen nehmen will, dann muss man mir nur das Haargel wegnehmen.« Drei Tage später nimmt er das Thema bei »Beckmann« wieder auf, benutzt dann, wie so oft, die unpersönliche man-Form: »Man ist genauso fehlerhaft wie jeder andere auch.« Zu seiner Popularität sagt er: »Ich kann mir all das nicht erklären, das kann an einem Tag weg sein.«

Immer wieder bemüht Guttenberg sich, den Eindruck zu erwecken, er sei Realist, was die Dauer seiner Superpopularität angeht. Im Dezember 2010 versucht er das »ungeschriebene, aber stets bewiesene Gesetz des politischen Lebens« ins Positive zu wenden: »Wenn man sich bewusst ist, dass jeden Tag mit einem unglaublichen Lärm plötzlich auch eine solche Karriere zu Ende gehen könnte, kann man unbefangener arbeiten.«[4] Ihm wohlgesinnte, erfahrene Kollegen aus der Union haben Guttenberg auf die griechische Sage von Ikaros hingewiesen. Der flog bekanntlich mit seinen Flügeln so hoch, dass die Sonne das Wachs, das die Federn zusammenhielt, zum Schmelzen brachte und der Jüngling ins Meer stürzte.

Rücktrittsdrohungen »to go«

An »einem Tag« oder »jeden Tag« wird das Ende nicht kommen. Aber ein Weg, der so steil bergauf führt, enthält natürlich das Risiko, dass er ebenso steil in die Tiefe geht. Deutsch-

lands beliebtester Politiker hat sich einen kleinen Trick angeeignet, um den Schmerz nach dem Absturz lindern zu können,
falls der Ernstfall eintreten sollte. Wie kein Politiker in der
jüngeren Geschichte der Bundesrepublik vor ihm kokettiert
er unablässig mit der Möglichkeit, aus der Politik auszustei-
gen und etwas ganz anderes im Leben zu machen. Gerhard
Schröder setzte die Rücktrittsdrohung als Kanzler so oft ein,
dass sie sich irgendwann abnutzte. Aber gegen das Ich-kann-
auch-anders-Stakkato von Karl-Theodor zu Guttenberg legte
sich Schröder geradezu strenge Zurückhaltung auf.

Schon in der berühmten Opel-Nacht im Kanzleramt im
Frühjahr 2009 stellt Guttenberg nach wenigen Monaten im
Amt dieses zur Verfügung. Die Kanzlerin nimmt das Angebot
nicht an. Wenig später schwadroniert er von »Sabbaticals«,
also Auszeiten, in der Politik, die sinnvoll wären. Als er im
Sommer 2010 das Kabinett auf einer Klausurtagung mit seinem Vorstoß überrollt, die Wehrpflicht abzuschaffen, verbindet er auch das mit Rücktrittsdrohungen. Kurz darauf erregt
Guttenberg sich maßlos, weil im Kanzleramt ohne sein Wissen ein Gutachten in Auftrag gegeben wurde, in dem es um
Einzelheiten seiner Vernehmung vor dem Kundus-Untersu-
chungsausschuss zur Bombardierung zweier Tanklaster im
September 2009 geht. Vor Freunden und Vertrauten stellt er
Erwägungen an, sein Amt niederzulegen. Gleichsam sprach-
los vor Zorn sagt er damals: »Solche Vorgänge lassen sich
kaum kommentieren.«[5] Er fühle sich isoliert, keiner rede mit
ihm, das Vertrauen sei »total zerrüttet«. Er streitet mit Kanzleramtsminister Ronald Pofalla, aus dessen Haus der Auftrag
für das Gutachten kam, sagt der Kanzlerin am Handy die
Meinung. Dabei geht es um eine Unachtsamkeit auf der Refe-
ratsleiterebene, schlimmstenfalls um eine kleine Boshaftigkeit
des Kanzleramtschefs gegen den Verteidigungsminister. Aber
nachgewiesen ist das nicht. Während man in Guttenbergs Ministerium eine Intrige wittert, heißt es im Kanzleramt, es handele sich um einen ganz normalen Vorgang.

Das wirkt etwas mimosenhaft von Guttenberg. Wer mit

dem goldenen Umfragelöffel im Mund politisch groß geworden ist, mag eben zur Empfindlichkeit neigen. Doch steckt
noch etwas anderes hinter der Dauerdrohung. Zumindest so
lange, wie die Zuneigung des Volkes groß ist, kann es diese
noch verfestigen, wenn jemand mit Hinweis auf die bösen anderen sagt, er könne ja auch gehen, wenn er nicht mehr gewollt sei. Riskant wird das erst, wenn die Beliebtheitswerte
einmal nicht mehr gut sind. Dann könnte Guttenberg ein
Jonglieren mit dem Rücktritt als Eitelkeit und Unernst ausgelegt werden nach dem Motto: Da hat es einer nicht nötig, sich
für einige lächerliche 100 000 Euro im Jahr als Minister zu
schinden. Fürs Erste freilich bleibt Guttenberg bei seinem
Kurs. Es kann sogar passieren, dass er bei einer Zufallsbegeg-
nung mit einem Journalisten von 20 Minuten Länge einfließen
lässt, er könne sich auch etwas anderes als die Politik vorstellen. Eine Rücktrittsdrohung »to go« sozusagen.

Die Umfragen bleiben stabil für Guttenberg. Im Bundestagswahlkampf 2009 gelingt es der Kanzlerin noch einmal, ihn
auf Platz zwei in den Beliebtheitswerten zu verdrängen, aber
das bleiben Momentaufnahmen. Während Merkel zwischen-
durch auch mal auf Position fünf absackt und nur noch einen
Platz vor dem SPD-Vorsitzenden Sigmar Gabriel steht, ist
Guttenberg fast durchgängig die Nummer eins, weitgehend
unabhängig davon, was er politisch gerade macht. Je populä-
rer Guttenberg wird, desto absurder werden die Fragen, die
sich die Institute ausdenken. So können sich angeblich sogar
viele Deutsche vorstellen, mit ihm in den Urlaub zu fahren,
oder hielten seine Gattin für eine gute Ministerin, obwohl die
gar keine Politikerin ist.

Ende des Jahres 2010 veröffentlicht die Zeitschrift »Superillu« die Umfrage eines Leipziger Instituts unter 1002 Ostdeutschen. Gefragt wird nicht nach dem beliebtesten Politiker, sondern nach dem beliebtesten Deutschen des Jahres
2010. Das Rennen macht mit weitem Abstand Karl-Theodor
zu Guttenberg, ein westdeutscher Adliger, der noch dazu dem
Berufsstand der Politiker angehört und einer Partei, deren

Führungspersonal in der Vergangenheit nicht selten versucht hat, auf dem Rücken der Ostdeutschen Wahlkampf zu machen. Guttenberg, der bei der gleichen Umfrage im Vorjahr noch mit 27 Prozent Zustimmung auf Platz vier lag, bekommt dieses Mal 39 Prozent. Damit rangiert er 14 Punkte vor Formel-1-Weltmeister Sebastian Vettel, 17 Punkte vor Talkmaster Günther Jauch und 19 Punkte vor Fußballnationaltrainer Jogi Löw und dem Ex-Bundesbankvorstand und Bestsellerautor Thilo Sarrazin. Kein anderer aktiver Politiker weit und breit. Das verstärkt den Eindruck, dass auch Guttenberg nicht als Politiker so beliebt ist, sondern als Prominenter – mit Geld, Gel und einer Geschichte –, der zufällig in der Politik tätig ist. Die Bundeskanzlerin und der Vizekanzler tauchen nur in der Rubrik »weitere Plazierungen« auf. Merkel ist von 34 Prozent im Wahljahr 2009 auf 13 Prozent abgerutscht. Guido Westerwelle steht wie schon 2009 bei einem Prozent und damit deutlich hinter Lena Meyer-Landrut, Mesut Özil und Dieter Bohlen.[6]

Bundeskanzler Guttenberg?

Dass früh eine Debatte darüber beginnt, ob Guttenberg nicht der Richtige als Bundeskanzler wäre, ist angesichts solcher Umfragewerte wenig erstaunlich. Interessant daran ist vielmehr, dass sie nicht in erster Linie von den ansonsten für solche Spielchen zuständigen Journalisten geführt wird. Von Anfang an beteiligen sich Politiker an dieser Form der Glorifizierung, die Umfrageinstitute stehen nicht lange beiseite, sondern machen mit. Im Juli 2009, Guttenberg weiß gerade mal, wer im Wirtschaftsministerium den Kaffee kocht, sagt der erfahrene und gut beleumundete CSU-Bundestagsabgeordnete Norbert Geis über Guttenberg: »Wenn er lange genug Dienste getan hat als Minister, warum sollte er dann nicht mal für die CSU als Bundeskanzler antreten?« Sein Parteifreund Hans-Peter Uhl lobt den Wirtschaftsminister, greift zwei Monate vor der Bundestagswahl schon mal der Kabinettsbildung vor mit der Bemerkung, Guttenberg solle auch nach dieser als Minister weitermachen, und antwortet schließlich auf die Frage nach der Kanzlerschaft: »Jeder Katholik kann auch Papst werden.«[7] Auch Emnid-Chef Klaus-Peter Schöppner gibt sich in jenem Sommer beeindruckt. Kein Politiker habe es je geschafft, so schnell akzeptiert zu werden.[8]

Ein Jahr später, als Bundespräsident Horst Köhler völlig überraschend sein Amt hinschmeißt, nur ein Jahr nach seiner Wiederwahl, und ein Nachfolger gewählt werden muss, bringt das große Unruhe in die Koalition. Der Unionskandidat Christian Wulff hat mit dem Bewerber von SPD und Grünen, Joachim Gauck, einen unerwartet starken Gegner. Gedankenspiele machen im politischen Berlin die Runde, wie stabil die Zukunft von Kanzlerin Merkel noch wäre, sollte ihr Kandidat Wulff es nicht schaffen. Prompt wird zu diesem Szenario eine Umfrage in Auftrag gegeben, wer ihr nachfolgen könnte, sollte sie zurücktreten. Das erwartbare Ergebnis: Die meisten wollen Karl-Theodor zu Guttenberg in diesem Amt sehen, 34 Prozent der Befragten. Platz zwei belegt mit nur 19 Prozent Bundesarbeitsministerin Ursula von der Leyen von der CDU.[9]

Wulff wird im dritten Durchgang zum Bundespräsidenten gewählt, die Sache ist gerade noch gutgegangen für Angela Merkel. Doch der Zustand der Koalition, der ständige Streit, die schlechten Umfragen für Union und FDP lassen die Mutmaßungen nicht enden. Je unsicherer es im Herbst wird, ob die CDU bei der Landtagswahl im nächsten Frühjahr ihre Macht in Baden-Württemberg behaupten kann, desto intensiver wird über Merkels Zukunft spekuliert – und über die Guttenbergs. In einem Bericht der »Frankfurter Allgemeinen Zeitung« wird im Oktober 2010 die Stimmung in der Union so beschrieben, dass eine schwere Niederlage der CDU in Baden-Württemberg Guttenberg den Weg ins Kanzleramt ebnen könnte, wenn auch vermutlich nicht sofort.[10] Der Artikel belebt eine ohnehin schon hochnervöse Diskussion über den

Franken. Wenige Wochen später wird sich in München die CSU zu ihrem Parteitag treffen. Sprach im Sommer noch alles dafür, dass dort eine spannende Entscheidung zu erwarten ist, ob der Verteidigungsminister sich gegen seinen Parteichef Seehofer mit den Plänen für eine Aussetzung der Wehrpflicht durchsetzen kann, so sind die Ereignisse längst darüber hinweggerollt. Seehofer musste schon lange vor dem Parteitag zerknirscht einsehen, dass Guttenberg wieder mal den Nerv der Menschen getroffen hatte und die CSU das Ende der Wehrpflicht mittragen würde – anders, als der Vorsitzende zunächst dachte.

Nun geht es vielmehr um seinen, Seehofers, Stuhl. Denn es wird nicht nur über Guttenbergs Chancen gesprochen, Kanzler zu werden, sondern auch über die Möglichkeit, ihm den CSU-Vorsitz zu geben. In den Wochen vor dem Treffen in München sagen hinter vorgehaltener Hand viele CSU-Leute, darauf laufe es über kurz oder lang ohnehin hinaus. So aufgeheizt ist die Stimmung mittlerweile, dass nicht nur die Bundeskanzlerin, der Verteidigungsminister selbst und zahlreiche andere Unions-Politiker versuchen, die Sache abzukühlen und es in keinem Falle zu einem Showdown zwischen Seehofer und Guttenberg kommen zu lassen. Auch die Parteitagsregie tut alles, um das zu vermeiden. Guttenbergs Redezeit in der Wehrpflichtdebatte wird auf etwa zehn Minuten begrenzt, nachdem er monatelang immer etwa eine Stunde zu diesem Thema ausgeführt hatte. Der gesamte Tagesordnungspunkt Wehrreform landet auf dem späteren Freitagabend in der Hoffnung, dass da die Aufmerksamkeit nicht mehr so groß ist.

Guttenberg selbst hält sich zurück, verkneift sich jeden Triumph wegen seines Sieges in der Wehrpflichtfrage und springt Seehofer sogar bei im Kampf um die Durchsetzung einer innerparteilichen Frauenquote. Er bemüht sich aber, dieses nicht so heftig zu tun, dass es gleich wieder heißt, er habe Seehofer retten müssen. Der Eindruck entsteht trotzdem, denn Guttenberg spricht als vorletzter Redner vor dem Parteichef, sozusagen als die Nummer zwei, und die Entscheidung fällt knapp aus.

Nach nicht einmal zwei Jahren hat der bis dahin einmalige Hype um einen deutschen Spitzenpolitiker ein Ausmaß angenommen, das nur noch eingeschränkt kontrollierbar ist. Die Hauptperson in diesem wundersamen Stück aus dem Politiktheater behauptet zwar, die ganze Aufregung um seine Person nicht verstehen zu können und immer nur demütig den Aufgaben eines Ministers nachzugehen. Tatsächlich findet er aber immer wieder einen neuen Dreh, um von sich reden zu machen. Kurz vor Weihnachten löst er in Politik und Medien abermals eine heftige Debatte aus, als er zum siebten Mal im Jahr 2010 die deutschen Truppen in Afghanistan besucht, in Mazar-i-Sharif mit dem Talkmaster Johannes B. Kerner eine Sendung produziert und zur großen Überraschung fast aller einen besonderen Gast mit an den Hindukusch bringt: seine Frau Stephanie.

Eines jedenfalls ist unbestritten: Karl-Theodor zu Guttenberg hält Deutschland seit zwei Jahren in Atem und macht nicht den Eindruck, als wolle er damit so bald aufhören. Wie war das mit den Glocken der Hölle? Vier Kernbotschaften enthält der Text des AC/DC-Songs:

»Ich komme wie ein Hurrikan.«
»Ich nehme dich mit in die Hölle.«
»Ich werde keine Gefangenen machen.«
»Keiner legt sich mit mir an.«

1
DIE GUTTENBERGS

Das Erbe: Adel, Politik, Widerstand

Stammhalter

Es ist ein grauer Wintertag, die Temperatur liegt um drei Grad über null, als das Leben jenes Mannes beginnt, der fast 40 Jahre später viele Deutsche so begeistern sollte, wie wenige Politiker in der Geschichte der Bundesrepublik es vor ihm geschafft haben. Am Sonntag, dem 5. Dezember 1971, geschieht etwas sehr Wichtiges im Leben der traditionsbewussten fränkischen Familie von und zu Guttenberg: Der Stammhalter wird geboren. Es ist das erste Kind des Enoch Freiherr von und zu Guttenberg und seiner jungen Ehefrau Christiane. Just acht Tage vor der Geburt des Kindes hat Dani, wie Christiane zu Guttenberg seit ihrer Kindheit genannt wird, ihren 20. Geburtstag gefeiert. Ihr Mann, von Beruf Musiker und Dirigent, ist gerade 25 Jahre alt. Am 14. Februar 1971 hatten die beiden in Eltville im Rheingau geheiratet, dem Heimatort Christiane zu Guttenbergs, einer geborenen Gräfin zu Eltz. Zehn Monate später wird in einem Münchner Krankenhaus das erste Kind des Paares geboren. Karl-Theodor soll es heißen, zu Ehren des Großvaters väterlicherseits.

Diese Art der Namensgebung ist Familientradition. Der Vater des kleinen Karl-Theodor heißt Georg Enoch, und so hieß auch schon dessen Großvater. Die auch in anderen Familien adliger Abstammung übliche Sitte, die Namen des Großvaters auf den ersten männlichen Enkel zu vererben, bleibt also gewahrt – nur der Bindestrich zwischen Karl und Theodor unterscheidet den Namen des Neugeborenen von dem seines Großvaters. Beim alten Guttenberg, Karl Theodor dem Älteren, wie er hier der Eindeutigkeit halber ab und an genannt werden soll, löst die Nachricht, dass ein Stammhalter geboren wurde, Freude und Erleichterung aus. Karl Theodor

zu Guttenberg hatte mit seiner Frau Rosa Sophie, geborene
Prinzessin von Arenberg, im Laufe von zwölf Jahren fünf
Kinder bekommen: die vier Mädchen Elisabeth, Michaela,
Benedikta und Praxedis – Benedikta starb schon wenige Wochen nach ihrer Geburt – und den Jungen Georg Enoch, geboren 1946, das zweite der vier Kinder. Dass Enoch, der einzige Sohn, nun wieder einen Sohn bekommen hat, bedeutet:
Der Name Guttenberg wird in direkter Linie fortleben, ein
weiterer zukünftiger Schlossherr ist geboren. Das ist wichtig
für eine Familie, deren erste urkundliche Erwähnung auf das
Jahr 1158 datiert. Und die auf einem Schloss in einem 600 Einwohner zählenden Dorf wohnt, das den gleichen Namen trägt
wie sie selbst: Guttenberg. Es ist eine Familie, die etwas darauf hält, von Adel zu sein.

Mythos Adel

Die Faszination, die vom Adel auch in Deutschland ausgeht,
ist ungebrochen. Die Hochzeiten von Kronprinzen und
Kronprinzessinnen europäischer Königshäuser werden zu
den besten Sendezeiten im Fernsehen live übertragen, Adels-
serien haben Konjunktur, und der Klatsch und Tratsch über
Liebschaften, Ehekrisen und Schwangerschaften, über Zer-
würfnisse, Versöhnungen und Erbstreitigkeiten aus den berühmten Adelshäusern dieser Welt ist der Stoff, aus dem sich
eine ganze Industrie, die Regenbogenpresse, speist. Adel ist
bei großen Teilen der Deutschen nach wie vor »in« – sie verbinden ihn mit Glanz und Glamour, er steht für etwas Dauer-
haftes, Außergewöhnliches und Märchengleiches, und die
Kabale und Liebe der großen europäischen Königs- und
Adelshäuser lassen sich verfolgen wie eine Reality-Seifenoper.
Das Interesse ist besonders stark an den Adelsfamilien in denjenigen Ländern, in denen die Königshäuser noch eine politische, wenn auch größtenteils repräsentative Funktion haben,
wie etwa in Großbritannien und in Schweden. Ein inniges

Verhältnis zu ihrem eigenen verflossenen Hochadel, etwa zum Haus Hohenzollern, haben die Deutschen nicht. Und auch eine Monarchie wünscht sich die große Mehrheit der Deutschen nicht. Auf die Frage, ob der Adel wieder eine größere Rolle in politischen Spitzenpositionen spielen sollte, antworteten 89 Prozent der Befragten im Oktober 2010 mit Nein und nur acht Prozent mit Ja.[1]

Streng genommen ist die Frage nach der Bedeutung des Adels falsch gestellt. Denn den Adel gibt es in Deutschland schon gut 90 Jahre nicht mehr. Mit der Weimarer Reichsverfassung wurden am 14. August 1919 alle Vorrechte des Adels abgeschafft. Per »Adelsgesetz« wurde 1920 in Preußen und dann in den anderen Ländern der Adel als rechtlich privilegierte Gruppe auch tatsächlich entmachtet. Der Verlust der militärischen, politischen und wirtschaftlichen Macht des Adels, der schon mit der industriellen Moderne eingesetzt hatte, war damit zum Abschluss gekommen. Zwar hatte der Adel sein Machtmonopol mit der Ausweitung von Industrie, Handel, Technik und Wissenschaft schon im 19. Jahrhundert verloren. Doch mit dem Schnitt des Jahres 1919 war auch seine im frühen Mittelalter beginnende, mehr als 1000 Jahre währende Geschichte offiziell vorbei, einschließlich der Rolle als Funktionselite des Staates, die ihm Diplomaten, Offiziere und Beamte gestellt hatte. Der Ausgang des Zweiten Weltkrieges beschleunigte den Niedergang des Adels. Viele Familien verloren ihren Grundbesitz im Osten, wurden zum »Etagenadel«, zu Flüchtlingen, die sich mit einer Wohnung auf der Etage zufriedengeben mussten. In der Bundesrepublik wurden, wie Eckart Conze schreibt, aus ostelbischen Grundbesitzern westdeutsche »Weltanschauungsbesitzer«.[2]

Dennoch ist der Mythos mächtig geblieben. Zwar existiert der Adel als politische Einheit nicht mehr, als kulturelle Größe und als Idee lebt er aber fort. Der Adel ist, wie der Historiker Stephan Malinowski schreibt, eine »Minderheit mit großer Ausstrahlungskraft« geblieben. Dabei sind es die Idealbilder, die andere Gruppen dem Adel zuschreiben und die der

Adel sich auch selbst zuschreibt, die diese Attraktivität aus-
machen. Die »Vorstellung vom vererbbaren Besitz bestimm-
ter Qualitäten« ist sozusagen die Vorbedingung für die Existenz des Adels.[3] Solche vermeintlichen Qualitäten betreffen
charakterliche Eigenschaften, vor allem aber den Habitus des
Adligen. Dazu gehört ein überaus selbstbewusstes Auftreten
sowie die Vorstellung einer »von Selbstzweifeln freien Per-
sönlichkeit«, die für Führungsaufgaben in besonderem Maße
geeignet ist. Dass viele Beispiele gegen diese Auffassung sprechen, hat dem Mythos vom Adel wenig anhaben können.

Hinzu kommt der Reiz einer Minderheit, die sich durch
ihre kulturellen Praktiken vom Rest der Bevölkerung ab-
grenzt. Die besondere Bedeutung der Verwandtschaft und der
Familienbande, das Heiraten in einem begrenzten Kreis, die
exklusiven Gesellschaften, Salons und Klubs, die Tanzstunde
für adlige Jugendliche, die von Adligen geführten Wohlfahrts-
verbände, das Leben auf Schlössern, Burgen und in Gutshäu-
sern – das alles trägt dazu bei, dass der Adel als eine soziokul-
turelle Erscheinung fortlebt und weiter Faszination ausübt.
Sein realer Niedergang steht dabei in eigentümlichem Verhältnis zum Ansehen, das der Adel immer noch genießt.

Der Verlust der politischen und wirtschaftlichen Privilegi-
en hat es dieser Minderheit – zu Anfang des 20. Jahrhunderts
stellten die Adelsfamilien 0,15 Prozent der Deutschen – schwer
gemacht, sich von anderen Gruppen der modernen Gesellschaft abzugrenzen. Da diese Abgrenzung nicht mehr durch
Titel, Ränge und herausgehobene Funktionen möglich ist,
kommt dem Sonderbewusstsein des Adels eine umso größere
Bedeutung zu. Dieses Bewusstsein wird vor allem durch die
Sozialisation in der Familie erzeugt und weitergegeben. Für
den Adel bedeutet Familie mehr, als gewöhnlich in bürgerlichen Vorstellungen damit gemeint ist. Der Familienbegriff ist
sehr viel weiter gefasst, auch sehr entfernte Verwandte gehören dazu, und was als Vetter oder Cousine bezeichnet wird,
hat mit der landläufigen Bedeutung dieser Verwandtschafts-
grade oft wenig zu tun. So wird etwa der Regisseur Florian

Henckel von Donnersmarck, der für seinen Film »Das Leben der anderen« einen Oscar gewann, immer wieder als »Cousin« von Karl-Theodor zu Guttenberg bezeichnet – auch die Guttenbergs selbst bezeichnen ihn so. Tatsächlich hatte Karl-Theodors Urgroßtante Maria Franziska Gräfin zu Eltz einen Maria Lazarus Graf Henckel von Donnersmarck geheiratet. Der wiederum ist ein Großonkel des Regisseurs. Von Cousin kann also nicht die Rede sein. Guttenberg ist vielmehr ein Neffe vierten Grades von Florian Henckel von Donnersmarck. Aber unter Nachfahren des Adels gilt eben auch der sechste Grad noch als verwandt. Es wundert deshalb nicht, wenn zu größeren Familienfesten, etwa einer »adlig-adligen« Hochzeit, mehrere hundert Gäste aus der Verwandtschaft eingeladen werden.

Eine so große Familie bietet zudem den Vorteil, in der Auswahl derer flexibel sein zu können, die als Vorbilder genutzt werden. Frei nach der Volksweisheit, dass es neben der Wahlverwandtschaft auch immer die Prahlverwandtschaft und die Qualverwandtschaft gibt, hat auch der Adel gern die besonderen Leistungen Einzelner aus der großen Schar der Verwandten als Ausweis der Brillanz und Leistungsfähigkeit der Familie oder des Adels insgesamt herausgestellt, ebenso wie man sich im Falle schwarzer Schafe gern der selektiven Erinnerung bedient hat.

Die Familie wird vom Adel auch in zeitlicher Perspektive viel weiter gefasst als im bürgerlichen Familienbegriff. Der Adlige begreift sich als Teil einer langen Kette von Ahnen. Deren Überlieferung muss er kennen und bewahren, muss sich ihrer als würdig erweisen und sie an die kommenden Generationen weitergeben. Die adlige Kette zeigt sich in Stammbäumen, Gemäldegalerien der Ahnen, in Wappen oder in Familiengrüften, zuallererst aber in dem adligen Namen selbst. Seit der Weimarer Republik ist der Adelstitel in Deutschland abgeschafft, aber als Bestandteil des Namens weiter präsent. Jemand, der früher ein Graf Otto Lambsdorff gewesen wäre, war also, um das Beispiel des verstorbenen FDP-Politikers

und früheren Wirtschaftsministers zu nehmen, ein Otto Graf
Lambsdorff. In Österreich hingegen sind alle Titelbezeich-
nungen offiziell abgeschafft und nicht zu Namensbestandtei-
len geworden, auch ein Nachfahre des letzten Kaisers heißt
heute nur noch Felix Habsburg. In Deutschland hat Ende
2010 die Vize-Vorsitzende der Linkspartei, Katja Kipping, gefordert, in der Frage adliger Namen »endlich österreichische
Verhältnisse« zu schaffen. Anlass für ihren Vorstoß ist der
Minister Karl-Theodor zu Guttenberg. Der CSU-Mann versuche »sich als jemand darzustellen, der anders ist als das politische Establishment«. Dabei knüpfe er »an die Unzufrie-
denheit mit der real existierenden Demokratie« an und spiele
»mit dem Bedürfnis nach einem aristokratischen Führungs-
stil«. Grund genug für die Politikerin der Linken, alle Adels-
zusätze in Namen auch in Deutschland verbannen zu wollen.[4]
   In der Politik hat der Adel in Deutschland keine herausgehobene Stellung mehr. Die deutschen Spitzenpolitiker haben
sich oft aus kleinen Verhältnissen hochgearbeitet und weisen
mit Stolz darauf hin. Hatten Politiker mit adliger Familiengeschichte ein Spitzenamt inne, so hat das, etwa beim langjähri-
gen Ersten Bürgermeister von Hamburg, Ole von Beust, in
der öffentlichen Wahrnehmung kaum eine Rolle gespielt.
Auch bei einem seiner Vorgänger, Klaus von Dohnanyi, ist
das nicht der Fall gewesen.
   Manche Politiker verzichten auf die öffentliche Nennung
der Teile ihres Namens, die auf die adlige Abstammung verweisen, etwa der FDP-Politiker Hermann Otto Solms, der
eigentlich Hermann Otto Prinz zu Solms-Hohensolms-Lich
heißt. Andere, wie die Mitbegründerin der Grünen, Jutta Ditfurth, legten das »von« im Namen ab, weil sie gegen alles Eli-
täre waren. Das ist für die auf ihre Herkunft bedachten Familien aus dem Adel eine Provokation. Denn der Name ist das
wichtigste Signum ihrer Adligkeit. Der Namenszusatz »von«
stand historisch für den Ort, von dem der Adlige stammte,
das »zu« zeigte den aktuellen Wohnsitz an.
   Für das Familienbewusstsein spielen auch die Vornamen

eine wichtige Rolle; auch hier geht es nicht um individuelle Vorlieben, sondern um die Bewahrung von Tradition. Schon die Vornamen, die der spätere Bundesminister Karl-Theodor Maria Nikolaus Johann Jacob Philipp Franz Sylvester Joseph Freiherr von und zu Guttenberg erhält, zeugen von dieser Auffassung von Familie. Was zunächst wie eine willkürliche Aneinanderreihung unterschiedlicher Namen erscheint, erschließt sich leicht, wenn man die dahinter stehende Familiengeschichte kennt. Neben den beiden Großvätern, Karl Theodor und Johann Jakob, finden sich dort der Großonkel Philipp Franz sowie die Patenonkel Sylvester und Joseph. »Maria« steht für die besondere Verehrung der Gottesmutter, wie sie bei Katholiken, zu denen die Guttenbergs gehören, Tradition ist – den Namen der seligen Jungfrau trägt auch Karl-Theodors Vater, und viele Guttenbergs taten es vor ihm. Allein »Nikolaus« ist, wie Guttenberg selbst sagt, »leicht gemogelt«. Es ist eine Verneigung vor dem Namenspatron des 6. Dezember; eigentlich war die Geburt von Karl-Theodor für diesen Tag erwartet worden, der Junge stellte sich aber schon am 5. Dezember ein.[5] Namen sind auch in diesem Fall mehr als nur Schall und Rauch. Sie dienen dazu, die familiäre Kette kenntlich zu machen.

Die Familie dient als Identität stiftende Gemeinschaft nicht nur, um sich als gesellschaftliche Minderheit von der Mehrheit abzugrenzen, sondern auch dazu, ein Beziehungsgeflecht zu schaffen, das der gegenseitigen Unterstützung, Hilfe und dem Schutz dient, das Karrieren befördern und Rückschläge abfedern kann. Dass der Onkel dem Neffen rät, sich beim Vetter in Dingsda zu melden, um dieses oder jenes zu erreichen, wird es auch in anderen Familien geben. Doch je weiter das Netz gespannt ist und je enger es durch gemeinsame Werthaltungen, Lebensstile und soziale Codes geflochten ist, desto mehr Bedeutung kommt ihm zu. Gerade für eine Gruppe, die ihren Sonderstatus verloren hat, ist dieser informelle Zusammenhalt wichtig, um sich gesellschaftlichen Einfluss zu bewahren.

Tatsächlich hat der Adel den Anspruch, Elite zu sein, nicht aufgegeben. Doch wie lässt sich dieser Anspruch, von Geburt an etwas Besonderes zu sein, mit einer bürgerlichen Gesellschaft in Einklang bringen, die einen solchen Eliteanspruch nicht anerkennt? Der Adel hat dafür das bürgerliche Ideal von Leistung zumindest teilweise in das eigene Selbstbewusstsein integriert. Der Anspruch, Elite zu sein, muss durch Leistung gerechtfertigt und immer wieder erworben werden. Karl-Theodor zu Guttenbergs Großvater hat das bei seiner Rede zur Hochzeit seines Sohnes Enoch so formuliert: »Elite nämlich – und das soll doch Adel sein – ist nie, wer sich absondert; oder gar, wer das Anderssein mit Bessersein verwechselt. Elite ist nur, wer sich im Heute und unter den Heutigen als solche ausweist und sich bewährt durch das, was er ist und durch das, was er tut. Einen alten Namen zu tragen ist also nichts weiter als ein Auftrag. Eine Last, kein Privileg. Ein Inhalt, keine Hülle, ein Müssen und niemals ein Dürfen.«[6]

Stimmt das? Zumindest trifft es das Selbstverständnis, das die Familie Guttenberg auch heute vertritt. »Das Privileg, möglicherweise mehr zu haben als jemand anders, ist mit der Pflicht verbunden, dieses Mehr-Haben in die Allgemeinheit einzubringen. So sind wir erzogen worden«, sagt auch Enoch zu Guttenberg.[7] Leistung allein reicht allerdings nicht aus. Es geht daneben darum, was man ist, um den Charakter. Zur Erziehung habe in seiner Familie auch gehört, »für das, was man für richtig hält, zur Not auch sterben zu können«, beschreibt Enoch zu Guttenberg das Ideal der Familie.[8] Dieser heroische Anspruch geht einher mit der Versicherung, die Tugend der Demut im eigenen Leben sehr hoch anzusetzen. Demütig zu sein fordert auch Karl-Theodor zu Guttenberg immer wieder öffentlich von sich. Es ist ein Mantel, der das große Selbstbewusstsein nur schwer zu verhüllen vermag.

Ein uraltes Geschlecht

Urkundlich erwähnt wird das Geschlecht, aus dem Karl-Theodor zu Guttenberg stammt, im Jahre 1158. Doch damals ist es noch ein Burgmann Gundeloh von Plassenberg, der auf der Plassenburg bei Kulmbach wohnte. Mit dem Bau der Burganlage Alt-Guttenberg in der Ortschaft Guttenberg in Oberfranken durch Heinrich von Plassenberg wechselt um 1315 dann der Familienname zu Guttenberg. Der Ort, heute die drittkleinste Gemeinde Bayerns, heißt also nicht nach den Guttenbergs, sondern die Guttenbergs haben, wie fast alle Adelsfamilien, ihren Namen von dem Ort, an dem sie sich ansiedelten. Guttenberg war damals wohl ein Einzelhof oder eine kleine Siedlung. Jedenfalls gilt jener Heinrich als Stammvater der Guttenbergs. Neben Alt-Guttenberg wird dann zwischen 1482 und 1492 die Anlage Neu-Guttenberg errichtet, an der Stelle, an der das heutige Schloss steht. An zahlreichen Fehden sind die Guttenbergs im 15. und 16. Jahrhundert beteiligt, und im Verlauf einer dieser kämpferischen Auseinandersetzungen wird 1523 die Burg Alt-Guttenberg gründlich und für immer zerstört. Zu den anderen fränkischen Adelsgeschlechtern hält die Familie durch zahlreiche Heiraten enge verwandtschaftliche Beziehungen.

Im Jahre 1700 werden die Guttenbergs durch Leopold I., Kaiser des Heiligen Römischen Reiches Deutscher Nation, in den Reichsfreiherrenstand erhoben; im Königreich Bayern werden sie 1814 bei der Freiherrenklasse immatrikuliert. Als Freiherren, oder genauer gesagt Reichsfreiherren, werden im Heiligen Römischen Reich sowohl die Inhaber reichsunmittelbarer Territorien bezeichnet als auch Personen, die ihren Freiherrentitel durch eine Urkunde des Kaisers oder eines Reichsvikars verliehen bekommen hatten. Mit der Abschaffung des Adels in Deutschland nach dem Ersten Weltkrieg ist »Freiherr« nur noch ein Bestandteil des Nachnamens. Die Form »Baron« und »Baronin« sind in Deutschland nur Höflichkeitsanreden für von Freiherren abstammende Personen.

Die Geschichte der Guttenbergs spielt sich allerdings nicht nur im Schloss bei Kulmbach in Oberfranken ab, sondern auch in anderen Orten und Städten. Würzburg gehört dazu, wo die Guttenbergs zwischen 1454 und 1847 allein 26 Domherren stellten sowie einen Fürstbischof, Johann Gottfried von Guttenberg (1645–1698). Bei Würzburg erinnert noch ein Guttenberger Wald samt Forsthaus an das Geschlecht. Und das Palais in der Münzstraße zeigt heute, da die Volkshochschule ihren Sitz darin hat, immer noch über dem Portal das Stammwappen der Guttenbergs, eine goldene Rose auf blauem Grund. Auch das Schloss Weisendorf bei Erlangen, das von 1813 bis 1952 im Besitz der Guttenbergs war, hat im Leben der Familie eine wichtige Rolle gespielt, wie auch Bad Neustadt mit der oberhalb vom Ortsteil Bad Neuhaus gelegenen Salzburg und das Guttenberg'sche Wasserschloss in Kirchlauter. Es sind die Orte, in denen Mitglieder der Familie kürzere oder längere Zeit wohnten, Kinder bekamen, ihren Lebensabend verbrachten oder starben.

Die Stellung des Schlosses Guttenberg in Oberfranken als Hauptsitz der Familie stand jedoch nie in Frage. Die Guttenbergs hatten in dem gleichnamigen Ort seit Jahrhunderten das Sagen, seit 1444 auch das Privileg des Halsgerichts, also das Recht, über Leben und Tod zu entscheiden. Todesurteile wurden am Galgen bei der Schlossmühle vollstreckt. Erst nach der Revolution von 1848 wird das Herrschaftsgericht Guttenberg aufgelöst, die Bewohner des Dorfes Guttenberg sind von da an nur noch Untertanen des Königs von Bayern. Das Schloss brennt 1908 bis auf die Grundmauern nieder. Der Brand hatte in der katholischen Kirche begonnen, die Teil des Schlosses ist, Ministranten hatten mit dem Weihrauchfass nicht aufgepasst. Das Schloss samt der Schlosskirche wird im gleichen Baustil wieder aufgebaut.

Die Rolle der Familie Guttenberg in dem gleichnamigen Ort hat sich natürlich gegenüber früheren Zeiten sehr gewandelt. Eine Patronage-Rolle hat die Familie aber immer noch. Heute geht es darum, die Schirmherrschaft zu übernehmen

Der Hauptsitz der Familie: Schloss Guttenberg in der gleichnamigen Ortschaft in Oberfranken. Hier wohnen die Guttenbergs seit 1315

beim Feuerwehrfest oder das Feuerwehrauto zu finanzieren, eine Weihnachtsfeier für Senioren oder Kinder auszurichten und der Gemeinde Guttenberg aus der Klemme zu helfen, wenn sie ein Grundstück braucht. Darin zeigt sich aber auch, dass die ökonomische Macht der Guttenbergs nicht verschwunden ist. Anders als viele andere Adelsfamilien haben die Guttenbergs Besitzkontinuität wahren können. Auch manch alte Rechte und Pflichten gelten noch. So waren die Guttenbergs über viele Generationen protestantisch und mit ihnen die Einwohner des Dorfes. Als sie später wieder katholisch wurden, blieben die Einwohner protestantisch – mit Folgen bis zum heutigen Tag. So muss sich etwa der evangelische Pfarrer in Guttenberg beim Schlossherrn bewerben – auch wenn dieser katholisch ist. Denn der Freiherr zu Guttenberg ist der Patronatsherr der evangelischen Pfarrei, er unterstützt die Gemeinde finanziell, zahlt dem Pfarrer das halbe Gehalt und muss deshalb dessen Auswahl zustimmen. So war es auch vor zwei Jahrzehnten, als der heutige Pfarrer sich vorstellte. Einmal im Jahr wird der Pfarrer ins Schloss zum Kaffee eingeladen.

Was sind die Guttenbergs aus adelsgeschichtlicher Sicht für
ein Geschlecht? Wer zum Adel gehörte und welche Familie
wie einzustufen war, das ist vor allem eine Frage der Kriterien.
Ein Kriterium ist der Uradel. Der Begriff gilt im Allgemeinen
für die Adelsfamilien, die nachweisen können, dass sie schon
vor 1400 adlig waren. Nach 1400 werden Adelstitel auch an
Bürgerliche verliehen oder auf dem Kaufweg erworben – der
Uradel dient also dazu, sich vom Briefadel abzugrenzen. Den
Uradels-Test bestehen die Guttenbergs mit Bravour. Sie sind
von ihrem Ursprung her Reichsritter, reichsunmittelbare Adlige, das heißt über ihnen steht nur der Kaiser, unter ihnen die
normalen Untertanen. Die Zugehörigkeit zur Reichsritterschaft hat über die reale Macht allerdings wenig zu sagen.
Meist herrschten die Reichsritter nur über einige wenige Dör-
fer. Die Reichsritter hatten ein Privileg: Bis 1803 wurden die
Domherren nur aus der Reichsritterschaft gewählt. Deswegen
findet man so viele Domherren in diesen Familien. Der Aufstieg vom Domherrn zum Fürst- oder Erzbischof bedeutete
auch einen sozialen Aufstieg für das Adelshaus.

Zum Hohen Adel, umgangssprachlich auch Hochadel genannt, gehörten die Guttenbergs, anders als heute oft in der
Presse behauptet, nicht. Dieser Begriff umfasst nach deutscher
Definition alle regierenden Adelshäuser, die im Jahr 1806 als
Souveräne überlebt haben, und alle, die 1806 im Reichsstand
eine Stimme hatten, also Könige, Großherzöge, Herzöge,
Landgrafen, Markgrafen, Pfalzgrafen und Fürsten. Die Freiherren gehören nicht dazu. Dass die niedrigadligen Freiherren
sich dennoch höhergestellten Adligen überlegen fühlen konnten, weil man dem jüngeren, nach 1806 ernannten Adel mit
Skepsis begegnete, hat Karl-Theodors Urgroßmutter noch in
den fünfziger Jahren demonstriert. Auf die Frage eines
»Spiegel«-Reporters, ob sie nicht gerne eine bayerische Gräfin geworden wäre, sagte sie: »Ein fränkischer Freiherr spuckt
auf einen bayerischen Grafen.«[9]

Die Guttenbergs haben lange im eigenen Milieu, also unter
ebenso niedrigadligen Familien aus der Reichsritterschaft, ge-

heiratet. Im 19. und 20. Jahrhundert haben sie sich allerdings mehrfach durch Heirat mit hochadligen Häusern verbunden, so den Häusern Thurn und Taxis, Schwarzenberg und Arenberg. Über die Arenbergs besteht auch eine Verbindung zum Hause Habsburg: Karl-Theodor zu Guttenbergs Großtante Ana von Arenberg, die Schwester seiner Großmutter Rosa Sophie, heiratet 1952 Felix Habsburg, einen Sohn des letzten österreichischen Kaisers Karl I.

Angesichts der Bedeutung der vorhergehenden Generationen für das Selbstbewusstsein Karl-Theodor zu Guttenbergs müssen einige seiner nächsten Vorfahren näher vorgestellt werden.

Vorbild Großvater: Ein CSU-Politiker

Die Geburt des Enkels Karl-Theodor Ende 1971 ist ein besonderer Trost für den Großvater angesichts dessen eigener dramatischer Lebenssituation: Karl Theodor zu Guttenberg, der Schlossherr, ist zu dieser Zeit schwer erkrankt und auf den Rollstuhl angewiesen. Schon seit einigen Jahren leidet er an Muskelzuckungen, die sich zunächst in den Beinen und Armen bemerkbar machten, dann folgten Gehbeschwerden. Eine ernsthafte Nervenerkrankung wird festgestellt, doch wie ernst sie ist, wollen oder können die behandelnden Mediziner zunächst nicht sagen. Im Sommer 1969 kommt es endlich zu einer eingehenden Untersuchung in der berühmten Mayo-Klinik in den Vereinigten Staaten. Ein Arzt schenkt dem CSU-Politiker – er ist damals Parlamentarischer Staatssekretär im Bonner Bundeskanzleramt – auf dessen Bitte reinen Wein ein: Die Krankheit, amyotrophe Lateralsklerose, ist nicht heilbar, sie wird fortschreiten und zu weiteren Lähmungen selbst lebenswichtiger Muskeln, vornehmlich der Lunge, führen. »Noch zweieinhalb Jahre, vielleicht auch ein wenig länger«, antwortet der Arzt auf die Frage Guttenbergs, wie lange er noch zu leben habe. Schweigend starren der von der Nach-

richt getroffene Patriarch und seine Frau aus dem Fenster, als
der Arzt gegangen ist. Sie wissen, ihre Ehe wird bald zu Ende
gehen. Dann überkommt Guttenberg für einen Moment ein
Weinkrampf. In den ihm verbleibenden Monaten trägt er sein
Los mit Disziplin und dem Geist der Pflichterfüllung, wie er
in der Familie gepflegt wird.

Im Bundestag hält Karl Theodor zu Guttenberg am 27. Mai
1970 seine letzte Rede. Es geht noch einmal um die Deutsch-
land-Politik, um die Freiheit aller Deutschen, auch derer in
der DDR – das Lebensthema des konservativen Unions-Man-
nes. Noch einmal warnt er davor, sich Illusionen zu machen
über die Haltung Ost-Berlins und Moskaus. Guttenberg kann
nur noch schwer gehen, weil die Krankheit die Nervenzellen
zerstört und die Muskeln lähmt. Er weiß, dass ihm nach den
Sommerferien Stimme und Beine den Dienst versagen werden. Deswegen muss die Rede jetzt sein. Die Ärzte haben ihm
erlaubt, 20 Minuten zu sprechen. Guttenberg braucht 40. Er
bringt die Rede nur mit Mühe zustande. Das Protokoll ver-
merkt den Zwischenruf des Oppositionsführers Rainer Barzel von der CDU in Richtung des SPD-Kanzlers Willy Brandt:
»Hier spricht ein Mann mit letzter Kraft, und der Bundeskanzler lacht darüber.«

Als Guttenberg die Rede beendet hat und vom Podium ab-
tritt, stützen ihn Barzel und der CSU-Vorsitzende Franz Josef
Strauß. Im Herbst macht ihn die CSU im Landkreis Forchheim zu ihrem Ehrenvorsitzenden. Die Parteifreunde über-
reichen eine Urkunde, in der viel Lobendes über ihn steht.
Am meisten aber freut den scheidenden Politiker, dass sie geschrieben haben: »Unserem Baron ...«[10]

Sein politisches Wirken sollte damit abgeschlossen sein.
Doch Pflichtbesessenheit treibt den todkranken Mann noch
einmal in die politische Arena. Als am 17. Mai 1972 der Bundestag über die Ostverträge abstimmt, lässt sich Guttenberg
ein letztes Mal in den Plenarsaal des Parlaments bringen, mit
dem Rollstuhl zur Wahlurne fahren. Lange hat Guttenberg
gegen diese Verträge gekämpft, jetzt will er nicht fehlen, selbst

wenn er weiß, dass dieser politische Kampf für ihn verloren ist.

Der »Baron«, der so für die Politik lebte und der deshalb selten zu Hause bei der Familie war, ist bald ans Bett gefesselt. Sein Glaube hilft ihm, dem bevorstehenden Ende mit Gelassenheit zu begegnen. Ein Franziskanermönch, der oft im Schloss zu Gast bei ihm ist, steht zur Seite. Die letzten fünf Monate verbringt der Schlossherr zu Hause. Bei geistiger Klarheit und wachem Interesse am politischen Geschehen kann er sich fast nur noch durch Handzeichen verständlich machen. Fast auf den Tag zehn Monate nach der Geburt seines Enkelsohns stirbt der Patriarch am 4. Oktober 1972 im Alter von nur 51 Jahren auf Schloss Guttenberg.

Zur Trauerfeier und Beisetzung reisen zahlreiche Spitzenpolitiker der Bundesrepublik an, nicht nur die von CSU und CDU. Rainer Barzel, damals Kanzlerkandidat der Union, ist gerade in der heißen Phase des Wahlkampfs unterwegs, im November wird der Bundestag gewählt. Er wird mit dem Hubschrauber eingeflogen. Über den Tag der Trauerfeier schreibt Elisabeth zu Guttenberg, die Mutter des Verstorbenen, in ihren Erinnerungen:

»Der große Schlosshof füllt sich mit zahllosen Kränzen. Am Tag der Beisetzung kann er die vielen Trauernden nicht fassen. Über zehntausend waren gekommen, um Abschied zu nehmen. Bambergs Erzbischof zelebrierte. Reden am Sarg, der im Schlosshof aufgebahrt war, alle erfüllt von Trauer um einen, der unersetzlich war. Die wohl ergreifendste Ansprache hielt der damalige Verteidigungsminister Helmut Schmidt. Auch Strauß war gekommen, und ich werde nie vergessen, wie dieser ›starke Mann‹ in Tränen auf den Sarg zuging. Nach dem Gottesdienst trugen vier Männer aus Guttenberg den Sarg hinunter in die Gruft.«[11]

Der spätere Bundeskanzler Schmidt, mit dem sich Guttenberg manches harte Rededuell geliefert hatte, würdigt Guttenberg in einem Nachruf in der »Zeit« als einen Mann, »der abhängig war nur von seinem Gewissen«, der »zwar ein Geg-

ner, aber doch kein Feind, vielmehr ein Kamerad« gewesen
sei. In allem, »was die Moral der Politik angeht, dürfen wir
Karl Theodor von und zu Guttenberg getrost ein Vorbild
nennen«, lautet der letzte Satz des Nachrufs.[12]

Auch Karl-Theodor zu Guttenberg hat seinen Großvater
mehrfach als Vorbild bezeichnet, vor allem in der Unver-
brüchlichkeit, mit der jener seine Meinung vertreten habe.
»Wenn er zu einer Ansicht gekommen war, dann vertrat er sie
mit aller Klarheit, auch wenn ihm der Gegenwind ins Gesicht
blies«, sagt er über ihn.[13] Dabei hat er den Großvater nicht
mehr kennenlernen können. Äußerlich ist er ihm nicht ähnlich. Der Großvater hatte zwar die Haare, die sich früh zu
lichten begannen, ebenso strikt nach hinten pomadisiert wie
später sein Enkel. Doch insgesamt machte er äußerlich nicht
den strahlenden Eindruck des heutigen Ministers, wirkte kan-
tiger, entschiedener auch. Was den Enkel mit dem Großvater
verbindet, ist die Leidenschaft für Politik. Ein Blick auf dessen Leben lohnt, um auch das politische Selbstverständnis des
gegenwärtigen Politikers Guttenberg zu beleuchten.

Im Alter von 25 Jahren wird Karl Theodor zu Guttenberg
1946 einer der Mitbegründer der CSU in seinem Heimatort
Stadtsteinach in der Nähe des Schlosses Guttenberg. Er hat zu
diesem Zeitpunkt, wie viele seiner Generation, schon allerhand erlebt, sechs Jahre Krieg in Polen, Russland und Frankreich, Gefangenschaft bei den Briten. Und in der Heimat gibt
es gleich Ärger mit den Befreiern, weil die CSU bei Wahlen
zwar die Mehrheit gewonnen hat, aber die Amerikaner den
Landrat nicht entlassen wollen, den sie selbst eingesetzt haben. Und der amerikanische Militärgouverneur hasst den jungen CSU-Politiker, seitdem dieser der deutschen Frau den
Handschlag verweigert hat, die ihren Mann verlassen hatte,
um mit dem Offizier aus Amerika zu leben. Ein katholischer
Adliger alter Schule tut das eben nicht.

Guttenberg will sich nicht auf die Verwaltung seines Schlosses und seiner Güter beschränken, er will auch nicht etwa studieren, sondern Politik machen. »Ein Guttenberg ohne Poli-

tik ist nicht denkbar«, sagt heute seine Frau Rosa Sophie dazu.[14] Er weiß, dass er einen langen Atem braucht, um sich durchzusetzen, aber er weiß auch, dass Recht und Gesetz wieder etwas zählen in Deutschland. Knapp sechs Jahre nach den ersten politischen Gehversuchen wird er 1952 selbst zum Landrat seines Heimatkreises gewählt – vor seinem Mitbewerber von der SPD. Skepsis gegenüber dem reichen Baron ist bei denjenigen Bauern und Kleinstädtern, die eher links eingestellt sind, reichlich vorhanden. Doch Guttenberg gelingt es, Vertrauen auch bei jenen in der Bevölkerung zu gewinnen, die ihm zunächst misstrauisch gegenüberstehen. Jede Woche hält er Sprechstunde, sein Vorzimmer sieht bald aus wie der Wartesaal eines ländlichen Bahnhofs, so erinnert er sich selbst. Der Landrat setzt sich für die Leute ein, und mancher Beamte geht mit rotem Kopf aus dessen Zimmer.

Schnell macht Guttenberg Karriere in der Christlich-Sozialen Union, wird Vorsitzender des Kreisverbandes, dann Mitglied im Vorstand des CSU-Bezirks Oberfranken; von 1961 an ist er auch Mitglied im Landesvorstand der CSU. Im Alter von 36 Jahren wird er 1957 in den Deutschen Bundestag gewählt – er sitzt dort für den Wahlkreis Forchheim, später, nach einer Wahlkreisreform, ist es der Wahlkreis Kulmbach. Sein Enkel wird 45 Jahre später im gleichen Wahlkreis das Direktmandat für den Bundestag gewinnen und sogar noch sechs Jahre jünger sein, als der Großvater es beim ersten Einzug ins bundesdeutsche Parlament war.

Während seiner Zeit im Bundestag wird Karl Theodor zu Guttenberg zu einem der profilierten Außenpolitiker der CDU/CSU-Bundestagsfraktion. (Und auch sein Enkel wählt später die Außenpolitik.) Guttenberg ist zunächst ein unbekannter Neuling. Seine erste große Rede im Bundestag hält er am 5. November 1959 zum Deutschland-Plan der SPD. Nach dem Willen der Sozialdemokraten soll zuerst eine entmilitarisierte Zone in Mitteleuropa geschaffen, in ihr soll dann die Vereinigung Deutschlands vorangetrieben werden. Guttenberg, entschiedener Antikommunist und ebensolcher Anhän-

ger einer West-Bindung, vor allem an Frankreich und dann an
Amerika, lässt an dem Plan kein gutes Haar. Die Rede, die er
wochenlang vorbereitet hat, erweckt großes Aufsehen, so
stark und auch so polemisch ist sie.»Was Sie an Ulbricht
stört«, ruft er der SPD zu,»das ist der Terror und damit die
Methode, nicht die Sache. Deutschlands Freiheit, so wie Sie
sie wünschen, das ist die Zone ohne Ulbricht, das ist die Bundesrepublik mit den sozialistischen Errungenschaften.« Es
kommt zu tumultartigen Szenen, die Zwischenrufe aus den
Reihen der Sozialdemokraten reichen von »Schafskopf!« bis
»Unerhörter Scharfmacher!«. Herbert Wehner, der Großin-
quisitor der SPD, ruft mehrmals während der Rede:»Der Baron lügt!« Und Helmut Schmidt, der nach ihm spricht, be-
klagt, dass die Deutschen niemals eine Revolution zustande
gebracht hätten,»die dieser Art von Großgrundbesitzern die
materielle Grundlage entzogen hätte«. Für die links stehende
»Frankfurter Rundschau« ist Guttenberg denn auch der »Erz-
stratege des Kalten Krieges«. Doch der »Baron« aus Franken,
dem die Kritik mehr zusetzt, als er nach außen zugeben mag,
gilt seit diesem Auftritt nicht nur als guter Redner; er wird
auch von einem Hinterbänkler zu einem der führenden Männer der CSU.

Trotz allen Streits ist Karl Theodor zu Guttenberg auch bei
Abgeordneten des politischen Gegners bald anerkannt. Er ist
kein Parteisoldat, vielmehr ein unabhängiger Kopf. Wenn es
darum geht, gegen wen er kämpft oder mit wem er zusammenarbeitet, entscheidet er nicht nur nach Parteibuch, sondern auch nach sachlichen, moralischen und menschlichen
Kriterien. Mit dem autoritären und aufbrausenden CSU-Chef
Franz Josef Strauß legt er sich mehrfach und in durchaus rau-
hem Ton an. Dem knorrigen und nicht minder schwierigen
SPD-Fraktionsvorsitzenden Herbert Wehner bringt er später – nach gemeinsamen Abendessen in Wehners bescheidener
Wohnung in Bonn – Zuneigung entgegen, ja Guttenberg selbst
empfindet ihr Verhältnis als eine persönliche Freundschaft.
Wehner kommt auf Schloss Guttenberg zu Besuch, wie auch

später Strauß oder Bundeskanzler Kurt Georg Kiesinger. Für die Kinder gilt dann ein Sprechverbot, aber beim Essen dürfen sie, zur Überraschung der Gäste, oft dabei sein. Herbert Wehner fragte, ob das denn richtig sei, dass die Kinder zuhören, erinnert sich Enoch zu Guttenberg. »Auf die kann ich mich mehr verlassen als auf meine Parteifreunde«, antwortete Karl Theodor der Ältere.

Gerade die freundschaftliche Verbindung, die Guttenberg zu Herbert Wehner aufbaut, mag erstaunen. Obwohl er, wie er selbst sagt, mit allen Vorurteilen ausgestattet war, die ein Unionsmann aus der Provinz gegenüber dem ehemaligen Kommunisten haben konnte, erkennt er in dem Sozialdemokraten einen, der für die Freiheit brennt und deshalb gegen den Kommunismus ist. Wehner ist es wohl, weil er den Stalinismus in Moskau 1937 von seiner schrecklichsten Seite kennengelernt und, wie wir heute wissen, sich selbst in Stalins massenmörderischen Säuberungen schuldhaft verstrickt hatte. Guttenberg ist es, weil er sich nie Illusionen über diesen Kommunismus gemacht hat und deswegen den Feinden der Freiheit nicht nachgeben will. Es gibt später einen Wutausbruch Wehners, der die Beziehung belastet. Guttenberg leidet darunter. Wehner soll ihn aber noch am Totenbett besucht haben.

Das gute Verhältnis zu Wehner, der den Deutschland-Plan der SPD 1960 selbst auf den Müllhaufen der sozialdemokratischen Parteigeschichte wirft, wird auch politisch wirksam: Im Herbst 1962, als die FDP-Minister im Zuge der »Spiegel«-Affäre zurücktreten, versucht Guttenberg, gemeinsam mit Wehner eine große Koalition von Union und SPD einzufädeln. Im Auftrag Konrad Adenauers – und mit einem ihn bevollmächtigenden Brief des Bundeskanzlers versehen – geht er zu Wehner. Ziel einer großen Koalition wäre es unter anderem, ein Mehrheitswahlrecht einzuführen und damit, so sehen es Union und SPD, die politische Stabilität der Bundesrepublik langfristig zu garantieren. Doch der Plan, ein solches Bündnis zu schmieden, misslingt. Die SPD schreckt zurück, weil die CDU

Der »Baron« stellt eine Zwischenfrage: Karl Theodor zu Guttenberg im Bundestag in Bonn am 3. Februar 1971. Links neben ihm der CSU-Vorsitzende Franz Josef Strauß

nicht über einen Verzicht Adenauers auf die Kanzlerschaft reden will; Adenauer verliert das Vertrauen in die ganze Sache, so erinnert sich Karl Theodor zu Guttenberg, weil sie früh an die Öffentlichkeit gerät.

Zu guter Letzt ist seine eigene Parteiführung sauer auf Guttenberg: Da er die Gespräche mit Wehner geführt hat, ohne den Parteivorsitzenden Strauß einzuweihen, strengt die CSU ein internes Schiedsverfahren gegen ihn an, das mit einem Parteiausschluss enden kann. Als der Landesvorstand versammelt ist, weigert sich Guttenberg, Abbitte zu leisten; er will nicht sagen, was nicht wahr ist, nämlich, dass er sein Vorgehen bedauere. Das wird ihm als Sturheit ausgelegt. Nur drei von 50 Mitgliedern des Landesvorstands der CSU stimmen gegen das Verfahren, an dessen Ende ein offizieller Tadel steht. Damals, so erinnert sich sein Sohn Enoch zu Guttenberg, sei der junge Abgeordnete Helmut Kohl auf das Schloss gekommen. Kohl habe dem CSU-Politiker für den Fall eines Parteiausschlusses seinen Wahlkreis in Aussicht gestellt, da er einen sicheren Listenplatz habe. »Wenn Sie hier rausfliegen, dann kandidieren Sie in meinem Wahlkreis«, hat er gesagt. Guttenberg hat das Verfahren gegen ihn nur schwer verkraftet. Dass sein eigenes Verhalten durchaus als illoyal gegenüber seiner Partei und deren Führung bewertet werden konnte, scheint er nicht eingesehen zu haben. Sein Groll zeigt sich ein Jahr später, als er sich auf dem CSU-Parteitag offen gegen die Wiederwahl von Franz Josef Strauß als Parteivorsitzenden ausspricht. Als der gewählt wird, sichert Guttenberg ihm allerdings volle Loyalität zu; später haben sich beide sogar in einem Gespräch ausgesöhnt. An einen Rücktritt hat Guttenberg trotz seiner Kränkung anscheinend nicht gedacht – zumindest hat er, anders als später sein Enkel, nicht damit gedroht.

Gut vier Jahre später, im Winter 1966/67, nutzt Guttenberg seine Kontakte zu Wehner und zu anderen führenden SPD-Politikern, um als Mittler die erste große Koalition mit zu realisieren. Zwar bringt ihm die Koalition im April 1967 nur den Posten eines Parlamentarischen Staatssekretärs im Bundeskanzleramt unter Kurt Georg Kiesinger ein. Aber Guttenberg ist wichtig für den Zusammenhalt der Koalition, gerade durch sein gutes Verhältnis zu Herbert Wehner; denn zwischen Kanzler Kiesinger, dem ehemaligen NSDAP-Mitglied, und Willy Brandt, dem ehemaligen Hitler-Gegner und Emigranten, »funktionierte die Chemie nicht«, wie sich Egon Bahr, damals mit Brandt im Außenministerium, erinnert.[15] Die große Koalition war aber, so Bahr, auch eine Koalition der Versöhnung. Franz Josef Strauß schrieb Ähnliches in seiner Autobiographie: »Für den fränkischen Reichsfreiherrn lag in den Sonderkontakten zum Altkommunisten Wehner auch ein Stück Emotion, sozusagen die Versöhnung zwischen rechts und links.«[16] In der zweiten großen Koalition der Bundesrepublik, jener von 2005 bis 2009, wird Karl Theodors des Älteren Enkel dann Minister werden. Doch in der CSU hat jener es mit seinem

Aufstieg bedeutend leichter als sein Großvater, gegen dessen Ernennung zahlreiche »Parteifreunde« bei Kiesinger zu intrigieren suchen. Für lange ist Guttenberg sein Vertrauensposten im Kanzleramt nicht vergönnt, gerade einmal zweieinhalb Jahre. SPD und FDP bilden nach der Bundestagswahl im Herbst 1969 eine Koalition und wählen Willy Brandt zum Bundeskanzler.

Die Ostpolitik der SPD bekämpft Guttenberg weiter vehement. Die Erklärung der Bundesregierung vom Oktober 1969, in der von der DDR als zweitem deutschen Staat die Rede ist, bezeichnet er als »dunkle Stunde« seiner politischen Laufbahn. Die DDR staatsrechtlich anzuerkennen, betrachtet er als Sündenfall der Bundesrepublik; den Grundlagenvertrag lehnt er – anders als die meisten Abgeordneten der CDU und CSU, die sich der Stimme enthalten und damit die Ratifizierung möglich machen – konsequent ab.

In der Zeit seines größten politischen Einflusses, den sechziger Jahren, ist Guttenberg für viele eine lebende Provokation. Katholisch, adlig, Großgrundbesitzer, Millionär, Antikommunist und Konservativer – ein nahezu perfektes Feindbild für die politische Linke. Auch seine Schwiegertochter Christiane hat sich oft mit ihm gestritten. »Meine Meinung war viel mehr links als die meines Schwiegervaters«, sagt sie. Aber es habe Spaß gemacht, mit ihm zu streiten.[17] Elegant, charmant, mit süddeutschem Redefluss ausgestattet, einer, der nie langweilt – so wird Guttenberg von den Zeitgenossen beschrieben; aber auch als unabhängig, kühl bis arrogant im Auftreten, als Einzelgänger. Die Karriere in einem politischen Spitzenamt, die sein Enkel schon heute gemacht hat, bleibt ihm versagt.

In Guttenberg steht heute ein Denkmal von Karl Theodor zu Guttenberg. Er ist dort mit Pfeife und mit seinem geliebten Dackel abgebildet. In Oberfranken war der alte Guttenberg in seiner Partei ein Idol, wie sich heute noch mancher CSU-Mann erinnert. Der Widerpart zum mächtigen Parteichef Franz Josef Strauß sei einer gewesen, zu dem man aufblickte.

Als sein Enkel die politische Bühne betrat, sei deshalb die Reaktion gewesen: »Ah, wieder ein Guttenberg!«

Die Guttenbergs und der Widerstand

Immer wieder erinnert der Verteidigungsminister Karl-Theodor zu Guttenberg in Reden an den 20. Juli 1944, an das missglückte Attentat auf Hitler durch die Verschwörer um Claus Schenk Graf von Stauffenberg. Das ist in Guttenbergs Fall mehr als nur die politisch gebotene Rückschau auf jenes Kapitel im dunkelsten Teil deutscher Geschichte, auf das sich die Bundesrepublik und insbesondere die Bundeswehr berufen. Guttenberg hat sich schon vor seiner Zeit als Verteidigungsminister mit dem Thema auseinandergesetzt, denn er ist mit ihm aufgewachsen. Der Widerstand und die Erinnerung an ihn sind ein prägender Teil der Familiengeschichte der Guttenbergs. Unter den Mitgliedern der Großfamilie, den ursprünglichen wie den angeheirateten, waren eine ganze Reihe bekannter und weniger bekannter Angehöriger des Widerstands gegen Hitler. Die Guttenbergs haben sich deshalb immer als Familie des Widerstands begriffen und einen großen Teil ihres Selbstbewusstseins daraus bezogen.

Hat dieser Widerstand etwas mit dem Adel zu tun? Zumindest war die Mehrheit der Verschwörer des 20. Juli adlig. Es ging ihnen nicht nur um ein Attentat auf Hitler, sondern auch um einen Staatsstreich. An seiner Planung nahmen Leute teil, die im Staatsdienst und im Militär ganz oben standen. Durch die große Zahl von Frauen und Männern adliger Herkunft, die an den Planungen beteiligt waren, gehört der 20. Juli sicher »zu den Ruhmestiteln der deutschen Adelsgeschichte«. Und es ist wohl nicht abwegig, das Attentat auf Hitler auch als ein Aufflackern des politischen Herrschaftswillens des Adels zu sehen.[18] Insgesamt gab es aber unter den Adligen Deutschlands weit mehr Anhänger als Gegner der Nationalsozialisten. Was für die Deutschen insgesamt gilt, das trifft auch für den Adel zu. Er ist berauscht oder doch beeindruckt von Hitlers Erfolgen, seine Verbrechen übersieht er lange, und erst mit der Kriegswende beginnen die Zweifel zu wachsen. Gerade die norddeutschen, protestantischen Adligen laufen früh in beträchtlicher Zahl zum Nationalsozialismus über. Auch die Enkel des Reichsgründers Otto von Bismarck gehören zu den Adligen, die bald nach der Machtübernahme in die NSDAP eintreten. Zu betonen, dass viele Adlige unter den Verschwörern des 20. Juli waren, hat nicht zuletzt in den vergangenen zwei Jahrzehnten viel zum Prestigegewinn des »Adels« in der Bundesrepublik beigetragen. Wie schon früher konnte man so »die herausragende Haltung Einzelner als Beleg für die Hochwertigkeit des gesamten Adels« darstellen.[19] Doch das kann kaum darüber hinwegtäuschen, dass der Adel insgesamt ein eher jämmerliches Bild im Nationalsozialismus abgegeben hat.

Viele aus dem süddeutschen katholischen Adel standen den Nationalsozialisten allerdings mit Skepsis oder gar mit Ablehnung gegenüber. Die Verankerung im Katholizismus spielt dafür eine wichtige Rolle – Deutschlands Katholiken wählten Hitler bekanntlich in deutlich geringerer Zahl als die Protestanten. Der bayerisch-katholische Adel verhält sich jedenfalls in entscheidenden Fragen anders als der preußisch-protestantische. Er hält der Monarchie lange die Treue, weil er in Rupprecht von Bayern einen für viele akzeptablen Thronprätendenten hat – während die Söhne des ins Exil gegangenen protestantisch-preußischen Kaisers zerstritten sind oder mit den Nazis paktieren. Rupprecht von Bayern ist ein Gegner der Nationalsozialisten. Er verlässt Berchtesgaden, als Hitler sich dort immer häufiger aufhält. Später lebt er inkognito in Florenz. Die Mitglieder der wichtigsten bayerischen und süddeutschen alten katholischen Adelsfamilien gehören jedenfalls in der Regel nicht der NSDAP an – anders, als es bei vielen preußisch-protestantischen Adelshäusern der Fall war.

Die direkte Verbindung zum Widerstand gegen den Nationalsozialismus in der Familie Guttenberg ist der beschriebene

Großvater Karl Theodor. Seine Haltung ist wiederum geprägt
gewesen von seinem eigenen Vater: Georg Enoch zu Guttenberg, der Ältere sozusagen, der Großvater des Dirigenten.
Sein Beispiel zeigt, wie wenig geradlinig der Weg in den Widerstand, ja wie ambivalent die Haltung selbst jener war, die
sich durch resistentes Verhalten hervorhoben. Geboren 1893,
dient Georg Enoch zu Guttenberg im Ersten Weltkrieg als
kaiserlicher Offizier in der Marine. Während des Weltkriegs
wird er – in der Nachfolge seines 1915 gefallenen älteren Bru-
ders Maximilian – jüngster »erblicher Reichsrat« in der Kammer der Reichsräte der Krone Bayerns, deren Existenz mit
dem Ende der Monarchie 1918 erlischt. Enoch zu Guttenberg
ist ein überzeugter Monarchist. Von der Republik und dem
Parlamentarismus hält er nichts, ja er will sie beseitigen. Das
unterscheidet ihn nicht von der Mehrheit seiner Generation
aus adligen Familien. Für den Adel (nicht nur für ihn freilich)
bricht 1918 eine Welt zusammen; der Friedensvertrag von
Versailles führt dazu, dass die Söhne der Adelsfamilien ihre
Offiziersposten in der Armee verlieren; aus vielen Ämtern in
der Verwaltung werden sie entlassen; Privilegien und Standes-
rechte werden abgeschafft. Mit der Republik möchten sie sich
nicht anfreunden. Am Untergang der Weimarer Republik hat
auch jener Teil des Adels, der sich nicht für die Nationalsozialisten begeisterte, aber die Demokratie samt ihrer »Schwatz-
bude« Parlament abschaffen wollte, seinen gehörigen Anteil.
   Georg Enoch zu Guttenberg setzt sich als Offizier und als
»Adelsfunktionär« aktiv dafür ein, die neue Ordnung wieder
durch die alte zu ersetzen. Gegen die extreme politische Linke
wendet er sich mit Gewalt. So kämpft er 1919 gegen die Kommunisten, die in München eine Räterepublik errichtet haben,
wird von ihnen verhaftet. Angeblich entkommt er nach seinem Ausbruch aus dem Gefängnis durch die List, dass er sich
laut skandierend unter seine eigenen Verfolger mischt. So zumindest erinnert sich seine Frau Elisabeth zu Guttenberg;
doch deren Memoiren »Beim Namen gerufen« sind nicht frei
von der Heroisierung ihres Gatten und werden in der Familie

Guttenberg angesichts ihrer Schönfärberei mit ironischer Skepsis betrachtet. Später gehört Enoch der Ältere zu dem Truppenverband, der in München die Kommunisten besiegt und damit der Räterepublik, deren Herrschaft Adel und Großbürgertum als Tage des Terrors empfunden hatten, ein Ende setzt. Die Verbände gehen in München laut zeitgenössischen Erinnerungen äußerst brutal gegen die »Roten« vor. Wenn es darum geht, das »Bolschewistengeschwür« herauszuschneiden, ist auch der Adlige, der mit dem Begriff der Ritterlichkeit aufgewachsen ist, alles andere als zimperlich in der Wahl seiner Mittel. Auch der Mörder des Ministerpräsidenten Hans Eisner ist ein Mann von Adel: Der junge Graf von Arco-Valley erschießt im Februar 1919 den Führer der Räterepublik von hinten und bleibt nach seiner vorzeitigen Entlassung aus der Haft ein angesehenes Mitglied der bayerischen Adelskreise.

Am Kapp-Putsch im Jahre 1920, dem Versuch von Monarchisten unter Leitung von Wolfgang Kapp, die instabile Weimarer Republik durch eine Monarchie zu ersetzen, ist Georg Enoch zu Guttenberg ebenfalls beteiligt; er nimmt in der Pfalz und in den linksrheinischen Gebieten an Gefechten zwischen Kapp-Anhängern und Kommunisten teil. Der Versuch, der Republik den Garaus zu machen, scheitert jedoch; die nach Weimar geflohene Reichsregierung kann bald nach Berlin zurückkehren.

Die Monarchie will Georg Enoch zu Guttenberg auch künftig wieder errichten. Von 1928 an führt er – in Nachfolge von Erwein Freiherr Aretin, einem Freund der Familie – den Bayerischen Heimat- und Königsbund, in dem sich die königstreuen Abkömmlinge der Adelshäuser zusammenfinden. Der Bund hat zu dieser Zeit rund 1330 Ortsvereine, 65 000 Mitglieder sind in ihnen zusammengeschlossen. Mit den erstarkenden Nationalsozialisten hat er seine Probleme, hegt aber auch Sympathien für sie. So verbindet die Gegnerschaft zum Kommunismus, der den Adelsfamilien damit droht, ihnen nach dem Verlust der politischen Macht auch noch den Besitz zu entreißen. Auch die Verachtung des Parlaments und oft einen mehr oder weniger offenen Antisemitismus teilen viele Adlige mit den Nationalsozialisten. Die Idee einer durch Stammbäume belegten »reinen Abstammung« ist dem Adel geradezu selbstverständlich; den Rassen-Antisemitismus hat der katholische Adel anders als sein protestantisches Pendant allerdings kaum geteilt.

Zum Aufstieg Hitlers haben viele Adlige beigetragen. Zu seinen frühen Förderern gehört Carl Eduard von Sachsen-Coburg und Gotha. Später engagiert sich etwa der Kaisersohn August Wilhelm von Preußen in Hitlers Bewegung, setzt sich dafür ein, dass Hitler in Deutschlands nationalkonservativen Kreisen akzeptiert wird. Letztlich sind es Reichspräsident Paul von Hindenburg und seine aus ehemaligen Adligen bestehende Kamarilla, die sich der Illusion hingeben, Hitler durch Ernennung zum Reichskanzler einbinden und kontrollieren zu können.

So mag auch die Haltung Georg Enoch zu Guttenbergs nicht verwundern. Von der Nähe zu den Nationalsozialisten zeugt in einer Rede um 1930 etwa die Passage: »Die Feinde des Nationalsozialismus sind auch unsere Feinde! Ihr Freiheitsdrang ist der unsere. Wir werden die Letzten sein, die sein Überschäumen tadeln!« Noch im Juli 1933, sechs Monate nach der Machtübernahme Hitlers, kommt er zu folgender Einschätzung: »Der Bayerische Heimat- und Königsbund hat zwölf Jahre gegen Parteienstaat und Parlamentswirtschaft, gegen Pazifismus und undeutsche Gesinnung angekämpft: Wir sehen heute diese Gegner geschlagen.«[20] Tatsächlich sind im Juli 1933 schon viele Gegner der Nazis geschlagen. Ende Februar waren nach dem Reichstagsbrand die Grundrechte außer Kraft gesetzt worden, im März hatte man das Parlament durch das Ermächtigungsgesetz als politische Kraft ausgeschaltet, im April wurden freie Parteien und Gewerkschaften aufgelöst und der erste Boykott jüdischer Geschäfte befohlen, im Mai waren die Bücher »undeutscher« Autoren verbrannt worden, im Juni wurde die SPD verboten und das erste Konzentrationslager in Dachau errichtet. Wer noch daran ge-

zweifelt haben sollte, welche Politik Hitler und die Nationalsozialisten im Sinn hatten, der konnte Mitte 1933 schon mehr
als deutlich sehen, wohin die Reise ging.

Trotz der teilweisen Sympathien für die Nationalsozialisten sehen viele Mitglieder der katholischen Adelsfamilien in
Bayern Hitler als Gefahr. Seine Machtergreifung will die Kö-
nigsbewegung dadurch verhindern, dass sie den bayerischen
Kronprinzen Rupprecht wieder an die Spitze Bayerns bringt.
Monatelang hat Georg Enoch zu Guttenberg mit seinen politischen Freunden darauf hingearbeitet. Noch am Vorabend
der geplanten Übernahme der Regierung durch den Kronprinzen ist er überzeugt, dass der Plan gelingen würde, nach
welchem der Ministerpräsident den Kronprinzen zum »Ge-
neralstaatskommissar« ausrufen soll. Doch es kommt anders
am 21. Februar 1933 – der Ministerpräsident schreckt im letzten Moment zurück, benutzt die fadenscheinige Ausrede, ein
juristisches Detail sei ungeklärt geblieben. Der letztlich dilet-
tantische Plan ist gescheitert.

Im Sommer 1934 kommt nachts um drei Uhr »eine Horde
SS-Männer zu Hause ans Schlosstor«, erinnert sich Karl
Theodor der Ältere. Die etwa 40 SS-Leute durchsuchen das
Schloss, vernehmen einige Bewohner und verhaften seinen
Vater. Georg Enoch zu Guttenberg wird ins Münchner Poli-
zeipräsidium in die Ettstraße gebracht. Der Grund für die
Verhaftung ist bald klar: der »Röhm-Putsch«, wie die Ermordung von bis zu 200 hohen SA-Leuten, Offizieren der Wehrmacht sowie Oppositionellen aus Politik und Kirche genannt
wird. Unter den Opfern ist auch der ehemalige Reichskanzler
General Kurt von Schleicher. Noch am Abend vor seiner Verhaftung habe Georg Enoch zu Guttenberg, so schreibt sein
Sohn, zu einem Vetter gesagt: »Jetzt zeigen sie ihr wahres Gesicht. Alles, was sich ihnen entgegenstellt, wird aus dem Weg
geräumt. Wart nur, wir kommen auch noch dran.«[21] Tatsächlich melden Zeitungen wenige Tage später den Tod Georg
Enoch zu Guttenbergs, was darauf schließen lässt, dass die
Nazis ihn auf einer Liste der zu Erschießenden führten. Doch

die Nachricht über seinen Tod ist falsch. Nach mehreren Wochen wird er aus der Haft entlassen. Wie sehr er in den Jahren danach in den Widerstand eingebunden war, dazu gibt es jenseits der Familienerinnerung kaum Quellen. Zu konspirativen Treffen sollen sich die Mitglieder des bayerischen Königsbundes, so sagt Enoch zu Guttenberg der Jüngere, in der Bibliothek des Schlosses getroffen haben. Durch eine Brandmauer und eine Eisentür galt sie als abhörsicherer Raum. Zudem führt aus ihr eine Tür in den Garten, eine zweite direkt auf die Empore der Kirche. »Mein Großvater konnte durch die Bibliothek abhauen, wenn die SS ihn verhaften wollte.« Einige »herrschaftstreue Nazis« helfen, die Verhaftungen zu verhindern. So erzählt man sich in der Familie die Geschichte vom Ortsgruppenführer, der im Schloss anrief und sagte: »Herr Baron, ich komme in zwei Stunden mit der SS, um Sie zu verhaften.«

Karl Theodor zu Guttenberg, der Ältere, hatte die Gegnerschaft des Vaters zu den Nationalsozialisten schon als Kind erlebt. Wenige Jahre später macht er seine eigenen Erfahrungen. Nach dem Schulbesuch auf der vom katholischen Adel geschätzten Internatsschule der Jesuiten »Stella Matutina« in Feldkirch in Voralberg und, nach deren erzwungenem Umzug, in St. Blasien im Schwarzwald sowie dem Abitur auf dem Alten Gymnasium in Würzburg geht er im Anschluss an den Reichsarbeitsdienst 1938 als Offiziersanwärter zur Wehrmacht. Er tritt ins 17. Reiter-Regiment in Bamberg ein, zusammen mit seinem einzigen Bruder Philipp Franz. Übrigens in dasselbe Regiment, in das 1926 Claus Schenk Graf von Stauffenberg eingetreten war. Als Hitler den Zweiten Weltkrieg beginnt, ist Karl Theodor von Anfang an dabei: zunächst in Polen, dann in Frankreich, später in Russland.

Als er mit 18 Jahren, so erinnert er sich, in einem kleinen verschlafenen Ort an der französischen Grenze auf den Einmarschbefehl wartet, berichtet ein ihm wenig sympathischer Leutnant im Café stolz davon, wie er in Polen bei einer Razzia einen »dreckigen Juden eigenhändig erstochen« habe.

Guttenberg kann nicht an sich halten und fährt ihn an: »Ich hätte an Ihrer Stelle lieber auf die SS als auf die Juden geschossen.« Der Leutnant zeigt den aufmüpfigen Fähnrich an, berichtet noch einiges andere Negative über ihn, etwa, welche kritischen Bemerkungen über Hitler er habe fallenlassen. Nur weil der vorgesetzte Major zufällig »Onkel Rudi« ist, Rudolf von Lerchenfeld, der Sohn eines Nachbarn und Freundes der Familie in Oberfranken, und weil Vater Enoch selbst zu Hilfe eilt, geht die Sache glimpflich aus. Wegen seiner Jugend sei der Fähnrich Guttenberg noch nicht politisch ernst zu nehmen, urteilt der Kriegsgerichtsrat, der den Beschuldigten zwar abkanzelt, aber es mit einer Disziplinarstrafe von drei Wochen Arrest bewenden lässt.[22]

So jedenfalls ist die Geschichte, wie sie Karl Theodor der Ältere selbst in seinen Lebenserinnerungen schildert. Die heute in der Familie gängige Version lautet allerdings völlig anders: Karl Theodor zu Guttenberg »sollte schon mit 19 Jahren vor ein Kriegsgericht der Hitler-Schergen, weil er sich geweigert hatte, in Polen Juden zu erschießen«. So hat es Enoch zu Guttenberg viele Male über seinen Vater erzählt. Für eine solche Tat, eine glatte Befehlsverweigerung, wäre dieser möglicherweise selbst an die Wand gestellt worden. Keinesfalls wäre eine solche offene Missachtung eines Befehls aber mit einer dreiwöchigen Karzerstrafe geahndet worden. Darüber hinaus gibt es keinen einsehbaren Grund, warum Karl Theodor zu Guttenberg, statt von einer dramatischen Begebenheit in Polen zu berichten, eine weit weniger dramatische Geschichte in Frankreich hätte erfinden sollen. Wollte Enoch zu Guttenberg seinen Vater im Nachhinein heroisieren, ihn größer machen, als er es gewesen ist? Oder hat er seine Version der Begebenheit so oft gehört oder erzählt, dass er sie selbst glaubt? Die Darstellung dürfte jedenfalls dem Reich der Legende zuzuordnen sein. Wie sich solche Heroisierungen verselbständigen und weiterentwickeln, zeigt ein Bericht der »Zeit«. Der junge Soldat Guttenberg habe für seine Unbotmäßigkeit »vorübergehend im KZ gesessen«.[23]

Wahr ist wohl, dass Karl Theodor der Ältere über diese Episode hinaus mit dem Widerstand zu tun hatte. Über seinen Taufpaten und Onkel Karl Ludwig Freiherr von und zu Guttenberg kommt er, so berichtet er wiederum selbst in seinen Erinnerungen, bei einem Heimaturlaub von der Ostfront im Herbst 1942 mit dem Umkreis des militärischen Widerstands gegen Hitler in Kontakt. Er lernt führende Männer des Widerstands im Amt Abwehr kennen, das von Wilhelm Canaris geleitet wird. Der Onkel habe ihn gefragt, ob er bereit sei, bei einem Umsturz mitzumachen. Guttenberg sagt zu, er beantragt deshalb sogar seine Versetzung nach Berlin. Doch das Personalamt lehnt sie ab. Wenn es denn so war, dann hat diese Entscheidung ihm wahrscheinlich das Leben gerettet.

Am 20. Juli 1944 sitzt Karl Theodor zu Guttenberg im Zug, der ihn nach einem Heimaturlaub zurück an die Westfront bringen soll. Er denkt daran, was der Krieg der Familie an Unglück gebracht hat. Der um ein Jahr ältere Bruder Philipp Franz ist im Jahr zuvor bei Leningrad gefallen, die Kugel eines Scharfschützen hat ihn, den zukünftigen Schlossherrn in Guttenberg, in die Stirn getroffen. Der Vater Georg Enoch ist schon 1940 in Würzburg gestorben. Er war leicht verletzt worden, als eine britische Fliegerbombe in Bremerhaven das Luxusschiff »Europa« getroffen hatte, das er kommandierte. Ob er an den Spätfolgen dieser Verletzung oder an deren unsachgemäßer Behandlung starb, ist ungewiss geblieben. Guttenberg hat inzwischen, am 6. Juli 1943, geheiratet: Rosa Sophie von Arenberg. Die 21 Jahre alte frisch vermählte Frau zu Guttenberg, 1922 auf Schloss Pesch in Meerbusch geboren, gehört einer zum ehemaligen deutschen Hochadel zählenden herzoglichen Familie an. Sie hatte, so erzählt sie, als sie ihrem zukünftigen Mann das erste Mal begegnete, ihn nur von hinten gesehen und sich sogleich in seinen Rücken verliebt.[24]

Ihr Vater, Robert-Prosper Prinz und Herzog von Arenberg, geboren 1895, soll 1943 für die »Abwehr«, den nationalsozialistischen Geheimdienst, im Vatikan die Kurie und insbesondere Papst Pius XII. ausspionieren, doch kommt es

nicht zu seinem Einsatz, weil der damalige Vatikan-Botschaf-
ter Ernst von Weizsäcker, der Vater des späteren Bundespräsidenten, ihn verhindert haben soll. Arenberg war auch in Wien
für die Abwehr eingesetzt. Sein Chef dort war das Mitglied
des Widerstands, Rudolf Graf von Marogna-Redwitz, Nachfahre einer katholischen fränkischen Adelsfamilie; er half ehemaligen österreichischen Offizieren, die auf den Fahndungs-
listen der Gestapo standen, und versuchte auch, Juden vor
Gestapo und SS zu schützen. Marogna-Redwitz gehörte zum
engen Kreis der Verschwörer um Claus von Stauffenberg; er
wurde am 12. Oktober 1944 vom Volksgerichtshof zum Tode
verurteilt und in Berlin-Plötzensee gehängt.

Arenberg war in die Pläne der Widerstandsgruppe um den
20. Juli 1944 eingeweiht, Marogna-Redwitz soll ihn gedeckt
haben, so dass er nicht verhaftet wurde. Robert-Prosper von
Arenberg ist in seinem späteren Leben nur schwer damit fertig geworden, dass er überlebt hat. »Er hat das für eine Schuld
gehalten«, sagt sein Enkelsohn Enoch zu Guttenberg. »Er war
sehr vornehm, ein tiefgläubiger Mann, für uns Kinder eine
prägende Figur«, so hat ihn der Enkel in Erinnerung. 1972 ist
Arenberg in München gestorben.

Doch zurück zu Robert von Arenbergs Schwiegersohn,
Karl Theodor dem Älteren, und dem 20. Juli 1944. Gerade hat
er während eines Heimaturlaubs seine junge Frau und die vor
kurzem geborene Tochter Elisabeth besucht. Nun, im Zug,
erfährt er, dass es ein Attentat auf Adolf Hitler gegeben hat.
»Und? Sagen Sie doch, er ist tot?«, fragt er aufspringend. So
erfährt er, dass das Wirken seines Onkels Karl Ludwig und
von dessen Mitverschwörern umsonst gewesen ist. Alle, die er
damals bei seinem Besuch in Berlin im Umkreis seines Onkels
kennengelernt hatte, sind kurze Zeit später hingerichtet worden.

Im Oktober 1944 gerät Karl Theodor zu Guttenberg in bri-
tische Gefangenschaft. In den folgenden Monaten ist er als
Nazi-Gegner bei der BBC und dann für den Soldatensender
Calais tätig, ruft die deutschen Soldaten dazu auf, den sinn-

losen Kampf für das Hitler-Regime einzustellen – etwas, was ihm im Nachkriegsdeutschland von manchem Nationalkonservativen verübelt wird. Er tut es aus Überzeugung, auch wenn ihn die Mitwirkung vieler Kommunisten im Kampf gegen den Nationalsozialismus stört. Am 20. Oktober 1945 kehrt er nach Hause zurück. Sein Vater und sein Bruder sind im Krieg geblieben, und sein Onkel Karl Ludwig zu Guttenberg ist ein halbes Jahr zuvor hingerichtet worden.

Mit dem Leben gezahlt: Karl Ludwig zu Guttenberg

Auf Menschen zuzugehen, sie im Gespräch für sich einzunehmen und unterschiedliche Charaktere zusammenzubringen, sie zu vernetzen – diese Stärken sind Karl Ludwig zu Guttenberg immer wieder bescheinigt worden.

»Es war seine Begabung, ein Leben aus Beziehungen aufzubauen«, hat seine Tochter über ihn geschrieben.[25] Diese Begabung hat auch seine Rolle im Widerstand gegen den Nationalsozialismus bestimmt. Der Urgroßonkel von Karl-Theodor zu Guttenberg wird 1902 in Würzburg geboren, er ist das jüngste von vier Kindern, ein Nachzügler. Wie sein neun Jahre älterer Bruder Georg Enoch zu Guttenberg, an dem er sich orientiert, ist auch Karl Ludwig zu Guttenberg als junger Mann ein flammender Anhänger der Monarchie. Der große, dunkelhaarige und elegant gekleidete Mann ist humorvoll, er pflegt die Ironie, auch sich selbst gegenüber, und er ist notorisch unpünktlich, so dass sich Freunde und Bekannte wundern, wenn er einmal doch zur verabredeten Zeit erscheint. Er liebt es, auszuschlafen, gut zu essen, schätzt Zigarren und Wein. In München studiert er zwei Semester Jura, wechselt dann zur Geschichte, macht aber zu Beginn des Studiums mehr Hochschulpolitik, unter anderem in einer katholischen Studentenverbindung und in einer Gruppe namens »Jungadel«. Selbstverständlich ist das für die jungen Männer seiner

Herkunft schon nicht mehr. Die absolute Treue zur Monarchie ist auch unter den jungen bayerischen Adligen schon zur
Ausnahme geworden – bei einer Umfrage mochten sich 1926
nur noch fünf Prozent ganz mit der Monarchie identifizie-
ren.[26] Guttenberg beendet das Studium 1929 mit einer Disser-
tation über das Bild Lenins in der zeitgenössischen deutschen
Presse. Seine im selben Jahr geschlossene Ehe mit der Öster-
reicherin Therese Prinzessin zu Schwarzenberg beschert ihm
den Reichtum, der es gestattet, sich ganz seinen politischen
und geistigen Interessen zu widmen. Er erwirbt die Salzburg
bei Bad Neustadt/Saale, eine gewaltige, zum großen Teil ver-
fallene Burganlage, wo die Familie zeitweise lebte.

Seit dem Sommer 1932 gibt er die Zeitschrift »Monarchie«
heraus. Nach der Machtübernahme der Nationalsozialisten
benennt er sie 1934 um in »Weiße Blätter«. Die Zeitschrift, die
an Interessenten verschickt wird, ist konservativ und christlich geprägt und atmet allein dadurch den Hauch von Opposition, wenn sie auch nicht offen gegen den Nationalsozialismus Stellung bezieht. Einer der bekanntesten Autoren ist der
Schriftsteller Reinhold Schneider. Um die Zeitschrift entsteht
eine Art Netz verschiedener Widerstandskreise.

Auf der Suche nach Autoren für die »Weißen Blätter«, in
denen er selbst kein Wort veröffentlicht, lernt Karl Ludwig zu
Guttenberg den Diplomaten Ulrich von Hassel kennen, der
Kontakte zum militärischen Widerstand gegen Hitler hat.
Hassel erreicht, dass Guttenberg 1940 in das Oberkommando
der Wehrmacht zur Abteilung Ausland/Abwehr unter Wilhelm Canaris versetzt wird. Dort gibt es einen kleinen Kreis
von Widerstandskämpfern, die von Canaris gedeckt werden,
wenn sie auch von den rund 13 000 Offizieren, Beamten und
Angestellten der Abwehr wohl nur etwa 50 Mann ausgemacht
haben dürften. Zu ihnen gehören unter anderen Hans Oster
und Hans von Dohnanyi, Justus Delbrück und Klaus Bonhoeffer, der Bruder des Theologen Dietrich Bonhoeffer. Der
Kriegsverlauf, aber auch seine häufigen Kontakte, ja seine
Freundschaft mit Dohnanyi, Oster und Delbrück sorgen da-

In den letzten Kriegstagen von
der SS erschossen: Karl Ludwig
zu Guttenberg, Widerstandskämpfer und Urgroßonkel von
Karl-Theodor zu Guttenberg

für, dass der überzeugte Katholik Guttenberg vom Gegner
des Tyrannenmords zu dessen Befürworter wird. Guttenberg
baut Kontakte zu Regimegegnern wie Carl Goerdeler auf, er
hat auch Beziehungen zum Kreisauer Kreis, besonders eng ist
hier die Verbindung zu James Graf von Moltke; immer wieder
bringt er verschiedene Leute aus dem katholischen und konservativen Milieu zu ihm.

Guttenbergs Art, auf Menschen zuzugehen, ist ideal, um
Leute und Kreise zu vernetzen; allerdings sind seine Freunde
nicht ohne Misstrauen, was seine Disziplin und Standfestig-
keit angeht. »Er hat schon sehr viel Charme, aber das Dumme
ist, dass er einfach faul ist und nicht die Energie hat, etwas
durchzustehen«, schreibt etwa Moltke im Juni 1942 in einem
Brief an seine Frau Freya.[27] Die Vielzahl seiner Kontakte zu
verschiedenen Kreisen des christlichen wie nationalkonservativen Widerstands führt dazu, dass die Gestapo 1942 auf
Karl Ludwig zu Guttenberg aufmerksam wird, ihn mehrfach
verhört. Anfang 1943 wird er nach Zagreb, damals Agram,
versetzt. Das führt jedoch nicht dazu, dass er sich aus dem

Widerstand zurückzieht. In Wien hat er Kontakt zu dem dortigen Chef der Abwehr, Rudolf von Marogna-Redwitz, und auch zu Robert von Arenberg, dessen Tochter seinen Neffen Karl Theodor geheiratet hat.

Nach dem 20. Juli 1944 lehnt es Karl Ludwig zu Guttenberg ab, sich einer drohenden Festnahme durch Abtauchen zu entziehen; er fürchtet, dass seine Familie – er hat drei Kinder mit Therese – das ausbaden müsste. So wird er in Zagreb verhaftet und nach Berlin in das Gestapo-Gefängnis in der Lehrter Straße gebracht. Mehrere der mitverhafteten Widerstandskämpfer haben später mit Bewunderung erzählt, mit welcher inneren Ruhe Guttenberg, der auch gefoltert wurde, sein Schicksal annahm.

Hitler soll nach der Lektüre einiger Bände der Tagebücher von Wilhelm Canaris am 5. April 1945 die »sofortige Vernichtung der Verschwörer« befohlen haben. Canaris, Dohnanyi, Oster und andere werden am 6. und am 9. April 1945 in den Konzentrationslagern Sachsenhausen und Flossenbürg ermordet. Guttenberg bleibt weiter in Haft in der Lehrter Straße. Vom 19. April an hören die Gefangenen dort das Dröhnen der sowjetischen Geschütze, zwei Tage später schlagen Granaten auf dem Gelände des Gefängnisses ein. An diesem Tag entscheidet der Gestapo-Chef Heinrich Müller, welche Gefangenen zu entlassen und welche umzubringen seien. Mit der Ausführung des Befehls beauftragt er den Kriminalrat und SS-Obersturmbannführer Kurt Sawitzki, der schon Judenmorde in Galizien organisiert hatte und kurz zuvor die Ermordung von Canaris und Oster. Er lebt nach dem Krieg in Bonn unbehelligt bis zu seinem Tod 1959.

Am Abend des 22. April werden 16 Gefangene, die nicht entlassen wurden, aus dem Gefängnis an der Lehrter Straße auf ein nahe gelegenes Ruinengrundstück geführt. SS-Männer ermorden sie mit Genickschüssen. Drei Gefangene sind im Gefängnis zurückgeblieben: Guttenberg, der SPD-Politiker Ernst Wilhelm Schneppenhorst, einst Minister in der Bayerischen Räterepublik, die Karl Ludwigs Bruder zerschlagen half, und der frühere Botschaftsrat Albrecht Graf von Bernstorff. In der Nacht vom 23. auf den 24. April werden sie von einem SS-Mordkommando aus dem Gefängnis gebracht und erschossen. Ein Grab gibt es nicht. Wahrscheinlich wurden die Erschossenen mit mehr als 60 anderen Toten in einem Bombentrichter auf einem nahen Friedhof verscharrt.

Ob sich Karl Ludwig zu Guttenberg unter dem Eindruck seiner Freundschaften im Widerstand vom Monarchisten zum Demokraten gewandelt hatte, ist ungewiss. Sein Urgroßneffe Karl-Theodor zu Guttenberg glaubt, dass es so gewesen sei. Die Witwe Therese zu Guttenberg hat ihren Kindern nach dem Krieg jedenfalls versichert, es wäre im Sinne des Vaters gewesen, dass sie zu den Gründungsmitgliedern der CSU in ihrem Heimatort Bad Neustadt/Saale gehörte. Dort ist seit 2005 eine Schule nach Karl Ludwig zu Guttenberg benannt.

Guttenbergs, Stauffenbergs und Tom Cruise

Die jüngere Forschung hat verschiedentlich darauf hingewiesen, dass die Mitglieder der Verschwörung gegen Hitler als hohe Offiziere und hohe Beamte zugleich auch Stützen des Systems waren und dass manches in ihrem Denken vom Geist des Nationalsozialismus nicht allzu weit entfernt gewesen sei. Wie die Brüder Georg Enoch und Karl Ludwig zu Guttenberg lehnt auch der Hitler-Attentäter Claus von Stauffenberg die parlamentarische Demokratie ab. Den Nationalsozialisten steht er mit Verachtung gegenüber, jedoch findet man bei ihm, der Mitglied des einen Führerkult praktizierenden Kreises um den Schriftsteller Stefan George war, auch Aussagen, die von einer gewissen Nähe zum Nationalsozialismus zeugen. Eingesetzt im Feldzug gegen Polen, schreibt Stauffenberg 1939 in einem Brief an seine Frau:»Die Bevölkerung ist ein unglaublicher Pöbel, sehr viele Juden und sehr viel Mischvolk. Ein Volk, welches sich nur unter der Knute wohl fühlt. Die Tausenden von Gefangenen werden unserer Landwirtschaft recht gut tun. In Deutschland sind sie sicher gut zu gebrauchen, arbeitsam, willig und genügsam.«[28] Wie immer das Zitat zu werten ist, so zeugt es kaum von einer klaren Gegnerschaft zur nationalsozialistischen Politik. Stauffenberg erkennt erst im Laufe des Zweiten Weltkriegs den verbrecherischen Charakter des Regimes; die drohende Niederlage Deutschlands trägt dazu bei, dass er sich zum Gegner des Nationalsozialismus entwickelt, der die Beseitigung des Diktators plant.

Karl-Theodor zu Guttenberg geht indes die Kritik an Stauffenberg und anderen Mitgliedern des 20. Juli zu weit. Ihn stört, wie er Anfang 2009, da ist er Bundestagsabgeordneter und junger Generalsekretär der CSU, in einem Artikel für die »Welt am Sonntag« schreibt, »der belehrende, akribisch die Schwächen suchende und letztlich zur Marginalisierung neigende Unterton mancher Beschreibungen der Widerstandsbewegung«. Vorbilder sind nie perfekt, aber trotzdem können sie als Vorbilder dienen, will Guttenberg sagen. Er drückt es freilich etwas guttenbergischer aus: »Es wäre ein Zeugnis besonderer Armut, wenn der moralisierende Maßstab des Übermenschlichen – angelegt von allzu menschlichen Vertretern – das Land seiner Vorbilder berauben würde.«[29]

Guttenbergs Beitrag ist ein Plädoyer in eigener Sache. Nicht zufällig erscheint er zwei Tage vor der deutschen Kino-Premiere von »Operation Walküre«, dem amerikanischen Film über den Hitler-Attentäter Stauffenberg, in dem der Hollywood-Star Tom Cruise die Hauptrolle spielt. Dem Film ist in Deutschland eine heftige Kontroverse vorausgegangen, da Tom Cruise prominentes Mitglied der umstrittenen Scientology-Sekte ist. Die Frage drehte sich darum, ob ein bekennender Scientologe die Rolle Stauffenbergs spielen dürfe. Die einen lehnen das aus moralischen Gründen ab, die anderen sind der Ansicht, es gehe allein um die schauspielerische Leistung von Tom Cruise; seine Popularität könne zudem helfen, den 20. Juli 1944 in Amerika und darüber hinaus stärker als bisher ins öffentliche Bewusstsein zu heben.

Guttenberg verteidigt von Anfang an das Recht des amerikanischen Schauspielers, diese Rolle zu spielen. Mit Tom Cruise und seiner Frau Katie Holmes, ebenfalls ein weltbekannter amerikanischer Filmstar, ist das Ehepaar Guttenberg nach eigenen Angaben befreundet, die Schauspieler waren bei den Guttenbergs schon zu Gast. Die Bekanntschaft, so hat es Stephanie zu Guttenberg erzählt, ist über Florian Henckel von Donnersmarck zustande gekommen.

Guttenberg besucht im Herbst 2007 mehrfach die Dreharbeiten zu »Operation Walküre« und spricht mit Tom Cruise. »Im Hof stehen Mannschaftswagen, Offiziere in längst verdrängten Uniformen, ein Erschießungskommando, von den Wänden dröhnt der Widerhall schneidender Befehle und schwerer Stiefel. 1944 erscheint quälend real«, so beschreibt er recht pathetisch in der »Süddeutschen Zeitung« seine Eindrücke von den Dreharbeiten im Berliner Bendlerblock. Über Tom Cruise schreibt Guttenberg: »Mehrere sehr persönliche – auch kritische – Gespräche in den letzten Tagen offenbaren eine Ernsthaftigkeit, die nicht nur ein bemerkenswertes Drehbuch zu reflektieren vermag.« Guttenberg ist sich sicher, dass »ein großer Film im Entstehen begriffen ist«.[30]

Mit seiner klaren Parteinahme für den amerikanischen Schauspieler stellt sich Guttenberg zugleich gegen einen Teil seiner eigenen Verwandtschaft, die direkt von dem Thema betroffen ist, da es sich um enge Angehörige des Attentäters handelt.

Diese Verbindung zu den Stauffenbergs spielt für das Image der Guttenbergs eine große Rolle. Tatsächlich steht kein anderer Name so symbolhaft für den Widerstand gegen Hitler wie der Name des Attentäters vom 20. Juli 1944. Claus Schenk Graf von Stauffenberg, selbst durch seine Kriegsverletzungen schwer behindert, hatte an diesem Tag im Führerhauptquartier Wolfsschanze in Ostpreußen den Attentatsversuch ausgeführt, die Bombe, die er in einer Aktentasche mitbrachte, unter den Tisch in der Nähe Hitlers abgestellt. Doch das Attentat misslang. Stauffenberg wurde nach seiner Rückkehr in Berlin in der Bendlerstraße verhaftet und im Hof noch in der

Nacht erschossen, zusammen mit seinem Adjutanten und weiteren Verschwörern.

Die Guttenbergs und die Stauffenbergs sind also ideell durch den Widerstand gegen Hitler verbunden. Ihre Beziehungen reichen allerdings weiter zurück. Beide Familien gehören zum süddeutschen katholischen Adel, die Stauffenbergs im bayerischen Schwaben, die Guttenbergs in Oberfranken. Die Familien sind sich schon vor der Zeit des Nationalsozialismus durch die Lebenswelten ihrer Mitglieder und gemeinsame Überzeugungen nahe. Man kennt sich, pflegt Beziehungen, verkehrt in denselben Kreisen. Solche Verbindungen, wie es sie zwischen vielen Adelsfamilien gab, begannen oft schon in der Kindheit: So besaßen die Stauffenbergs vor dem Zweiten Weltkrieg ein Haus in der Nachbarschaft des Guttenberg'schen Stadthauses in Würzburg, man besuchte sich, die Kinder spielten miteinander.

Vor allem sind die Familien durch Heiraten untereinander verbunden. Die Guttenbergs sind bis vor wenigen Jahrzehnten, wie viele andere bayerische Adlige auch, ausschließlich adlige Ehen eingegangen – unter anderen mit den Stauffenbergs. So heiratet des heutigen Ministers Urgroßtante Elisabeth (1891–1946), die Schwester seines Urgroßvaters Georg Enoch, den 1885 geborenen Clemens Schenk Graf von Stauffenberg. Dessen Vater ist Berthold Graf von Stauffenberg (1859–1944).

An die Besuche bei ihm auf Schloss Greifenstein erinnert sich die Urgroßmutter des heutigen Ministers: »Berthold von Stauffenberg war der Chef des Hauses von Stauffenberg, aufrecht mit klarem Blick und von ausgeprägtem rechtlichem Denken. Für uns alle, ja für den ganzen fränkischen Adel war er ein Fels der Zuflucht. Wenn es Familienzwistigkeiten oder wirtschaftliche Schwierigkeiten zu klären gab, suchte man seinen Rat – und der war manchmal hart, aber immer klar. Für uns war Onkel Berthold geistig und auch nach seiner Erscheinung die Personifizierung des Ritterlichen.«[31] Jener Berthold von Stauffenberg hatte einen um ein Jahr jüngeren Bruder namens Alfred Klemens – er ist der Vater von Claus von Stauffenberg. Der angeheiratete Urgroßonkel Clemens Schenk Graf von Stauffenberg war also ein Cousin des Hitler-Attentäters.

Die Notsituation nach dem 20. Juli 1944 bringt die Familien Stauffenberg und Guttenberg näher zusammen. Hitler gibt nach dem gescheiterten Attentat den Befehl, alle Stauffenbergs zu verhaften.

Auch Elisabeth von Stauffenberg, geborene Freiin zu Guttenberg, wird zusammen mit ihrem Mann Clemens in Oberstdorf festgenommen, wo sich das Ehepaar in einem Sanatorium aufhält. Elisabeth zu Guttenberg, die Urgroßmutter des heutigen Ministers, sucht nach der Schwägerin und dem Schwager und findet sie im Gefängnis in München-Stadelheim. Durch Anfragen bei allerlei Dienststellen der Nazis bekommt sie heraus, dass die ebenfalls inhaftierten Kinder des Ehepaars noch leben. Elisabeth zu Guttenberg, so schrieb ihr Sohn Karl Theodor der Ältere, sei damals oft zwischen Gefängnissen, Konzentrationslagern und Gestapodienststellen unterwegs gewesen, um den inhaftierten Familienangehörigen zu helfen.[32] Nach dem Krieg ist sie vielfältig karitativ tätig; unter anderem leitet die einem mystischen Christentum verhaftete Baronin, die als junge Frau zum Katholizismus konvertierte, von 1957 bis 1980 die Arbeitsgemeinschaft katholischer Frauen in Bayern. Im Jahre 2004 wurde in München eine Straße nach ihr benannt.

Zumindest den Schwager Clemens von Stauffenberg kann Elisabeth zu Guttenberg auf dem heimischen Schloss pflegen – er ist zuvor von Melitta von Stauffenberg mit dem Flugzeug nach Hof gebracht worden, nachdem die Gestapo den Schwerkranken freigelassen hatte. Melitta von Stauffenberg, eine Schwägerin des Hitler-Attentäters, ist eine Luftwaffen-Ingenieurin und Testpilotin, die auf Befehl von Hermann Göring sechs Wochen nach dem Attentat vom 20. Juli aus der Haft entlassen wird. Sie kann durch ihre privilegierte Stellung ihren inhaftierten Verwandten, darunter der Stauffenberg-

Witwe Nina, mehrfach helfen. Kurz vor Kriegsende, am 8. April 1945, wird sie von einem amerikanischen Flugzeug bei Straßkirchen abgeschossen, als sie ihren noch inhaftierten Mann befreien will.

In den letzten Kriegstagen kommen mehrere Mitglieder der Familie Stauffenberg und anderer Adelsfamilien vorübergehend im Schloss Guttenberg unter. Darunter ist zeitweilig auch Nina von Stauffenberg, die Witwe des Attentäters, die im Gefängnis eine Tochter zur Welt gebracht und erfahren hat, dass ihr Cousin Clemens in Guttenberg ist. Ihre Erinnerung an Guttenberg ist freilich nicht von allzu großer Herzlichkeit und Wärme geprägt. Nach der Erfahrung verschiedener Konzentrationslager und angesichts der katastrophalen Situation Deutschlands empfindet Nina von Stauffenberg die davon scheinbar unberührte Atmosphäre in Guttenberg als trügerische, kaum erträgliche Idylle: »Guttenberg, nobel und gepflegt, war voll der verschiedensten Leute: die Ambessers, die Lippas etc. Zur Tür herein kam, in grünem Chiffon, Frau von Lippa. Wir saßen um den runden gepflegten Teetisch. Der Clemens schien mir verloren in diesem eleganten Zirkus. Nach all dem, was ich inzwischen erlebt hatte, hätte ich am liebsten auf den Tisch gehauen!«[33] Lange hält sie es hier nicht aus. Zudem sucht sie ihre vier älteren Kinder, von denen sie seit einem Jahr getrennt ist. Diese findet sie kurze Zeit später in einem NS-Kinderheim bei Bad Sachsa, wohin die Nazis sie und andere Kinder von Widerstandskämpfern nach dem 20. Juli gebracht hatten. Man hatte den Stauffenberg-Kindern den Familiennamen »Meister« gegeben.

Über eines dieser Kinder kommt eine weitere enge Beziehung der Guttenbergs zu den Stauffenbergs zustande. Denn Karl-Theodor zu Guttenbergs Tante Elisabeth, die um zwei Jahre ältere Schwester seines Vaters Enoch, heiratet am 25. Mai 1965 Franz Ludwig Schenk Graf von Stauffenberg, den dritten Sohn des Hitler-Attentäters. In der Tischrede zur Hochzeit seiner Tochter Elisabeth macht Karl Theodor der Ältere den Widerstand gegen Hitler zum Thema und verbindet die Tat Stauffenbergs mit dem Ansehen des Adels: »Der Name Stauffenberg […] ist in der Stunde der geschichtlichen Prüfung vor allen übrigen zum Zeichen des anderen, des achtbaren und würdigen Deutschland geworden. Als Dein Vater handelte, als er sein Leben ließ und die Ehre unseres Landes durch ihn wiederhergestellt war – da war dies eine wahrhaft edle, eine wahrhaft adelige Tat. Von diesem Tage an bis in ferne Zukunft wird man den Namen Stauffenberg mit Achtung nennen, solange es Deutsche gibt, die ihre eigene Nation achten. Lass mich also sagen, dass ich keinen Namen wüsste, der mir für meine Tochter lieber wäre als der Deine – der Name der Grafen Stauffenberg, der seit der Tat und dem Tod Deines Vaters zu den stolzen Namen unserer Geschichte zählt.«[34] Die pathetische Würdigung macht zugleich deutlich, welche Last einem Kind der Widerstandskämpfer aufgebürdet wurde – auch durch diejenigen, die das Handeln ihrer Väter als Heldentat betrachteten.

Karl-Theodor zu Guttenbergs Onkel Franz Ludwig von Stauffenberg ist dafür ein Beispiel. Er strebt selbst eine politische Karriere in Deutschland an. Nach seinem Jura-Studium und Tätigkeiten in der Wirtschaft sowie als selbständiger Rechtsanwalt beginnt Stauffenberg eine Laufbahn als Politiker der CSU. Mit 34 Jahren wird er 1972 in den Bundestag gewählt, wo er zwölf Jahre lang als Abgeordneter tätig ist. Der Wirtschaftsjurist ist ein überzeugter Konservativer, der gegen den linken Zeitgeist kämpft. In die Politik sei er, so sagt er, »nicht aus andächtiger Verehrung« des Vaters gegangen, »sondern wegen der Irrwege meiner Altersgenossen von 1968«. Eine herausragende Rolle in der Politik kann er trotz seines berühmten Namens nicht spielen, worunter er, wie Parteifreunde sagen, gelitten haben soll. Den Bundestag verlässt er 1984, weil er über die »Reservebank« nicht hinausgekommen sei. Danach ist er weitere acht Jahre Abgeordneter im Europaparlament. Von 1988 an ist er zudem für vier Jahre Präsident der Arbeitsgemeinschaft Deutscher Waldbesitzerverbände. Auf Empfehlung des damaligen CSU-Finanzminis-

ters Theo Waigel wird er 1993 Geschäftsführer einer Treu-
hand-Tochter in Berlin, der Bodenverwertungs- und -verwal-
tungsgesellschaft (BVVG), die für die Privatisierung der
Wälder in den neuen Bundesländern verantwortlich ist. Viele
der dortigen Waldflächen gehen in dieser Zeit an Unternehmer mit adligen Namen – der Wald ist von jeher eine Domäne
der »Adelswirtschaft«. Stauffenberg macht noch mehrmals
politisch auf sich aufmerksam. 1994 protestiert er anlässlich
des 50. Jahrestags des Attentats auf Hitler dagegen, dass in der
Gedenkstätte Deutscher Widerstand im Bendlerblock in Berlin auch des von Moskau gesteuerten Nationalkomitees Freies
Deutschland gemeinsam mit den Männern vom 20. Juli gedacht wird – zum Nationalkomitee gehörten auch der erste
Präsident der DDR, Wilhelm Pieck, und der Partei- und
Staatschef Walter Ulbricht. Es dürfe »keine Kumpanei mit
Lumpen« geben, sagt Franz Ludwig von Stauffenberg. Viele
alte Sozialdemokraten unterstützen seinen Protest, auch der
damalige CDU-Verteidigungsminister Volker Rühe. Doch
letztlich wird das Nationalkomitee Freies Deutschland in der
Ausstellung zum Widerstand gegen Hitler seinen Platz finden.

Stauffenberg macht noch einmal von sich reden, als er 2008
zusammen mit dem CSU-Politiker Peter Gauweiler vor dem
Bundesverfassungsgericht gegen den Lissabon-Vertrag der
EU klagt.

Franz Ludwig von Stauffenberg und seine Frau leben heute
im Schloss Kirchlauter in Unterfranken, das auch Guttenberg'sches Wasserschloss genannt wird. Nina von Stauffenberg, die im Februar 2006 im Alter von 92 Jahren starb, hat
dort die letzten Jahre ihres Lebens verbracht.

Die familiären Verbindungen der Guttenbergs zu den Verschwörern des 20. Juli erschöpfen sich nicht in der Verbindung zu den Stauffenbergs. Ein weiterer angeheirateter Onkel
von Karl-Theodor zu Guttenberg ist ebenfalls Sohn eines Wi-
derstandskämpfers. Guttenbergs Tante Praxedis, die zehn
Jahre jüngere Schwester seines Vaters Enoch, ist die Frau von

Albrecht Freiherr von Boeselager. Sie hatte, als ihr Vater schon schwerkrank auf Schloss Guttenberg lag, in der Familie Boeselager auf der Burg Kreuzberg in Altenahr monatelang gelebt und heiratete später Albrecht, den ältesten Sohn. Dessen Vater Philipp Freiherr von Boeselager, der 2008 im Alter von 90 Jahren starb, war der letzte Überlebende aus dem innersten Kreis der Widerstandsgruppe der Militärs um Generalmajor Henning von Tresckow und Claus von Stauffenberg.

Dass der Scientologe Tom Cruise den berühmten Vorfahren in dem Film »Operation Walküre« spielen sollte, hat manchen Stauffenbergs nicht gefallen. Stauffenbergs ältester Sohn Berthold hat sich deutlich dagegen ausgesprochen, dass Cruise die Rolle übernahm. »Er soll seine Finger von meinem Vater lassen. Er soll einen Berg besteigen oder in der Karibik surfen gehen. Es ist mir wursch, solange er sich da raushält«, hatte er Mitte 2007 über Tom Cruise gesagt.[35] Anderthalb Jahre später, am 20. Januar 2009, wird in Berlin »Operation Walküre« in der deutschen Fassung uraufgeführt; Karl-Theodor zu Guttenberg, gerade seit zwei Monaten CSU-Generalsekretär, ist dabei. Er lobt den Film und macht auch klar, dass er an dessen Gelingen einen Anteil hat: »Ich habe während der Dreharbeiten viele Gespräche mit Schauspielern und insbesondere mit dem Drehbuchautor geführt und weiß deshalb, dass dieser Film mit einer großen Ernsthaftigkeit gemacht wurde.«[36]

Väter und Mütter

Der Vater: Enoch zu Guttenberg

Georg Enoch zu Guttenberg, der Vater von Karl-Theodor zu Guttenberg, ist ein wenig aus der Art geschlagen. Denn die zu Guttenbergs waren stets ein Geschlecht von Gutsbesitzern, Politikern und Offizieren, auch Domherren, Wissenschaftler und Polizeipräsidenten gehörten dazu; Künstler und Musiker sind in der Familie aber nicht zu finden. Enochs Vater, Karl Theodor zu Guttenberg der Ältere, kämpft jahrelang gegen den Berufswunsch des Sohnes, Musiker zu werden, an; er hätte ihn lieber in der Politik gesehen. Der aber lässt sich nicht beirren – schon vor seiner Schulzeit, so sagt Enoch zu Guttenberg, habe er gewusst, dass er Musiker werden wolle.

Die Schulzeit ist oft eine Qual für den Jungen. Mehrfach muss er die Schule wechseln. Er habe sich nur für Musik und Pferde interessiert, erinnert er sich. Wenn er verschlafen hatte und zu spät zum Unterricht kam, mussten alle Mitschüler aufstehen und singen »Meister Jakob, schläfst du noch?«. Das hatte der Lehrer als Strafe gedacht, doch der Schüler Enoch hatte Spaß daran. Unter seinem seltenen Vornamen leidet er in der Schule – er wird als »Eunuch Guttenberg« gehänselt. Enochs Großmutter erinnert sich, dass ihr Enkel »zu einem sehr begabten, äußerst faulen Gymnasiasten« heranwuchs, der, statt zu studieren, nur musizierte. »Unvorsichtigerweise hatte ihm sein Vater ein Klavier und ein Horn geschenkt.«[37] Schon als kleiner Junge habe Enoch Theaterstücke arrangiert und zu ihnen gesungen und gepfiffen. Stundenlang, so heißt es, sitzt er am Klavier, versucht sich im Komponieren. Er selbst hat das später als einen Versuch bezeichnet, »mich mehr und mehr aus dem Alltag herauszumusizieren, herauszuschreiben, kleine Gegenwelten aufzubauen, eigene Wirklichkeiten zu schaffen«, um so den schulischen Nöten zu entkommen.[38]

Die Beziehung zu seinem Vater ist sehr eng, aber auch kompliziert. Denn Karl Theodor zu Guttenberg ist ein dominanter Vater, er habe, so sagt Karl-Theodor der Jüngere über ihn, »ein riesiges Maß an Dominanz gehabt«.[39] Er kann seinen Willen auf eine Weise durchsetzen, gegen die seine Kinder machtlos sind. »Mein Vater hatte eine unerreichte Autorität. Er tat alles aus Liebe. In die Liebe war eingeschlossen, ihn nie zu enttäuschen. Wenn er aus dem Fenster schaute und sagte: Es regnet, obwohl die Sonne schien, dann wurde so lange diskutiert, bis alle sagten: Es regnet«, erinnert sich Enoch zu Guttenberg. So ist der Vater für den Sohn »der Unerreichte«, der »bewundernd Gefürchtete«. Als Junge sieht sich Enoch gern die Fotografien an, die sein Vater gemacht hat von Landschaften, aber auch von der Familie. Sie sind herzlich und humorvoll und schön. »Wenn ich die Bilder sah, konnte – durfte ich ihn furchtlos lieben. Eine Lebensqualität, die mir in Gänze erst nach seinem Tod zugewachsen ist«, schreibt er über den Vater.[40]

Gegen den Willen des Vaters, der gerne hätte, dass der Sohn Jura und Betriebswirtschaft studiert, beginnt Enoch zu Guttenberg nach dem Abschluss der Schule schließlich sein Musikstudium in München. Zwar sieht der Vater, dass der Junge begabt ist, aber er will nicht, dass der einzige Sohn ein Künstler wird. Dabei wirkt er unbewusst auch am Berufswunsch des Sohnes mit. Denn Karl Theodor zu Guttenberg ist ein großer Verehrer von Johann Sebastian Bach. »Er war krank von Bach«, sagt Enoch zu Guttenberg. »Er hat selten zu Menschen aufgeschaut, außer zum alten Adenauer und noch mehr zu Bach. Und ich wollte als Kind natürlich sein wie der Vater – und vor allem wie Bach, vor dem mein Vater in Respekt und Liebe auf den Knien lag. Die Hybris dieses Wunsches wurde mir erst als Student klar.«

In seinen Studienjahren, es war wohl 1967, verschlägt es Enoch zu Guttenberg nach Neubeuern, einem Voralpenort in

Ekstatiker am Pult: Enoch zu Guttenberg dirigiert im Oktober 2010 im Vatikan Verdis »Requiem« zu Ehren von Papst Benedikt XVI.

der Nähe von Rosenheim. Verschlagen ist wohl das falsche Wort, eine »unheimlich schöne Frau« spielt eine Rolle, die auf dem Internat und Privatgymnasium Schloss Neubeuern dem Abitur zustrebt. Enoch zu Guttenberg legt sich jedenfalls eine Jagdhütte in dem Ort zu, natürlich nur, um in Ruhe Klavier zu spielen und zu komponieren. Damals hat die 1907 gegründete Liedertafel des 3000-Seelen-Ortes wieder mal keinen Chorleiter. Und so fragen Pfarrer und Bürgermeister den langhaarigen Musikstudenten, ob er nicht aushelfen könne, den Chor von 25 Stimmen zu dirigieren. Der sagt zu. Bald darauf kommt der schon betagte Bernhard Paumgartner, Präsident des Direktoriums der Salzburger Festspiele, nach Neubeuern. Er hört eine Aufführung des Chores unter der Leitung des Musikstudenten. Nach dem Konzert sagt er ihm: »Junger Mann, die Leute können nicht singen, Sie können nicht dirigieren. Aber zwischen ihnen funktioniert es. Machen Sie was draus!«[41]

Und der junge Guttenberg macht etwas daraus. Wenn die Liebe sich auch als wenig haltbar erweist, er bleibt in dem Ort im Inntal, es wird seine zweite Heimat. Der junge Dirigent lässt sich von dem Komponisten Karl Freiherr von Feilitzsch unterrichten. Er wird sein Lehrer, Mentor und ist zugleich ein Ersatz-Vater. Feilitzsch bestärkt ihn nicht nur darin, seinen Weg als Musiker weiterzugehen, sondern stößt ihn auch auf den Umweltschutz als Großthema der kommenden Epoche. Guttenberg schult die Chorgemeinschaft Neubeuern, wie sie nun heißt, und erweitert sie auf 150 Sänger. So entsteht ein Oratorienchor, den er bis heute leitet, den er geprägt und zu internationaler Anerkennung geführt hat.

Als der Vater ihn zum ersten Mal bei einem Konzert 1968 erlebt, ist er ergriffen. Sein Widerstand gegen die Berufswahl des Sohnes bricht.

Nach dem Tod des Vaters stellt Enoch zu Guttenberg fest, dass die Familie Schulden hat – sogar die Frage, ob das Schloss zu halten sei, stellt sich. Zudem geht seine mittlerweile geschlossene Ehe mit Christiane Gräfin zu Eltz auseinander. Sowohl sein berufliches Engagement als Dirigent und Musiker als auch seine politischen Aktivitäten als Umweltschützer werden in der adligen Gesellschaft argwöhnisch betrachtet. »Ich war das schwarze Schaf in unseren Kreisen. Ich hatte zeitweise ganz wenige Freunde«, sagt Enoch zu Guttenberg. Karl zu Schwarzenberg, ein Freund des verstorbenen Vaters und heute Außenminister der Tschechischen Republik, habe in dieser Zeit zu ihm gehalten. Erst mit dem Erfolg, dem musikalischen wie dem wirtschaftlichen, habe sich auch seine gesellschaftliche Position wieder geändert.

Mit der Chorgemeinschaft Neubeuern geht es langsam bergauf. Mitte der siebziger Jahre kommt das erste große Konzert in München. Enoch zu Guttenberg gründet zu dieser Zeit sein Musikbüro. Zunächst befindet es sich im Haus seiner rechten Hand Hildegard Eutermoser, die ihn seit seinen Anfängen in Neubeuern mit Rat und Tat unterstützt. Guttenberg kauft sich ein Haus in Neubeuern, auch das Musikbüro zieht dort ein, und aus der ehrenamtlichen Helferin wird die Geschäftsführerin. Heute sind weitere drei Frauen im Dachgeschoss eines Nebengebäudes des Guttenberg'schen Anwesens in Neubeuern damit zugange, die Termine, Reisen und Konzerte des Dirigenten zu organisieren. Der kleine Ort ist zum Sitz eines florierenden Musikbetriebes geworden, der Konzertreisen und das jährliche Herrenchiemsee-Festival zu planen hat, bei dem ein Dutzend Konzerte im Spiegelsaal des Schlosses und im Münster Frauenchiemsee stattfinden. So pendelt Enoch zu Guttenberg zwischen Neubeuern und Guttenberg, die Orte liegen knapp 270 Kilometer entfernt. Mit der Chorgemeinschaft, die weiter ein Laienchor ist, oder mit seinem Orchester, das sich »KlangVerwaltung« nennt, führt er die großen Oratorien und sinfonischen Dichtungen auf, »Matthäuspassion« und »Weihnachtsoratorium«, die »Hohe Messe in h-Moll« und Verdis »Requiem«.

Obwohl er den Wunsch des Vaters ausschlägt, Politiker zu werden, ist Enoch zu Guttenberg ein zutiefst politischer Mensch. Schon in den siebziger Jahren engagiert er sich für den Umweltschutz. Im Juli 1975 gründet er zusammen mit Horst Stern, Bernhard Grzimek, Herbert Gruhl, Hubert Weinzierl und einem guten Dutzend anderer Naturschützer im fränkischen Marktheidenfeld den Bund für Umwelt und Naturschutz (BUND), fährt 1978 mit Grzimek und Weinzierl nach Rom zum damaligen Kardinal Joseph Ratzinger. Die Kirche solle sich mehr für die Schöpfung einsetzen, fordern die Gäste aus Deutschland. Doch der Kardinal erwidert den Umweltschutzaktivisten, der Kirche stecke ja noch die Sache mit Galileo Galilei in den Knochen, da wolle man sich jetzt nicht auf den Umweltschutz festlegen, so erinnert sich Guttenberg. Frustriert treten die Freunde die Heimreise an.

Überlegungen, sich den schnell wachsenden Grünen anzuschließen, verwerfen Guttenberg und seine Mitstreiter in den achtziger Jahren. In den Augen der konservativen Umweltschützer nutzen viele Anarchisten und Alt-Kommunisten bei den Grünen das ökologische Denken nur als Vehikel für ihre

politischen Ziele. Hinzu kommt die Sorge, dass das politische
System sie dazu zwingen könnte, ihre grundsätzlichen Positionen zum Umweltschutz aufzugeben. Enoch zu Guttenberg
liebäugelt zumindest eine Weile mit dem Übertritt zu den
Grünen. Enoch zu Guttenberg ist allerdings Mitglied der CSU. Das
liegt für den Sohn eines CSU-Politikers nahe. Doch Anfang
der neunziger Jahre bricht er mit der Partei. Zusammen mit
seiner Mutter Rosa Sophie tritt er im November 1992 aus der
Partei aus, nachdem der damalige CSU-Ministerpräsident
Max Streibl sich geweigert hatte, an einer Demonstration gegen Gewalt und Antisemitismus in Berlin teilzunehmen. Im
Herbst des Jahres hatte es zahlreiche Angriffe auf Wohnheime
von Asylbewerbern und andere Gewalttaten gegen Ausländer
gegeben. »Als Witwe und als Sohn des Karl Theodor Guttenberg«, der als Abgeordneter für die Freiheit und Würde der
Menschen gekämpft habe, »können wir nicht länger einer
Partei angehören, die sich von einer solidarischen Aktion des
›anständigen Deutschland‹ ausschließt«, heißt es in dem offenen Brief, mit dem sie ihren Austritt begründen. Als christli-
chem Politiker hätte es Streibl angestanden, sich der Demonstration anzuschließen und in Berlin zusammen mit den anderen Ministerpräsidenten Flagge zu zeigen, befindet Enoch zu
Guttenberg.[42]
    Erst nachdem sein Sohn Karl-Theodor 2009 Bundesminis-
ter geworden ist, tritt der Vater wieder in die CSU ein. Damit
er es tut, wendet der Sohn einen Trick an: Bei einem Wahl-
kampfauftritt vor CSU-Mitgliedern in einem Bierzelt im zur
Ortschaft Guttenberg nahe gelegenen Stadtsteinach mischt
sich Enoch zu Guttenberg unter das Publikum, um zu sehen,
wie der Filius Wahlkampf macht. Der weiß nichts von der
Anwesenheit des Vaters, entdeckt ihn aber während seiner
Rede unter den Zuhörern. Und reagiert so: »Meine Damen
und Herren, hier sitzt einer, der gar nicht dazugehört: mein
Vater.« Gejohle, Beifall und Buh-Rufe sind die Reaktion der
CSU-Mitglieder. Dann sagt der Sohn über den Vater: »Wenn

ihr ihm das richtige Parteibuch mit Goldschnitt gebt, dann
gehört er bestimmt wieder dazu.« Die Falle ist zugeschnappt,
Enoch zu Guttenberg kann aus ihr nicht heraus, ohne den
Sohn zu brüskieren. »Ich habe danach mit ihm deswegen ge-
stritten«, erinnert er sich. Aber etwas Bewunderung für den
Coup des Sohnes ist auch zu spüren. Enoch zu Guttenberg
hat es dem Sohn zuliebe getan, er betont aber gern, dass er die
Umweltpolitik der CSU immer noch für falsch hält.

Die Wahlkampfauftritte seines Sohnes in der Region besucht er allerdings. Auch Rosa Sophie zu Guttenberg, die
Großmutter des Ministers, lässt es sich nicht nehmen, ihren
Enkel bei Wahlkampfauftritten durch ihre Anwesenheit zu
unterstützen. Das ist nicht selbstverständlich. Die alte Dame
ist im Dezember 2010 schon 88 Jahre alt geworden. Sie ist er-
blindet, trägt oft eine dunkle Brille. Rosa Sophie zu Guttenberg wohnt meist in München, wo sie Opernaufführungen
und Konzerte besucht. Sie hat aber weiter eine Wohnung auf
Schloss Guttenberg, ihre »Kemenate«.

Enoch zu Guttenberg macht auf seine Art Politik. Statt auf
Parteien setzt er lieber auf die Kraft des eigenen Wortes und
der Musik. Nicht jedermanns Sache ist es freilich, wenn der
Dirigent seine Konzerte mit einer aufrüttelnden politischen
Ansprache beginnt. Verdis »Requiem« lässt er etwa 1990 als
»Requiem für den Regenwald« aufführen. »Wir singen ein
Requiem«, sagt er. »Wir singen es am Grab der Ermordeten.
Wir singen es zugleich vor ihren Mördern. Denn die Mörder
sind wir alle.«[43] Haydns »Schöpfung« interpretiert er als ein
Werk über den Klimawandel. Guttenberg ist als Dirigent um-
stritten, ein Autodidakt, der genug Geld habe, sich einen Chor
und ein Orchester zu leisten, sagen die Kritiker. Guttenberg
hat deswegen gelegentlich gesagt, er hätte lieber, besonders
am Anfang seiner Dirigentenkarriere, Meier geheißen statt zu
Guttenberg. In die erste Reihe hat es Enoch zu Guttenberg
unter den Dirigenten nicht gebracht, aber er hat seine Fange-
meinde. Natürlich schwingt in der Kritik an dem Dirigenten
auch Neid mit, dass hier einer seiner musikalischen Leiden-

Enoch zu Guttenberg, Dirigent,
radikaler Umweltschützer und
»bekennender Apokalyptiker«,
wie sein Sohn Karl-Theodor ihn
nennt

schaft so unabhängig nachgehen kann, wie es die meisten im Musikbetrieb nicht können.

Guttenberg ist eine Ausnahmeerscheinung im Konzertbetrieb, er tobt sich auf der Bühne aus, ein »Ekstatiker am Dirigentenpult«, der die Zuhörer aufwühlen, erschüttern will. »Er übertrieb«, sagt der Musikkritiker Joachim Kaiser über ihn, »das kam mir nicht wirklich professionell vor.«[44] Bei der Aufführung des Bach-Chorals »O Haupt voll Blut und Wunden« müssten Hiroshima und das Ozon-Loch mitschwingen, hat Guttenberg gesagt. Das Werk lässt er so singen, dass es wie eine Kaskade von Peitschenhieben klingt. Musik transportiere immer eine Botschaft, bekennt er sich zu seinem musikalisch-politischen Engagement.

Sein Engagement für den Umweltschutz erklärt er auch aus dem eigenen Erleben, dass eine einstmals heile Natur dem Fortschritt geopfert wurde. Als in die verwunschenen Täler rund um das Schloss überall Straßen gebaut wurden, »war mir, als würde meine Seele zubetoniert«. Und als auf dem familieneigenen Weingut in Deidesheim in der Pfalz, das die Guttenbergs geerbt haben, 20 dicke Ackergäule innerhalb eines Jah-

res »einen Kopf kürzer gemacht« und von drei Maschinen
ersetzt wurden, war das »ein Schock, den ich als Kind nicht
verarbeitet habe«.[45] Hier vermischt sich die traditionelle und
tatsächlich gelebte Naturnähe des landbesitzenden Adels mit
dem Umweltschutzgedanken; das ökologische Engagement
gibt der konservativen Trauer über eine verloren gegangene
Welt ein modernes Gesicht.

Enoch zu Guttenberg glaubt, dass die heile Welt von ges-
tern kaum noch zu retten ist, dass die Menschheit nicht begriffen hat, wie dramatisch die Lage wirklich ist, und dass
etwa die Bemühungen, den Klimawandel zu dämpfen, viel zu
spät kommen. Er fürchtet, so sagt er, dass im Vergleich zu
dem, was uns an menschlichen Konflikten bevorstehe, der
Zweite Weltkrieg ein Spaziergang gewesen sei. Das Schmelzen der Polkappen sei ein Zeichen dafür, dass der Klimawandel irreversibel sei. Deswegen werde es in 20 bis 30 Jahren
1,4 Milliarden Flüchtlinge geben, sagt Enoch zu Guttenberg
Anfang März 2010 in einem öffentlichen Streitgespräch mit
seinem alten Freund Hubert Weinzierl, einem unverbesserli-
chen Optimisten, auf dessen Gut in Wiesenfelden.

Karl-Theodor folgt den Ansichten des Vaters zu dessen
Leidwesen nicht. Er hält den Vater für zu pessimistisch; der
Vater hingegen sieht den Sohn als zu technikgläubig an und
als zu sehr auf die Tagespolitik fixiert. Karl-Theodor zu Guttenberg hat seinen Vater einen »bekennenden Apokalyptiker«
genannt. Der Vater hat dazu angemerkt, der Tod von 29 000
Kindern, die infolge »unseres Umgangs mit dem Planeten«
täglich stürben, sei nicht apokalyptisch, sondern »längst Apo-
calypse Now«. Von der Politik erwartet der Dirigent wenig,
im Wahlrhythmus von vier Jahren gebe es nur noch Klein-
Klein, und der Wähler lasse die notwendigen Veränderungen
nicht zu. Davon, dass die einstige Klimakanzlerin Angela
Merkel dieses Thema mittlerweile hintangestellt hat, zeigt er
sich enttäuscht. Auch von den Grünen hält er, der selbst einmal als Grüner im Frack bezeichnet wurde, nicht viel. Nicht
einmal ein Tempolimit hätten die in ihrer Regierungszeit zu-

wege gebracht.[46] Dennoch ist er kein Zyniker geworden, auch wenn er sich selbst einen schwermütigen Nihilisten nennt. Er gefällt sich in der Rolle des Sisyphos, der den Stein trotz besseren Wissens immer wieder nach oben rollt. Enoch zu Guttenberg fordert Umdenken, Verzicht, etwa auf absolute Mobilität. Sein Schloss beleuchtet er mit Energiesparlampen, »auch wenn das Licht scheußlich ist«, alle Gebäude werden mit Hackschnitzeln beheizt, das Haus in Neubeuern hat ein Solardach. Sein Audi fährt mit Gas, und auf der Autobahn bleibt er »eisern unter 130«, auch wenn ihm die Leute den Vogel zeigen. Flugzeugreisen in den Urlaub unternimmt er nicht mehr.

Trotz aller Brüche mit den Erwartungen der Familie, trotz des Ausscherens aus mancher Tradition ist Enoch zu Guttenberg ein »Baron«, ein adliger Schlossherr geblieben. Das zeigt sich an zwei Dingen, die von jeher zur adligen Lebenswelt gehörten – der Jagd und der Bedeutung von Pferden. Die Jagd betrachtet der Adel als Naturbeherrschung. Er habe dieses vielleicht älteste Handwerk des Menschen gelernt, als Jagd und Natur- und Umweltschutz einander noch bedingten, sagt Guttenberg. Heute seien Jagd und Naturschutz feindliche Geschwister geworden, weil Ideologen auf beiden Seiten taub und blind für die gemeinsamen Pflichten seien.

Auch in seiner Begeisterung für Pferde ist Enoch zu Guttenberg ganz Adliger. Schon als Kind ist er ein Pferdenarr, später ein passionierter Springreiter; noch heute lässt er sich morgens von einem Trainer beim Dressurreiten in der Reithalle »schleifen«. Vor einigen Jahren hat er sich von einem Bauern beibringen lassen, wie man eine Pferdekutsche lenkt. Seitdem fährt er oft mit der Kutsche durchs Dorf, fragt die Leute, an denen er vorbeikommt, ob er sie mitnehmen könne. Die alten Leute im Ort duzen Enoch zu Guttenberg. Er ist zwar »der Baron«, aber abgehoben will er nicht sein. Und doch hebt diese menschliche Nähe nicht die Distanz, die unsichtbare Schranke auf, die es zwischen den Leuten im Ort und den »Herrschaften« gibt.

Nicht nur in seinem Beruf als Künstler und in seinen radikalen umweltpolitischen Ansichten, sondern auch in anderer Hinsicht ist Enoch zu Guttenberg ein schwarzes Schaf in der Familie. Denn er bekennt sich dazu, dass er seinen katholischen Glauben verloren habe, als erwachsener Mann. Die Erfahrungen des jungen Enoch zu Guttenberg mit der Kirche sind freilich nicht nur gut gewesen, in einem Fall sogar ausgesprochen schlecht. Der Vater schickt den gerade 14 Jahre alten Jungen im Sommer 1960 zu einem Priester, den er, der Vater, sehr schätzt und der ihm den Glauben neu nahegebracht hat. Deshalb gibt er den Jungen in die Obhut des Geistlichen. »Er soll als Kind die Erfahrungen machen, denen ich erst jetzt begegnet bin«, sagt er sich. Das Experiment scheitert. Was genau vorgefallen ist, sagt Enochs Vater Karl Theodor zu Guttenberg in seinen Erinnerungen nicht. Doch was er schreibt, legt die Vermutung nahe, dass der Priester den Jungen zumindest seelisch misshandelt. Von der »Härte« des Priesters ist die Rede, davon, dass »es lieblos und unbarmherzig ist, ein Kind seiner Familie, seinen Eltern und Großeltern entfremden zu wollen«.[47] Ein klärendes Gespräch mit dem Priester kommt aber nicht zustande. Alles, was der Junge erzählt habe, sei »Lüge« gewesen, »dämonische« Phantasie, schreibt der Priester in einem Brief. Enochs Vater macht sich Vorwürfe, seinen Sohn einem Menschen ausgeliefert zu haben, dessen wahre Natur er nicht erkannt habe.

Das Erlebnis bedeutet indes keinen äußeren Bruch mit der Religion. Und auch heute hat Enoch zu Guttenberg diesen Bruch nicht vollzogen. Er geht weiter sonntags mit den Kindern aus zweiter Ehe in die Kirche, weil er findet, dass sie sich erst für oder gegen etwas entscheiden können, wenn sie es kennen. Vor und nach dem Essen sprechen die Jungen ein kurzes Tischgebet. Und er sagt Sätze wie: »Ich liebe die alte, tridentinische Kirchenliturgie, und ich liebe das Evangelium. Es gibt keine schönere Religion als das Christentum mit dem Gesetz der Liebe.« Doch sein Gehirn, so sagt er weiter, sei »absolut atheistisch«, die Existenz Gottes »halte ich für völlig

ausgeschlossen«. Er leide allerdings unter diesem Verlust des
Glaubens. Wenn eine Fee käme, so sagt er, würde er sich wünschen, wieder so glauben zu können, »wie ich es als Kind, sogar noch als junger Dirigent getan habe«.[48] Im Oktober 2010
führt Enoch zu Guttenberg in der Vatikan-Aula Verdis »Requiem« vor Papst Benedikt XVI. und den Teilnehmern der
Nahost-Synode auf. Guttenberg hält eine kurze Ansprache.
Nicht alle auf der Bühne seien womöglich tiefgläubig, aber
alle seien sich einig, die Sorgen über die zunehmend zerstörte
Welt vor den Papst tragen zu müssen, sagt er. Benedikt XVI.
erwähnt in seiner Dankesrede einen Brief Verdis, in dem der
Komponist von sich sagte, dass er »ein bisschen Atheist« sei.

Enoch zu Guttenberg ist ein widersprüchlicher Mensch.
Die Herausforderung hat er schon immer geliebt, ebenso das
Unberechenbare. Auch wenn er als Dirigent mit vielen Menschen zusammenarbeitet, so ist er doch im Musikbetrieb ein
Einzelkämpfer geblieben. Das verbindet ihn mit seinem Sohn
Karl-Theodor. Auch der sucht die Herausforderung, ist kein
Teamspieler, sondern letztlich ein Einzelgänger. Dennoch
sind auch Unterschiede augenfällig. Seine Sicht der Dinge,
etwa den absoluten Vorrang des Umweltschutzes, hat der Vater nicht an seinen ersten Sohn weitergeben können. Die fata-
listische Weltsicht seines Vaters lehnt der Sohn ab. Es ist für
den Sohn wohl auch Teil seiner Befreiung von einem sich libe-
ral gebenden, aber dennoch dominanten Vater, die Dinge ganz
anders zu sehen und zu handhaben. Dass er nicht warnen will,
sondern strahlen, das hat auch mit seiner Mutter zu tun.

Die unsichtbare Mutter:
Christiane Gräfin zu Eltz

Guttenbergs Vater hat als Dirigent schon Karriere gemacht,
bevor er durch den kometenhaften Aufstieg seines Sohnes
Karl-Theodor auf andere Weise an Bekanntheit hinzugewinnt.
In der Öffentlichkeit unbekannt bleibt hingegen Karl-Theo-

Karl-Theodor zu Guttenberg mit seiner Mutter im Reichstag im Februar 2009

dor zu Guttenbergs Mutter. Am Leben ihres Sohnes nimmt sie allerdings regen Anteil. Bei seiner Vereidigung als Minister am 12. Februar 2009 ist sie, wie auch der Vater, im Reichstag dabei. Als »irreal« habe sie diese Vereidigung empfunden, sagt sie. Erst als sie danach zusammen zum Wirtschaftsministerium in das Büro ihres Sohnes gefahren seien, habe die Vorstellung, dass der eigene Sohn nun Minister ist, ein Gesicht bekommen.[49] Das Rampenlicht scheut die Mutter. Sie verfolgt aber die Auftritte des Sohnes; Talkshows, an denen er teilnimmt, schaltet sie allerdings oft aus, weil sie das zu sehr aufregt. Guttenberg selbst rät auch seiner Mutter, sich mit öffentlichen Äußerungen zurückzuhalten. Doch gibt es noch andere Gründe, die es ihr schwermachen, sich zu äußern.

Politik interessiert auch die Mutter. Das politische Talent, das ihr Sohn habe, komme von beiden Seiten, von Vater und Mutter, sagt sie. In der Familie habe man immer Zeitung gelesen, stets am Tisch über politische Fragen diskutiert. In der

Erziehung der Söhne habe sie Wert darauf gelegt, das Bewusstsein der Jungen über ihre Rechte zu dämpfen und das über die Pflichten zu stärken. »Ihr habt soviel bekommen, ihr müsst doppelt soviel zurückgeben«, sei der Grundsatz gewesen.[50] Christiane Gräfin und Edle Herrin von und zu Eltz genannt Faust von Stromberg, so ihr vollständiger Geburtsname, wird am 27. November 1951 geboren. Sie entstammt einer alten Familie, bei der mehr als 30 Generationen belegt sind. Es ist eine Familie, die den Guttenbergs in manchem ähnlich ist. Uradlig, katholisch, politisch engagiert. Für Christiane zu Eltz hat der Katholizismus stets eine wichtige Rolle gespielt. Auf ihrem heutigen Anwesen am Chiemsee gibt es eine kleine Kapelle. Viele ihrer Freunde kommen aus dem katholischen Milieu; sie selbst hat an Fahrten mit Kranken und Behinderten nach Lourdes teilgenommen, die auch von ihrem Vater mit organisiert wurden.

Daneben gilt ihre Liebe der Kunst. Als sie sich von Enoch zu Guttenberg trennt, geht sie nach Frankfurt am Main und arbeitet als Leiterin der dort 1979 eröffneten Filiale des Auktionshauses Sotheby's. Bis heute haben Personen adliger Abstammung viele der führenden Positionen in Auktionshäusern inne. Christiane zu Eltz, wie sie sich nach ihrer Scheidung wieder nennt, arbeitet bei Sotheby's bis zu ihrer zweiten Heirat 1985; danach widmet sie sich ihrer zweiten Familie, besitzt aber mit ihrem zweiten Mann eine eigene Kunstgalerie in ihrem Heimat- und Wohnort Eltville im Rheingau.

Dort hat sie auf dem Eltzer Hof, einem Schloss in Eltville, auch ihre Kindheit verbracht. Ihr Vater ist Jakob Graf von und zu Eltz. 1921 auf dem Schloss der Familie Löwenstein-Wertheim-Rosenberg in Kleinheubach geboren – seine Mutter stammt aus dieser Familie –, wächst er auf dem Schloss zu Vukovar im kroatischen Slawonien auf, wo seit 1745 der Hauptwohnsitz der Familie lag. Nach der Vertreibung aus Jugoslawien 1944 und der Enteignung des Schlosses, aller Ländereien und Weingüter wohnt Jakob zu Eltz ab 1945 im Eltzer Hof.

Im Juli 1946, mit 25 Jahren, heiratet er in Salzburg die um
ein Jahr jüngere Ladislaja Mayr-Melnhof, die dem Salzburger
Zweig der österreichischen Unternehmerfamilie entstammt.
Dadurch haben auch ihre Kinder und die Enkelkinder die österreichische Staatsbürgerschaft. Ihr Vater, Friedrich Mayr-
Melnhof, hatte eine Maria-Anna Gräfin von Meran geheiratet,
das Paar bekam neun Kinder, davon acht Töchter. Ihr erster
Mann, Konrad zu Hohenlohe-Waldenburg-Schillingsfürst,
war 1943 in Russland gefallen, die Ehe war kinderlos geblieben. Jakob und Ladislaja zu Eltz bekommen von 1947 bis 1960
neun Kinder, fünf Töchter und vier Söhne. Christiane zu Eltz
ist das fünfte Kind. Vor ihr kommen Lidvine, Karl, Michael
und Marie Assunta; nach ihr kommen Johanna, Georg, Johannes und Benedikta. Ladislajas einziger Bruder, ebenfalls
ein Friedrich Mayr-Melnhof, hat sogar zehn Kinder.

Der bekannteste Sitz des Adelsgeschlechts hierzulande ist
die Burg Eltz an der Mosel, die seit dem 12. Jahrhundert im
Familienbesitz ist und die Jakob zu Eltz der Öffentlichkeit
zugänglich machte; sie zählt heute rund 300 000 Besucher im
Jahr. Sie gilt als die schönste Burg Deutschlands, wurde über
die Jahrhunderte nie zerstört, auch weil die Familie mehrfach
einen Verwandten im Lager der feindlichen Truppen hatte.
Hauptwohnsitz der Familie ist die Burg, die 120 Zimmer in
acht Wohntürmen umfasst, jedoch nur bis 1620. Ihre Abbil-
dung zierte früher die Rückseite des 500-Mark-Scheins. Ihr
heutiger Besitzer ist Karl Graf zu Eltz, der älteste Sohn von
Jakob zu Eltz und Mitinhaber einer Wirtschaftsprüfungsge-
sellschaft in Frankfurt am Main.

Sein Vater Jakob zu Eltz, Karl-Theodor zu Guttenbergs
Großvater, studiert Rechtswissenschaft in Mainz, übernimmt
dann die Verwaltung des Weinguts in Eltville. Viele Jahre lang
ist Jakob zu Eltz auch Präsident des Rheingauer Weinbauver-
bandes. Soziales Engagement aus dem Glauben heraus gilt der
Familie als Verpflichtung. Nach dem Zweiten Weltkrieg ist
Jakob zu Eltz einer der Mitbegründer des Malteser Hilfsdienstes, er ist zeitweise Mitglied des Souveränen Rates des

Malteserordens in Rom und seit 1967 auch Vertreter des Ordens bei der Bundesregierung. Zugleich organisiert er seit Mitte der fünfziger Jahre regelmäßig Pilgerreisen in den französischen Wallfahrtsort Lourdes, die die Malteser zusammen mit Kranken und Behinderten, darunter viele Rollstuhlfahrer, unternehmen – zunächst mit dem Zug, ab Ende der achtziger Jahre werden auch Transportflugzeuge der Bundeswehr eingesetzt.

Das Ende des Kommunismus bringt Jakob zu Eltz noch einmal seiner Heimat in Kroatien nahe. Im Sommer 1991, als der Bürgerkrieg dort tobt, organisiert er Transporte mit Nahrungsmitteln und Verbandsmaterial nach Vukovar. Auf Schleichwegen muss der Belagerungsring der Serben umgangen werden, wobei Eltz selbst einmal unter Artilleriebeschuss kommt. Auch seine Frau Ladislaja bringt noch mit mehr als 80 Jahren Hilfstransporte nach Kroatien und Bosnien und sitzt selbst am Steuer eines Lkw. Sie hat am 23. Dezember 2010 ihren 90. Geburtstag gefeiert – am gleichen Tag hat auch Karl-Theodor zu Guttenbergs andere Großmutter, Rosa Sophie zu Guttenberg, Geburtstag.

Die Rückkehr von Jakob zu Eltz in seine kroatische Heimat verläuft wegen des Bürgerkriegs schwierig. Sein ehemaliges Schloss, sogar von den Kommunisten gepflegt, wird von der serbischen Armee vollständig zerstört. Als Kroatien um seine Unabhängigkeit kämpft, vertritt er seine Heimat als eine Art erster Botschafter des Landes in Deutschland; als es die Unabhängigkeit erreicht hat, wird er 1992 im Alter von 71 Jahren Mitglied des kroatischen Parlaments, was er bis zum Jahr 2000 bleibt. Im 85. Lebensjahr stirbt Jakob zu Eltz im Februar 2006 in Eltville. Er hinterlässt 26 Enkel. Einer von ihnen ist Karl-Theodor zu Guttenberg.

Die annullierte Ehe

Es ist der Hintergrund des katholischen Milieus der Familien Eltz und Guttenberg, vor dem die Geschichte der Ehe von Christiane zu Eltz und Enoch zu Guttenberg betrachtet werden muss. Karl Theodor zu Guttenberg, der Ältere, hatte sich eine Verbindung mit der Familie zu Eltz sehr gewünscht. Obwohl er schon schwer erkrankt ist, lässt er sich nach Eltville fahren, wo die Hochzeit zwischen seinem Sohn Enoch und Christiane zu Eltz am 14. Februar 1971 stattfindet. Die Treppe im Schloss wird er emporgetragen. Von der Bedeutung, die er dieser Eheschließung beimisst, zeugt die Tischrede, die er sitzend an das junge Paar, »meine lieben Kinder«, richtet. Guttenberg hatte sie sorgfältig am Schreibtisch niedergeschrieben. »Erlaubt mir zu sagen«, so beginnt er, »dass dieser Tag für mich die Erfüllung meines vielleicht größten persönlichen Wunsches bedeutet. Und diese Erfüllung trägt einen Namen, den Namen Christiane Eltz.« Einem Vater könne nichts mehr am Herzen liegen als die Frage, wie es in seinem Hause einmal nach ihm weitergehen werde, sagt der todkranke Baron. »Ich habe immer gehofft – nein, ich habe gewusst, dass du, Enoch, dich in dieser wichtigsten Entscheidung deines Lebens bewähren wirst. Der heutige Tag hat meine Hoffnung erfüllt und meine Erwartung bestätigt. Denn du, liebe Dani, bist die Rechte – für unseren Sohn, für unsere Familie und für unser Haus. Das weiß dein Enoch, und das wissen wir, seine Eltern.« War der Vater die treibende Kraft für diese Ehe? Das Familienoberhaupt hat diese Verbindung als »größten persönlichen Wunsch« bezeichnet. Kann ein guter Sohn seinem todkranken Vater den größten Wunsch abschlagen, kann er ihn in der »wichtigsten Entscheidung seines Lebens« enttäuschen?

Vielleicht hatte das Familienoberhaupt selbst schon gewisse Zweifel, ob alles gutgehen würde in dieser Ehe zweier junger Menschen, die sich noch nicht lange kannten. Jedenfalls gibt er sich im Laufe der Rede überzeugt davon, dass die Eheleute

Enoch zu Guttenberg heiratet Christiane zu Eltz im Februar 1971 in Eltville. Die Ehe wird sieben Jahre später annulliert

sich »nicht von vornherein immer einig sein« würden und dass sie es auch nicht immer »leicht mit sich selbst« haben werden. Doch die Liebe werde ihnen helfen, da sie »mehr und anderes als verliebt sein« sei – »mehr und anderes als voneinander angezogen sein«.[51]

Der Wunsch nach einer dauerhaften Ehe geht nicht in Erfüllung. Der erste Nachwuchs – Karl-Theodor – stellt sich rasch ein. Auch ein zweites Kind kommt bald zur Welt. Am 10. Mai 1973, anderthalb Jahre nach der Geburt von Karl-Theodor, wird der zweite Sohn Philipp Franz geboren. Christiane zu Guttenberg ist jetzt 21 Jahre alt, hat zwei kleine Jungen. Ihr Mann ist als Dirigent beruflich stark gefordert; er interessiert sich vor allem für seine Musik und engagiert sich zudem für den Umweltschutz. Darüber hinaus muss er auch als Familien-Chef und Schlossherr das Familienunternehmen sanieren, ist oft auf Reisen. Ist es diese Überlastung, der die Ehe nicht gewachsen ist?

Nicht zuletzt sind es wohl die unterschiedlichen Charaktere, die die Ehepartner auseinandertreiben. Enoch zu Guttenberg ist ein charmanter, aber auch eigenwilliger, schwieriger, pessimistischer Mensch. Er ist vom Selbstbewusstsein seiner adligen Abstammung durchdrungen. Seine Frau ist hingegen kein »adliger« Typ; sie ist eine sympathische Erscheinung, aber schon rein äußerlich alles andere als eine Prinzessin, keine grazile, klassische Schönheit. »Dani«, so ihr Rufname, ist von pragmatischer, ja burschikoser Art, sie lacht gern laut und ungehemmt, ist unprätentiös, neigt nicht zum Pathos wie ihr Mann. Sie ist ein positiver Mensch. Und sie leidet sehr unter der pessimistischen Weltsicht ihres Gatten.

Christiane zu Guttenberg und ihr Mann trennen sich »in Freundschaft«, wie die Großmutter Enochs in ihren Memoiren schreibt und wie es auch Enoch zu Guttenberg versichert.[52] Nach sechs Jahren wird die Ehe 1977 geschieden. Eine Scheidung, so schwer sie für alle Beteiligten sein mag, ist heutzutage nichts Besonderes. Noch in den siebziger Jahren des letzten Jahrhunderts war das anders. In katholischen Familien galt eine Scheidung nicht nur als ein Unglück, sondern auch als gesellschaftlicher Makel. Doch geht es nicht nur um das öffentliche Ansehen. Für gläubige Katholiken ist eine Scheidung prinzipiell nicht möglich, denn die Ehe, ein Sakrament, ist nach der kirchlichen Lehre unauflöslich. Deshalb ist eine neue kirchliche Eheschließung nach einer Scheidung nicht möglich, weil die zuvor eingegangene Ehe weiter existiert. Wer dennoch eine neue zivile Ehe eingeht oder unverheiratet mit einem Partner zusammenlebt, begeht fortwährenden Ehebruch. Er ist vom Empfang der Sakramente ausgeschlossen – für praktizierende Katholiken eine Bürde. Das Scheitern einer Ehe und die daraus resultierende Entscheidung, sich scheiden zu lassen, stellt einen tief katholischen Menschen vor ein Dilemma.

Wo aber ist der Ausweg? Eine Eheauflösung durch den Papst ist nur möglich, wenn die Ehe nicht vollzogen wurde – das ist aber bei Enoch und Christiane zu Guttenberg nicht der Fall. Daneben gibt es nur eine Möglichkeit, um eine Trennung in Übereinstimmung mit den Normen der Kirche zu vollziehen: die Eheannullierung. Sie ist der Weg, um eine Ausgrenzung aus der Kirche zu vermeiden und eine weitere kirchliche Heirat zu ermöglichen. Die Eheannullierung wird auf Antrag durch das Kirchengericht einer Diözese, das Offizialat, ausgesprochen, nachdem die Beteiligten und diverse Zeugen befragt wurden. Der Leumund einer guten katholischen Familie und gute Kontakte zu Kirchenleuten gelten in der Regel als hilfreich.

Eine Eheannullierung wird nur ausgesprochen, wenn die Ehe nach katholischem Kirchenrecht ungültig geschlossen wurde. Das kann der Fall sein, wenn einer der Ehepartner schon zum Zeitpunkt der Eheschließung außereheliche Beziehungen unterhielt, von Anfang an die Zeugung eigener Kinder ausschloss oder wenn er oder sie körperlich oder psychisch schon bei der Heirat nicht zum Geschlechtsakt in der Lage war. Grund kann auch sein, wenn eine Ehe unter Zwang zustande gekommen ist. Enoch und Christiane zu Guttenberg geben als Grund dafür, dass die Ehe annulliert werden solle, an, dass sie arrangiert gewesen sei. Der Vater von Enoch zu Guttenberg habe darauf bestanden, dass der Sohn diese Frau heirate. Dem todkranken Vater, der wusste, dass seine Tage gezählt waren, habe man den Wunsch nicht abschlagen können. So habe man sich in einer Zwangslage befunden. Die erwähnte Tischrede Karl Theodors zu Guttenberg mag als Beleg dafür dienen, dass es so gewesen sein könnte.

Die Bemühungen sind jedenfalls, wenn man in einer solchen Angelegenheit das Wort verwenden will, erfolgreich: Ein Jahr nach der weltlichen Scheidung wird die Ehe 1978 von der katholischen Kirche für ungültig erklärt. Sowohl der Vater von Karl-Theodor als auch die Mutter heiraten Jahre später ein zweites Mal und bekommen jeweils zwei weitere Kinder. Die Beziehung zwischen den Eltern von Karl-Theodor zu Guttenberg bleibt bis heute freundschaftlich.

Der Stiefvater: Patensohn des Führers

Fünf Jahre nach ihrer Scheidung lernt Christiane zu Eltz 1982 einen neuen Mann kennen. Die gemeinsame Liebe zur Kunst hat sie zusammengeführt. Der Kunstliebhaber trägt einen Namen, der durch das Wirken seines Vaters eine besondere Last darstellt. Es ist Adolf von Ribbentrop, Sohn von Hitlers Außenminister Joachim von Ribbentrop.

Als Reichsminister des Äußeren war Ribbentrop von 1938 bis zum Ende der Diktatur der Chef der Diplomaten der Nationalsozialisten. Geboren als Sohn des Oberstleutnants Richard Ribbentrop war der spätere Außenminister des Dritten Reiches kein Adliger von Geburt an. Vielmehr nutzt er eine 1918 geänderte Rechtslage, um sich 1925 im Alter von 32 Jahren von einer entfernten Tante, Gertrud von Ribbentrop, adoptieren zu lassen. Im Gegenzug entrichtet er an die Tante eine lebenslänglich zu zahlende Rente. Deren Vater war erst 1884 in den Adelsstand erhoben worden. Ribbentrop führte seitdem den Namen von Ribbentrop.

Die Urteile der Zeitgenossen über ihn, der unter abenteuerlichen Umständen bis zum Außenminister aufstieg, sind fast ausnahmslos vernichtend, egal ob sie von seinen Kollegen unter den Außenministern, von führenden nationalsozialistischen Funktionären oder von den Gerichtspsychologen des Nürnberger Prozesses stammten, wie Joachim Fest in seinem Essay über Ribbentrop schreibt.[53] Kalt und geistlos, unterwürfig und hörig, eitel und servil, undiplomatisch und unfähig zum Gespräch – das sind nur einige der Charakteristika, die über »Ribbensnop«, so der Spottname, angeführt wurden. Allein Hitler nannte ihn zuweilen ein »Genie« und seinen »zweiten Bismarck«.

Ribbentrop heiratet 1920, damals 27 Jahre alt, die drei Jahre jüngere Anna Elisabeth, genannt Annelies, Henkell, die Tochter des bekannten Sektfabrikanten Otto Henkell, der mit seinem »Henkell Trocken« schon damals ein Vermögen gemacht hatte. Die Heirat eröffnet von Ribbentrop den Weg in die bessere Gesellschaft. Das Ehepaar zieht 1922 nach Berlin um und baut in Berlin-Dahlem in der Lentzeallee eine elegante Villa. Ribbentrops Frau ist eine engagierte Sammlerin von Gemälden, ihre Sammlung vor allem französischer Impressionisten umfasst bald mehr als 100 bedeutende Werke. Es ist ein Interesse und eine Tätigkeit, die ihr Sohn Adolf von ihr übernehmen wird. Im Haus der Ribbentrops finden Anfang Januar 1933 die Verhandlungen zwischen Hitler und dem Reichskanzler Franz von Papen über die Bildung einer Koalitionsregierung statt. Das Ehepaar bekommt zwischen 1921 und 1940 fünf Kinder: Rudolf, Bettina, Ursula, Adolf und Barthold.

Einen Vater zu haben, über den das Urteil der Zeitgenossen wie der Nachwelt so einhellig war, ist für die Kinder des Reichsaußenministers nicht einfach. Sie haben als Erwachsene unterschiedlich darauf reagiert: Der älteste, Rudolf, selbst noch Offizier und SS-Mitglied, schrieb ein apologetisches Buch über seinen Vater. Am schwersten hat es in mancher Hinsicht Adolf von Ribbentrop, der am 2. September 1935 als viertes der fünf Kinder in Berlin geboren wird. Seinen Vornamen hat er nicht zufällig. Adolf von Ribbentrop ist der Patensohn des »Führers«. Der Name wurde mit ausdrücklicher Zustimmung Hitlers verliehen. Die Taufe des kleinen Adolf gestaltet sich jedoch schwierig. Denn der Pfarrer der zuständigen Jesus-Christus-Kirche in der Hittorfstraße in Berlin-Dahlem ist seit wenigen Jahren Martin Niemöller, damals schon Mitglied der Bekennenden Kirche und oppositionell zum NS-Regime eingestellt. Die Taufe verweigert er mit dem Hinweis darauf, dass der Vater des Kindes, Joachim von Ribbentrop, aus der Kirche ausgetreten sei. Vor der Taufe müsse er zunächst wieder in die Kirche eintreten. Zwar finden die Ribbentrops einen anderen Pfarrer, der die Taufe vornimmt, doch Annelies von Ribbentrop soll sich bei Hitler über Niemöller beschwert haben, jener sei der Mittelpunkt aller NS-feindlichen Elemente in Dahlem.

Die Ribbentrops müssen allerdings ein Jahr später, im Herbst 1936, Berlin verlassen, weil Joachim von Ribbentrop

Reichsaußenminister Joachim
von Ribbentrop mit seinen
Kindern Ursula und Adolf
im April 1938

Botschafter in Großbritannien wird. Doch Anfang 1938 keh-
ren sie zurück: Hitler hat Ribbentrop zum Außenminister ernannt. Fotos aus dem Familienalbum, wie sie der älteste Sohn
Rudolf in dem Buch über seinen Vater veröffentlicht hat, zeigen, wie Hitler mit dem kleinen Adolf beim Kaffeetrinken im
Auswärtigen Amt vertraulich scherzt, ihn tätschelt, der Kna-
be seinem Patenonkel aufgeregt etwas erzählt. Auch in der
Villa der Ribbentrops in Dahlem ist Patenonkel Adolf oft zu
Gast bei der Familie, wo er sich wie zu Hause gefühlt haben
soll. Die Ribbentrops laden dann alle anderen Gäste aus und
stellen sich ganz auf Hitler ein, wenn sie auch von seinen stun-
denlangen Monologen und seiner rein vegetarischen Lebens-
weise wenig angetan sind.

Es entbehrt nicht einer gewissen Pikanterie, dass die Familie Guttenberg, die durch den Widerstand gegen Hitler geprägt ist und selbst Angehörige durch die Nationalsozialisten
verlor, durch die zweite Heirat von Karl-Theodors Mutter
mit einem »Tätersohn« eng verbunden ist. Schließlich sind die
angeheirateten Onkel von Karl-Theodor zu Guttenberg die

Claus Schenk Graf von Stauffenberg im Jahr 1940 mit seinen Kindern Berthold, Franz Ludwig und Haimeran

Söhne der Widerstandskämpfer Claus von Stauffenberg und Philipp von Boeselager. Wie darf man sich Feste auf Schloss Guttenberg vorstellen, wo sich die Söhne der Widerstandskämpfer mit dem Sohn des Reichsaußenministers angeregt darüber unterhalten, wie es damals so gewesen ist? Tatsächlich gab es Familientreffen, an denen man sich freundlich begegnete, Franz Ludwig von Stauffenberg und Adolf von Ribbentrop zusammen Karten gespielt haben.

Ganz selbstverständlich war diese Toleranz nicht. Als sich Christiane zu Eltz mit Ribbentrop verlobt habe, habe Elisabeth zu Guttenberg die Hände über dem Kopf zusammengeschlagen, dass ein Ribbentrop in die Familie komme, erinnert sich Enoch zu Guttenberg, ihr Enkel. »Wenn ausgerechnet du jetzt damit anfängst, Sippenhaft zu verhängen, dann betrete ich dein Haus nicht mehr«, habe er ihr geantwortet.

Mit elf Jahren wird Adolf zu Ribbentrop Halbwaise. Sein Vater, einer der 24 Angeklagten beim Prozess gegen die Hauptkriegsverbrecher vor dem Internationalen Militärgerichtshof in Nürnberg, wird am 1. Oktober 1946 für schuldig

befunden, zum Tod durch den Strang verurteilt und als Erster
der zehn zum Tode Verurteilten am 16. Oktober 1946 um kurz
nach ein Uhr nachts im Nürnberger Justizgefängnis gehängt.
Seine Leiche wird, wie die der anderen Hingerichteten, im
Krematorium des Münchener Ostfriedhofs eingeäschert, die
Asche in einen Bach gestreut. Annelies von Ribbentrop lässt
sich zunächst im Rheinland nieder, zieht 1950 in ein Haus
nach Wuppertal-Elberfeld, das ein Schwager ihr zur Verfügung gestellt hat. Unermüdlich arbeitet sie an der »Rehabili-
tierung« ihres Mannes. Adolf wird wie auch sein jüngerer
Bruder Barthold in einem Internat auf der Insel Föhr unterge-
bracht.

Später ist Adolf von Ribbentrop in der Firma Henkell tätig.
Ursprünglich sollte Rudolf von Ribbentrop, der älteste Sohn
des Reichsaußenministers, bei Henkell einsteigen. Ein Vertrag
aus dem Jahr 1942 hatte vorgesehen, dass einer der Söhne Joachim von Ribbentrops in der Unternehmensleitung vertreten
sein sollte. Doch die Firmenleitung empfindet es nach dem
Krieg als wenig förderlich für das Image und den Erfolg der
Firma, sollte das Unternehmen mit dem Namen des Außenministers Hitlers in Verbindung gebracht werden. Den ehemaligen SS-Hauptsturmführer Rudolf von Ribbentrop lehnt
man jedenfalls als Vorstandsmitglied ab. Doch die Witwe Joachim von Ribbentrops, Annelies, besteht auf dem Vertrag und
strengt 1951 einen Prozess gegen ihren Cousin Otto Henkell,
den alleinigen Besitzer der Firma, an – mit Sohn Rudolf als
Nebenkläger. Der Prozess zieht sich hin. Erst 1963 einigt man
sich, dass nicht Rudolf, sondern der damals 28 Jahre alte Adolf
mit Prokura in die Geschäftsleitung der Henkell und Co.
Sektkellerei GmbH eintritt, sie also zusammen mit Otto Henkell leitet. Adolf, der sich nun Henkell von Ribbentrop nennt,
wird 25 Jahre in der Firma bleiben. Dann wird sie von der Dr.-
August-Oetker-Gruppe übernommen.

In erster Ehe ist Adolf von Ribbentrop mit Marion von
Strempel verheiratet, einer Tochter des Ex-Diplomaten Heribert von Strempel, der unter anderem bis zum Eintritt der

Vereinigten Staaten in den Zweiten Weltkrieg in der Deutschen Botschaft in Washington für »kulturelle Beziehungen« zuständig war, also für die NS-Propaganda in Amerika. Seine Wiederverwendung nach dem Krieg als Botschafter in Rio de Janeiro soll daran gescheitert sein, dass die Amerikaner diese Geschichten nicht vergessen hatten. Aus der Verbindung gehen zwei Söhne hervor: der erste, 1963 geboren, erhält seinen Vornamen ganz nach Familientradition – Joachim, wie sein Großvater. Was man einem Kind damit antut, hätte eigentlich der Vater am besten verstehen müssen. Zwei Jahre später wird Dominik von Ribbentrop geboren. Er ist heute ein erfolgreicher Unternehmer.

Drei Jahre nachdem sie sich näher kennenlernten, heiraten Adolf von Ribbentrop und Christiane zu Eltz, die seit acht Jahren von dem Vater ihrer Kinder geschieden ist. Karl-Theodor, der den zukünftigen zweiten Mann seiner Mutter ein Jahr vor der Hochzeit kennenlernt, sagt, er habe sich damals für seine Mutter gefreut. Ribbentrop sei ein wunderbarer, liebenswürdiger Mann. Die Hochzeit findet 1985 auf der Burg Eltz statt, dem Stammsitz der Familie. Nicht nur die Söhne, auch ihr erster Mann, Enoch zu Guttenberg, sind Hochzeitsgäste. Das Paar bekommt vier Jahre später, 1989, einen Sohn, Rudolf – ein Halbbruder des damals fast 18 Jahre alten Karl-Theodor zu Guttenberg. Seine Mutter ist zu dieser Zeit 37. Enoch zu Guttenberg wird der Pate des Kindes. Ein Jahr später wird ein weiterer Sohn geboren, Friedrich von Ribbentrop.

Christiane und Adolf von Ribbentrop leben nach der Hochzeit in Eltville, in der Nähe von Christianes Eltern, in einem prachtvollen Haus aus der Gründerzeit mit einem Hang hinunter zum Rhein. Im Garten sind zeitgenössische Kunstwerke aufgestellt. Seit 1990 unterhält das kunstbegeisterte Ehepaar in Eltville die »Galerie Ribbentrop«. Später verkauft die Familie das Haus in Eltville und zieht auf ein Anwesen nach Aschau im Chiemgau. Das Ehepaar Ribbentrop betreibt heute dort die Kunstgalerie »Contemporary Art Christiane Ribbentrop«.

Dass er der Sohn des Außenministers Hitlers ist, empfindet
Adolf von Ribbentrop als Last. Dass er auch der Patensohn
Hitlers ist, wussten auch manche der Geschäftspartner des
Familienunternehmens Henkell. Wer ihn kennenlernte, ließ
sich dadurch nicht verunsichern – Ribbentrop sei »in Wirk-
lichkeit ein sehr charmanter Mann«, schrieb einer.[54] Auch
Enoch zu Guttenberg beschreibt den zweiten Mann seiner
Frau als sympathischen Menschen, dem er freundschaftlich
verbunden sei. Regelmäßig sind seine erste Frau und Ribben-
trop zu Besuch auf Guttenberg. Dass der »Spiegel« im Ok-
tober 2010 falsch berichtet, Karl-Theodor zu Guttenbergs
Mutter habe die Familie früh im Stich gelassen und sei mit
Ribbentrop »durchgebrannt«, hat die Familie geschmerzt.[55]
Enoch zu Guttenberg stellt in einem Leserbrief an die Zeit-
schrift die Sache richtig.

Die Stiefmutter: Tochter eines
italienischen Kommunisten

Es ist der 16. April 1997, ihr 29. Geburtstag, als Ljubka Biagioni die Generalprobe für ein Konzert mit dem »Orchestra
Filarmonica Marchigiana« dirigiert, mit dem sie gerade auf
Konzertreise durch Italien ist. In der Pause kommt ein Herr
aus Deutschland zu ihr und küsst ihr die Hand. Es ist der Dirigent Enoch zu Guttenberg – und beide sind sogleich verliebt. Ein halbes Jahr später heiraten die beiden. Die in Rom
geborene Dirigentin, die sich schon als junges Talent einen
Namen gemacht hat, geht mit dem fast 21 Jahre älteren Guttenberg nach Deutschland. Dass sie die Frau eines Adligen
werden würde, war ihr nicht an der Wiege gesungen worden.

Ihre Mutter ist, darauf deutet der Vorname Ljubka hin, eine
Bulgarin, ihr Vater war Eligio Biagioni, ein italienischer Ge-
werkschaftsführer und »radikaler Kommunist«, wie Enoch
zu Guttenberg sagt. Oft habe er sich mit dem Schwiegervater
gestritten. Das kann man sich vorstellen, wenn man sich ein

Foto anschaut, das Enoch zu Guttenberg von Eligio Biagioni in dessen Wohnung gemacht hat: Es zeigt den lächelnden Schwiegervater mit gereckter Faust vor einem großen Stalin-Porträt.

Eligio Biagioni ist Bürgermeister einer Vorstadt von Florenz gewesen, er hat sich für die sozial Schwachen eingesetzt und selbst in bescheidenen Verhältnissen gelebt. Als kommunistischer Funktionär reiste er nach Kuba und in die Sowjetunion. Seine bulgarische Frau lernte er über die internationale kommunistische Bewegung kennen. In Italien richtete sich sein Kampf auch gegen den italienischen Eurokommunismus. Dass seine Tochter einen deutschen Schlossherrn und vielfachen Millionär heiratete, hat ihm zunächst zutiefst missfallen. Allein dass die Familie Guttenberg mit dem Widerstand gegen die Nationalsozialisten verbunden war, hat den ehemaligen italienischen Partisanen, der zu Kriegsbeginn in den Untergrund gegangen war, mit der Wahl der Tochter versöhnt. Eligio Biagioni lebt die letzten Jahre seines Lebens mit seiner Frau in München, er ist oft bei Tochter und Schwiegersohn auf Schloss Guttenberg. Als er stirbt, richten ihm die beiden ein Begräbnis in Oberbayern aus, wie er es gewollt hatte: mit einer roten Fahne mit Hammer und Sichel auf dem Sarg. Die Gebirgsschützen sind in Uniform angetreten und auch die Blasmusiker, die Internationale erklingt, und die Ehefrau des verstorbenen Kommunisten steht mit emporgereckter Faust vor dem Grab ihres Mannes.

Mit seiner zweiten Heirat hatte Enoch zu Guttenberg eigentlich alle überkommenen Kriterien einer standesgemäßen Partnerwahl verletzt. Er nahm eine bürgerliche konfessionslose Frau, deren Familie zudem politisch ganz anders eingestellt war als seine eigene. Aber die Zeiten hatten sich geändert. Sie sei von der Familie Guttenberg warmherzig aufgenommen worden, sagt Ljubka Biagioni-Guttenberg. Besonders Philipp zu Guttenberg, der jüngere Sohn, sei wie ein Bruder für sie geworden. Das Verhältnis zu Karl-Theodor zu Guttenberg war freilich zunächst distanziert. »Dass ich dann eine so junge Frau

Karl-Theodor zu Guttenberg mit seiner Frau Stephanie und sein Vater Enoch zu Guttenberg mit seiner zweiten Frau Ljubka Biagioni bei einem Benefizkonzert im November 2009 in Berlin

geheiratet habe, hat dem Älteren erst gar nicht gepasst, wo er doch fast zur selben Zeit eine ebenso junge Frau geheiratet hat«, erinnert sich Enoch zu Guttenberg an die Reaktion seines ältesten Sohnes.[56] Das habe sich später gelegt.

Für Enoch zu Guttenberg ist die Begegnung mit Ljubka Biagioni ein unverhoffter Neubeginn in seinem Leben. Fotos seiner jungen Frau, die der begeisterte und begabte Fotograf in Bildbänden veröffentlicht hat, tragen immer wieder den Titel »Das Glück«. Angesichts einer sterbenden Umwelt will Enoch zu Guttenberg aber zunächst mit seiner neuen Frau keine Kinder mehr. »Das wäre verantwortungslos«, hatte er noch 2002 gesagt und es in öffentlichen Ansprachen wiederholt.[57] Altkanzler Helmut Kohl, mit dem der Dirigent gut bekannt ist, soll ihn für diese Haltung heftig gescholten haben. Ob Kohls Worte Einfluss hatten oder nicht: Enoch zu Guttenberg hat es sich jedenfalls anders überlegt. Schon ein Jahr später wird Paulinus geboren, zwei Jahre später kommt Jo-

hann zur Welt. Karl-Theodor zu Guttenberg hat also neben
seinem Bruder Philipp vier Halbbrüder, zwei von seiner Mutter und zwei von seinem Vater. Die vom Vater sind jünger als
seine eigenen Kinder. Oder anders gesagt: Seine Töchter Anna
und Mathilda, 2001 und 2002 geboren, sind älter als ihr Onkel
Paulinus und ihr Onkel Johann.

»Die Mama hat immer die Hosen an«, sagt Ljubka Biagioni
über ihr Leben zwischen Musik, Kindern und den Finanzen
des Musikbetriebs Biagioni-Guttenberg, um die sie sich kümmert. An Selbstbewusstsein mangelt es ihr nicht. Sie ist weiter
als Dirigentin tätig, bei den gemeinsam mit ihrem Mann ver-
anstalteten Festspielen in Herrenchiemsee, aber auch außerhalb Deutschlands.

Zugleich hat die Familie Guttenberg von Anfang an Einfluss auf die neue Schlossherrin ausgeübt. Zu ihrem katholischen Glauben hat die Tochter des kommunistischen Vaters
durch die Schwestern ihres Mannes gefunden. Denn Ljubka
Biagioni kommt zu der Zeit in die Familie Guttenberg, als
Karl-Theodors Urgroßmutter Elisabeth im Sterben liegt. Der
Abschied vom Leben zieht sich über Wochen hin. Die Schwestern von Enoch zu Guttenberg versuchen, ihrer Großmutter
beizustehen. Wie sie das aus ihrem katholischen Glauben heraus tun, beeindruckt Ljubka Biagioni. Sie entscheidet, selbst
katholisch zu werden. Zur Unterrichtung im Glauben fährt
sie in die Abtei der Heiligen Mauritius und Nikolaus in Niederaltaich bei Deggendorf, wo Benediktinermönche zum Teil
im römischen, zum Teil im byzantinischen Ritus leben. Dort
nimmt Ljubka Biagioni-Guttenberg den katholischen Glauben an; Taufe, Erstkommunion und Firmung finden an einem
Tag statt. Bei der Feier sind nur der Zelebrant, ein Mönch und
ihr Ehemann zugegen.

Später heiraten Enoch zu Guttenberg und seine zweite Frau
kirchlich. Enoch zu Guttenberg erinnert sich noch an die il-
lustre Gästeschar, die gekommen war. Auf einem Foto seien
der Abt von Niederaltaich, Adolf von Ribbentrop, Franz
Ludwig von Stauffenberg und sein kommunistischer Schwie-

gervater Eligio Biagioni zu sehen. Später studierte Ljubka
Biagioni-Guttenberg eine Weile in Frankfurt am Main Theologie. Sie schließt das Studium nicht ab, weil sie zwei Söhne
bekommen hat. Heute ist die tiefgläubige Katholikin ein Fan
des deutschen Papstes Benedikt XVI. Sie lese alle seine Pre-
digten und rede im Traum mit ihm, hat sie berichtet. »Es gibt
keine Ansicht, der ich widersprechen kann«, sagt sie über ihre
Beziehung zu Benedikt XVI.[58]

Mit der deutschen Politik hat Ljubka Biagioni-Guttenberg
es schon über ihren Stiefsohn Karl-Theodor hinaus zu tun gehabt. Als Bundeskanzlerin Merkel am 11. Oktober 2010 in
Sofia die Ehrendoktorwürde der bulgarischen Angel-Kant-
schev-Universität in Russe verliehen wird, nennt sie die an-
wesende Stiefmutter ihres Verteidigungsministers ein »leuch-
tendes Beispiel« für die gegenseitige kulturelle Bereicherung
der Länder Bulgarien und Deutschland. Denn die Dirigentin
mit der bulgarischen Mutter leitet zu dieser Zeit auch den
Philharmonischen Chor und das Philharmonische Orchester
von Sofia.

Eine katholische Familie

Karl-Theodor zu Guttenberg ist schon Abgeordneter im
Bundestag, als sein Großvater mütterlicherseits stirbt. Das
Requiem für Jakob zu Eltz findet am 18. Februar 2006 in der
Eltviller Pfarrkirche St. Peter und Paul statt. Die Kirche ist
überfüllt, die engere Familie findet gerade so in den Chorbän-
ken des Hauptschiffes Platz. Hier hat Jakob zu Eltz stets in
»seiner Bank« den Gottesdienst mitgefeiert, auch in den letzten Monaten seines Lebens hat er im Rollstuhl die Kirche besucht. Die letzte heilige Messe, so verzeichnet es das Gemein-
deblatt, feierte er im Krankenbett zu Hause – »während des
Schluss-Segens schied er aus dem irdischen Leben«.[59] Beim
Requiem stehen zwei Söhne des Verstorbenen mit am Altar.
Einer ist Johannes zu Eltz, Domkapitular und Bischofsvikar

im Bistum Limburg, seinerzeit auch Stadtdekan von Wiesbaden und heute Stadtdekan von Frankfurt. Johannes zu Eltz ist allerdings erst spät Priester geworden, mit Ende dreißig, und zuvor hat er als Jurist ein durchaus weltliches Leben geführt. Der zweite Sohn ist Frater Andreas (Michael) zu Eltz, er hat – wie sein Bruder Johannes – bei den Jesuiten in St. Blasien die Schule besucht und ist Benediktinermönch im Kloster Ettal, wo er unter anderem für die Bibliothek der Abtei zuständig ist. Er war schon über 40, als er Mönch wurde. Insgesamt hatten derer zu Eltz 60 bis 70 Geistliche in ihren Reihen, darunter zwei Kurfürsten, ferner Fürstbischöfe und Äbte.

Der Katholizismus hat die Guttenbergs nicht weniger geprägt. Karl-Theodor zu Guttenbergs drei Tanten, Elisabeth, Michaela und Praxedis, die Schwestern seines Vaters, sind alle Theologinnen. Michaela hat Johannes Freiherr von Heereman von Zuydtwyck geheiratet. Die Mutter von sechs Kindern hat Bücher über Familien- und Erziehungsfragen geschrieben, etwa »Zur Freiheit erziehen«. Das Erlebnis des Todes ihres Vaters, der seine unheilbare Krankheit mit Gottvertrauen geduldig ertrug, habe sie selbst zu einem tiefen Glauben gebracht. Bei Heeremans, die im Haus Gripswald in Ossum-Bösinghoven, einem Ortsteil von Meerbusch bei Düsseldorf, leben, wird um 12 Uhr 30 in der hauseigenen Kapelle noch der »Angelus« gefeiert, eine kurze Andacht mit Liedern, Lesungen und Gebeten. Einer ihrer Söhne, Sylvester von Heereman, wird 2006 in Rom zum Priester der äußerst konservativen Ordensgemeinschaft der Legionäre Christi geweiht und ist deren Territorialdirektor für Deutschland und Mitteleuropa. Die Kongregation, die wegen der massiven Rekrutierung von Kindern kritisiert worden ist, ist vor allem durch ihren Gründer Marcial Maciel Degollado (1920–2008) in Verruf geraten, dem seit den sechziger Jahren vielfacher sexueller Missbrauch von Kindern zunächst vorgeworfen wurde und dann nachgewiesen werden konnte. Ein jüngerer Bruder, Vincenz von Heereman, besucht vier Jahre lang die Schule der Legionäre Christi in Paris und wird deren erster Absolvent. Auch er tritt in den Orden ein. Eine Tochter, Nina von Heereman, widmet sich nach ihrem Jura-Studium ganz der Theologie, studiert in Rom und Jerusalem und hat sich ebenfalls für ein zölibatäres Leben entschieden. Bei einer Abendandacht im Juni 2010 mit Papst Benedikt XVI. auf dem Petersplatz, auf dem sich 15 000 Priester der katholischen Kirche versammelt haben, darf die Familie Heereman über ihre Erfahrungen mit ihren Kindern berichten, die sich ganz dem Glauben verschrieben haben – die päpstliche Regie präsentiert sie sozusagen als Gegenbeispiel für die These, dass junge Menschen heute in Westeuropa für den Priesterberuf und ein zölibatäres Leben kaum noch zu gewinnen seien. Michaela und Johannes von Heereman erzählen von ihrer religiösen Familie auf sympathische und humorvolle Weise. Nicht zur Sprache kommt – auf dem Höhepunkt des Missbrauchskandals in der katholischen Kirche – allerdings, dass ihre Söhne ausgerechnet einem Orden beigetreten sind, der durch seinen Gründer, aber auch durch andere Mitglieder wegen systematischen sexuellen Missbrauchs von Kindern besonders belastet ist.

Karl-Theodor zu Guttenbergs Tanten väterlicherseits und deren Ehemänner sind stark in katholischen Kreisen engagiert. Johannes Nepomuk Freiherr Heereman von Zuydtwyck ist geschäftsführender Präsident des Malteser Hilfsdienstes e.V. und einer der führenden Vertreter des Malteserordens in Deutschland. Der 1944 geborene Jurist ist schon vor fast 40 Jahren mit den Guttenbergs verbunden gewesen, da er von 1973 bis 1976 Geschäftsführer der Kurbetriebe in Bad Neustadt war, die der Familie Guttenberg gehörten. Danach hat er sich ganz der Arbeit für den Malteserorden gewidmet, in dem viele katholische Adlige als Manager meist nebenberuflich tätig sind. Mit 1,5 Milliarden Euro Umsatz im Jahr ist der Orden eine der größten karitativen Hilfsorganisationen weltweit, in 120 Ländern ist er aktiv, mit etwa 100 Staaten pflegt er diplomatische Beziehungen. Dem Orden gehören weltweit 12 500 Ritter und Damen an, die nach den Ordensregeln »von untadeliger moralischer und christlicher Haltung« sein müssen und die berufen werden. Der Orden ist organisatorisch und geistig vom Adel geprägt, in Deutschland sind drei von vier Ordensleuten Adlige. Heereman wurde 2004 zum Regenten des deutschen Subpriorats zum Heiligen Michael gewählt und ist damit der führende Vertreter des Ordens in Deutschland. Zum Malteserorden kam er über die Lourdes-Wallfahrten. Initiiert hatte die Wallfahrten Philipp von Boeselager, der Widerstandskämpfer des 20. Juli 1944, der Heeremans Aufstieg im Orden förderte. Dessen Sohn, Albrecht Freiherr von Boeselager, Jahrgang 1949, ist seit 1982 Kanzler der deutschen Assoziation des Malteserordens und gehört seit 1989 als Großhospitalier ununterbrochen der Ordensregierung in Rom an; er ist eine Art Minister für Gesundheit, Soziales und internationale Zusammenarbeit. Boeselager, der ebenfalls über die Wallfahrten für Behinderte sein Erweckungserlebnis für die Malteser hatte, ist verheiratet mit Karl-Theodors 1956 geborener Tante Praxedis, der jüngsten Schwester seines Vaters; das Ehepaar hat fünf Kinder.

Karl-Theodor zu Guttenberg hat also eine Überdosis Katholizismus abbekommen. Doch die tiefe Frömmigkeit dieser Verwandtschaft ist dem früheren Ministranten selbst fremd geblieben. Zwar bekennt er sich zu seinem katholischen Glauben, spricht auch davon, dass er mit seinen Töchtern betet. Doch der Lebensweg seiner Eltern und der Einfluss des skeptischen Vaters haben dazu geführt, dass der katholische Glaube in seinem Leben keine überragende Bedeutung hat. Er fühle sich in der katholischen Religion zu Hause, ringe aber immer wieder mit seinem Glauben. Mit den Protagonisten der katholischen Kirche habe er oft seine Schwierigkeiten und sei auch mit den Positionen der Kirche nicht immer einig. »Ich bin eigentlich ein sehr langweiliger, durchschnittlicher Katholik«, sagt Guttenberg über sich selbst.

Der junge Guttenberg

Eine Kindheit im Schloss und vor allem anderswo

Die meisten Menschen wachsen nicht in einem Schloss auf. Wer hat schon einen Diener, einen Stallmeister, eine Hausdame, zwei Köchinnen, zwei Haushälterinnen, Chauffeur und Gärtner, so wie es heute noch auf Schloss Guttenberg der Fall ist? Wem wird das Mittagessen von einem livrierten Diener mit weißen Handschuhen gereicht? Wer kann die Vorfahren aus Jahrhunderten auf Ölgemälden im Ahnensaal seines Zuhauses betrachten?

Karl-Theodor zu Guttenberg ist mit dem Bewusstsein eines zukünftigen Schlossherrn aufgewachsen. Schloss Guttenberg thront jedoch nicht wirklich über dem gleichnamigen Ort. Es ist eher ein Teil von ihm, wenn auch die Schlossanlage auf seiner höchsten Stelle errichtet worden ist. Es ist ein typisches, ein wenig düsteres Ritterschloss. Im Hof stehen noch Kanonen aus dem 19. Jahrhundert, die das letzte Mal nach dem Ersten Weltkrieg in Stellung gebracht wurden, als die linke Räterepublik für kurze Zeit das Sagen in München hatte und man einen Sturm der Aufständischen auf das Schloss befürchtete. Das weiße Hauptgebäude schmücken hellblau-gelb und hellblau-weiß gestreifte Fensterläden. An den Wänden im Schloss hängen Gobelins und wertvolle Gemälde alter Meister, die Wände der engen Flure bedecken alte Stiche, in den Zimmern stehen dunkle, geschnitzte Möbel, auch ein Bett eines Urururgroßvaters von Karl-Theodor zu Guttenberg. Im Treppenhaus stehen Heiligenstatuen, hängen Geweihe und auch der riesige, ausgestopfte Kopf eines Bisons, den der passionierte Jäger Enoch zu Guttenberg geschossen hat. Im Erdgeschoss liegt der ehemalige Waffensaal, hier stehen Ritterrüstungen, Lanzen und sehr alte Möbel. Ein Foto dort zeigt

KT, wie ihn Freunde nennen,
hoch zu Ross und mit
Jagdgewehr während eines
Urlaubs in Kanada

den Schlossherrn Enoch zu Guttenberg während eines Kana-
da-Urlaubs 1994 mit seinen damals jugendlichen Söhnen Karl-
Theodor und Philipp, Bierdosen in der Hand, den Vater liebevoll in die Mitte genommen.

Schaut man die Kinder- und Jugendfotos der Söhne an, die
Vater Enoch in einigen Bildbänden veröffentlicht hat, so entsteht der Eindruck, dass Guttenberg und seine Umgebung
Karl-Theodor geprägt haben. Im Wald und auf den Feldern
rings um den Ort ist er da mit seinem Bruder unterwegs. Die
Bilder zeigen die damals blonden Brüder beim Reiten, mit
dem Hund in den Wiesen rund um die Burganlage tollen und
beim Kraxeln auf dem Berg. Sie vermitteln den Eindruck einer unbeschwerten Kindheit inmitten der Natur.

Ganz so war es wohl nicht. Die Kindheit des jungen Guttenberg hatte wenig von dem, was man gewöhnlich mit dem
Wort behütet bezeichnet. Seine Mutter, Christiane zu Guttenberg, verlässt die Familie schon bald nach der Geburt der Kinder. Als die Ehe dann 1977 geschieden wird, ist Karl-Theodor
fünf Jahre alt, sein Bruder Philipp Franz drei. Enoch zu Gut-

 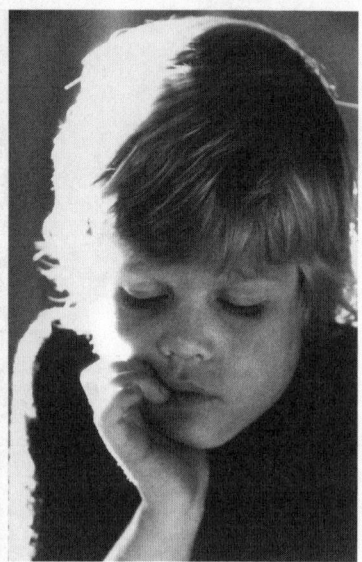

Der junge Karl-Theodor, nachdenklich

tenberg und seine Frau entscheiden gemeinsam, wie es mit den Kindern nach der Trennung weitergehen soll. Sie beschließen, dass die Jungen beim Vater aufwachsen sollen. Die Verbindung zum Schloss Guttenberg ist ein entscheidendes Argument. Wenn man Guttenberg heißt und es einen Ort dieses Namens gibt, dann müsse man dort auch groß werden, findet der Vater. Schließlich soll einer der beiden einmal das Erbe antreten, sich verantwortlich fühlen für das Schloss, den Familienbesitz und die Bevölkerung. »Um das alles zu bewahren, muss man hier aufwachsen, sonst kann man es wahrscheinlich nicht mehr«, sagt Enoch zu Guttenberg.

Er und seine Frau regeln die Dinge im Einvernehmen. Christiane zu Eltz geht weit weg von ihren Söhnen in das annähernd 300 Kilometer entfernte Frankfurt am Main – eine bemerkenswerte Entscheidung für die Mutter so kleiner Kinder. Von dort aus fährt sie immer wieder nach Bayern, um die Söhne zu besuchen. »Wenn Ehen auseinandergehen, ist das erst einmal ein Unglück. Wenn man will, dann geht es aber, dass man das mit Anstand, Würde und Liebe macht«, sagt

Enoch zu Guttenberg. Die Mutter kommt zu Feiern und
Familienfesten wie Weihnachten, auch zu besonderen Veranstaltungen, wie zu Jagdgesellschaften. Die Ferien verbringen
die Söhne oft bei ihr in Frankfurt oder in Mutters Heimatort
Eltville. Die Eltern hätten es »grandios« gemacht, dass das
Thema ihrer Trennung in der Familie nie besprochen worden
sei, erinnert sich der Sohn Karl-Theodor. Erst mit zwölf Jahren habe er begriffen, was Scheidung sei, als es bei den Eltern
von Klassenkameraden Scheidungen gegeben habe. Dass Vater und Mutter an verschiedenen Orten lebten, sei einfach von
Anfang an selbstverständlich gewesen.

Die Trennung der Eltern bedeutet aber auch, dass die Mutter in der Regel nicht da ist. Den Alltag mit zwei kleinen Jungen kann Enoch zu Guttenberg nicht allein bewältigen. Das
Schicksal schickt ihm eine Frau, die sich um die beiden Söhne
mit großer Liebe kümmert: Ruth Lippert. Sie kam als eines
von sechs Kindern einer Flüchtlingsfamilie nach Guttenberg,
als sie 14 Jahre alt war. Nach dem Zweiten Weltkrieg lebten
mehr als 100 Flüchtlinge auf dem Schloss. Die Lipperts machen sich nützlich, eine Schwester arbeitet im Haus, ein Bruder als Chauffeur. Ruth Lippert, genannt »Lulla«, ist zunächst
für Karl Theodor den Älteren tätig, als seine Haushälterin in
Bonn. Nach seinem Tod arbeitet sie für dessen Frau Rosa Sophie. Nachdem Enoch zu Guttenberg und seine Frau sich getrennt hatten, fragt sie den Vater, ob sie sich um die Kinder
kümmern soll. Der fühlt sich, als habe ihm der Himmel einen
Engel gesandt. Die Kinderfrau übernimmt in vielem die Rolle
einer Mutter, wird zu einer der wichtigsten Bezugspersonen
von Karl-Theodor und seinem Bruder Philipp. Heute ist Ruth
Lippert seit 60 Jahren bei den Guttenbergs, und sie sitzt weiter als Familienmitglied mit am Tisch. Sie kümmert sich, so-
weit es geht, immer noch um Kinder – jetzt um die Söhne von
Enoch zu Guttenberg und seiner zweiten Frau Ljubka Biagioni. »Sie ist ein völlig selbstloser, wunderbarer Mensch«,
sagt Karl-Theodor zu Guttenberg über sie.

Karl-Theodor zu Guttenbergs frühe Jahre sind durch die

häufige Abwesenheit der Eltern geprägt. Die Erziehungsmuster des Adels – die Betreuung durch eine Kinderfrau – prägen auch seine Kindheit. Die Berufstätigkeit des Vaters in Neubeuern bringt es mit sich, dass Karl-Theodor in seiner Kindheit nur kurze Zeit auf Schloss Guttenberg wohnt. Nach seiner Geburt lebt die Familie zeitweise auf dem Weingut der Familie im pfälzischen Deidesheim. Dann zieht Enoch zu Guttenberg mit den kleinen Söhnen – die Eltern haben sich schon getrennt – Mitte der siebziger Jahre nach Freibichl, einem kleinen Weiler bei Neubeuern. Die Guttenbergs haben dort eine Wohnung – im Vergleich zu den Bauern in der Nachbarschaft, die alle ihren Hof haben, keine privilegierte Behausung. Besonders herrschaftlich erscheinen die adligen Zugezogenen jedenfalls nicht. Mehrere Jahre wohnen die Guttenbergs in Freibichl. Karl-Theodor und Philipp spielen mit den Kindern der Nachbarn, in den Kindergarten gehen sie nicht, das ist damals auf dem Land nicht üblich, und außerdem ist ja »Lulla«, die Ersatz-Mutter, da. Egal, wo die Guttenbergs gerade wohnen, Ruth Lippert reist mit.

Erst als die Söhne in die Schule kommen, zieht Enoch zu Guttenberg mit ihnen auf das Schloss, verfolgt so den eigentlichen Plan, dass die Jungs auf Guttenberg groß werden müssten. Die ersten zwei Schuljahre geht Karl-Theodor im nahe Guttenberg gelegenen Untersteinach zur Schule. Die umliegenden Orte haben es so eingerichtet, dass jeweils eine Gemeinde die Schule für zwei aufeinanderfolgende Klassen beherbergt. Ab der dritten Klasse ist dann Guttenberg der Schulstandort für zwei Jahre. Doch Karl-Theodor und Philipp besuchen nur ein halbes Jahr in Guttenberg die Schule. Dann zieht der Vater aus beruflichen Gründen mit ihnen nach Neubeuern, wo er ein Anwesen erworben hat. Glücklich ist Karl-Theodor nicht über den abermaligen Ortswechsel. Schließlich wird er aus seiner gerade vertrauten Schule herausgerissen und muss sich in einer schon seit zweieinhalb Jahren bestehenden Klasse zurechtfinden. Dass er einige Kinder noch von früher kennt, hilft dem »Gutber«, wie er im Ort von den Gleichaltrigen genannt wird. Karl-Theodor und Philipp schlüpfen am Nachmittag oft bei den Familien anderer Kinder unter – sie wachsen im Dorf auf, gehen mit den Freunden in den Wald, Frösche jagen oder fischen. Und natürlich ist Karl-Theodor auch Ministrant.

Der Lebensmittelpunkt der Familie ist also wieder nicht das fränkische Schloss, sondern der oberbayerische Ferienort am Eingang des Inntals. Die zweieinhalb Jahre in Guttenberg während der Grundschulzeit bleiben die einzige Zeit, in der er dauerhaft im Schloss wohnt. Aufgewachsen ist er aber in Oberbayern. Das hört man dem Politiker Guttenberg immer noch an. Zwar spricht er ein einwandfreies Hochdeutsch, doch die Sprachmelodie erinnert nicht an die fränkische Heimat, sondern an die oberbayerische Wahlheimat.

Ein Vagabundenleben

Und so ist das Leben des jungen Guttenberg eine ewige Pendelei zwischen Neubeuern und Guttenberg, unterbrochen von Aufenthalten in Frankfurt und Eltville, den Städten, in denen Mutter Christiane wohnt, oder auch bei den Verwandten, etwa bei Tante Michaela Heereman in Meerbusch. Dass die Eltern oft nicht da sind, hat der junge Karl-Theodor wohl von Anfang an als normal empfunden – es war eben so. »Mein Vater war ständig unterwegs«, erinnert er sich. Es sind nicht nur Konzertreisen mit dem Neubeurer Chor, sondern allerhand andere Verpflichtungen. So hat Enoch zu Guttenberg 1980 noch den Cäcilienchor in Frankfurt am Main übernommen, den er bis 1988 leitet. Das bedeutet ständige Reisen in die hessische Großstadt.

Die Tätigkeit des Vaters bringt den Söhnen allerdings auch ungewöhnliche Erlebnisse. Er nimmt sie dann und wann mit auf Tourneen seines Chors und seiner Orchester, etwa als die Chorgemeinschaft Neubeuern auf Südamerikareise geht. Damals habe man im Teatro Colón in Buenos Aires in der Pause

Schwarzer Peter gespielt, erinnert sich Enoch zu Guttenberg. So sieht Karl-Theodor früh andere Städte und Länder. »Meine Kindheit war ein wunderbares Künstler-Vagabundenleben. Wir nahmen als Kinder an zahlreichen Tourneen meines Vaters rund um die Welt teil«, sagt Guttenberg im Herbst 2010 bei einer Rede. Das reine Vergnügen sind diese Konzertreisen indes für die Jungen nicht. »Der Klang unzähliger ›Matthäuspassionen‹ schwirrt mir immer noch im Kopf herum. Manchmal traumatisiert es mich, aber es ist doch ein Stück Heimat«, erinnert er sich.

Ein Familienleben mit den traditionellen Vater- und Sohn-Rollen ist der Guttenberg'sche Haushalt nicht. »Wir haben eher wie Brüder zusammengelebt«, sagt Enoch zu Guttenberg. »Wir waren ein tolles Trio. Ich kann mich an keine einzige Auseinandersetzung erinnern.« Seine Söhne hätten schon früh ein wahnsinniges Pflichtbewusstsein gehabt. »Wenn ich abends wegmusste und gesagt habe, ihr seid um neun im Bett und das Licht ist aus, dann war das so.« Einen Generationenkonflikt habe man nie gehabt. »Wir waren unzertrennlich«, sagt Enoch zu Guttenberg.[60]

Das freilich ist, gelinde gesagt, eine die Vergangenheit glorifizierende Erinnerung. Denn der Dirigent ist so oft unterwegs, dass zum alltäglichen Streit wenig Gelegenheit ist. Enoch zu Guttenberg hat die Söhne ernst genommen. Aber er wollte auch »eisern und kompromisslos das durchziehen, was ich für richtig hielt«, ihnen das vermitteln, was er selbst vom Vater vermittelt bekommen hatte. Leitlinie seines Lebens, so sagt Enoch zu Guttenberg, sei neben dem christlichen Wertekatalog der »verschränkte Ahnen- und Enkeldienst«, wie ihn Arno Schmidt beschrieben hat. Dieser Dienst, so zitiert er den Schriftsteller, sei »die Vermittlung des Vergangenen, um die eigene Gegenwart zu verstehen und aus dieser Einsicht heraus die Zukunft bewältigen zu können«.

Das bedeutet auch, dass die Söhne Pflichten übernehmen und Dinge lernen mussten, die sich für einen Guttenberg gehören. Wie konsequent, ja hart der Vater das einfordern konn-

»Unbedingt ernst zu nehmen« – so hat Vater Enoch zu Guttenberg das Foto genannt.

te, zeigt auch eine mit der Musik verbundene Episode. Einmal will sich Karl-Theodor nicht an den Flügel setzen, um zu üben. Er klagt über Schmerzen im Arm. Doch der Vater besteht darauf, dass er weiterübt. Später macht er sich Vorwürfe. Denn es stellte sich heraus, dass der Sohn sich den Unterarm gebrochen hatte.

Zu den Pflichten eines Guttenberg gehört es auch, sich für öffentliche Belange zu engagieren und Position zu beziehen. Damit das gelingt, gilt es, den öffentlichen Auftritt beizeiten zu üben. Enoch zu Guttenberg zwingt seine Söhne, bei Begräbnissen von Angehörigen des Familienbetriebes oder bei Feuerwehrfesten Reden zu halten, so wie er es selbst als Junge schon machen musste; auch bei Sitzungen in Gremien des Familienunternehmens ist Karl-Theodor dabei. »Er hat mir die Akten und Dokumente gegeben, die zur Vorbereitung dieser Termine angefertigt wurden. Gott sei Dank hat er mir auch die Möglichkeit gegeben, dumme Fragen zu stellen«, erinnert sich Karl-Theodor zu Guttenberg.[61] Er ist damals 13, 14 Jahre alt. »Aufzutreten haben beide Söhne hart lernen müssen«, sagt der Vater. Aber die Schule habe sich bewährt: »Ein Guttenberg schafft es, ein Bierzelt zum Schweigen zu bringen. In fünf Minuten haben wir ein Bierzelt im Griff.« Dabei gehe es nicht darum, was die Leute hören wollten, sondern wie sie es hören wollten. Sein Sohn Karl-Theodor habe das gleich gekonnt. Es sei schrecklich gewesen, erinnert sich Bruder Philipp, dass der Ältere immer viel besser gewesen sei als er.

Auflehnung gegen den Vater scheint bei einer so starken Figur wie Enoch zu Guttenberg fast ein Muss für einen Teenager. Die Grenzen der Toleranz testen die Brüder einmal, indem sie sich die Haare gelb färben. Doch der Vater reagiert gelassen. Wie die Haare eines Menschen seien, das sei nicht das Entscheidende.

Dennoch gibt es Konflikte zwischen Vater und Sohn. Sein Vater denke »in streitbaren Strukturen«, sagt Karl-Theodor zu Guttenberg. »Wir reiben uns sehr.«[62] Zu unterschiedlich sind die Naturen der beiden. Karl-Theodor sei schon immer ein »Sonnenbub« gewesen. »Du bist auf dem Sonnendeck der Titanic geboren«, sagt der Vater oft zum Sohn.

In Rosenheim, zehn Kilometer von Neubeuern entfernt, besucht Karl-Theodor zu Guttenberg das humanistische Ignaz-Günther-Gymnasium. Er ist ein guter, aber kein besonders fleißiger Schüler. »Ich habe es immer geschafft, mit relativ geringem Aufwand relativ weit zu kommen«, beschreibt er seine Schullaufbahn. Naturwissenschaften und Mathematik sind seine Sache nicht, eher Deutsch und Geschichte. Der Gymnasiast mag zudem die alten Sprachen Latein und Griechisch, die er in der Oberstufe als Leistungskurse wählt. Unter anderem habe Karl-Theodor mit seiner Klasse zu Weihnachten eine lateinische Liturgie gesungen, erinnert sich Enoch zu Guttenberg. Das ihm das Erlernen des Altgriechischen Spaß macht, hat auch mit seinem Griechisch-Lehrer Dieter Friedel zu tun, der Guttenberg ab der zehnten Klasse unterrichtet und der heute Rektor der Schule ist. Damals sitzt Friedel, noch Referendar, einmal die Woche am Nachmittag mit den Schülern in seinem gemieteten Zimmer, gemeinsam übersetzt man Griechisch-Texte und diskutiert über sie. Ein bisschen was Besonderes waren die Griechisch-Fans schon in der Schule, sie fühlten sich als »intellektuelle Speerspitze«, erinnert sich ein Lehrer. Noch heute liest Guttenberg altgriechische Bücher wie etwa Platons »Politeia« (»Der Staat«) im Original. Dass er einmal gegenüber einem Journalisten davon gesprochen hat und auch noch anmerkte, er tue es, um den Kopf freizubekommen, wird ihm als eine zur Schau gestellte Extravaganz ausgelegt, es habe etwas »obszön Angeberisches«, wie ein Feuilletonist schreibt.[63] Auch heute noch benutzt er im Gespräch gern griechische Begriffe.

Der Sohn sei schon damals durch seine Umtriebigkeit aufgefallen. »Er wollte immer etwas bewegen, er hat damit seine Mitschüler genervt«, erinnert sich der Vater. Karl-Theodor sieht das etwas anders. Klassensprecher etwa sei er nie gewesen und habe er nie werden wollen. »Ich hatte nie das Gefühl, dass die unsere Interessen wirklich durchsetzen«, sagt er. Dass er der Sohn des »Barons« Guttenberg ist, hatte bisher in seiner Schullaufbahn keine Rolle gespielt. Im Gymnasium werden sein Name und seine Herkunft zum ersten Mal Thema. Einige Linke unter den Oberstufenschülern machen abwertende Bemerkungen über den Adelssohn.

Einen ausgeprägten Hang, für die Schule zu arbeiten, hat

Ein »Sonnenbub«

Guttenberg nicht. Er ist froh, wenn der Unterricht zu Ende
ist. Das Reiten ist ihm viel wichtiger und auch die Musik – ein
Zug, der bei seinem Vater in noch stärkerem Maße zu finden
war. Das kann als Teil der adligen Seite Guttenbergs gelten.
Für den Adel hat Bildung, also die Aneignung von Wissen,
anders als für das Bürgertum nie die überragende Rolle gespielt. Wichtiger waren ihm Charakter, Auftreten, Moral,
auch Opferbereitschaft. Bei den Guttenbergs ist dieser Zug
nie bis zu einer regelrechten Verachtung für Bildung ausgebildet. Doch auch später wird sich Guttenberg mit der Abfas-
sung einer Doktorarbeit schwertun; und als Minister wird er
alles andere, nur kein Aktenfresser sein.

Ein Jahr in seiner Schulkarriere hat Guttenberg besonders
geprägt. Ende 1988 geht er für ein Dreivierteljahr an die Mill-

brook School im Staat New York. Die konfessionell nicht gebundene Schule, 120 Kilometer nördlich von New York City,
ist eine sogenannte Boarding School, also eine Privatschule
mit angeschlossenem Internat. Die Eliteschule, die nur von
200 Schülern der Klassen neun bis zwölf besucht wird, war
von Bekannten empfohlen worden, und der Gymnasiast aus
Neubeuern bewirbt sich erfolgreich. Millbrook School ist, so
die Selbstbeschreibung, ein »kleines, koedukatives Internat,
das auf das College vorbereitet, und in dem enge, fördernde
und anregende Beziehungen zwischen Schülern und ihren
Lehrern das Markenzeichen der Schule seit ihrer Gründung
waren«. Das Motto der 1931 gegründeten Schule ist »Non sibi
sed cunctis« (Nicht für sich, sondern für alle). Die Zeit in Millbrook auf einem landschaftlich beeindruckenden, von Wald
und Wiesen geprägten Campus von 2,6 Quadratkilometern
erlebt der junge Guttenberg als intellektuelle wie menschliche
Herausforderung. Zum ersten Mal im Leben ist er ganz auf
sich allein gestellt, muss in einer fremden Umgebung zurechtkommen, sich durchkämpfen. Für seine Selbständigkeit und
sein Selbstbewusstsein sei diese Zeit enorm wichtig gewesen,
sagt er. Auch legt er dort die Grundlage für sein gutes Englisch. Die elfte Klasse verbringt Guttenberg in Millbrook. Die
letzten zwei Jahre bis zum Abitur geht ein selbstbewusster
junger Mann wieder auf das humanistische Gymnasium in
Rosenheim.

Bei den Gebirgsjägern

Karl-Theodor zu Guttenberg gehört zu den Verteidigungsministern der Bundesrepublik, die selbst Wehrdienst geleistet
haben. Das ist keine Selbstverständlichkeit, sondern eher die
Ausnahme. Guttenbergs Vorgänger im Amt, Franz Josef Jung,
hat deshalb immer wieder auf seine Zeit in der Bundeswehr
Bezug genommen. Guttenberg hat das nicht getan, obwohl er
seine Zeit bei der Bundeswehr positiv erlebt hat. Die Gebirgs-

jäger in Mittenwald sind die Einheit, in der er nach dem Abitur 1991 seinen Wehrdienst beginnt – im Gebirgsjägerbataillon 233, das zur Gebirgsjägerbrigade 23 gehört. Die relative Nähe zu Neubeuern – die Entfernung in der Luftlinie beträgt nur 75 Kilometer, wenn auch die Strecke auf der Straße fast doppelt so lang ist – macht es möglich, dass er nicht nur am Wochenende, sondern auch öfter abends von der Mittenwalder Edelweiß-Kaserne nach Hause kommt. Als begeisterter Bergsteiger ist er gern bei der Truppe, es ist eine Zeit, in der Guttenberg, der auch gern Ski fährt, seine Lust an der körperlichen Betätigung ausleben kann.

Doch seine Karriere bei der Bundeswehr verläuft etwas anders, als es üblich wäre. Nach sechs Monaten soll Guttenberg einen dreimonatigen Fahnenjunker-Lehrgang für Offiziersanwärter machen. Aber er entscheidet sich dagegen, bevorzugt stattdessen einen sechs Monate dauernden Unteroffizierslehrgang. Das wirkt auf viele Vorgesetzte und Kameraden befremdlich, denn der »Uffz-Lehrgang« ist für Real- und Hauptschüler gedacht, während Abiturienten eigentlich die Offizierslaufbahn einschlagen, es vielleicht sogar bis zum Leutnant bringen sollten. Guttenberg ist im Lehrgang der einzige mit Abitur. Doch das ist ihm egal. Statt sich Theorien anzueignen, will er lieber mit denen zusammen einen Lehrgang machen, die handfest sind und einen Sinn für »Action« haben. »Das war einfach die nettere Truppe«, sagt er, und deshalb habe es viel Spaß gemacht.

Guttenberg hat sich also schon früh mit denen zusammengetan, die scheinbar weiter unten stehen. Der adlige Abiturient, der auf die Offizierslaufbahn pfeift, nimmt in gewisser Weise schon den Verteidigungsminister vorweg, der später mit den einfachen Soldaten und Unteroffizieren auf »Du und Du« ist und gern einen Witz auf Kosten von deren Vorgesetzten macht, oder den CSU-Politiker, der sich an der Basis über »die Politiker« in Berlin mokiert.

Guttenberg ist insgesamt 15 Monate in der Bundeswehr, zwölf davon sind Pflicht, drei Monate hängt er freiwillig dran;

er ist in dieser Zeit für die Grundausbildung neuer Wehrpflichtiger zuständig. Irgendwann fragt ihn der Spieß, also der Kompaniefeldwebel, ob er sich als Berufssoldat für zwölf Jahre verpflichten wolle. Er könne aber nicht Monate überlegen, sondern müsse sich bald entschließen. Guttenberg schwankt eine Weile, doch er entscheidet sich schließlich dagegen. Er liebäugelt zu dieser Zeit schon mit einem Studium der Rechtswissenschaften und denkt zugleich an das Familienunternehmen, in dem er Verantwortung übernehmen soll. Dass sein Vater weiter im Wesentlichen als Musiker tätig sein wird, ist offensichtlich. Deshalb habe er beschlossen, dass eine Tätigkeit für den familiären Betrieb und irgendwann als Schlossherr mit der Arbeit eines Berufssoldaten, der von Standort zu Standort versetzt wird, nicht zu vereinbaren sei. So verlässt der zukünftige Verteidigungsminister als Unteroffizier die Bundeswehr. Nach einer Wehrübung wird er später Stabsunteroffizier der Reserve.

Studienjahre: Bayreuth, München und ein bisschen New York

Die Söhne aus Adelsfamilien haben sich bei der Auswahl ihrer Studienfächer meist auf wenige Fächer konzentriert. Jura gehört dazu, Land- und Forstwirtschaft, im Falle der Guttenbergs vielleicht noch katholische Theologie – doch das scheint eher ein Studienfach für die Frauen zu sein. Enoch zu Guttenberg ist als Musiker die Ausnahme. Irgendwann steht im Hause Guttenberg auch die Frage an, ob die Söhne ihre musikalischen Aktivitäten – Karl-Theodor spielt gut Klavier – mit Blick auf eine spätere berufliche Zukunft als Musiker verstärken sollen. Schaut mich an, habe der Vater gesagt, wollt ihr so ein Leben führen? Der Bruder und er hätten dann einmütig entschieden, so ein verrücktes Leben mit Sicherheit nicht führen zu wollen, erinnert sich Guttenberg. Nach seiner eigenen Erfahrung damit, wie schwer es ist, sich gegen den Vater mit dem Studien- und Berufswunsch durchzusetzen, lässt Enoch zu Guttenberg dem Sohn freie Hand.

Wenn es um Karl-Theodor zu Guttenbergs Neigung geht, kommen Literatur und Geschichte in Betracht, aber das sind brotlose Künste. Er sieht auch ein Studium der Rechtswissenschaften als Möglichkeit, bespricht sich mit Lehrern, einigen älteren Verwandten und Bekannten. Die raten zum Jura-Studium. Mit Blick auf den Familienbetrieb könne man da auch noch ein betriebswirtschaftliches Studium oder einen Master of Business Administration dranhängen. Guttenberg beginnt sein Studium 1993 in Bayreuth. Im achten Semester bekommt er einen Freischuss, also die Möglichkeit, sein erstes Staatsexamen so abzulegen, dass es bei einem Scheitern oder einem schlechten Ergebnis nicht gewertet wird – der Student kann dann eine zweite Prüfung machen, als ob es die erste wäre. Guttenberg wechselt an die Universität München, bleibt aber in Bayreuth eingeschrieben. In der Landeshauptstadt studiert er parallel noch einige Semester Politikwissenschaften, macht aber keinen Abschluss in dem Fach. Der Wechsel nach München hat auch damit zu tun, dass Guttenberg sich mehr im Familienunternehmen engagiert, das dort seinen Sitz hat. Das Studium schließt er 1999 mit einem Prädikatsexamen in Bayreuth ab.

Ein zweites Staatsexamen, dem ein Referendariat vorausgeht, legt er nicht ab. Guttenberg ist deshalb kein Volljurist, besitzt also nicht die Befähigung zum Richteramt, kraft deren man als Richter, Staatsanwalt oder Rechtsanwalt arbeiten kann. Zwei Praktika in Anwaltskanzleien, die er Mitte der neunziger Jahre absolviert, machen ihm nach eigenem Bekunden klar, dass eine Arbeit als Jurist im engeren Sinne nicht seine Zukunft sein soll. Ein Praktikum absolviert er in Frankfurt am Main in der Sozietät Peltzer & Riesenkampff, das andere, in seinen Augen wichtigere, in New York in der großen Kanzlei Mayer, Brown and Platt. Die Firma, die heute Mayer Brown heißt, unterhält in New York ihre zweitgrößte US-Filiale und beschäftigt mehr als 200 Anwälte. Guttenberg gefällt an der Arbeit für Mayer Brown, dass er als Praktikant voll eingesetzt wird, an Fällen mitarbeiten kann. Doch Lust an dem Anwaltsberuf entwickelt er nicht. Im Gegenteil: Die Vorstellung, ein Leben lang als Anwalt allein die Interessen anderer zu vertreten, sich ganz an die Gedankenwelt anderer anpassen zu müssen, behagt ihm nicht. Guttenberg kehrt nach München zurück.

Er entschließt sich, eine Doktorarbeit zu schreiben, in Bayreuth bei Professor Peter Häberle, den er als seinen Lehrer schätzt und den er bis heute gelegentlich um Rat fragt. Doch abschließen kann er seine Doktorarbeit über Jahre nicht. Zwischenzeitlich wird er Vollzeitpolitiker, zieht 2002 in den Bundestag ein. Promoviert wird er erst 2007, mit 35 Jahren und schon nach seinem abermaligen Einzug ins Parlament. Die Arbeit wird mit »summa cum laude« bewertet, also der höchstmöglichen Benotung. Sie trägt den Titel »Verfassung und Verfassungsvertrag. Konstitutionelle Entwicklungsstufen in den USA und der EU«.

Wie schleppend und wohl auch quälend langsam die Niederschrift voranging, hat Guttenberg selbst im Vorwort der Arbeit beschrieben, das in der überambitionierten Sprache verfasst ist, die er auch als Politiker noch gepflegt hat. Das Vorwort, in dem der humanistisch gebildete Autor immer wieder um den griechischen Begriff »Kairos«, also den günstigen Zeitpunkt, der nicht verpasst werden darf, kreist, sei hier wenigstens teilweise zitiert: »Wie oft wurde der Kairos der Fertigstellung durch freiberufliche wie später parlamentarische ›Ablenkung‹ versäumt, bevor die Erkenntnis dieses traurigen Faktums einer bemerkenswerten Mischung aus eherner professoraler Geduld (wie Liebenswürdigkeit), sanftem, aber unerbittlichem familiärem Druck und wohl auch ein wenig der beklagenswerten Eitelkeit weichen durfte. Allzu viele mussten meine verwegene Charakter- und Lebensmelange ertragen, und ich bin allen überaus dankbar für unbeugsame Gelassenheit. Gleichwohl: Wirkliche Besserung ist kaum absehbar.« Dass der Begriff »Kairos« den aufstrebenden Politiker Guttenberg im Jahre 2007 so sehr beschäftigt, ist bezeichnend. Für seine steile Karriere in den kommenden drei Jahren hat nicht zuletzt auch das Gespür eine entscheidende Rolle gespielt, den richtigen Moment für die eine oder andere Entscheidung nicht zu verpassen.

Guttenberg gibt in der Biographie auf seiner Internet-Seite an, dass er ab 1994, also mit 22 Jahren, in der familieneigenen Beteiligungsgesellschaft Guttenberg GmbH in München tätig war; sie betreibt Anlageberatung für den Besitz der Familie Guttenberg. Später war er gar geschäftsführender Gesellschafter. Doch hatte die Guttenberg GmbH nach Angaben von »Creditreform« im Jahr 2000 einen Umsatz von nur »25 000 Euro geschätzt« und hatte »ca. drei Beschäftigte«. Guttenberg bestreitet diese Einschätzung, die in der Sendung »Panorama« verbreitet wurde, nicht. Doch die Guttenberg GmbH sei nur das Dach einer Unternehmensgruppe – das eigentliche Geschäft finde in den Tochterunternehmen statt. Er sei damals ziemlich stark in die Arbeit des Familienunternehmens involviert gewesen. Wie sehr das der Fall war, ist allerdings schwer auszumachen. Guttenbergs Tätigkeit als Aufsichtsrat der Rhön-Klinikum AG, die er von 1996 bis 2002 sieben Jahre lang ausübte und die später als Beleg für seine Qualifikation in wirtschaftlichen Belangen angeführt wurde, stand nach Einschätzung von Bekannten allerdings nur auf dem Papier.

Zweifelsohne übertrieben ist eine andere Tätigkeit: Guttenberg führt auf seiner Website »Freier Journalist bei der Tageszeitung ›Die Welt‹ (bis 2002)« an. Das klingt nach jahrelanger freier Mitarbeit. Tatsächlich handelt es sich um ein Praktikum im Jahr 2001 im Politikressort der Tageszeitung aus dem Springer-Konzern. Acht Artikel über sechs Monate verzeichnet das Archiv für die Zeit vom Mai bis zum Oktober 2001 unter seiner Autorschaft, vier davon wurden zusammen mit anderen Autoren geschrieben – nicht gerade viel dafür, dass er nach Aussagen der Autorin Anna von Bayern angeblich »ein gutes Jahr zunächst Praktikant und dann freier Mitarbeiter« der Zeitung gewesen sein soll.[64] Von seinen außenpolitischen

Interessen ist in seinen Artikeln wenig zu spüren, auch ein ausgefeilter oder brillanter Stil ist nicht zu entdecken. Es sind kleine Beiträge, mehrere zum Thema Zuwanderung; zu diesem Thema hat der Praktikant auch ein Interview mit Jörg Schönbohm, dem konservativen CDU-Politiker, geführt. Aufgefallen ist Guttenberg in seinem Praktikum vor allem dadurch, dass er nicht auffiel, schreibt ein »Welt«-Redakteur später über ihn. Zurückhaltend, ohne scheu zu sein, so sei Guttenberg gewesen. Der damalige Chefredakteur der »Welt« Wolfram Weimer erinnert sich daran, dass der Praktikant Guttenberg in »Berlin-untypischen knickerbockerähnlichen Beinkleidern« auftaucht und alle durch seine unnachahmliche Höflichkeit beeindruckt. Freitags habe Guttenberg immer formvollendet um »Dispens« gebeten, da er sich um seinen heimischen mittelständischen Betrieb kümmern müsse.[65]

Insgesamt entsteht der Eindruck, dass Karl-Theodor zu Guttenberg die Zeit bis zum Beginn seiner bundespolitischen Karriere etwas aufgeblasen hat, um den Eindruck pausenloser zielgerichteter Geschäftigkeit zu erzeugen. In Wirklichkeit war es wohl eher so, dass er noch nach dem Weg suchte, den er einschlagen wollte. Dass Guttenberg nichts werden wollte, was jeder andere auch gekonnt hätte, sei früh klar gewesen, sagen Lehrer und Bekannte. Auf eine Turbo-Karriere deutet jedoch in diesen Jahren nichts hin.

Der Bruder

Philipp Franz zu Guttenberg wird anderthalb Jahre nach seinem Bruder Karl-Theodor geboren. Die Geburt findet in Mannheim statt, weil die Eltern sich gerade ein halbes Jahr auf dem Weingut Deidesheim, knapp 30 Kilometer von Mannheim entfernt, aufhalten. Philipp ist der ruhigere der beiden Brüder, und vieles fällt ihm nicht so zu wie dem älteren. Er besucht zunächst auch das Ignaz-Günther-Gymnasium in Rosenheim, doch bleibt er dort in der siebten Klasse sitzen.

Dann wechselt er auf das Privatgymnasium Schloss Neubeuern, das in dem Voralpenort auf dem Berg liegt. Es ist eine angesehene, teure Schule – im Schuljahr 2010/11 betrug die Tagesschulgebühr monatlich 1115 Euro. An die Schule ist ein Internat angeschlossen, doch Philipp ist dort als Externer, wohnt also mit Vater und Bruder zusammen. Auf Schloss Neubeuern ist er ein guter Schüler.

Das Verhältnis zu seinem Bruder ist besonders eng. Das rührt auch daher, dass die Eltern oft nicht zu Hause und deshalb die Brüder auf sich angewiesen waren. »Es hat uns gutgetan, dass wir uns immer gegenseitig hatten«, sagt Karl-Theodor zu Guttenberg. Die enge Verbundenheit hält bis heute an. Die Brüder telefonieren oft, viele geschäftliche Dinge regelt Philipp für den vielbeschäftigten Bruder.

In Berlin taucht Philipp zu Guttenberg auf, als sein Bruder schon ein Jahr Minister ist. Im März 2010 wird er neuer Präsident der deutschen Waldbesitzer, genauer gesagt der »Arbeitsgemeinschaft Deutscher Waldbesitzerverbände«. Er ist nun der deutsche »Mister Wald«, der oberste Lobbyist der Waldbesitzer in der Bundesrepublik, das sind immerhin 1,3 Millionen. Unter seinen Vorgängern in diesem Amt sind Verwandte der Familie. Franz Ludwig Schenk Graf von Stauffenberg, sein Onkel, war oberster Wald-Lobbyist von 1988 bis 1992, Philipp von Boeselager, der Widerstandskämpfer und Vater seines Onkels Albrecht, führte den Waldbesitzer-Verband gar 20 Jahre, von 1968 bis 1988.

Philipp zu Guttenberg, der die Haare ebenso nach hinten gegelt trägt wie sein Bruder, ist auf diese Arbeit gut vorbereitet. Das Engagement für den Umweltschutz, das sein Vater betrieb, hat ihn – im Gegensatz zu seinem Bruder Karl-Theodor – infiziert. In diesen Fragen, so sagt sein Vater, dächten Philipp und er gleich. Doch Philipp trägt seine Ansichten weniger in die Öffentlichkeit und bemüht sich, Optimist zu bleiben. Doch auch er betont die Liebe zur Natur, idealisiert das unverfälschte Landleben und lehnt das Leben in der Stadt für sich ab. »Ich bin kein Stadtmensch. Ich halte die Stadt nicht

Philipp zu Guttenberg,
Chef der deutschen
Waldbesitzer, bei der
Übergabe der Weih-
nachtsbäume für das
Kanzleramt in Berlin
Ende November 2010

aus«, sagt er.[66]Als junger Mann geht er 1993 nach dem Abitur zum Studium nach Schottland, studiert Ökologie in Edinburgh und Forstwirtschaft in Aberdeen. In Schottland lernt er seine Frau kennen, die gleichaltrige Alexandra Louisa Macdonald. Sie entstammt einer weitverzweigten Familie des schottischen Hochadels und ist das älteste von vier Kindern des Godfrey James Macdonald of Macdonald, des derzeitigen Familienchefs des Hauses Donald, und seiner Frau Claire, einer bekannten Köchin und Kochbuchautorin. Die Eltern Macdonald betreiben das Luxushotel »Kinloch Lodge« auf der schottischen Insel Skye. Auf der Hochzeit des deutschen Freiherrn und der schottischen Adligen galten Dirndl, Lederhosen und Schottenrock als angemessene Kleidung.

Mit seiner Ehefrau lässt sich Philipp aber nicht in Schottland nieder, sondern in dem kleinen Dorf Radmer in der Steiermark, eineinhalb Autostunden von Graz entfernt. Dort erwirbt er knapp 4000 Hektar Wald, stellt einen Förster, einen Forstwirt und einen Berufsjäger ein. Den Wald in der Steiermark haben die Guttenbergs von dem Geld erworben, das sie aus dem Verkauf des Weinguts Reichsrat von Buhl erlöst haben. Mit dem Tausch Wein gegen Wald bleibt die Familie in diesem Fall durchaus im Besitzmuster des Adels. Enoch zu Guttenberg geht in der Steiermark jagen. Hier wollen Philipp und er zeigen, dass Jagd, Ökologie und Forstwirtschaft keine feindlichen Schwestern sind, sondern miteinander harmonieren können.

Das Ehepaar Philipp und Alexandra zu Guttenberg bekommt 2004 und 2005 zwei Söhne und 2009 eine Tochter. Philipp zu Guttenberg engagiert sich in Österreich in den Interessenverbänden der Waldbesitzer, so im steirischen Waldbesitzerverband. Er, der über seine Mutter auch die österreichische Staatsbürgerschaft besitzt, wird auch Mitglied der Österreichischen Volkspartei (ÖVP). Doch eine Politikerkarriere in Österreich strebt er nicht an.

Das Paar zieht 2009 nach Rimsting am Chiemsee, weil die Kinder nun in die Schule kommen. Sie sind damit nicht nur näher am Vater in Guttenberg, sondern ganz nah an Neubeuern, wo Enoch zu Guttenberg oft ist. Noch näher ist es zur Mutter Christiane von Ribbentrop, die ebenfalls am Chiemsee wohnt, in Aschau, nur gut zehn Kilometer von Rimsting entfernt. Auch dort hat Philipp zu Guttenberg Wald gekauft. In Berlin hält er sich als Lobbyist der Waldverbände in der Regel nur einmal im Monat für einige Tage auf. Aber mit Angela Merkel hat er es auch schon zu tun bekommen. Immer kurz vor der Adventszeit übergibt der Chef der Waldbesitzer-Vereinigung der Bundeskanzlerin Weihnachtsbäume für das Kanzleramt.

Für die Zukunft des Hauses Guttenberg hat Philipp eine besondere Verantwortung übernommen. Denn er wird der neue Schlossherr sein. Das Schloss Guttenberg hatte Karl-Theodor zu Guttenberg als der älteste Sohn bereits von seinem Vater geerbt. Doch Karl-Theodor gibt es bald weiter an seinen Bruder

Philipp, der heute schon der Eigentümer des Schlosses ist, wenn er auch dort noch nicht wohnt.

Was sind die Gründe dafür, auf ein solches Erbe zu verzichten? Und, nebenbei bemerkt, ein zweites Mal Erbschaftssteuer zu bezahlen? Er selbst sei mehr ein Vagabund, sagt Karl-Theodor zu Guttenberg über sich, neugierig auf die Welt, er könne sich vorstellen, auch einmal zehn Jahre ganz woanders zu leben. Der Bruder hingegen sei eher schollenverhaftet. Er habe zudem eine Grundbegabung für alles Geschäftliche. Auch dass Philipp zwei Söhne hat, also zwei mögliche zukünftige Schlossherren, spielt bei der Entscheidung eine Rolle. Dazu kommt das gute Verhältnis der beiden Brüder, das so eng ist, dass sie es nicht als Problem ansehen, wenn sie sich mit ihren Familien gleichzeitig auf dem Schloss aufhalten. Karl-Theodor besitzt dort zwei Häuser, die auf der höchsten Stelle der Schlossanlage oberhalb des eigentlichen Schlosses stehen. Es ist das alte Forsthaus und ein genau gegenüberliegendes Gebäude, das die Guttenbergs der Kirche vermacht hatten, die es allerdings verfallen ließ. Die Guttenbergs haben dann ihr Geschenk wieder zurückgekauft, und Karl-Theodor hat es für seine Zwecke ausgebaut. Falls der Bruder einmal nicht mehr für den Familiensitz da sein könnte, dann würde er selbstverständlich das Schloss übernehmen, versichert Guttenberg. Der Sitz der Familie soll auf jeden Fall erhalten bleiben.

Vielleicht aber ist alles auch ein bisschen anders. Karl-Theodor zu Guttenberg findet es großartig, in Berlin zu leben. Sosehr er auch gern über die Hauptstadt und deren politischen Betrieb lästert, Berlin ist seine Bühne. Hier wird Weltpolitik gemacht, hier kann er glänzen. Wer in Berlin lebt, kann gut die Vorzüge der fränkischen Provinz preisen. Doch das Leben in der Hauptstadt zu tauschen mit dem in einem düsteren Schloss in einer 600-Seelen-Gemeinde ist wohl kaum der Traum des Karl-Theodor zu Guttenberg.

Das Vermögen

Schon Karl Theodor zu Guttenberg der Ältere, der Großvater, besaß ein Vermögen, das ihm eigentlich völlige ökonomische Unabhängigkeit gewährte. Dazu gehörten landwirtschaftliche Güter, ausgedehnter Waldbesitz, ein Weingut, Hotels sowie die Kuranlagen und einige Häuser in Bad Neustadt bei Kissingen. Ganz frei von Sorgen sind die Guttenbergs indes nicht gewesen – und sehr reich werden sie erst wieder vor einigen Jahren. Das hat mit dem Unternehmen Rhön-Klinikum zu tun, das seinen Ausgangspunkt in Bad Neustadt hat. Noch unter der Ägide von Karl Theodor dem Älteren werden zusätzlich zur Klinik in der bayerischen Rhön ein Kur- und Therapiezentrum und vier Wohnhäuser mit jeweils 14 Stockwerken errichtet. Doch das Zentrum ist nicht ausgelastet, die Investition von 130 Millionen Mark lohnt sich nicht, die Schulden steigen, es droht der Konkurs. Karl Theodor zu Guttenberg, der CSU-Politiker, hat sich mit dem Projekt vergaloppiert. Der Vater»hinterließ mir ein kaputtes, überschuldetes Kurbad«, wie Enoch zu Guttenberg erzählt.[67]

Zwei Jahre nach dem Tod seines Vaters holen Enoch zu Guttenberg und die anderen Gesellschafter einen neuen Geschäftsführer nach Bad Neustadt. Es ist Eugen Münch. Der ehemalige Bäcker und frisch gebackene Akademiker, der auf dem zweiten Bildungsweg Betriebswirtschaft studiert hat, analysiert die Schwachstellen der maroden Klinik und entwickelt ein Konzept, wie sie zu retten sei. Enoch zu Guttenberg und die anderen Gesellschafter engagieren ihn als Sanierer. Doch Münch will auch einen Anteil an der Klinik, er übernimmt für schlappe 5000 Mark eine Minderheitsbeteiligung von 25 Prozent an der Rhön-Klinikum GmbH und legt los. Und der Perfektionist saniert das Unternehmen Schritt für Schritt. Sein Ziel ist es, einen Klinikkonzern zu schaffen. Münch geht mit den Moden und Bedürfnissen der Zeit, eröffnet 1975 eine psychosomatische Klinik, stößt ein Schulungsprojekt für Aussiedler an, für das es Fördergelder gibt, bringt eine Herzklinik nach Neustadt, schließlich baut er Anfang der neunziger Jahre eine neurologische Klinik und eine weitere für Handchirurgie.

1988 wird die Rhön-Klinikum GmbH in eine Aktiengesellschaft umgewandelt, die Guttenbergs halten ein knappes Drittel des Stammkapitals. Ein Jahr später geht die Rhön-Klinikum AG als erster deutscher Klinikkonzern an die Börse. Das Unternehmen hat 670 Mitarbeiter, sein Jahresumsatz beträgt 25 Millionen Euro. Münch expandiert bald über Neustadt hinaus. 1993 wird das Herzzentrum Leipzig eröffnet, zwei Jahre später das neu erbaute Klinikum Meiningen in Thüringen. Andere Kliniken werden von der Rhön-Klinikum AG übernommen, so etwa die Stiftung Deutsche Klinik für Diagnostik in Wiesbaden.

Im Jahre 2002 machen die Guttenbergs dann groß Kasse. Sie verkaufen ihren damaligen Anteil von 26,5 Prozent an der Rhön-Klinikum AG an die Hypo-Vereinsbank, die später das Paket breit am Kapitalmarkt streut. Der damalige Wert des Aktienpaketes beträgt 260 Millionen Euro – die Guttenbergs hatten sich endgültig saniert und stiegen in die Reihe der dreihundert reichsten Familien Deutschlands auf. Eine entsprechende Liste taxiert sie 2005 auf Platz 272 mit einem geschätzten Vermögen von 400 Millionen Euro, mitunter werden auch 500 oder 600 Millionen Euro angegeben. Die Rhön-Klinikum AG expandierte allerdings kräftig weiter, ihr gehören heute rund 50 Kliniken mit rund 30 000 Mitarbeitern; der Jahresgewinn machte 2005 fast 90 Millionen Euro aus.

Zudem besaß die Familie Guttenberg eines der besten Weingüter in der Pfalz, in Deidesheim an der Weinstraße das Weingut Reichsrat von Buhl. Seine Rieslinge gehörten einst zu den teuersten, auch Otto von Bismarck war hier Kunde. Auf vielen festlichen Großereignissen wurde Buhlscher Wein serviert – etwa bei der Eröffnung des Suezkanals 1869. Damals gehörte das Weingut allerdings noch nicht den Guttenbergs. Geerbt hat es der Urgroßvater Enoch zu Guttenberg der Ältere, der, wie erwähnt, während des Ersten Weltkriegs in der Kammer der Reichsräte in Bayern gesessen hatte. Als jüngster Reichsrat hatte er dort seinen Platz neben dem ältesten Reichsrat, Franz von Buhl, der kinderlos war. Jener hatte das Weingut, das er von seinen Eltern geerbt hatte, durch angeheiratete Flächen so erweitert, dass es auf 200 Hektar mit rund hundert Hektar Weinanbaufläche kam und zu einem der größten Weingüter Deutschlands in Privatbesitz wurde. Zudem machte er seinen Titel als bayerischer Reichsrat zum Namensbestandteil des Weinguts. Buhl bringt dem jungen Enoch zu Guttenberg eine besondere Sympathie entgegen, und da er selbst kinderlos geblieben war, entscheidet er, dass das Weingut an ihn vererbt werden solle. Frieda Piper zu Buhl überlebt ihren Mann, der 1921 verstarb, um mehr als 30 Jahre und leitet das Weingut mit Geschick und hohem Einsatz. Nach ihrem Tod 1952 geht die Leitung an die Familie Guttenberg über.

1972 erbt es der neue Schlossherr Enoch zu Guttenberg. Das Weingut gerät dann allerdings in wirtschaftliche Schwierigkeiten und wird auf 52 Hektar Weinbaufläche verkleinert, wobei allerdings die besten Lagen erhalten bleiben. Enoch zu Guttenberg hat darüber geklagt, wie das Weingut modernisiert wurde, dass »plötzlich die römischen Weinbergsmauern und die gotischen Kapellen einfach zusammengeschoben wurden«.[68] Im Zuge der Konsolidierung der Familienfinanzen entscheidet sich Enoch zu Guttenberg schließlich, das Weingut zu verkaufen. Heute ist ein Neustädter Unternehmer der Besitzer, der es wiederum 1989 an eine Betreiber GmbH verpachtet, deren Eigentümer zwei japanische Geschäftsleute, der Gutsdirektor und der Vertriebsleiter sind. Enoch zu Guttenbergs Wunsch nach mehr Naturnähe im Weinbau ist mittlerweile auch in Erfüllung gegangen. Jedenfalls werden seit 2008 alle Flächen von Reichsrat von Buhl ökologisch bewirtschaftet, um noch besseren Wein zu produzieren. Als Michael Glos, Karl-Theodor zu Guttenbergs Vorgänger im Amt des Wirtschaftsministers, seinen Posten Anfang 2009 aufkündigt, bekommt er von einem Vorstandsmit-

glied eines führenden Unternehmens zum Abschied ein paar
Flaschen Reichsrat von Buhl zugesandt. Er hoffe, so schreibt
der Absender mit Bezug auf die gute Qualität des Weins, dass
der Nachfolger im Ministeramt klügere Entscheidungen treffen möge, als dessen Vater es mit dem Verkauf des Weinguts
getan habe.

Seit Herbst 2008 befindet sich das Vermögen der Guttenbergs in der Freiherrlich von und zu Guttenbergschen Privat-
stiftung – in Österreich. Gegründet hat diese Stiftung Philipp
zu Guttenberg, der im österreichischen Radmer mehr als ein
Jahrzehnt gelebt hat. Da er die österreichische Staatsbürgerschaft besitzt, ist die Stiftungsgründung juristisch kein Problem. Mit-Stifter ist Vater Enoch. Das Schloss Guttenberg, so
teilt Philipp mit, soll durch die Stiftung in Österreich »vor
den erbrechtlichen Unwägbarkeiten in Deutschland geschützt
werden«. So soll verhindert werden, dass das Erbe auseinan-
dergerissen und verkauft werden kann. Nur im Falle äußers-
ter Not, so legt es die Stiftungssatzung fest, könnte das Schloss
Guttenberg und sein Inventar veräußert werden. Auch die
Forstbetriebe der Familie, sowohl die in Deutschland als auch
die in Österreich, befinden sich im Eigentum der Stiftung. Für
Karl-Theodor zu Guttenberg spielt die Stiftungsgründung
selbst keine Rolle, da das Vermögen zuvor aufgeteilt worden
war.

Liebe und Hochzeit

Er sieht gut aus, er hat beste Manieren, er kleidet sich mit Ge-
schmack und tritt gewinnend auf. Auf Frauen macht Karl-
Theodor zu Guttenberg großen Eindruck. Ein »Womanizer«
ist der Politiker allerdings nicht – und er war es auch nicht in
seiner Jugend. Bevor er seine heutige Frau kennenlernte, hatte
er angeblich nur eine feste Freundin. Die Zuneigung zu Stephanie von Bismarck-Schönhausen war keine Liebe auf den
ersten Blick. Vielmehr hätten sie sich beide »über Jahre hin-

weg herzlich nicht gemocht«, sagt Guttenberg. Da sich die Eltern der beiden »schon seit Ewigkeiten« kannten, wie Stephanie zu Guttenberg sagt, habe man sich schon bei gesellschaftlichen Anlässen gelegentlich gesehen, aber »ohne je miteinander ein Wort gesprochen zu haben«.[69] Genauer gesagt ist es wohl so, dass vor allem Stephanie den jungen Guttenberg nicht sympathisch fand. Zu Philipp hatte sie ein gutes Verhältnis, Karl-Theodor aber mochte sie nicht.

Doch am 8. Juli 1995 treffen sich die beiden auf der Party eines gemeinsamen Bekannten in Berlin. Es ist eine Housewarming-Party, und es ist das Wochenende der Loveparade, 500 000 musikbegeisterte Raver haben auf dem Ku'damm gefeiert. Die Party-Besucher machen aus ihrem Abscheu vor den Ravern und ihrem schrecklichen Gewummer keinen Hehl. So wird schnell klar, dass Stephanie und Karl-Theodor die einzigen Gäste sind, die an diesem Gewummer teilgenommen haben, Stephanie war sogar auf einem Wagen mitgefahren. Das Außenseitertum inmitten der Loveparade-Verächter verbindet, und da sie dort kaum andere Gäste kennen, kommen sie ins Gespräch. Man habe damals festgestellt, »dass das geringste Übel dieses bekannte Gesicht war. Und so sprachen wir miteinander und fanden uns gar nicht mehr so grauenvoll«, sagt Guttenberg.[70] Sie freunden sich an, ohne dass sie zunächst zu einem Paar werden. Erst sei er ihr bester Freund geworden und dann ihre große Liebe, hat Stephanie zu Guttenberg darüber gesagt. Zumindest stellt Karl-Theodor sie seinem Vater vor, bei jenem Konzert in München, zu dem er sie schon auf der Party nach der Loveparade eingeladen haben will. Das »Requiem« von Verdi wird gespielt. Und Stephanie ist beeindruckt.

Nach sechs Monaten hat es dann doch gefunkt zwischen den beiden. Fünf Jahre nach der ersten Annäherung wird die Familiengründung besiegelt. Am 12. Februar 2000 heiraten Stephanie von Bismarck-Schönhausen und Karl-Theodor zu Guttenberg in der Pfarrkirche St. Zeno in Bad Reichenhall. Es ist eine Hochzeit in Weiß, da draußen reichlich Schnee liegt.

Die Braut trug Weiß – doch dunkles Haar. Karl-Theodor zu Guttenberg und Stephanie von Bismarck-Schönhausen bei ihrer Hochzeit im Februar 2000 in Bad Reichenhall

Die Trauung zwischen der Protestantin und dem Katholiken
wird katholisch vollzogen, aber der evangelische Pfarrer Günter Weigel aus Guttenberg ist dabei, und die Chorgemeinschaft Neubeuern singt unter der Leitung der Stiefmutter
Ljubka Biagioni-Guttenberg. Stephanie trägt ein hochge-
schlossenes weißes Satin-Kleid mit weißem, schmalem Pelz-
kragen, die damals noch dunklen Haare hat sie hochgesteckt,
ein Geschmeide hält den Tüll-Schleier. Gefeiert wird nach der
Trauung im Alten Kurhaus, die Tische befinden sich auf den
Emporen, unten im Saal wird zur Live-Musik getanzt. Im Mai
2001 kommt die erste Tochter, Anna, zur Welt. Im Dezember
2002 stellt sich die zweite Tochter ein: Mathilda. Ihr Vater ist
zu dieser Zeit schon Abgeordneter des Bundestages. Und die
Familie wohnt in Berlin, erst in der Oranienburger Straße in
Berlins wilder Mitte, dann zieht sie in eine Villa im bürger-
lich-noblen Berliner Westend. Karl-Theodor zu Guttenberg
ist jetzt 31. Er hat eine Familie gegründet und die ersten Schritte einer politischen Karriere gemacht.

2
AUFSTIEG

In der CSU

Ortsverband Guttenberg

Es ist das Ende der neunziger Jahre. Karl-Theodor zu Guttenberg ist noch in der beruflichen Findungsphase. Er ist im Unternehmen der Familie tätig, verspürt aber das Bedürfnis, sich politisch zu artikulieren. Zwei Wege bieten sich an. Entweder er macht es wie der Vater, der neben der Musik an der Umweltfront kämpft, hochpolitisch, aber nicht parteipolitisch engagiert. Oder er macht es wie der Großvater und sucht den Weg über eine Partei. Eine Entscheidung steht an.

Guttenberg merkt spätestens in dieser Zeit, dass er eine Begabung hat, die für einen Politiker Gold wert ist und die ihm auch später als Bundesminister die Wege ebnen soll. Henry Schramm, CSU-Politiker, Oberbürgermeister von Kulmbach und ein enger Vertrauter Guttenbergs in dessen Wahlkreis, erinnert sich an die Fähigkeiten des Mannes, der nur sieben Jahre später der Liebling der Deutschen sein wird: »Karl-Theodor zu Guttenberg hat bei öffentlichen Auftritten schon früh gemerkt, dass die Menschen ihm zuhören.« Unter diesen Menschen sind auch einige der oberfränkischen Freien Wähler. Sie werden auf Guttenberg aufmerksam und fragen ihn, ob er nicht für den Landtag kandidieren wolle. Er denkt kurz darüber nach, aber verwirft den Gedanken.

Dennoch entscheidet Karl-Theodor zu Guttenberg sich für den Versuch, seine politischen Ambitionen mit Hilfe einer Partei zu verwirklichen. Allerdings, so schildert er es, tritt er nicht schnurstracks der CSU bei. Er guckt sich erst einmal um, was an die Erzählungen über Angela Merkels Sondierungen vor ihrem Eintritt in die CDU erinnert. Seine Neugierde ist breit, auch die Wahlprogramme von SPD und Grünen studiert er. Am schnellsten wird ihm eigenem Bekunden zufolge

Da ist gut lachen:
Guttenberg, 30, ist im April
2002 zum CSU-Direktkandi-
daten für den Bundestag
nominiert worden

klar, dass die FDP nicht die richtige Partei für ihn ist. Am
Ende bleibt er doch der Familientradition treu, stellt fest, dass
seine Überzeugungen und Vorstellungen von Politik am ehesten zur CSU passen. Ende 1999 tritt Karl-Theodor zu Guttenberg dem CSU-Ortsverband Guttenberg bei.

Da er noch jung ist, nicht einmal 30 Jahre alt, wird er durch
diesen Schritt automatisch auch Mitglied der Jungen Union.
Mit dem kämpferischen Aufstieg in der JU, den viele seiner
Altersgenossen und später mehr oder weniger engen Parteifreunde in diesem Alter schon hinter sich haben, hat das nichts
zu tun. Im Vergleich zu anderen Parteimitgliedern, die eine
politische Karriere anstreben und in diesem Alter längst ein
Netz von Freunden und Unterstützern geknüpft haben, ist
Guttenberg ein Quereinsteiger.

Zunächst einmal schadet das nicht. In seinem Ortsverband,
der weniger als 30 Mitglieder hat, hinterlässt er Eindruck, jedenfalls so viel, dass man ihn schon bald bittet, den Vorsitz zu
übernehmen. Erkämpfen muss er ihn sich nicht. Vielmehr

weiß Guttenberg so furchtbar viel mit der neuen Ehre gar
nicht anzufangen. Einmal im Jahr ist Hauptversammlung,
man wandert im Frühjahr zusammen oder tut Ähnliches. Die
offenen politischen Diskussionen, die hier geführt werden,
schätzt der junge Guttenberg. Bis er ein knappes Jahrzehnt
später Generalsekretär der CSU wird, behält er den Vorsitz
des Ortsverbands zu Füßen des Familienschlosses inne. Dann
muss er ihn abgeben, weil die Statuten es so vorsehen. Ein
Ausbildungslager für innerparteiliche Kampf- und Aufstiegs-
techniken wird ihm dieser Teil der CSU jedenfalls nicht.

Exkurs: Die Christlich-Soziale Union in Bayern e.V.

Was ist das für eine Partei, in deren Namen Karl-Theodor zu
Guttenberg sich 1999 anschickt, der deutschen Politik seinen
Stempel aufzudrücken? In welchem Zustand startet die
Christlich-Soziale Union, die CSU, ins 21. Jahrhundert, zu
dessen Beginn Guttenberg ein so wichtiges Mitglied sein
wird? Den Männern der Familie, sowohl dem alten Karl
Theodor als auch dem Sohn und dem Enkel ist die Partei
wichtiger Hintergrund ihres politischen Denkens und Handelns, wenn auch auf sehr unterschiedliche Weise. Der Großvater ist selbstverständlich in der Partei zu Hause, wenngleich
er sich heftig an ihr reibt. Der Vater verlässt die CSU gar, weil
er als Musiker beruflich ohne sie auskommen kann und sich
mit ihr überwirft. Er tritt erst wieder ein, als der Sohn die
Partei braucht für seinen großen politischen Aufstieg.

Die CSU ist insofern die Nachfolgerin der Bayerischen
Volkspartei, die in der Weimarer Republik die bayerische Politik maßgeblich bestimmte, als sie die Eigenständigkeit Bayerns zu ihrer zentralen Daseinsberechtigung macht. Von der
Gründung nach dem Zweiten Weltkrieg bis in die Gegenwart
findet das vielzitierte bayerische »Mia san mia« sein politisches Werkzeug in der CSU. Sie regiert Bayern schon seit drei
Jahren, als das Land sich im Jahr 1949 weigert, für das Grund-

gesetz der Bundesrepublik Deutschland zu stimmen. Immerhin erkennen die Bayern es an. Das erinnert an die Methode, die 60 Jahre später ein Wirtschaftsminister zu Guttenberg anwenden wird, als es um die staatliche Rettung des Autobauers Opel geht: Lautstark dagegen sein, aber am Ende die Mehrheitsentscheidung akzeptieren. Letztlich lässt sich die CSU doch vom Interesse an der Funktionsfähigkeit des gesamten Staatswesens leiten, sie will aber nicht versäumen, vorher kräftig auf den Tisch gehauen und die eigene Meinung bekundet zu haben.

In keinem anderen der zunächst elf und später 16 Länder der Bundesrepublik sind das Land und eine Partei so sehr eins wie Bayern und die CSU. Ganze drei Jahre, von 1954 bis 1957, kann die SPD den Ministerpräsidenten stellen, sonst ist es immer die CSU. Auf eine solche Kontinuität kann nicht einmal die SPD in Nordrhein-Westfalen blicken. Fast 60 Jahre lang kann die CSU allein regieren, mit absoluter Mehrheit. Koalitionspartner sind aus Münchner Sicht etwas für Verlierer. Die Parole, die CSU müsse bei jeder Wahl »50 plus X« Prozent holen, war nie eine aus der Luft gegriffene Spinnerei, sondern Ausdruck des jahrzehntealten politischen Besitzanspruchs der Christlich-Sozialen Union.

Diesen Anspruch, dieses Selbstbewusstsein überträgt die Partei auch auf den Bund und mithin auf ihr Verhältnis zur großen Schwesterpartei. Niemals versteht sie sich als Anhängsel der CDU, oft in der Parteigeschichte sind die CSU-Vorsitzenden zugleich Ministerpräsidenten Bayerns und sehen sich mindestens auf Augenhöhe mit dem jeweiligen CDU-Vorsitzenden, der über lange Strecken auch Bundeskanzler ist. Während die CDU-Landesverbände (oft mit Hilfe der Ministerpräsidenten) etwa von Nordrhein-Westfalen, Niedersachsen oder anderen Ländern zwar Einfluss auf den Kurs der CDU haben, so bleiben sie doch Gliederungen der Bundespartei. Die CSU dagegen ist immer eine eigene Partei. Wenn die Union im Bund regiert, gibt es seit je die Regelung, dass der CSU-Vorsitzende bei den Sitzungen des Koalitionsausschusses dabei ist. Die Vorsitzenden der CDU-Landesverbände sind das ebenso selbstverständlich nicht. Legendär ist die Männerfeindschaft zwischen Franz Josef Strauß und Helmut Kohl gewesen. Strauß rennt von München und Bonn aus gegen Kohl an, hält sich immer für den Besseren, macht dem CDU-Mann das Leben schwer. So lange, bis Kohl ihn 1980 bei der Bundestagswahl als Kandidaten antreten lässt, in der sicheren Erwartung einer schweren Niederlage. So kommt es, Strauß ist getroffen, Kohl zwei Jahre später Kanzler. Auch wenn das Duell Strauß – Kohl besonders lange dauerte und hart ausgetragen wurde, so ist die herzliche Feindschaft zwischen CDU-Kanzlern und den Herren in München ein strukturelles Merkmal des Verhältnisses von CDU und CSU. Angela Merkel darf es erst mit dem schwierigen Edmund Stoiber erleben und anschließend mit dem noch schwierigeren Horst Seehofer.

Allerdings hat die CSU auch Grund für ihr Selbstbewusstsein. Seit den Anfängen der Bundesrepublik besorgt sie in Bayern bei allen Bundestagswahlen rund 20 Prozent sämtlicher Unionsstimmen, oft sind es auch mehr. Als 1980 Strauß antritt und 2002 Stoiber, liegt der CSU-Anteil am Unionsergebnis sogar bei mehr als 23 Prozent. Im Jahr 2005, als Angela Merkel knapp zur Kanzlerin gewählt wird, steuert die CSU mehr als 21 Prozent aller Unionsstimmen bei, vier Jahre später sind es immerhin noch knapp 20 Prozent, obwohl die CSU in einer der schwersten Krisen ihrer Geschichte steckt. Bayern liefert, darauf kann die CDU sich verlassen. Aber der Preis dafür ist, dass die große Schwester sich eine Menge gefallen lassen muss. Die Angst davor, das Gewicht im Bund und die Macht in Bayern mit all den dazugehörenden Privilegien zu verlieren, treibt die CSU vom einfachen Mitglied bis hinauf zum Vorsitzenden immer zum politischen Kampf an. Die Macht muss nicht erkämpft, sie muss verteidigt werden. Auch das erinnert an Guttenberg, dem seine politische Macht gleichsam vor die Füße fällt, der aber dafür sorgen muss, sie zu behalten.

Als erst durch den Aufstieg der Grünen und später durch den der Partei Die Linke das Parteiengefüge in den 15 nicht-bayerischen Ländern und in Deutschland insgesamt aus den Fugen gerät, beschleicht die CSU allmählich die Sorge, irgend-wann könnte auch ihr gelobtes Land an der Reihe sein, würde auch sie so etwas Hässliches wie eine Koalition bilden müs-sen – von Schlimmerem wie dem Verlust des Amtes des Mi-nisterpräsidenten ganz zu schweigen. Das muss man sich vor Augen halten, um zu begreifen, wieso die einst so selbstbe-wusste Partei seit dem Jahr 2008, seit die FDP in München mitregiert, so verzweifelt nach einem Retter Ausschau hält, der macht, dass alles wie früher wird.

Der machtpolitische Anspruch, dauerhaft die Partei für das ganze (bayerische) Volk zu sein, ist über die Jahrzehnte nur aufrechtzuerhalten mit einer inhaltlichen Bandbreite, die zwar stets den konservativen und auch den rechten Rand des Wäh-lerspektrums mehr bedient als den linken, die aber immer die Interessen der gesamten Bevölkerung im Blick hat. Das »S« im Parteinamen ist so ernst gemeint wie das »C«. Der Bauer, der Arbeiter und der kleine Angestellte kommen über die Jahrzehnte in einem von der CSU regierten Bayern so zurecht wie der selbständige Handwerksmeister oder der Manager. Nicht nur was das Soziale angeht, erbringt die CSU eine hohe Integrationsleistung. Es gelingt ihr, die vielen Vertriebenen, die der verlorene Krieg nach Bayern gespült hat, in die Gesell-schaft und in die Partei zu integrieren. Jene CSU, die bis heute in der Ausländerpolitik so gern ihre konservative Seite her-auskehrt, ist also durchaus in der Lage, Fremde aufzunehmen und an sich und das Land zu binden. Gerne weisen CSU-Po-litiker darauf hin, dass die bayerischen Großstädte mit ihren zum Teil hohen Ausländeranteilen besser zurechtkämen als viele Städte im Rest des Landes. Bevorzugt wird dabei der Vergleich mit Berlin.

Den Anspruch, auch eine Partei der kleinen Leute zu sein, einem jeden, der genug Leistungswillen hat, Chancen zum ge-sellschaftlichen und materiellen Aufstieg zu bieten, sozusagen

einen American Dream unter weiß-blauem Himmel, doku-
mentieren die Lebensläufe des Führungspersonals der CSU.
Sinnbild ist Franz Josef Strauß, der 27 Jahre lang Vorsitzender
der CSU und zehn Jahre lang bayerischer Ministerpräsident
war und bis weit über seinen Tod im Jahr 1988 hinaus Patriarch und Vorbild der Partei blieb. Noch heute gilt es in der
CSU als höchste Auszeichnung, mit Strauß verglichen oder
gar in dessen Nähe gerückt zu werden. Keines der führenden
Parteimitglieder hat solch dauerhafte bundespolitische Bedeutung erlangt wie er.

Strauß' Vater war Metzger. Der begabte Sohn machte 1935
das beste Abitur in Bayern seit dem Jahr 1910. Mit Hilfe eines
Stipendiums studierte er Altphilologie und Geschichte. Er
steht nicht nur für die Aufstiegsmöglichkeiten, die die CSU
ihren Mitgliedern bietet, sondern auch für die inhaltliche
Bandbreite der Partei. Sein Leitspruch, dass rechts von der
CSU keine Partei entstehen dürfe, ließ ihn immer hart am
konservativen Wind segeln. Doch war es andererseits ausgerechnet Strauß, der im Jahr 1983 einen Milliardenkredit für die
DDR einfädelte und sich händeschüttelnd mit dem Staatsrats-
vorsitzenden Erich Honecker fotografieren ließ.

Bis in die Gegenwart ist die CSU eine Aufsteigerpartei. Der
Vater Edmund Stoibers, des einzigen CSU-Granden, der als
Parteivorsitzender und Ministerpräsident zumindest in Bayern ähnliches politisches Gewicht wie Strauß entwickelte, war
immerhin Bürokaufmann und damit eine gewisse Ausnahme
unter den Eltern des Führungspersonals. Sein glückloser
Nachfolger im Parteivorsitz, Erwin Huber, wurde auf einem
einfachen, ja ärmlichen Hof groß. Bis zu seinem sechsten Lebensjahr kannte er weder elektrisches Licht noch ein Radio.
Als Huber einmal beschrieb, wie sehr ihn diese Kindheit geprägt habe, benutzte er die Formulierung von der »Würde in
der Armut«.[1]

Horst Seehofers Vater war Lastwagenfahrer und Bauarbei-
ter. Der Sohn brachte es bis zum Bundesminister, Parteivorsitzenden und Ministerpräsidenten. Markus Söder schließlich,

dem Ambitionen auf höchste Führungsämter in der CSU und in Bayern in der Zeit nach Stoiber und Seehofer nachgesagt werden, ist der Sohn eines Maurermeisters. Keiner der Genannten lebte als kleiner Junge auf einem Schloss mit Kirche wie Karl-Theodor zu Guttenberg. Keiner hörte zu Hause die Geschichten vom Großvater, der schon im Kanzleramt Parlamentarischer Staatssekretär war, oder begleitete den dirigierenden Vater auf seinen Konzertreisen durch die Welt. Alle mussten sich vielmehr über lange Jahre, ja Jahrzehnte nach oben kämpfen und mit dem Überstehen von Niederlagen beweisen, dass sie äußersten politischen Machtwillen besitzen. So etwas macht hart und stark.

Im Jahr 2002, als unbemerkt von einer breiten Öffentlichkeit Karl-Theodor zu Guttenberg erstmals in den Bundestag gewählt wird, steht die CSU an einem der wichtigsten Wendepunkte ihrer Parteigeschichte. Zum zweiten Mal greift sie nach den politischen Sternen, will als Partei Bayerns ganz Deutschland regieren. Edmund Stoiber ist seit langem mächtiger Parteivorsitzender und Regierungschef in München. Die große Schwesterpartei CDU leidet unter ihrer Spendenaffäre – und viele einflussreiche Männer der einstigen Kohl-Partei leiden darunter, dass eine ostdeutsche Pfarrerstochter die Schwächephase der westdeutsch dominierten Männer-CDU genutzt hat, um sich zur Vorsitzenden wählen zu lassen. In dieser Situation erscheint ihnen ein Kanzlerkandidat Edmund Stoiber als das kleinere Übel für die Bundestagswahl im Herbst 2002. Zum zweiten Mal in der bundesdeutschen Geschichte darf die CSU versuchen, das mächtigste Amt im Staate zu erobern. Stoiber verfehlt nur um einige zehntausend Stimmen den Sieg. Kein Vergleich jedenfalls zu dem lausigen Ergebnis, das 22 Jahre zuvor Franz Josef Strauß eingefahren hatte. Vielleicht hätte es gereicht, wenn Stoiber die eine oder andere Ungeschicklichkeit im stark vom aufziehenden Irakkrieg geprägten Wahlkampf vermieden hätte, und er wäre zum mächtigsten CSU-Politiker der Geschichte aufgestiegen. Für die politische Laufbahn Guttenbergs ist das knappe

Scheitern Stoibers von entscheidender Bedeutung. Man stelle sich vor, die Republik hätte 53 Jahre nach ihrer Gründung ihren ersten CSU-Kanzler bekommen. Stoiber wäre ein, vielleicht zwei Legislaturperioden am Ruder geblieben. Danach wäre der Bedarf nicht nur der CDU, sondern auch der Wählerschaft an CSU-Kanzlern vermutlich für lange Zeit gedeckt gewesen. Auch in München hätten die Dinge vermutlich einen anderen Verlauf genommen. Die Wechsel an der Parteispitze und im Amt des Regierungschefs wären reibungsloser verlaufen. Die Partei hätte möglicherweise keinen so dramatischen Niedergang erlebt, jedenfalls nicht so schnell. Die Sehnsucht nach jemandem, der allein durch seine Präsenz alles wieder macht wie früher, wäre nicht entstanden. Und von dieser Sehnsucht lebt Guttenberg.

Wäre, hätte – alles gegenstandslos. Euphorie ist auch der Ausdruck für ein Glücksgefühl kurz vor dem Tod. Ganz so kommt es für die CSU nicht, aber doch ziemlich schlimm. Zunächst ist das nicht zu merken. Denn unter der Führung des auf der bundespolitischen Ebene knapp gescheiterten Stoiber marschiert die Partei in Bayern im Jahre 2003 zu einem gigantischen Sieg bei der Landtagswahl. Als bislang einzige Partei in der gesamten bundesdeutschen Geschichte kann sie eine Zweidrittelmehrheit im Landtag erringen. Mehr Macht war nie.

Und mehr Absturz war nie. Die Partei wird Stoibers überdrüssig. Zu lange steht er an der Spitze, treue Weggefährten wie Erwin Huber und Günther Beckstein haben das Ende ihrer politischen Laufbahn schon vor Augen und wollen diese mit einem Spitzenamt krönen. Bei der auf 2005 vorgezogenen Bundestagswahl verspielt Stoiber endgültig die letzten Sympathien seiner Mitstreiter, weil er erst den Weg nach Berlin einschlägt und dann in letzter Sekunde doch wieder Richtung München umdreht. Es gibt einen regelrechten Putsch, Huber wird Parteivorsitzender, Beckstein Ministerpräsident. Doch das ist eine Notlösung, die nicht funktioniert. Die CSU fällt und fällt in der Wählergunst, bis bei der Landtagswahl 2008 die Katastrophe eintritt. Zum ersten Mal seit 1958 erringt die Partei nicht die absolute Mehrheit – und muss die FDP als Koalitionspartner ins Boot lassen. Huber tritt zurück, Beckstein kann sich nicht halten. In der Not lässt die Partei den in Bayern nicht geliebten Bundespolitiker Horst Seehofer ans Ruder. Das ist der Hintergrund, ohne den der kometenhafte Aufstieg Karl-Theodor zu Guttenbergs nicht zu verstehen ist – und wohl auch nicht stattgefunden hätte.

Auf dem Weg nach Berlin

Guttenberg hat nicht nur die Gabe, sein Publikum für sich einzunehmen. Er hat zudem einen sicheren Instinkt dafür, wann eine politische Frucht überreif am Baum hängt und nur darauf wartet, gepflückt zu werden. Im März 2002 ist diese reife Frucht der ehemalige CSU-Generalsekretär Bernd Protzner, oder besser gesagt: dessen Wahlkreis. Eine Steueraffäre belastet den Bundestagsabgeordneten schwer. Im Herbst wird ein neuer Bundestag gewählt. Protzner genießt kein Vertrauen mehr an der Basis. Guttenberg spürt das. Und er macht, wie sich einer seiner politischen Freunde erinnert, damals schon einen »unglaublichen Wahlkampf« für sich. Ein Spruch macht die Runde: Überall, wo man im Kreis Kulmbach einen Stein umdreht, sitzt Guttenberg schon drunter. Diejenigen, die den jungen Politiker gut kennen, erzählen, dass er seine politischen Manöver »generalstabsmäßig« plane. Der Anlauf zum Sprung in den Bundestag ist der erste Beleg dafür.

Ende März sprechen sich in nichtöffentlicher Sitzung des Kulmbacher CSU-Kreisvorstands nur fünf von 32 Anwesenden dafür aus, Protzner noch einmal als Kandidaten des Wahlkreises 226 Kulmbach/Lichtenfels/Bamberg-Nord für die Bundestagswahl aufzustellen. Die übrigen 27 Stimmen erhält Guttenberg. Damit ist der Enkel des einstigen Bundestagsabgeordneten Karl Theodor zu Guttenberg aber noch nicht nominiert. Die Lichtenfelser CSU hat auch noch ein Wort mitzureden. Sie stellt eine eigene Kandidatin auf, die 46 Jahre alte Rechtsanwältin Regina Taubert. Damit ist klar, dass es auf der Aufstellungsversammlung am 13. April zu einer Kampfabstimmung kommen wird. Wieder kann Guttenberg die Sache klar für sich entscheiden. Auf seine Konkurrentin entfallen gerade 34 Stimmen. Guttenberg bekommt 82. Der Grundstock für die bundespolitische Karriere ist gelegt. Bei der Bundestagswahl erweist sich die Entscheidung der Parteibasis als klug. Guttenberg erhält 63 Prozent der Erststimmen in seinem Wahlkreis. Er kann mit durchgedrücktem Kreuz nach Berlin reisen.

Obwohl Guttenberg einen kurzen, aber straffen Wahlkampf geführt hat, wird hier nicht der langjährige Parteisoldat, der im Dienste der CSU Hunderte von Hemden in Bierzelten und Hinterzimmern durchgeschwitzt hat, nach endloser Wartezeit endlich belohnt. Vielmehr hat zum ersten Mal die Methode Guttenberg funktioniert. Die Zutaten: ein bekannter Name, die Fähigkeit zu begeistern, der Instinkt für entscheidungsreife Situationen und die Kaltblütigkeit, sie mit einem kurzen Kraftakt zu nutzen. Kulmbachs Oberbürgermeister Schramm attestiert ihm »großes taktisches Gespür«. Werner Schnappauf, den Guttenberg ein halbes Jahrzehnt später im Bezirksvorsitz beerben soll, drückt es so aus: »Karl-Theodor zu Guttenberg beobachtet Situationen gründlich und geht dann überlegt und gezielt vor. So hat er den Wahlkreis bekommen, den zuvor Bernd Protzner hatte.«

In Deutschland und der Welt: Außenpolitiker

Nach erfolgreicher Wahl macht sich der Bundestagsneuling auf den Weg nach Berlin. Dort ist er weitgehend unbekannt. Allerdings erinnern sich gerade in der CSU noch einige Altgediente an den Großvater. Einer dieser erfahrenen Parlamentarier ist Michael Glos, der Vorsitzende der CSU-Landesgruppe im Bundestag, das ist der Zusammenschluss aller CSU-Abge-

ordneten im höchsten deutschen Parlament. Ihr Vorsitzender
ist ein einflussreicher Mann. Er hat dafür zu sorgen, dass bei
der Gesetzgebung der Wille der CSU und die Interessen Bayerns nicht zu kurz kommen. Allerdings ist die Landesgruppe
in aller Regel nicht der Befehlsempfänger der Münchner CSU-
Führung, sondern muss außer auf die Belange des Freistaates
auf das Funktionieren der Koalition in der Bundeshauptstadt
achten. Das führt nicht selten zu Spannungen zwischen dem
Vorsitzenden der Landesgruppe und dem bayerischen Ministerpräsidenten und CSU-Vorsitzenden.

Glos schickt den Neuankömmling dahin, wo sonst oft alt-
gediente und verdiente Parlamentarier landen: in den Auswärtigen Ausschuss. Seine guten Verbindungen zu den politischen Kreisen an der amerikanischen Ostküste und sein gutes
Englisch lassen Guttenberg als jemanden erscheinen, der das
durch Schröders antiamerikanischen Wahlkampf strapazierte
Verhältnis zu der Weltmacht pflegen könnte. Glos nimmt
Guttenberg auch mit in andere Weltregionen, wie den Iran. In
Teheran und Isfahan bestätigt sich der gute Eindruck, den der
Landesgruppenvorsitzende vom Neuling hat. Iran wird eines
der Themenfelder sein, die der Außenpolitiker Guttenberg
intensiver zu bestellen versucht; das gilt ebenso für den Afghanistan-Einsatz und die Annäherung der Türkei an die Europäische Union.

Gemessen an dem Aufstiegstempo, das Guttenberg später
vorlegen soll, sind die sechs Jahre als Außenpolitiker im Bundestag eine unspektakuläre, für einen jungen Parlamentarier
aber nicht ungewöhnliche Phase. Er wird in der Zeit zwischen
dem Herbst 2002 und dem Herbst 2008 Vorsitzender des
Fachausschusses Außenpolitik der CSU, Mitglied im Unter-
ausschuss für Abrüstung und Obmann der CDU/CSU-Frak-
tion im Auswärtigen Ausschuss sein. Zum außenpolitischen
Sprecher bringt er es nicht. Diesen Posten hat der CDU-Ab-
geordnete Eckart von Klaeden inne, der später, als Guttenberg schon sein zweites Amt als Bundesminister übernommen
hat und zu Deutschlands Lieblingspolitiker avanciert ist,

Staatsminister im Kanzleramt wird. Damit wird von Klaeden übrigens auf der Position angelangt sein, die Guttenbergs Großvater seinerzeit innehatte. Eine ordentliche Funktion, aber doch eher ein Versorgungsposten für verdiente Parlamentarier als ein richtiger Schritt auf der Karriereleiter. Guttenberg hat mehr vor. Ist seine Position schon wenig aufsehenerregend, so versucht er das durch Eifer wettzumachen. Manchmal durch Übereifer. Er produziert große Mengen von Pressemitteilungen, bisweilen im Tagesrhythmus. Seine eigene Behauptung, er sei ein Team-Player, können in diesen Jahren nicht alle bestätigen, die mit ihm zu tun haben. Der junge Abgeordnete ist wild entschlossen, auf sich aufmerksam zu machen.

Von Anfang an sieht Guttenberg sich nicht nur als Außen-, sondern ebenso als Sicherheitspolitiker. Er kümmert sich früh um die Themen, die Jahre später seinen Alltag als Verteidigungsminister bestimmen sollen. Anfang 2004 reist er mit einer kleinen Gruppe von Bundestagsabgeordneten nach Washington. Im Gepäck hat er einen Vorschlag, den die Amerikaner aus dem Deutschland, das gegen den Irakkrieg in Stellung gegangen war, nicht unbedingt erwarten dürfen. Bei einem Treffen mit dem republikanischen Kongressabgeordneten Gil Gutknecht aus Minnesota will die Gruppe um Guttenberg wissen, was der amerikanische Gastgeber davon hält, die Nato mit einem Sicherungsauftrag in den Irak zu schicken oder gar als eine Reform- und Stabilisierungsagentur im erweiterten Mittleren Osten einzusetzen. Da aus Berlin in jener Zeit wüste Kritik an Amerikas Auftreten in dieser Weltregion und ganz besonders am Irakkrieg kommt, sind Vorschläge solcher Art schon als Zeichen des guten Willens willkommen. Gutknecht bestärkt die Bundestagsabgeordneten mit dem Hinweis, dass die Deutschen doch schließlich kein Interesse haben könnten, wenn Amerika im Irak die Kontrolle entglitte. Seinen Besuchern gibt er mit auf den Weg, sie mögen zu Hause kundtun, Präsident Bush sei nicht politisch geschwächt, vielmehr seien seine Entschlossenheit und die des Landes nach wie vor groß. Der republikanische Senator John Kyl, ein erfahrener Transatlantiker, teilt den Gästen aus Berlin mit, man würde sich über ein wenig Beistand im Irak freuen. So oft passiert es den Regierenden in Washington in jenen Tagen nicht, dass Besucher aus Deutschland wenigstens Interesse an der Lage im Irak zeigen und nicht bloß auf die Amerikaner eindreschen. Als deutscher Politiker schwimmt Guttenberg hier gegen den Strom. Nicht nur beim Thema Irak hält er Kontakt zu den Konservativen in Amerika, allerdings nicht nur zu ihnen. Im Februar 2005 gelingt es ihm, die eine oder andere kleinere Überschrift in den Zeitungen mit einem Vorschlag zum weiteren Vorgehen im Atom-Streit mit Teheran zu erzeugen. Gemeinsam mit dem CDU-Abgeordneten Ruprecht Polenz und zwei Sozialdemokraten empfiehlt der CSU-Mann aus Oberfranken, die Amerikaner sollten in die Verhandlungen Deutschlands, Frankreichs und Englands mit Iran einbezogen werden. Iran solle wirtschaftliche Hilfe angeboten werden, wenn es sein Nuklearanreicherungsprogramm einstelle. Sollten die Mullahs sich weigern, so hätten die Europäer »Kenntnis genommen« davon, dass Washington es sich vorbehalte, »der Situation entsprechend zu handeln«.[2] Diese Andeutung darf allerdings nicht als Einverständnis Guttenbergs interpretiert werden, militärisch gegen Teheran vorzugehen. Vielmehr wird er dieses wenig später ausdrücklich ausschließen.[3] Auf amerikanischer Seite wird der Vorschlag von der konservativen »Heritage Foundation« mitgetragen, aber auch von demokratischer Seite. Immerhin kann ein Mitarbeiter des späteren demokratischen Vizepräsidenten Joe Biden als Unterstützer gewonnen werden. Im außenpolitischen Ausschuss des Senats stößt der Vorschlag auf Zustimmung.

Intensiv beschäftigt sich der Außen- und Sicherheitspolitiker Guttenberg mit jenem Thema, das in nicht allzu ferner Zukunft seinen politischen Alltag prägen soll: dem Bundeswehreinsatz am Hindukusch. Trotz kritischer Anmerkungen zu einzelnen Entwicklungen steht Guttenberg ganz klar hinter

Der Wirtschaftsminister im März 2009 in Washington

dem Einsatz. Dennoch denkt er – wie andere auch – darüber nach, welches die Strategie für einen Abzug aus Afghanistan sein könnte. Vermutlich ist es seinem intensiven Austausch mit amerikanischen Gesprächspartnern geschuldet, dass er frühzeitig für Deutschland das Denkmuster entwickelt, den Kräfteeinsatz zu intensivieren, um somit »auf längere Sicht« auch einen Abzug zu ermöglichen.[4] So veröffentlicht er im Juni 2006 zusammen mit dem SPD-Außenpolitiker Hans-Ulrich Klose einen Artikel, in dem die beiden vorschlagen, die dem OEF-Mandat unterstellten Bundeswehrsoldaten einschließlich der Spezialkräfte der Schutztruppe Isaf zu unterstellen. Die Autoren kommen zu dem Schluss, dass dann Bundeswehrsoldaten die im Aufbau befindlichen afghanischen Truppen auch »in andere Landesteile« begleiten könnten.[5] Berlin könnte so seine »konfuse Mandatsstruktur« zu einem »reformierten und umfassenden« Isaf-Beitrag straffen: »Berlin würde zudem seine Verantwortung für die Stabilisierung des gesamten afghanischen Territoriums demonstrieren und einen entscheidenden zukunftsgerichteten Beitrag zu einem gefestigten und lebensfähigen afghanischen Staat leisten.«[6]

Solche Formulierungen verfehlen ihre Wirkung nicht: »andere Landesteile« oder das »gesamte afghanische Territorium« – da schrillen in Berlin die Alarmglocken, denn das riecht verdächtig nach einem Einsatz auch im gefährlichen Süden Afghanistans. Klose und Guttenberg sagen das nicht mit letzter Deutlichkeit, aber der Parteifreund Kloses und einstige Verteidigungsminister Peter Struck gibt diese Auslegungshilfe schon bald. Guttenberg hat es sogar geschafft, die eigenen Leute zu einer öffentlichen Ablehnung seiner Position zu bringen. Der außenpolitische Sprecher der Unionsfraktion, von Klaeden, und der ebenfalls zur CDU gehörende Außenpolitiker Andreas Schockenhoff sehen gerade nicht, dass ein Rückzug Deutschlands aus dem OEF-Mandat das Ansehen Berlins stärken würde, sondern fürchten, dass der Eindruck bestärkt würde, man sei nicht zu einer fairen Risikoverteilung bereit. Guttenbergs Vorstoß entspreche nicht der Linie der Fraktion.[7]

Was Guttenberg in jener Zeit treibt, ist noch nicht von großer Wirkung. Aber es ist doch schon seine Art, Politik zu machen, wie er sie wenige Jahre später einem ganz großen Publikum vorführen wird. Er sucht sich gern die Position, mit der er auffällt, weil sie quer zur Mehrheitsmeinung liegt. Alle in Berlin schlagen auf George W. Bush und seine Republikaner wegen des Irakkriegs ein? Guttenberg hält Kontakt zu den Republikanern und bringt eine Rolle der Nato im Irak ins Gespräch. Keiner will die Bundeswehr im Süden Afghanistans sehen? Er macht einen etwas nebulösen Vorschlag, der gleichwohl als Plädoyer für einen solchen Einsatz gelesen werden kann. Alle wollen einen umfassenden Einfluss des Bundestages auf Auslandseinsätze der Bundeswehr? Guttenberg warnt vor einer Einengung der Exekutive[8] – ganz so, als ahne er schon, dass er Verteidigungsminister werden soll.

Noch deutlicher zeichnet sich eine Linie vom Abgeordneten zum Minister Guttenberg ab, wenn man seine frühen Äußerungen zu den Befugnissen der Isaf-Truppe mit seinen späteren Einlassungen zum Alltag der Bundeswehr in Afghanistan vergleicht. Schon 2007 weist CSU-Mann Guttenberg darauf hin, dass Isaf auch »aktiv militärisch« gegen gegnerische Kräfte vorgehen dürfe. Zwei Jahre später wird er als Verteidigungsminister für Aufsehen sorgen, indem er das Wort »Krieg« für die Lage am Hindukusch gutheißt und selbst von »kriegsähnlichen Zuständen« spricht.

Nicht nur thematisch positioniert sich Guttenberg in jenen Jahren, sondern ebenso als Parteipolitiker. Er arbeitet nicht nur mit dem CDU-Außenpolitiker Ruprecht Polenz zusammen, der als einer der besonders Seriösen seiner Zunft gilt, sondern auch mit der politischen Konkurrenz. Auch hier achtet Guttenberg darauf, an der Seite der gut Beleumundeten aufzutauchen. Hans-Ulrich Klose gilt als einer der besten unter den SPD-Außenpolitikern, die nicht zuerst die Brille der Partei aufsetzen, bevor sie sich zu einem Vorgang äußern, sondern in hohem Maße der Sache verpflichtet sind. Guttenbergs gemeinsam mit Klose gemachter Vorschlag zu Afghanistan und dem Bundeswehreinsatz adelt – politisch gesehen – den jungen Christdemokraten mehr als den erfahrenen Sozialdemokraten. Der Subtext lautet: Hier tritt kein kleinkarierter CSU-Mann aus der oberfränkischen Provinz an, dem zufällig das Ressort Außenpolitik zugeteilt wurde, sondern ein Politiker, dem es um das Wohl Deutschlands geht.

Dabei dürfen die eigenen Freunde aus der Union auch mal ihre Provinzialität vorgeführt bekommen. Guttenberg ist zwar gegen eine Vollmitgliedschaft der Türkei in der Europäischen Union. Als jedoch im Oktober 2004 sein Parteivorsitzender, der bayerische Ministerpräsident Edmund Stoiber, und der Regierungschef von Baden-Württemberg, Erwin Teufel, erwägen, eine Unterschriftenaktion gegen den türkischen EU-Beitritt zu starten, äußert der junge Außenpolitiker sich ablehnend: »Ich stehe dieser Initiative mit Skepsis gegenüber, weil sie zu Missverständnissen in Deutschland und im Ausland führen könnte – insbesondere in der Türkei.«[9] Hier will einer zeigen, dass er ans große Ganze denkt.

CSU-Chef in Oberfranken

Als Außenpolitiker macht Guttenberg in Berlin und der Welt
also alles in allem eine ordentliche Figur – nicht weniger, aber
auch nicht mehr. Aus den Geschichten über den Großvater,
über dessen Kämpfe in der CSU, über seinen Streit mit Strauß
und aus der eigenen Erfahrung weiß der CSU-Abgeordnete,
dass wirklich mächtig nur werden kann, wer in der Partei etwas zu sagen hat. Deswegen hatte er sich früh in den Bezirks-
vorstand Oberfranken wählen lassen. Manche, gerade der
Jüngeren, die samstags am Vormittag in Jeans zur Vorstands-
sitzung kommen, müssen sich an den selbst in Freizeitkleidung noch elegant aussehenden Adligen erst gewöhnen. Der
Name ist bekannt. Werner Schnappauf nennt die Familie Guttenberg eine »Institution« in Oberfranken. »Der Baron« sei
ein »stehender Begriff«, der von Vater Enoch auf Sohn Karl-
Theodor übergegangen sei. Dieser erscheint pünktlich zu den
Vorstandssitzungen, bittet jedoch gelegentlich, seinen Beitrag
vorziehen zu dürfen, weil er nach Washington reisen müsse.
Schon damals scheint er einen Hang zum großen Auftritt zu
haben. Er sei, so erinnert sich ein Vorstandsmitglied, ein Uni-
kat gewesen.

Guttenberg hat zwar kein über die Jahre gewachsenes großes Netz in der CSU, ist nicht Mitglied eines Männerbündnis-
ses, vergleichbar dem Andenpakt in der CDU. Aber er kann
nicht nur größere Versammlungen von Menschen begeistern,
sondern auch Einzelne an sich binden, für sich einnehmen.
An der Basis in seinem Wahlkreis ist einer der wichtigsten dieser Vertrauten Henry Schramm. In dem Jahr, da Guttenberg
in den Bundestag geht, wird Schramm Kreisvorsitzender und
Stadtrat in Kulmbach. Da beginnt die gemeinsame Zeit der
beiden. Sie bilden eine Bürogemeinschaft, zunächst in einem
kleineren Büro. Ein Jahr später steigt Schramm zum Abgeordneten im Bayerischen Landtag auf. Die beiden wechseln in
ein größeres Büro. Guttenberg hat das Zimmer mit der Nummer eins, Schramm das mit der Nummer fünf. Letzteres hat

den schöneren Blick, auf die Plassenburg oberhalb von Kulmbach. Der Mittelpunkt von Guttenbergs politischem Leben ist Berlin, hier lebt er mit seiner Familie. Dass die Parteibasis einem Bundestagsabgeordneten so etwas durchgehen lässt, ist ungewöhnlich. In der Regel muss er mit seiner Familie im Wahlkreis leben, um dessen Interessen wochenweise im fernen Berlin zu vertreten. Vor allem die Tatsache, dass die Guttenbergs sozusagen zum politischen Inventar der Region um Kulmbach gehören, erlaubt es dem jungen Abgeordneten, seinen Lebensmittelpunkt in die deutsche Hauptstadt zu verlegen. Dennoch, oder gerade deswegen, muss er sich stets um seinen Wahlkreis kümmern – wie jeder Abgeordnete, der wieder aufgestellt werden will.

2005 sollen die Mittel der Gemeinschaftsaufgabe West-Förderung neu festgesetzt werden. Schon 2004 fangen der Bundestagsabgeordnete Guttenberg und der Landtagsabgeordnete Schramm an, für ihre Region zu kämpfen. Es geht um Zuschüsse für Unternehmen, die in der Region investieren. Der Kreis Kulmbach wird in den neuen Fördertopf aufgenommen. Das kommt an der Basis gut an. Zwei Jahre später, als Guttenberg Bezirksvorsitzender wird, weist der CSU-Vorsitzende Huber darauf hin, dass ein Drittel aller in Bayern verteilten Regionalförderung nach Oberfranken fließe, obwohl dort nur neun Prozent der Bevölkerung lebten.

Guttenberg pflegt seinen Wahlkreis nicht nur politisch, sondern auch menschlich. Ende 2009, als er längst zum bundesweit bekannten Star aufgestiegen ist, muss Schramm sich einer schweren Herzoperation unterziehen. Als der Verteidigungsminister eines Abends spät nach Kulmbach kommt, scheucht er noch nachts um 22 Uhr die Schwestern im Krankenhaus auf, um Schramm einen Besuch abzustatten.

Jedenfalls gelingt es dem innerparteilichen Spätstarter, seine Basis davon zu überzeugen, dass er auch für die ein Jahr vor dem regulären Termin angesetzte Bundestagswahl 2005 der richtige Kandidat ist. Der negative Trend der CSU schlägt zwar auch hier durch, Guttenberg schneidet ein kleines bisschen schlechter ab als drei Jahre zuvor. Dennoch setzt er sich bei den Erststimmen in allen 34 Wahllokalen gegen den SPD-Konkurrenten Claus Stenglein durch. Im Örtchen Lahm holt er 90 Prozent der Stimmen. Doch das alles bedeutet noch keine wirkliche Macht in der CSU. Das begreift der Transatlantiker aus Berlin. Henry Schramm, der die Mechanismen der Partei genau kennt, beschreibt es so: »Guttenberg hat schnell erkannt: der Bezirksvorsitz ist der Schlüssel. Wer in der CSU etwas werden will, muss Bezirksvorsitzender sein.« Tatsächlich: Wer einmal Chef eines der zehn Parteibezirke geworden ist, zählt als Topkandidat für einen Posten in München, sei es im Landtag oder in der Regierung – und natürlich ist das auch ein Sprungbrett zum CSU-Vorsitz. Die Gelegenheit, Bezirkschef in Oberfranken zu werden, bietet sich Guttenberg fünf Jahre nach dem Einzug in den Bundestag. Der Bezirksvorsitzende Werner Schnappauf wechselt zum Bundesverband der Deutschen Industrie. Nach dem Monate zuvor kläglich gescheiterten Versuch des CDU-Bundestagsabgeordneten und parlamentarischen Geschäftsführers der Unionsfraktion, Norbert Röttgen, das Amt des BDI-Hauptgeschäftsführers anzutreten und sein Bundestagsmandat zu behalten, ist klar, dass Schnappauf den Bezirksvorsitz aufgeben muss.

Zunächst spricht vieles dafür, dass der Bundestagsabgeordnete Hartmut Koschyk Schnappauf nachfolgen wird. Sein Stellvertreter ist er schon, zudem Parlamentarischer Geschäftsführer der CSU-Landesgruppe in Berlin. Koschyk ist Ende 40, als Parteipolitiker wie als Abgeordneter erfahren. Hans-Peter Friedrich, Schnappauf-Vertreter und Bundestagsabgeordneter auch er, bekundet kein Interesse. Der einzige Münchner Kandidat, Innenstaatssekretär Jürgen Heike, wird später seinen Verzicht kundtun.

Guttenberg scheint gewillt anzutreten, aber legt sich noch nicht fest. Er ist allerdings aktiv, fährt durch den Bezirk, sondiert, ob die so wichtigen Kreisvorsitzenden ihn unterstützen

Henry Schramm, Oberbürgermeister von Kulmbach und enger Vertrauter Guttenbergs, attestiert ihm »großes taktisches Gespür«

würden. Dabei zeigt er, dass er manches über die Befindlichkeiten der Partei gelernt hat. Diejenigen, vor allem sind es Landtagsabgeordnete, die auf einen Ministerposten in München hoffen und fürchten, ein Bezirksvorsitzender Guttenberg könnte ihnen in die Quere kommen, beruhigt dieser mit der Zusicherung, an einem Posten in der Landesregierung sei er nicht interessiert. So berichtet es Schnappauf, so erzählen es andere. Die Landtagsabgeordneten sind häufig auch die Kreisvorsitzenden. Wenn man diese auf seiner Seite hat, ist das schon ein Gutteil der Miete. Guttenbergs außenpolitische Ausrichtung macht seine Verzichtserklärung glaubhaft. Vielleicht spürt mancher auch, dass »der Baron« sich zu Höherem berufen fühlt.

Koschyk gibt etwa zwei Monate vor der für Anfang Dezember angesetzten Wahl seine Kandidatur bekannt. Damit ist das letzte bisschen Überraschung dahin. Ein bekannter, durchschnittlich bühnentauglicher Parteiarbeiter fordert ein, was er nach elf Jahren als stellvertretender Bezirksvorsitzender für sein gutes Recht hält. Wie das nach solchen Parteilaufbahnen ist, hat Koschyk politische Freunde ebenso wie Gegner. Doch in einer Zeit, da die CSU gerade ihren Vorsitzenden

Stoiber vom Thron und sich in eine Identitätskrise stürzt, ist
Koschyk nicht der Typus, auf den die Partei gewartet hat,
nicht mal für einen Bezirksvorsitz. Es ist nicht besonders
schwierig für Guttenberg, gegen einen solchen Konkurrenten
Unterstützung für sich selbst zu organisieren.
Knapp einen Monat vor der Wahl teilt dann auch Guttenberg auf einer Sitzung des Bezirksvorstands offiziell seine
Kandidatur mit. Guttenberg hat Koschyk zuvor persönlich
von seinem Entschluss unterrichtet. Offenbar beeindruckt
diesen der Wahlkampf des Herausforderers. Noch drei Jahre
später wird er sich an Guttenbergs »generalstabsmäßig geplante Präsenz in Oberfranken« erinnern. Einen Tag vor der
Wahl kommt die »Nürnberger Zeitung« zu der Erkenntnis, es
sei »völlig offen«, wer das Rennen mache. Für Guttenberg
spreche seine Jugendlichkeit und seine Unbefangenheit, für
Koschyk politische Erfahrung und Bodenständigkeit.[10] Am 8.
Dezember, einem Samstag, kommen die Delegierten der oberfränkischen CSU in Weißenstadt zur Wahl ihres neuen Bezirksvorsitzenden zusammen. Drei Tage zuvor ist Guttenberg
36 Jahre alt geworden. Entscheidend sind die Vorstellungs-
reden. Koschyk spricht sachlich, Guttenberg emotional, wie
man ihn kennt. Während seiner Rede taucht seine Frau Stephanie auf, bleibt eine Stunde und geht wieder. Keine »Hauptstadt der Welt«, so versichert ihr Mann von der Bühne herab,
sei wichtiger als das Anliegen eines CSU-Ortsvereins. Dabei
kennt er manche Hauptstädte vielleicht besser als die CSU-
Ortsvereine. Jedenfalls kennt Hartmut Koschyk die Ortsvereine besser als sein Konkurrent. Das nützt ihm aber nichts.
Der oberfränkischen CSU scheint der Sinn nicht nach Orts-
vereinsexperten zu stehen. 165 Stimmen werden abgegeben.
Koschyk bekommt 68 davon. Anschließend wird er mit den
Worten zitiert: »Es lief alles auf mich zu.«[11]
Der Sieger zeigt sich dem Verlierer gegenüber von seiner
besten Seite. Als Koschyk einen Tag nach seiner Niederlage in
die Bundeshauptstadt zurückkehrt, ist schon Post für ihn da:
»Als ich am Sonntag wieder in Berlin war, fand ich einen

handschriftlichen, formvollendeten Brief von Guttenberg vor, ehrlich, von Herzen, nicht auftrumpfend, in dem er mir gute Zusammenarbeit anbot«, erinnert sich Koschyk. Das bleibt nicht ohne Wirkung: »Unser Verhältnis ist seither freundschaftlich geworden.«

Mancher erfahrene CSU-Politiker zeigt sich erstaunt, dass nicht Koschyk, sondern Guttenberg das Rennen gemacht hat. Bis in den November war alles auf den erfahrenen Parteimann Koschyk zugelaufen, werden später einige alte Fahrensleute sagen. Der kurz zuvor gewählte Parteivorsitzende Erwin Huber zeigte sich nach der Wahl überrascht. Ihm sei, so wird er sagen, bis vier Wochen vor der Wahl zugetragen worden, es werde wohl Koschyk werden. Dennoch bietet er dem neuen Bezirkschef sofort die »Hand zur Zusammenarbeit«. Wie sich das für einen Parteivorsitzenden gehört, hat Huber schon vor der Wahl verkündet, er könne sowohl mit Koschyk als auch mit Guttenberg gut zusammenarbeiten.

Nach der Wahl sagt Huber einen Satz, der dem jungen Bezirksvorsitzenden wohl klarmachen soll, dass er sich des frisch erworbenen Postens nun auch würdig erweisen muss: »Für zu Guttenberg bedeutet die Wahl die Übernahme eines sehr wichtigen Amtes innerhalb der CSU, und das bereits in sehr jungen Jahren.«[12]

Hundert Tage Generalsekretär

Als Erwin Huber das sagt, weiß er zwar, dass die Partei in einem ausgesprochen instabilen Zustand ist und die Verarbeitung der gewaltsam zum Ende gekommenen Ära Stoiber gerade erst begonnen hat. Wie schlimm es wird und dass er schon ein Jahr später nicht mehr der Vorsitzende der CSU sein wird, das kann er jedoch nicht ahnen. Ebenso wenig voraussehen kann er, dass der in »sehr jungen Jahren« überraschend zu einem der in der Partei so wichtigen Regionalfürsten gewählte Guttenberg bald noch viel steiler aufsteigen wird. Im

September 2008 bekommt die CSU bei der Landtagswahl für ihre Verhältnisse katastrophale 43,4 Prozent der Stimmen, verliert erst die absolute Mehrheit und in der Folge sowohl ihren Vorsitzenden als auch den Ministerpräsidenten Günther Beckstein. Und Generalsekretärin Christine Haderthauer. Wieder wird überraschend ein Platz für Guttenberg frei. Diesmal braucht er sich gar nicht zu überlegen, ob er sich bewerben, ob er einen kurzen Anlauf zum Sprung nehmen soll. Der neue Parteivorsitzende Horst Seehofer, ein bis dahin fast lupenreiner Bundespolitiker, dem die CSU in ihrer Not das Erbe von Huber und Beckstein überlässt, sucht sich den jungen Außenpolitiker aus dem Bundestag als Generalsekretär aus. Guttenberg erfährt dann in der letzten Oktoberwoche 2008 mehr oder minder aus den Medien, dass die Wahl auf ihn gefallen ist. Jedenfalls erzählt er die Geschichte so. Es habe »natürlich« Vorgespräche mit Seehofer gegeben: »In der entscheidenden Phase, in der Nacht zum Donnerstag, war ich jedoch in meiner oberfränkischen Heimatgemeinde, wo es kaum Handyempfang gibt. Morgens um sieben Uhr hörte ich nach gutem Schlaf dann in den Nachrichten, dass ich wohl Generalsekretär werden soll.«[13]

Das Amt des Generalsekretärs einer Partei ist ein hohes und wichtiges, damit auch ein mächtiges. Der Generalsekretär ist der Funktion nach der Stellvertreter des Parteivorsitzenden auf der politischen Erde. Er ist stärker als der Vorsitzende für die operative Arbeit zuständig, plant und exekutiert die Programmdebatten ebenso wie die Wahlkämpfe. Es ist zwar nirgends formal festgelegt, aber es gilt, dass der Generalsekretär grundsätzlich rhetorisch kräftiger hinlangen darf als der Parteivorsitzende. Will dieser testen, wie eine neue Idee, eine Abweichung vom bisherigen Kurs, eine inhaltliche Provokation ankommt, so schickt er häufig seinen Generalsekretär vor, der sich im Zweifel auch beschimpfen lassen muss, wenn die Sache nicht auf positiven Widerhall stößt. Gerade in der CSU wird der Posten der Nummer zwei in der Partei gern mit dem Wort »Wadenbeißer« umschrieben. Man muss beim Austeilen nicht zimperlich sein, darf beim Einstecken anschließend aber auch nicht das Sensibelchen geben.

Mancher Generalsekretär wird einem größeren Publikum kaum bekannt. Bei der SPD haben die vielen Wechsel im Amt des Vorsitzenden in der jüngeren Zeit dazu geführt, dass auch zahlreiche Generalsekretäre kamen und gingen und ihre Namen einer breiteren Öffentlichkeit verborgen blieben. Aber es gibt Gegenbeispiele, also Generalsekretäre, die von ihrem Amt aus den Sprung nach oben oder sogar nach ganz oben geschafft haben. Der prominenteste Fall in der CSU ist deren erster Generalsekretär Franz Josef Strauß. Was er nicht schaffte, gelang später jener Frau, die erst CDU-Generalsekretärin war, später Parteivorsitzende und schließlich das Kanzleramt eroberte. Angela Merkel gehörte schon als Generalsekretärin eindeutig nicht zum Typus Wadenbeißer.

So ähnlich ist es auch mit dem Mann, den Horst Seehofer sich für dieses Amt aussucht. Das unter seinen CSU-Vorgängern vom Schlage eines Markus Söder übliche Gepolter liegt ihm nicht, er beherrscht es im Zweifel auch gar nicht, obschon er sich auch in einem Bierzelt durchaus Gehör verschaffen kann. Dass er nicht zur Schlammschlacht neigt, liegt neben seinem Naturell auch an seinem bisherigen Thema. Außenpolitiker sind in der Regel zu einer gewissen Vorsicht gezwungen, weil auf der internationalen Bühne ein falsches Wort häufig mehr Unheil anrichtet als in der nationalen Debatte.

Guttenberg will sich weder im Stil noch in den Inhalten von seiner bisherigen Tätigkeit lossagen. Als er im neuen Amt befragt wird, ob er das außenpolitische Thema aufgeben werde, ist die Antwort kurz und eindeutig: »Mit Sicherheit nicht.«[14] Kurz bevor er das neue Amt antritt, sagt er Sätze, die klarmachen, dass er sich nicht auf Bayern oder das Zanken innerhalb der Union beschränken will: »Ja, ich habe John McCain und Barack Obama persönlich kennengelernt.«[15] Selbst wenn er über den Bundestagswahlkampf des folgenden Jahres spricht, wird die Außenpolitik eingeflochten. Er hoffe, so Guttenberg, dass mit der Wahl Obamas zum Präsidenten das

Kein Wadenbeißer: CSU-Chef Horst Seehofer präsentiert den neuen Generalsekretär der Partei am 3. November 2008 in München

transatlantische Verhältnis als Wahlkampfthema abgeräumt
sein werde. Es habe lange genug gedauert, die von Gerhard
Schröder hinterlassenen Scherben aufzuräumen.[16]

Guttenberg will nicht nur aus Neigung zum Thema der internationalen Politik treu bleiben. Dass die CSU an ihrem
bundes- und europapolitischen Anspruch festhalten, ja diesen
ausbauen wolle, liege nicht zuletzt daran, dass ein Bundestagswahlkampf bevorstehe, der maßgeblich von der Außenpolitik mit geprägt werden könne, teilt er seiner Partei über
den »Bayernkurier« mit. Dann folgt ein Satz, der geeignet ist,
den CSU-Freunden klarzumachen, in welcher Liga der neue
Generalsekretär sich spielen sieht: »Da es dann einen Außenpolitiker als SPD-Kanzlerkandidaten gibt«, sagt Guttenberg
mit Blick auf Frank-Walter Steinmeier, »wird es nicht ganz
falsch sein, wenn sich ein Unions-Generalsekretär immer
wieder pointiert und geradlinig auch zur Außenpolitik äußert.«[17] Kaum im Amt, kürt sich Guttenberg also zum Gegen-
spieler des Kanzlerkandidaten der Sozialdemokraten. Das ist

zweifellos nicht seine, sondern die Rolle der Bundeskanzlerin. Es fällt zudem auf, dass er für sich den Begriff »Unions-Generalsekretär« verwendet. Das ist zwar formal insofern nicht falsch, als er einer der beiden Generalsekretäre der Union ist. Es ist aber gänzlich unüblich. Normalerweise wird vom CDU- und vom CSU-Generalsekretär gesprochen. Den Anspruch, für beide Parteien zu sprechen, erhebt keiner der beiden Amtsinhaber. Guttenberg betont zwar, wie wichtig das eigenständige Profil der CSU sei, doch setzt er anders als Seehofer nicht auf das alte CSU-Hausmittel, die große Schwester zu beschimpfen, um so in Bayern zu punkten. Mit einem kleinen Seitenhieb auf seinen Vorsitzenden sagt er vielmehr: »Allerdings können wir die Bundestagswahl nur miteinander – als Union – und nicht gegeneinander gewinnen.«[18] Hier will jemand zeigen, dass er über den Tellerrand blickt und sein Horizont weit über die bayerischen Landesgrenzen hinausreicht.

Guttenbergs Zeit in dem neuen Amt soll eine kurze sein. Er hat kaum Gelegenheit, Akzente zu setzen. Er warnt vor der Allmacht des Staates, fordert wie sein Parteivorsitzender Steuersenkungen oder heißt etwas lustlos das Betreuungsgeld für Eltern gut, die ihre Kinder zu Hause erziehen wollen. Ende Januar 2009, nicht ahnend, dass seine Zeit als Generalsekretär schon bald vorbei sein wird, macht er einen hübschen Ausflug und besucht den bayerischen Untermain, um dort jene Menschen zu treffen, die als Parteibasis gelten. Als Ort für das Treffen an einem Freitagabend hat Guttenberg sich das auch als »Frankens Versailles« bezeichnete Schloss eines seiner Großonkel ausgesucht. Alois Konstantin Fürst zu Löwenstein, von Guttenberg zärtlich »lieber Onkel Anki« genannt, ist verheiratet mit Anastasia Prinzessin von Preußen, einer Urenkelin des letzten deutschen Kaisers Wilhelms II. Abgesehen von den etwa 100 CSU-Mitgliedern ist man also unter sich. Guttenberg nähert sich gleichwohl seinen Zuhörern mit seiner bekannten Mischung aus betonter Demut und einem gewissen Hochmut. Erst behauptet er, dass die wahren

Feudalherren in Bayern die Landräte seien. Anschließend kündigt er an, dass er nicht nur auf den politischen Gegner eindreschen werde, und unterstellt dabei das »Entsetzen mancher meiner Vorvorgänger«. Dann erhebt er den »Anspruch auf Substanz« als Generalsekretär. Beides ist eine Frechheit gegenüber seinen Vorgängern und zielt unter diesen wohl besonders auf seinen Vorvorgänger Markus Söder. Am Ende wird Onkel Anki mit Stolz verkünden, man habe einem »jungen Staatsmann« zugehört.[19]

Plötzlich Wirtschaftsminister

Seehofer in Not

Manche Politiker arbeiten jahrelang vergeblich auf einen bestimmten Führungsposten hin. Anderen fallen sie unverhofft vor die Füße. Die Ministerkarriere des Mannes, der bald zum beliebtesten Politiker der Deutschen werden soll, entsteht aus einer Zwangslage. Denn Michael Glos, der Bundeswirtschaftsminister von der CSU, wirft Anfang 2009 den Bettel hin. Glos hatte sich in den vergangenen gut drei Jahren im ungewollten Amt als Wirtschaftsminister überfordert gefühlt. In der größten Finanzkrise, die Deutschland gerade erlebt, haben die CDU-Kanzlerin Angela Merkel und der ihr sympathische Finanzminister Peer Steinbrück von der SPD große Auftritte. Glos hingegen bleibt blass. Die Medien beschreiben den erfahrenen Parlamentarier als größtes Leichtgewicht in der Regierung. Der Grund für seinen Rücktritt ist aber sein Parteichef, der CSU-Vorsitzende Horst Seehofer. Das Verhältnis zwischen beiden Politikern ist zerrüttet, und Glos weiß, dass er gehen muss, nachdem auch der seiner Generation angehörende Parteivorsitzende Erwin Huber und der ebenfalls aus seiner Alterskohorte stammende Ministerpräsident Günther Beckstein Seehofer weichen mussten.

Glos ist entschlossen, noch vor der Bundestagswahl im Herbst sein Amt aufzugeben. Seinen Rücktrittsbrief hat er schon im Januar geschrieben, er wartet nur noch auf eine Gelegenheit, ihn abzuschicken. Am Samstag, dem 8. Februar 2009, ist es so weit. Glos verbindet seinen Rücktritt mit einer kleinen Gemeinheit. Sein Fax mit der Bitte an den »lieben Horst«, ihn »von meinen Ministerpflichten zu entbinden«, sendet er an Seehofers Privatadresse in Ingolstadt, während der als Gastgeber auf der Sicherheitskonferenz in München ist. Zugleich schickt er es an die Redaktion der »Bild am Sonntag«. So erfährt Seehofer vom Rücktritt erst mitten auf der Konferenz, als die Nachrichtenagenturen ihn längst verkündet haben. Kanzlerin Angela Merkel wird durch einen Anruf von Glos informiert. Sie hasst Kabinettsumbildungen, will ihren Minister zum Bleiben überreden. Doch der teilt ihr mit, dass die Presse schon informiert sei. Die Kugel ist aus dem Lauf.

Seehofer muss nun schnell einen Nachfolger finden. Eigentlich will er den CSU-Schatzmeister und Bauunternehmer Thomas Bauer aus Schrobenhausen als Wirtschaftsminister installieren – das plant er schon länger. Doch den Seehofer-Spezi, einen bundespolitisch wenig erfahrenen Mann, will die Kanzlerin nicht. Zudem ist Bauer Oberbayer, Glos aber ist Franke; der neue Minister sollte also im Idealfall auch Franke sein, da die CSU auf ihren Regionalproporz stets größten Wert legt. Der bayerische Finanzminister Georg Fahrenschon gilt zwar als guter Fachmann, doch seine Versetzung nach Berlin würde in Seehofers Münchner Kabinett ein großes Loch reißen. Die Notlösung heißt: Karl-Theodor zu Guttenberg, seit 100 Tagen Generalsekretär der CSU. Gegen den hat auch die Kanzlerin nichts einzuwenden. Seehofer wendet die Notlösung ins Positive, sagt, der 37 Jahre alte Politiker sei zwar sehr jung, aber diese Verjüngung sei genau das, was er, der CSU-Chef, wolle. Dass sein Geschöpf ihn bald in den Schatten stellen wird, kann Seehofer damals wohl kaum ahnen.

Der jüngste Wirtschaftsminister in der Geschichte der Bundesrepublik wird am 10. Februar 2009 vereidigt. In ökonomischen Fragen ist er ein nahezu unbeschriebenes Blatt. Deshalb ist seine Ernennung gewagt für eine Regierung, die sich einer schweren Finanzkrise stellen muss und die deshalb gerade einen Rettungsfonds für die Wirtschaft beschlossen hat, der 100 Milliarden Euro ausmacht, und die einen weiteren in Höhe von 50 Milliarden plant.

Doch zunächst einmal herrscht Erleichterung im Bundeswirtschaftsministerium. Das Haus hat wieder einen echten

Chef, es kommt im Konzert der Ministerien wieder vor, die Beamten können Selbstbewusstsein tanken. Guttenberg lässt, so ist es seine Art, keine Kamera vorbeiziehen, ohne einen Satz zu sagen, und in den Redaktionen treffen die Pressemitteilungen aus dem Wirtschaftsministerium im gefühlten Stundentakt ein. Der neue Minister gibt täglich Interviews, er ist in den abendlichen Nachrichtensendungen und in den Talkshows der Republik präsent. Nicht dass er so viel Substanzielles zum Thema der Wirtschafts- und Finanzkrise zu sagen hätte. Er redet von Kriterien, Maßstäben und tragfähigen Konzepten, wie Politiker es eben so tun, wenn sie nichts Konkretes sagen wollen oder können. Aber die selbstbewusste Art, mit der er das macht, lässt aufhorchen und hinschauen. Selten ist ein Minister so schnell bekannt geworden. Und allein, dass Guttenberg den Staat auch in der Finanzkrise nicht als den Heilsbringer darstellt, lässt viele in der Union frohlocken, endlich habe man wieder ein ordnungspolitisches Gesicht, das man seit dem Abgang von Friedrich Merz aus der Politik schmerzlich vermisst hat.

Guttenberg hat begriffen, dass er vor allem als Mann der Prinzipienfestigkeit punkten kann. Diese Rolle zu spielen fällt ihm nicht schwer. Und er hat ein paar Sprüche drauf, die gut zur Krise passen wie:»Wenn einem das Wasser bis zum Hals steht, sollte man nicht den Kopf hängen lassen.« Zudem wendet er sich gegen ein »Perpetuum mobile immer neuer Konjunkturpakete«, noch ehe die schon beschlossenen ihre Wirkung gezeigt hätten. Und er warnt vor einer ausufernden Staatsverschuldung.

Opel-Nächte im Kanzleramt

Doch das ist nur ordnungspolitische Prosa, wie sie von einem Wirtschaftsminister der Union erwartet wird. Ein Thema ist es vor allen anderen, an dem Guttenberg sich beweisen muss: Opel. Es geht darum, mit welchem Konzept eine Pleite des

Autobauers, der zum amerikanischen Konzern General Motors gehört, verhindert werden kann – und damit der Verlust von 26000 Arbeitsplätzen in Deutschland. Die Sozialdemokraten und ihr Kanzlerkandidat Frank-Walter Steinmeier setzen darauf, mit diesem Thema im Wahlkampf einen Vorteil erringen zu können. Sie plädieren für staatliche Hilfe und, wenn es sein muss, für einen Einstieg des Staates bei Opel, weil die Jobs auf jeden Fall gerettet werden müssten. Wer Kanzler werden will, kann im Autoland Deutschland Opel nicht im Stich lassen. Wer Kanzlerin bleiben will, das weiß Angela Merkel, auch nicht.

Guttenberg tut zunächst erst einmal alles, um das Thema an sich zu reißen. Mitte März fliegt er in die Vereinigten Staaten. Er trifft sich in New York mit führenden Vertretern der Finanzbranche, mit denen er angeblich über Opel redet, und in Washington mit dem Chef von General Motors, Rick Wagoner, und dem Europa-Vorstand Fritz Henderson. Vor allem aber zeigt Guttenberg, wie sicher er sich auf internationalem Parkett bewegt. Es ist die Reise, auf der das berühmte Foto auf dem Times Square entsteht, Guttenberg mit ausladender Geste und strahlendem Lächeln. Ein Minister, der in der Krise scheinbar auf dem Broadway tanzt. Das ist eine Geschichte, die die Redaktionen haben wollen – egal, was die Reise zur Opel-Rettung genau gebracht hat.

Doch das Thema Opel spitzt sich weiter zu. Im April und Mai liegen die Angebote verschiedener Investoren vor, nun soll bald entschieden werden, wie der Konzern gerettet werden kann. Favorit der deutschen Politiker ist das kanadisch-österreichische Unternehmen Magna, das gemeinsam mit der russischen Sberbank Opel kaufen will. Daneben gibt es noch den italienischen Autokonzern Fiat und den amerikanischen Investor Ripplewood. Die Bundesregierung soll 1,5 Milliarden Euro Überbrückungskredit geben. Guttenberg gibt keine konkreten Empfehlungen ab, er hält auch immer die Möglichkeit einer Insolvenz offen. Vor allem wendet er sich gegen den Ruf nach einer Staatsbeteiligung. Damit begehe man einen strategischen Fehler zu Lasten von Opel. Es sei ihm unbegreiflich, dass sich selbst Kabinettskollegen für eine staatliche Beteiligung aussprächen, sagt er in Richtung der SPD. Die droht intern, es werde richtig Ärger in der Koalition geben, sollte der Wirtschaftsminister die staatlichen Hilfen für Opel blockieren.

Es kommt zu einer ersten Opel-Nacht im Kanzleramt am 27. Mai, einem Mittwoch. Zunächst einmal sind die deutschen Teilnehmer entsetzt über die Amerikaner. Kein hochrangiger Vertreter aus den Vereinigten Staaten ist angereist, weder von General Motors noch vom amerikanischen Finanzministerium. Die anwesenden Amerikaner gehören in die dritte Reihe, und sie haben keine Entscheidungsvollmacht. Zudem machen die Vertreter von General Motors kurz vor dem Treffen plötzlich klar, dass Opel sofort Geld brauche, und zwar mindestens 300 Millionen Euro, andernfalls könnte das Unternehmen seine Verbindlichkeiten nicht erfüllen. Davon war vorher nicht die Rede gewesen. In dieser Mammutsitzung kommt man nicht zusammen. Guttenberg spricht, nachdem man sich gegen halb fünf Uhr in der Frühe getrennt hat, von einer »teilweise absurden« Nacht.

Die allgemeine Empörung über das Verhalten der Amerikaner verdeckt die Unterschiede, die es im Lager der Union wie auch der Koalition insgesamt gibt und die mit dem Wirtschaftsminister zu tun haben. So gerät der hessische Ministerpräsident Roland Koch von der CDU in dieser Nacht schon heftig mit Guttenberg aneinander. Koch ist für Magna, weil es für seinen Standort in Hessen wohl die beste Lösung bietet; Guttenberg will hingegen alles offenlassen, das sei die beste Taktik. Insgeheim soll er aber Sympathien für Fiat hegen. Die SPD hingegen moniert, Guttenberg habe sich lausig vorbereitet. Den Eindruck teilen manche aus der Union.

Als Guttenberg die amerikanischen Teilnehmer mit allerlei Fragen konfrontiert, bemerkt die Kanzlerin, eigentlich müsse der Wirtschaftsminister diese Fragen selbst beantworten können. Guttenberg, so ist der allgemeine Eindruck, habe die

Folgen, die eine Insolvenz von Opel haben könnte, intellektuell nicht durchdrungen. Wie eine von ihm vorgeschlagene »geordnete Insolvenz« aussehen sollte, habe er nicht erläutern können. Arbeitsminister Olaf Scholz von der SPD, als ehemaliger Wirtschaftsanwalt mit Insolvenzen bestens vertraut, ist nach dem Treffen aufgebracht. Was Guttenberg da rede, sei ihm offenbar selbst nicht klar, soll er hinterher getobt haben. Scholz setzt sich hin und arbeitet einen dreiseitigen Fragenkatalog für Guttenberg aus.

Zwei Tage später, am Freitag, trifft man sich am Abend wieder im Kanzleramt – zur entscheidenden zweiten Nachtsitzung, in der über die Hilfe für Opel entschieden werden soll. Inzwischen ist viel geredet worden, Bundeskanzlerin Merkel hat am Nachmittag noch einmal mit dem amerikanischen Präsidenten Barack Obama telefoniert. Die Fachleute beginnen kurz nach 18 Uhr mit der Überprüfung des Konzepts des Investors Magna. Nach 20 Uhr verhandeln die Bundeskanzlerin, die zuständigen Minister ihres Kabinetts und die Ministerpräsidenten der Länder mit Opel-Standort mit den Unternehmen, die ihre Rettungsangebote unterbreiten. Es ist schon klar, dass die Bundesregierung und die Ministerpräsidenten auf den Einstieg von Magna setzen. Doch die Verhandlungen ziehen sich hin. Es geht auch darum, dass deutsche Steuergelder, die für den Überbrückungskredit verwendet werden, nicht nach Amerika fließen sollen. Das Verhalten der Unternehmen, die ihre Rettungsangebote unterbreiten, stößt nicht nur auf das Wohlwollen der deutschen politischen Unterhändler. »Wir unterstützen Ihr Angebot nicht wegen, sondern trotz Ihres Auftritts«, ist ein Satz, der einem besonders selbstbewussten Unternehmensvertreter als Kommentar entgegengeschleudert wird. Die Stimmung ist angespannt.

Weit nach Mitternacht werden die Teilnehmer dieser denkwürdigen Nacht in den großen Kabinettssaal gerufen. Teilnehmer der Sitzung werden berichten, aus Guttenbergs Einlassungen sei über Stunden nicht hervorgegangen, dass er keine staatliche Unterstützung für Opel wolle, vielmehr eine

Insolvenz für eine Lösung halte. Erst zum Ende der Debatte spricht sich herum, dass der CSU-Mann sich tatsächlich querstellt. Die Kanzlerin und die meisten in der Runde sind aber gegen eine Insolvenz. Sie glauben, dass sie im Chaos enden würde und dass sie deshalb verhindert werden muss. Nur Guttenberg sieht das anders. Die Magna-Lösung halte er »für nicht tragfähig« und werde sie wegen der Risiken für den Steuerzahler »nicht mittragen«. Magna trage kein Risiko, das Ausfall-Risiko für den Steuerzahler aber sei sehr hoch. Guttenberg warnt »vor einem Weg in die Erpressbarkeit«.

Alle sind überrascht. Vielen ist klar: Wir stecken in einer Krise. Man steht in Gruppen zusammen, Guttenberg mit Merkel und den Ministerpräsidenten von Hessen und Nordrhein-Westfalen, Roland Koch und Jürgen Rüttgers. Beide wollen auf keinen Fall nach Hause zurückkehren mit der Botschaft, sie hätten staatliche Hilfe für Opel nicht durchsetzen können. Koch, der profilierteste Wirtschaftspolitiker der Union, hält Guttenberg schlicht für zu unerfahren. Der sei ja noch feucht hinter den Ohren, klagt er gegenüber Vertrauten. Er, aber auch Rüttgers reden eindringlich auf den jungen Minister ein. »So geht das nicht!«, beschwören sie ihn. Sie machen ihm klar, dass eine Ablehnung durch den zuständigen Ressortchef nicht ohne Konsequenzen bleiben könnte. Was sie damit meinen, ist klar: Guttenberg müsste gehen, kaum dass er sein Amt angetreten hat. Das versteht auch der Minister sehr genau. Er hat klargemacht, dass er das Vorhaben auch dann nicht unterstützen würde, wenn der Verlust seines Amtes die Folge wäre. Das Angebot eines Rücktritts ist das oder vielmehr die Androhung. Einen derart beliebten Minister will vor allem die CDU-Vorsitzende und Kanzlerin kurz vor der Bundestagswahl keinesfalls verlieren. Sie geht auf Guttenbergs Angebot nicht ein.

Kanzleramtschef Thomas de Maizière, Koch, Rüttgers und andere Unions-Politiker aus der Runde versuchen Guttenberg zu überzeugen, dass er seine abweichende Meinung nicht nach außen deutlich machen darf. Es könne nicht sein, dass die Regierung, nachdem eine Entscheidung getroffen worden ist, mit unterschiedlichen Meinungen an die Öffentlichkeit gehe. Ein ums andere Mal macht man ihm klar, dass dies gegen alle Regeln des politischen Geschäfts sei. Guttenberg besteht aber darauf, dass er den Bürgern erklären wird, dass er anderer Meinung ist. »Ich werde klarstellen, dass ich dagegen bin«, wird er zitiert.[20] Er verspricht aber, er werde die angestrebte Lösung als Fachminister mittragen.

Die Kanzlerin verkündet, nun habe man sich ja geeinigt. Den Wunsch einiger CDU-Größen, Guttenberg möge anschließend, draußen vor den Mikrophonen, wenigstens den Mund halten, wird er nicht erfüllen. Im Gegenteil: Er nutzt die Bühne für die Heldenpose des Widerständlers. Nachdem Finanzminister Steinbrück und der Hesse Koch den Durchbruch gegen 2 Uhr 10 verkündet haben, kommt Guttenberg an die Mikrophone und sagt: »Es ist eine schwierige Risikoabwägung gewesen, und eine, die mich zu einem anderen Schluss gebracht hat.« Es klingt wie die Einleitung zu einem Rücktritt. Doch Guttenberg fährt rasch fort: »In der Gesamtschau können wir es gemeinsam tragen.« Das ist die Kompromissformel, auf die man sich zuvor geeinigt hatte.

Am nächsten Tag wird die Kanzlerin gefragt, was sie von der abweichenden Haltung ihres Wirtschaftsministers halte. »Ich kam zu einem differenziert anderen Ergebnis der Risikobewertung«, sagt sie auf ihre unnachahmliche Art. Die Risiken einer Alternative, gemeint ist Guttenbergs Vorschlag einer Insolvenz, seien für sie »absolut nicht verantwortbar« gewesen. Merkel findet zwar auch milde Worte für ihren Wirtschaftsminister, dessen Aufgabe es sei, in ordnungspolitischen Kategorien zu denken. Doch letztlich wirft sie ihm vor, dass seine Haltung unverantwortlich gewesen sei.

Es wird auch nicht lange dauern, bis durchsickert, dass Guttenberg mit Rücktrittsgedanken gespielt hat. In der Union ist man überzeugt, dass sich sein Auftritt für CDU und CSU im Wahlkampf bitter rächen wird. Wie soll man den Leuten bitte schön erklären, dass der Wirtschaftsminister aus der CSU für falsch hält, was die Regierung mit der CDU-Kanzlerin an der Spitze beschlossen hat? Als zerstrittener Haufen werde die Union dastehen, während die SPD, deren Kanzlerkandidat Steinmeier von Anfang an auf staatliche Opel-Hilfen gesetzt hatte, aus Guttenbergs Haltung Profit schlagen werde. Auch die Sozialdemokraten hoffen das.

Der gefeierte Verlierer

Ginge es nach allen herkömmlichen Regeln der politischen Kunst, dann hätte Guttenberg nach dieser Nacht eigentlich seine Karrierepläne begraben müssen. Ein CDU-Ministerpräsident hat den CSU-Mann gedemütigt, seine Chefin hat ihn öffentlich deutlich kritisiert. Der Minister habe in der Opel-Nacht seine erste große Schlacht verloren, »seine größte politische Niederlage erlebt«, schreibt eine Wochenzeitung.[21] Aber es kommt ganz anders. Guttenbergs offensichtliche Niederlage wird zu seinem Triumph. Die Mehrheit der Deutschen findet es gut, dass einer sich gegen den vermuteten Trend stellt, dass immer nur den Großen geholfen wird. Allein der Versuch, gegen die Mehrheit aufzubegehren und hinterher auch dazu zu stehen, wird als mutig bewertet. Dass ein Politiker nein sagt, auch wenn es ihm selbst nichts zu bringen scheint, dass er nicht den Weg des geringsten Widerstands geht, wird mit Begeisterung aufgenommen. Guttenberg wird in Folge der Opel-Entscheidung zum beliebtesten Politiker Deutschlands und damit neben der Kanzlerin zum wichtigsten Wahlkämpfer der Union. Die Versuche der SPD, ihn als neoliberale kalte Seele zu attackieren, schlagen krachend fehl. »Graf isser ja nun nich, dieser Baron da aus Bayern«, hatte der ehemalige Bundeskanzler Gerhard Schröder eine Offensive zu starten versucht, die an sein Wort vom »Professor aus Heidelberg« aus dem Wahlkampf 2005 erinnert. Guttenberg soll als Wiedergänger des unglücklich agierenden damaligen Schattenfinanzministers Professor Paul Kirchhof dargestellt

werden, und als kalter Kapitalist, der Opel am liebsten in die
Pleite gehen ließe. Der SPD-Vorsitzende Franz Müntefering
probiert es mit dem wenig originellen Spruch:»Lieber frei
und links als Freiherr und rechts.«[22] Doch der SPD-Vorstoß
gegen den »Baron aus Bayern« wird zum Rohrkrepierer. Gegen den neuen Wirtschaftsminister scheint kein sozialdemo-
kratisches Kraut gewachsen.

Selbst als Guttenberg seine Haltung ändert, ist die SPD
kaum in der Lage, ihn wirkungsvoll anzugreifen. Im Falle des
Versandhauses Quelle stimmt Guttenberg nämlich plötzlich
einem staatlichen Massenkredit zu. Gab es im Fall Opel keinen Standort in Bayern, der es dem Minister von der CSU aus
landespolitischer Sicht schwergemacht hätte, den unbeug-
samen Ordnungspolitiker zu geben, so sieht es bei Quelle anders aus. Der Versandhändler hat seinen Stammsitz im mittel-
fränkischen Fürth, also der erweiterten Heimat Guttenbergs.
Durch die Insolvenz des Mutterkonzerns Arcandor droht
nun auch Quelle das Aus. Um die Insolvenz abzuwenden und
den Herbst-/Winterkatalog zu drucken, soll der Versandhändler einen Massenkredit von 50 Millionen Euro bekommen, der zur Hälfte vom Bund und zur anderen Hälfte von
Bayern und Sachsen kommt. Guttenberg stimmt diesem Kredit nicht nur zu, sondern er greift auch noch SPD-Finanzmi-
nister Peer Steinbrück an, weil der mit einer Entscheidung
zugunsten des Versandhändlers zögere.»Ich glaube, dass allen
gedient wäre, wenn sie wüssten, woran sie sind«, sagt Guttenberg am 25. Juni.[23] Guttenberg macht also Druck, damit der
Kredit gewährt wird – ganz anders als im Fall Opel. Vier Tage
später beschließt die Bundesregierung die Kreditvergabe an
Quelle, trotz der Mahnungen mancher Wirtschaftsfachleute,
das Versandhaus habe kein tragfähiges Zukunftskonzept. Ironie der Geschichte: Während die neue Führung von General
Motors im November 2009 überraschend verkündet, Opel
doch nicht an Magna zu verkaufen, sondern das Unternehmen selbst sanieren zu können, ist Quelle trotz des Kredits
nicht zu halten. Das Traditionshaus in Fürth wird aufgelöst

und das Unternehmen in Teilen verkauft, mehrere tausend Mitarbeiter werden arbeitslos.

Die riesige öffentliche Zustimmung, die Guttenberg als Politiker im Ministeramt erfährt, wird davon nicht berührt. Sie steht allerdings im krassen Widerspruch zu den Einschätzungen des Wirtschaftsministers im Kreis der Fachleute, Politiker und Kabinettskollegen. Guttenbergs Handeln im Wirtschaftsressort wird als fahrig, unsortiert und unsystematisch empfunden, auch bei internen Vorträgen wirkt er hektisch, wenn er von vollgeschriebenen Zetteln vorträgt. Oft sage der Wirtschaftsminister nur deswegen etwas, weil es ihm jemand aufgeschrieben habe, heißt es über ihn. Selbst durchdringe er die Themen nicht. Seine Reden seien inhaltsleer, heißt es selbst in der Union. Auch die Vertreter der Wirtschaftsverbände sind von Guttenberg wenig angetan. Seine Reden wirkten oft gekünstelt, und es fehle ihnen offensichtlich an Sachverstand. Viele empfinden seine Auftritte als gestelzt und als fachlich flach, etwa im Vergleich mit denen Merkels oder Steinbrücks.

Der Eindruck, dass Guttenberg im Wirtschaftsressort überfordert ist, bekommt im Herbst 2009 in den Koalitionsverhandlungen eine letzte Bestätigung. Der spätere Wirtschaftsminister Rainer Brüderle von der FDP, ein erfahrener Politiker, erweist sich ein ums andere mal als kundiger und geschickter. Guttenbergs Verhandlungsführung, so berichten Teilnehmer aus der Union, sei schlecht gewesen, letztlich habe sein Staatssekretär Walther Otremba alles Wichtige machen müssen. Das Urteil über seine Zeit im ersten Ministeramt fällt heute negativ aus. Im Nachhinein geben selbst Parteifreunde, die ihn schätzen, zu, dass Guttenberg im Wirtschaftsressort eine schwache Figur abgegeben habe. »Er war ein guter Mann am falschen Platz«, heißt es über ihn.

Doch dass auf einen Minister Guttenberg auch weiterhin nicht verzichtet werden kann, ist im Herbst 2009 klar. Dafür ist er schon zu beliebt, zu wichtig für das Bild der Union. Die Koalitionsverhandlungen enden mit der Frage, wer welches

Ressort in der neuen Bundesregierung bekommen wird. Die Neuverteilung hängt stark von den Wünschen der FDP ab. Deren Vorsitzender Westerwelle leitet aus fast 15 Prozent Anteil an den Wählerstimmen den Anspruch auf fünf Ministerämter für seine Partei ab. Er selbst will die alte FDP-Tradition fortsetzen und Außenminister werden. Da die CDU mit dem Kanzleramt das wichtigste der drei international bedeutsamen Ämter behält, muss die CSU die Verteidigung übernehmen, wenn sie auf der außenpolitischen Bühne überhaupt eine Rolle spielen will. Denn das Finanzministerium, das international, vor allem aber in der europäischen Politik noch zu den wichtigeren zählt, will die Kanzlerin für die CDU haben. Zwar hat das Verteidigungsministerium in der bundesdeutschen Geschichte manchem seiner Amtsinhaber mehr Schwierigkeiten als Ruhm eingetragen. Aber immerhin war der einzige CSU-Politiker auf diesem Posten der große Franz Josef Strauß.

Als die Verteidigung für die CSU frei wird, ist zugleich entschieden, dass Guttenberg sie übernehmen wird. Denn die FDP beansprucht nach alter Gewohnheit das schon früher von ihr besetzte Wirtschaftsressort für sich. Somit ist das Verteidigungsministerium das wichtigste Ressort für die CSU. Sie erhält daneben die Ministerien für Landwirtschaft und für Verkehr. Und das wichtigste Haus bekommt der wichtigste Mann, der Guttenberg seit einem Dreivierteljahr für seine Partei ist, jedenfalls in Berlin.

Durch seine jahrelange außenpolitische Erfahrung ist er gut vorbereitet auf Gespräche mit den Ministern anderer Staaten, Nato-Konferenzen oder strategische Debatten in englischer Sprache. Sofort macht er deutlich, dass er den Bogen weit spannen will:»Das Amt des Verteidigungsministers hat eine große internationale Dimension. Wir haben eine neue globale Sicherheitsstruktur und dementsprechend neue Aufgaben für Politik und Streitkräfte.«[24] Von einem traditionsreichen Amt spricht er, das neben der Bundeswehr auch die internationale Sicherheitspolitik zum Schwerpunkt habe. Das und die Ankündigung, dass er sich dem neuen Amt »mit aller Kraft« widmen werde, darf Guido Westerwelle, der außenpolitisch weitgehend unerfahrene künftige Chef des Auswärtigen Amtes, durchaus als Drohung werten. Seine Warnung, eine »Nebenaußenpolitik« dürfe es nicht geben, ist zwar die Antwort auf eine Frage nach der Rolle des künftigen Entwicklungsministers Dirk Niebel.[25] Da der aber Westerwelles Partei angehört und noch dazu lange dessen Generalsekretär war, geht von ihm keine wirkliche Gefahr für den neuen Außenminister aus. Guttenberg als Verteidigungsminister, das ahnt Westerwelle, könnte ihm schon eher gefährlich werden. Wie schnell und wie sehr der CSU-Mann den FDP-Vorsitzenden auf dem Feld der Außen- und Sicherheitspolitik als blasse Figur dastehen lassen wird, kann dieser jedoch noch nicht voraussehen.

3
EIN BILD VON EINEM MANN: GUTTENBERG UND DIE ÖFFENTLICHKEIT

Adel auf dem Radl

Der Minister schwitzt. Es ist ein Mittwochnachmittag Mitte Juli. In Berlin herrschen hochsommerliche Temperaturen. Doch Karl-Theodor zu Guttenberg hat, vermutlich zum Verdruss seiner Leibwächter, beschlossen, vom Ministerium in der Stauffenbergstraße zu einer Buchvorstellung ins Café Einstein Unter den Linden mit dem Rad zu fahren. Das ging, wie beim sportlichen Baron die Regel, ziemlich flott. Nun steht er vorne im grauen Anzug und weißen Hemd in einem beinahe schlauchförmigen Nebengelass des bei Politikern und Journalisten beliebten Treffpunkts und versucht sich in Selbstironie, während ihm der Schweiß nur so übers Gesicht strömt und ihm das Hemd von Minute zu Minute mehr am Körper klebt. Nachschwitzen nennen das die Sportler. Guttenberg ist sich bewusst, dass er ein bisschen komisch ausschaut. Man könnte auch sagen: Ausnahmsweise hat eine Inszenierung mal nicht geklappt. Aber der Minister macht das Beste daraus. Es sei von begrenzter Klugheit gewesen, mit dem Fahrrad hierherzukommen, gibt er zu. Und: »Es ist nicht nur Achtung, dass ich hier vor Ihnen zerfließe.«

Die Inszenierung hat nicht geklappt? Das kann man so und so sehen. Jedenfalls wird es später von der Szene kaum Fotos oder Berichte geben, die auf die für Guttenberg doch etwas unangenehme Situation hinweisen. Das ist nicht selbstverständlich. Rudolf Scharping, auch er einst Verteidigungsminister, hatte es immer wieder mit öffentlichem Radfahren versucht. Mal radelte er mit Genossen und Journalisten im Wahlkampf über Land; das blieb bestenfalls unerwähnt. Mal versuchte er sich als Rennfahrer, fiel vom Rad, und alle schüttelten den Kopf über den Unglücksraben. Und das Schwitzen? Eines der seltenen Male, da Angela Merkel sich in der Disziplin Glitter und Glamour versuchte, bei den Wagner-Festspielen in Bayreuth, als sie im langen Abendkleid der Menge huldvoll zuwinkte, war alles, was die Fotografen interessierte, ein Schweißfleck unter dem Arm der Kanzlerin. Viel stärker hätte man einen solchen Auftritt nicht vermasseln können. Andererseits ist es Joschka Fischer gelungen, seinen schweißnassen Körper zum Kultobjekt zu machen. Als er Ende der neunziger Jahre auf dem Fitnesstrip war, abnahm und zum obersten Dauerläufer der Republik wurde, ließ er sich ungezählte Male beim Schwitzen filmen und fotografieren. Ein und derselbe Vorgang, ein ähnliches Bild bleiben für den einen Politiker folgenlos, dem anderen schaden sie, wieder einem anderen verhelfen sie zum Erfolg.

Guttenbergs Bildergeschichte

Karl-Theodor zu Guttenberg, so viel lässt sich jetzt schon sagen, hat die Beziehung zwischen den Politikern und den Bildern in eine neue Dimension geführt. Er erzählt, so formuliert es ein Kabinettsmitglied, geradezu eine Bildergeschichte. Das – ziemlich große – Startkapital für Guttenbergs Superpopularität ist ein Foto. Es entsteht im März 2009, wenige Wochen nachdem er überraschend Wirtschaftsminister geworden ist. Guttenberg reist mit der für einen Wirtschaftsminister spektakulären Zahl von 38 deutschen Journalisten als Begleittross nach Amerika, um über die Zukunft von Opel zu beraten. Dass die Medien in solcher Zahl mitreisen, liegt nicht so sehr an der Leidenschaft der Journalisten für Fahrzeuge aus dem Hause Opel, nicht einmal an der wirtschaftspolitisch interessanten Entwicklung rund um den Autobauer. Nein, die Texte, vor allem aber Bilder produzierende Zunft ahnt, dass Guttenberg ein gutes Motiv ist.

Das rasch zu Berühmtheit gelangte Foto, das den Minister nachts im Lichtermeer des Times Square mit ausgebreiteten

Armen in der Was-kostet-die-Welt-Pose zeigt, übertrifft jedoch die kühnsten Erwartungen. Die einen sind begeistert, die anderen finden die Szene gestellt und maßlos übertrieben. Doch eines ist unstrittig: Es ist ein gutes Foto, ein in jeder Hinsicht brillantes Bild. Und es hat eine Nachricht: Deutschland hat einen Spitzenpolitiker, der diese Pose kann, dem man sie abnimmt, ganz gleich, ob sie einem gefällt oder nicht. Ende Mai folgt ein zweites Bild, kein Foto, sondern eine Kameraeinstellung. Guttenberg nachts vor dem Kanzleramt, in der Pose des Widerständlers. Der junge Minister, kaum ein paar Monate im Amt, stellt sich mit politischer Todesverachtung, die sich in einer ersten Rücktrittsdrohung niederschlägt, gegen den Rest des Kabinetts und spricht sich für eine Insolvenz von Opel aus.

Das Erfolgsgeheimnis des Mannes aus Oberfranken ist in wesentlichen Teilen in diesen beiden Bildern enthalten. Allerdings fällt es leichter, sie im Rückblick zu lesen: Er sieht gut aus, er bewegt sich mühelos in der großen, weiten Welt, Englischkenntnisse sowie Erfahrungen in den Straßen von New York eingeschlossen, er würde auf dem Cover der »Cosmopolitan« ebenso eine gute Figur machen wie auf dem des »Time Magazine«, als Titelfigur des »Stern« oder der »Bunten« sowieso. Das ist die äußere Botschaft, die Bild eins vermittelt. Bild zwei, vor dem Kanzleramt, erzählt die innere, die politische Geschichte: Der Mann steht auf seinen eigenen Füßen, hat keine Angst, sich von Anfang an gegen das politische Establishment mitsamt der Bundeskanzlerin zu stellen, er schert sich nicht um den politischen Mainstream, ist dem Arbeiter im Zehn-Mann-Betrieb näher als dem Großkonzern, der sich bettelnd an den Staat wendet, und schließlich hängt er nicht an dem Job eines Bundesministers, auch wenn er ihn gerade erst bekommen hat.

Schritt für Schritt, mit traumwandlerischer Sicherheit blättert Guttenberg ein großes Kapitel seiner Bildergeschichte nach dem anderen auf. Mitte November 2009, er ist gerade ein paar Wochen Verteidigungsminister, erscheint das Foto zum neuen Amt. Nicht ein lächerliches Amtsübernahmemotiv mit Händedruck des Bundespräsidenten. Das würde niemand drucken, schon gar würde es niemanden beeindrucken. Es ist ein Foto von einer Reise des Ministers nach Afghanistan, das ihn in einem Transportflugzeug des Typs »Transall« zeigt. Diese Maschinen haben nur kleine Fenster, durch diese scheint das Licht gerade besonders günstig, als ddp-Cheffotograf Michael Kappeler auf den Auslöser drückt. Guttenberg, die Hände in die Hüften gestemmt, steht mitten zwischen den Soldaten, als posiere er in seinem dunklen Anzug mit weißem Hemd und blauer Krawatte für eine Modefirma. Mehr Eleganz kann ein Minister nicht an den Tag legen, allemal nicht in einem Militärtransportflugzeug. Dessen karges Inneres kontrastiert mit dem äußeren Glanz des Ministers perfekt. Der Fotograf wird später, als das Bild zahlreiche Zeitungen geziert hat, versichern, es sei nicht gestellt gewesen.[1]

Optisch ist Guttenberg im neuen Ressort angekommen. Kein Motiv wird die Tätigkeit des Ministers so dominieren wie seine Begegnung mit der Einsatzwirklichkeit der Soldaten, meistens in Afghanistan. Immer wieder fliegt Guttenberg zu den Soldaten, begründet das mit der »verdammten Pflicht«, nicht nur vom Schreibtisch in Berlin aus sich ein Bild zu machen, sondern vor Ort nachzuschauen. Mit den Bildern aus Afghanistan ist es wie mit dem vom Times Square. Ganz gleich, was man von den stets gut dokumentierten Truppenumarmungen im Einsatzland hält, die Bilder, die entstehen, sind in der Regel gut. Der sportliche Guttenberg wirkt auf ihnen wie ein Soldat unter Soldaten und nicht wie ein Minister, dessen körperliche Herausforderung im Wesentlichen darin besteht, von der gepanzerten Limousine bis ins Büro oder zu irgendeinem Auftritt zu laufen. Ob ein Minister so aussehen muss wie seine Untergebenen und Schutzbefohlenen, ist eine andere Frage. Für die Objektive der Fotografen und die Bildredaktionen der Zeitungen ist es auf jeden Fall ein Vorteil.

Wenn solche und ähnliche Bilder wirken, dem Publikum

gefallen sollen, dann müssen die Politiker zunächst gut aussehen. Joschka Fischer konnte sich zum Ende der neunziger
Jahre, als er auf dem Höhepunkt seiner körperlichen Fitness
war, gut im T-Shirt fotografieren lassen und dabei die musku-
lösen Oberarme präsentieren. Jeder wusste: Der Mann läuft
beim Training für den Marathon sogar seinen weit jüngeren
Leibwächtern davon. Jeder konnte es sehen. Fischer, der sich
aus kleinen Verhältnissen auf einer eigenen Spur neben den
regulären Bildungswegen halb nach oben geprügelt, halb gelesen hatte, kam als Muskel-Minister deswegen gut an, weil
man ihm die Pose glaubte. Das ist auch der Grund, aus dem
sich der frühere russische Präsident Wladimir Putin bei sportlichen Aktivitäten mit entblößtem Oberkörper ablichten lassen konnte. Das passte zu dem einstigen Geheimdienstmann.
Schwierig wird es mit den Posen und den Kostümen, wenn
sie der sie vorführenden Person nicht zugeschrieben werden.
Als aus dem »Joschka« im Herbst 1998 der Außenminister
und Vizekanzler der Bundesrepublik Deutschland wurde und
dieser anfing, mit dunklen Dreiteilern vor der Kamera aufzutreten, war das viel erklärungsbedürftiger als der Laufdress
oder die Lederjacke. Einem Außenminister schrieb das Publikum solche Anzüge selbstverständlich zu, auch wenn es bisher weniger Eleganz gewöhnt war, als sie der Grünen-Politiker vorführte, und sich eher an die gelben Pullunder Hans-
Dietrich Genschers gewöhnt hatte. Aber Fischer im Dreiteiler?
Das musste er erklären. Immerhin boten die Bilder Anlass zu
Aufmerksamkeit, auch optisch war Fischer interessant, die
Nation diskutierte darüber, ob seine Leibesfülle gerade passend oder zu üppig war. Das Joggen erlebte Konjunktur durch
den prominenten Läufer. Fischer produzierte Bilder, und seiner Popularität nutzte es sehr.

Für die Kamera geboren

Bilder von politischen Akteuren entstehen auf zwei Wegen. Einmal ohne und einmal mit dem Zutun der Politiker. Sprechen ein Abgeordneter, ein Minister, eine Kanzlerin vor dem Bundestag, auf einem Parteitag oder auf dem Feuerwehrfest im Wahlkreis, so können sie sich nicht dagegen wehren, fotografiert und gefilmt zu werden. Es kommen Bilder weitgehend ohne ihr Zutun zustande, sie können lediglich versuchen, eine einigermaßen ordentliche Figur zu machen während der Ausübung der politischen Alltagsarbeit. Schon das fällt einigen nicht leicht.

Ein besonders interessanter Fall ist Bundeskanzlerin Angela Merkel. Sie hat sich lange an die ständige Kamerapräsenz gewöhnen müssen, seit sie in der Bundesrepublik ganz oben Politik macht. Noch heute betrachtet sie Kameras als notwendiges Übel, als Preis, den sie für das Amt der Bundeskanzlerin zu zahlen hat. Sie vermittelt nicht das Gefühl, gern gefilmt oder fotografiert zu werden. Auch wenn sie mit der Wahl zur CDU-Vorsitzenden im Jahr 2000, spätestens aber mit dem Einzug ins Kanzleramt fünf Jahre danach mit der fast permanenten Anwesenheit von Kameras zu leben lernen musste, merkt man nach wie vor, ob sie sich dieser gerade bewusst ist oder nicht. Ihr können die Gesichtszüge selbst bei einer Pressekonferenz immer noch entgleiten, die Mundwinkel hängen dann tief. Wenn Angela Merkel sich dessen bewusst wird, aktiviert sie ruckartig ihr Kameragesicht. Ihrem Vorgänger Gerhard Schröder, um ein Beispiel zu nennen, ist das nicht passiert. Seine Mimik ist immer kameratauglich.

Das gilt für Guttenberg allemal. Der Mann ist wie für die Kamera geboren. Von den unzähligen Bildern, die bislang von ihm entstanden sind, ist keines so geworden, dass man es als miserabel, vernichtend, ihn lächerlich machend bezeichnen könnte. Es geht mit seiner Figur los. Er ist großgewachsen und schlank. Nicht zu kräftig in den Schultern, nicht zu schmal, eine Art Gardemaß des Medienzeitalters. Es geht mit

oben: Berlin per Rad. Im heißen Juli 2010 nimmt Guttenberg das Fahrrad, um zu einem Termin ins Café »Einstein« zu kommen. Hier ist er auf dem Rückweg ins Verteidigungsministerium.

folgende Doppelseite: Die einen finden es großartig, den anderen ist es zu viel Show. Jedenfalls wird Guttenberg mit diesem Bild über Nacht zum Star des Kabinetts. Aufgenommen am 17. März 2009 auf dem New Yorker Times Square.

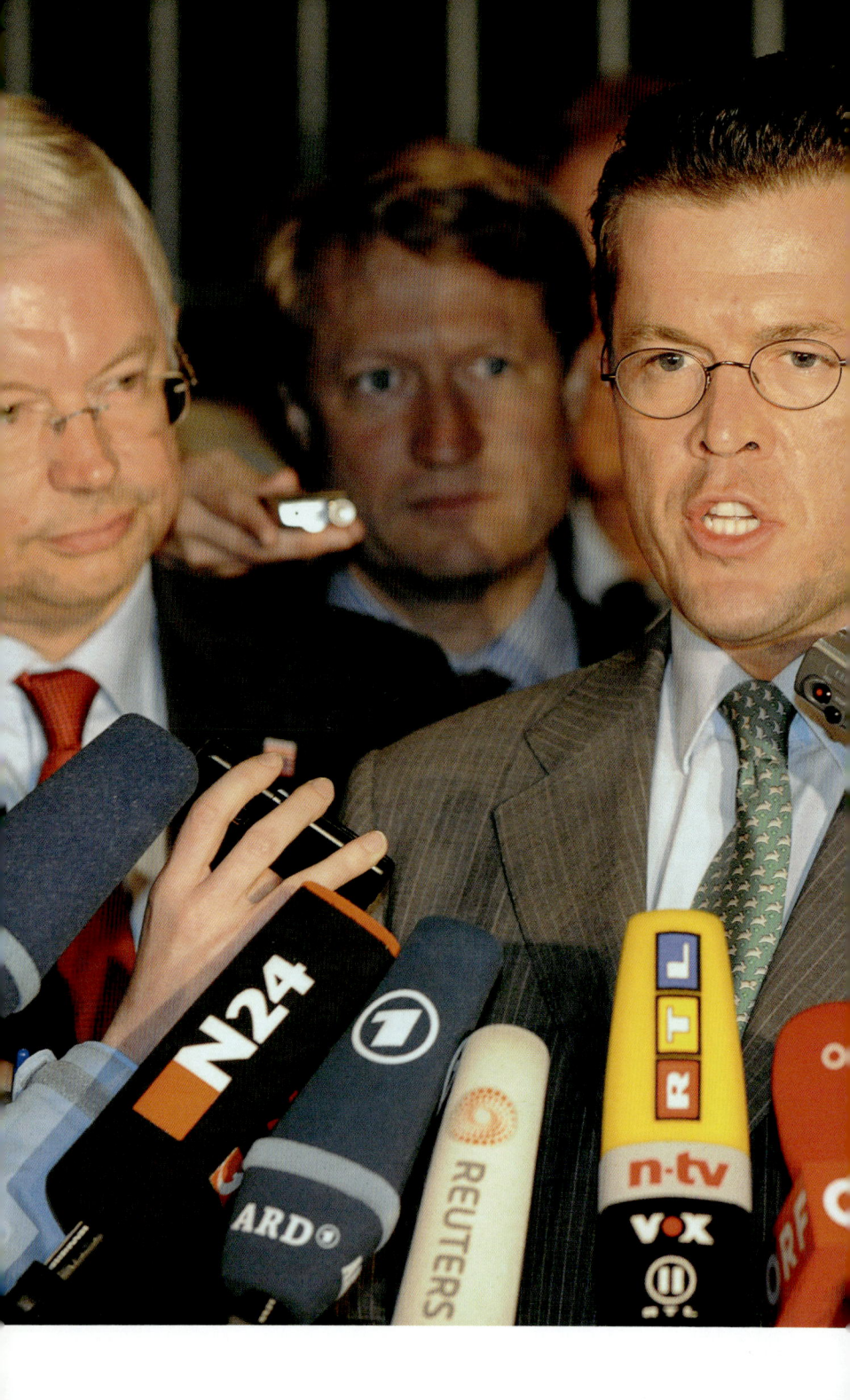

links: Die Nacht, in der alle Opel retten wollen – nur Guttenberg nicht. In den frühen Morgenstunden des 30. Mai 2009 vor dem Kanzleramt steht Hessens Ministerpräsident Roland Koch (CDU, links) und Bundesfinanzminister Peer Steinbrück (SPD, rechts) die Begeisterung über die Widerborstigkeit des Wirtschaftsministers ins Gesicht geschrieben. Im Hintergrund Regierungssprecher Ulrich Wilhelm.

folgende Doppelseite: Auf dem Weg zum regelmäßigen Reiseziel. Guttenberg fliegt in der Transall nach Afghanistan, November 2009.

Großer Zapfen-
streich im Innenhof
des Verteidigungs-
ministeriums.
Guttenberg nimmt
am 3. Dezember
2009 an der
Verabschiedung
von Generalinspek-
teur Wolfgang
Schneiderhan
(links) und
Staatssekretär
Peter Wichert
(rechts) teil.
Er hat sich wenige
Tage zuvor völlig
überraschend im
Streit von ihnen
getrennt.

Am Boden. Guttenberg im Airbus der Bundesregierung auf dem Weg zum Hindukusch im August 2010.

Üblicherweise sitzen die Minister oder die Kanzlerin auf dem Sofa, wenn sie mit den Journalisten sprechen.

Afghanistan als Bühne. Diesmal zur Aufzeichnung einer Talkshow mit Fernsehmoderator Johannes B. Kerner (und Hauptfeldwebel Steffen P.) im Dezember 2010.

Die Einschaltquoten sind mäßig, Kritik wird laut, der Minister benutze die Soldaten, um sich zu profilieren.

oben: Wer's tragen kann ... Die ehemaligen Verteidigungsminister Rudolf Scharping (SPD, oben links) und Franz Josef Jung (CDU, unten links) sehen in der Schutzweste nicht wirklich schick aus; Peter Struck (SPD, oben rechts) steht der Militärlook schon besser, Volker Rühe (CDU, unten rechts) versucht's mit einer Schutzbrille.

rechte Seite: Karl-Theodor zu Cruise. Der Minister sieht aus, als wolle er bei der Neuverfilmung von »Top Gun« mitspielen. Die Hauptrolle im Original hatte der amerikanische Schauspieler und Guttenberg-Freund Tom Cruise. Dabei bereitet Guttenberg sich im August 2010 beim Jagdgeschwader 74 in Neuburg an der Donau nur auf einen Mitflug in einem Eurofighter vor. Der findet allerdings monatelang nicht statt.

Wer ist von wem begeistert? Wahlkampfauftakt der CDU am 6. September 2009 in Düsseldorf. Kanzlerin Angela Merkel braucht Guttenberg zum Stimmenfang.

68,1 Prozent der Erststimmen. Guttenberg zieht bei der Wahl im September 2009 wieder klar in den Bundestag ein. Seine Frau findet das erkennbar gut, hier auf einer CSU-Wahlparty in Guttenbergs oberfränkischem Wahlkreis Kulmbach.

München,
März 1996.
Die Abiturientin
Stephanie Gräfin
von Bismarck
modelt für Giorgio
Armani.

rechte Seite:
»Denken Sie sich
den Verteidigungs-
minister in dieses
Abendkleid!« –
Stephanie zu
Guttenberg vertritt
ihren Mann bei der
Preisverleihung
»Bambi« 2009.
Potsdam,
26. November 2009

oben: Stephanie zu Guttenberg stellt ihr Buch vor, in dem sie dem sexuellen Missbrauch von Kindern den Kampf ansagt. Berlin, Kulturkaufhaus Dussmann, September 2010

rechte Seite: Auf dem Weg zum Stammgast in der »Bild«-Zeitung. Bald wird kaum mehr ein Tag vergehen, ohne dass Stephanie oder Karl-Theodor zu Guttenberg in dem Boulevardblatt auftauchen, oft auch beide zusammen. 7. Oktober 2010

Die Guttenbergs auf dem Oktoberfest. München, September 2010

Hindukuscheln. Die Eheleute zu Guttenberg gemeinsam in Afghanistan. Mazar-i-Scharif, 13. Dezember 2010

Stephanie und Karl-Theodor zu Guttenberg mit »Bild«-Chefredakteur Kai Diekmann auf der Vernissage einer Ausstellung von Bildern des Fotografen Konrad R. Müller

Wetten, dass ... uns bald jeder kennt? Die Guttenbergs zu Gast bei Thomas Gottschalk.
Freiburg, 3. Oktober 2009

folgende Doppelseite:
links: Die erste Dienerin des Staates: Bundeskanzlerin Angela Merkel und ihr Ehemann
Joachim Sauer vor dem Präsidentenpalast in Warschau, März 2007
rechts: Stephanie und Karl-Theodor zu Guttenberg bei einer Vogue-Party in Berlin

oben: Andere Länder sind an Glamour-Paare in der Politik gewöhnt: Jackie Kennedy und ihr Mann John, 1961 (oben rechts); Carla Bruni mit Ehemann Nicolas Sarkozy, 2009 (oben links); das Präsidentenehepaar Michelle und Barack Obama, 2009 (unten links); Hillary Rodham Clinton und ihr Gatte Bill, 1994 (unten rechts)

rechte Seite: Bayreuth, Premiere der Wagner-Festspiele. Das Ehepaar zu Guttenberg im Juli 2010

Ein Team. Stephanie und Karl-Theodor zu Guttenberg mit »Bild« im Rücken. Hier im Dezember 2009 bei der Spendengala »Ein Herz für Kinder«, bei der das ZDF und die Boulevardzeitung Spenden für Kinderhilfsprojekte sammeln.

Die gibt es nur als Paar. Aus dem prominenten Minister und seiner Frau sind endgültig
»die Guttenbergs« geworden, »Spiegel«-Titel, Oktober 2010

Die große Ausnahme: Bild der Guttenbergs mit ihren beiden Töchtern, die sie ansonsten vom Medienrummel abschotten. Nach dem Gang ins Wahllokal im oberfränkischen Guttenberg, Bundestagswahl am 27. September 2009

der Kleidung weiter. Die Anzüge sitzen genauso wie die Freizeitkleidung, die er ab und an vorführt. Niemand käme angesichts seines familiären Hintergrundes auf die Idee, teure Anzüge befremdlich zu finden, wie einst bei Fischer oder Schröder, als der seine Brioni-Phase hatte. Vielmehr scheint es auch eine optische Sehnsucht nach einem gut angezogenen, jungen Politiker zu geben nach all den Kohls, Waigels und Kinkels in ihrem ewigen Grau. Diese Sehnsucht bedienen übrigens auch ein Norbert Röttgen und auf der weiblichen Seite die Ministerinnen Ursula von der Leyen und Kristina Schröder bis zu einem gewissen Grade.

Es geht weiter mit Guttenbergs Bewegungen. Seine Vorgänger sowohl im Wirtschafts- als auch im Verteidigungsressort, Michael Glos und Franz Josef Jung, kamen bei günstiger Beschreibung gemessenen Schrittes daher. Guttenberg scheint gar nicht langsam oder gemessen gehen zu können. Er pflegt zu eilen und setzt dabei seine Füße wie Sprungfedern ein. Mit jedem Schritt drückt er sich ein Stück in die Höhe, was gelegentlich etwas aufgeregt wirkt, jedenfalls aber dynamisch. Auf dem Luftwaffenstützpunkt im pfälzischen Germersheim entstand im Sommer 2010 ein Foto, auf dem Guttenberg so aussieht, als bewege er sich im Dauerlauftempo. Tatsächlich könnte es aber auch seine leicht gesteigerte Normalgeschwindigkeit sein.[2] So etwas kann man kaum trainieren, so läuft man oder so läuft man nicht. Die Bühnen, von denen herab Politiker bei ihren Auftritten zu sprechen pflegen, besteigt oder verlässt er gern mit einem Sprung. Einer, der bei solcher Gelegenheit in seiner Begleitung war, berichtet, wie er wegen der glatten Ledersohlen seiner Schuhe der Versuchung widerstanden habe, es Guttenberg gleichzutun, weil er einen Sturz fürchtete. Guttenberg trägt häufiger Schuhe mit rutschfesten Sohlen.

Doch es sind nicht nur Beine und Füße, die Guttenberg hochdynamisch einsetzt. Mit seinen Händen geht er ähnlich um. Das geht mit der Begrüßung los. Ein Handschlag gehört selbstverständlich dazu, ganz gleich, wie vielen Menschen er begegnet, seien sie Bundeskanzlerin oder Pilot der Flugbereitschaft. In Zeiten der Schweinegrippe führte er ein Fläschchen mit Desinfektionsmittel mit sich, um kein Risiko durch das viele Händeschütteln einzugehen. Als er Mitte November 2010 auf dem CDU-Parteitag in Karlsruhe den Antrag zur Bundeswehrreform nebst Aussetzung der Wehrpflicht vorstellte, begrüßte er zuvor jeden einzelnen der zahlreichen CDU-Granden, die auf dem Podium des Parteitags saßen. Mehrfach vergewisserte er sich, ob er auch niemanden vergessen habe, drehte um, ging drei Schritte, schüttelte noch eine Hand und wieder eine, bis er jeden beglückt hatte. Guttenberg ohne Händedruck zu begrüßen geht kaum. Meistens weiß er auch noch den Namen des Begrüßten.

Die Dynamik, oder besser die Hochspannung, die seinen Körper zu durchdringen scheint, bestimmt auch seine Bewegungsabläufe während einer Rede. Hier ist Guttenberg das Gegenteil der behutsamen Kanzlerin, die ihre Fingerspitzen gerne vor dem Bauch zusammenführt, die Hände wie einen keilförmigen, kleinen Käfig geformt, die beim Gestikulieren den Eindruck erweckt, als drehe sie mit den Fingern die Krone einer empfindlichen Uhr, ganz vorsichtig, feinfühlig, die dabei ruhig zu stehen pflegt, der jegliches Herumhampeln fremd ist bei ihren Reden. Guttenberg dagegen federt manchmal sogar im Stehen hinter dem Rednerpult noch nach, seine Hände teilen mit harten Streichen die Luft, als wollte er einen präzisen Schnitt machen, er bewegt ruckartig mal den ganzen Körper, mal bloß den Kopf. Gelegentlich wirkt es wie bei einem hyperaktiven Kind, wie bei einem Zappelphilipp. Wer seinem Vater Enoch beim Dirigieren zuschaut, wie er fast springt vor dem Orchester oder dem Chor, weiß, woher Sohn Karl-Theodor das hat.

Guttenberg produziert nicht nur beim Gehen, beim Händeschütteln oder beim Reden interessante Bilder. Sogar im Sitzen gelingt ihm das bisweilen. Wenn die Kanzlerin oder ihre Minister mit einer der großen Maschinen der Flugbereitschaft auf Reisen gehen, pflegen sie unterwegs die mitgereisten Journalisten in einen kleinen Besprechungsraum zu bitten, um die Inhalte und Ziele der Reise zu erläutern. Es ist ziemlich eng dort, die zwei einander gegenüberstehenden, sofaähnlichen Sitzgelegenheiten bieten bequem vier Personen Platz. Bei den Briefings drängen sich aber oft 15 und mehr Reisende in dem kleinen Raum. Auch die Kanzlerin akzeptiert es dann, dass noch drei Journalisten neben ihr auf der Couch sitzen, einige von ihnen setzen sich sogar auf den Boden. Politik und Medien sind in dem Moment räumlich sehr eng beieinander, aber die Hierarchie ist auch optisch gewahrt. Guttenberg bringt es fertig, diese optische Hierarchie umzudrehen. Er setzt sich auf den Boden, die Journalisten sitzen auf der Couch oder stehen.

Alles nur eine große Show?

Was ist das alles? Eine große Show, die Guttenbergs Dynamik, seine Höflichkeit, die Schärfe seiner Argumente und bei alldem seine Bodenhaftung für alle sichtbar machen soll? Es ist sicherlich eine Show, allerdings keine, die er sich flüchtig für den Auftritt im politisch-medialen Zirkus angeeignet hat. Was Guttenberg macht und zeigt, ist vielmehr das kombinierte Produkt seines energiegeladenen Wesens und seiner strengen Erziehung. Straffer Gang, Händeschütteln, dynamische Gestik – das mag er überbetonen, aber im Kern ist es ihm zur zweiten Natur geworden. Das lässt sich schon daran leicht sehen, dass es trotz der Massen von Bildern, die täglich von ihm produziert werden, keine optischen Ausrutscher gibt.

Ein Joschka Fischer konnte als Minister und Vizekanzler zwar die Bürde der Verantwortung, die auf ihm lastete, mühelos mit schluchtartigen Furchen auf der Stirn zum Ausdruck bringen. Doch ebenso brachte er es fertig, sich vor laufenden Kameras in der ersten Reihe der Regierungsbank müde zu räkeln, wenn er etwa von einer anstrengenden Reise zurückgekehrt war. Das wurde gern fotografiert und gedruckt. Ein

Händedruck wurde als Signal eingesetzt. War er seinem Gegenüber gewogen, reichte er die Hand. Hatte er sich gerade über den Gesprächspartner geärgert, polterte er ohne Händedruck los. Das äußere Bild, das Guttenberg erzeugt, wirkt zwar etwas überzogen, er hält es aber gleichmäßiger durch. Die Inszenierung hat bei ihm persönlich jahrzehntealte, in seiner Familie jahrhundertealte Wurzeln.

Doch das alles sind Bilder, die mehr oder weniger im Zuge des politischen Alltags zustande kommen. Neben solchen gibt es diejenigen, die gezielt inszeniert werden. Der harmlose Klassiker der bundesrepublikanischen Geschichte ist das Urlaubsbild: Politiker mit Ehefrau am Strand oder in den Bergen, dabei gern ein Tier streichelnd. In einer zunehmend bilderfixierten Öffentlichkeit reichte das bald nicht mehr aus. Sportliche Aktivitäten kamen hinzu, Politiker ließen sich beim Wandern oder beim Tennisspielen ablichten. Die Szenen werden teilweise gestellt, mindestens aber ist die Anwesenheit eines Fotografen genau geplant und nicht Produkt des Alltagsgeschäfts.

Solche Bilder können im günstigen Fall die Popularität stabilisieren oder gar mehren. Konrad Adenauer in Rhöndorf beim Rosenschneiden oder Walter Scheel beim Singen des Volkslieds vom »Gelben Wagen« sind frühe Beispiele dieser Art. Solche Bilder können aber auch politische Laufbahnen zerstören. Als einer der Vorgänger Guttenbergs im Amt des Verteidigungsministers, der Sozialdemokrat Rudolf Scharping, im Sommer 2001 Bilder von sich und seiner aristokratischen Freundin im Pool auf Mallorca machen ließ, während die ersten Bundeswehrsoldaten sich auf ihren riskanten Mazedonien-Einsatz vorbereiteten, da wirkte das derart verheerend und lächerlich, dass er mit dem Badespaß das Ende seiner politischen Laufbahn einläutete.

Von Anfang an inszeniert auch Karl-Theodor zu Guttenberg, er führt Situationen herbei, die nicht zu seinem politischen Alltag gehören. Oft taucht er in Fernsehtalkshows auf, und zwar nicht nur in politischen, sondern auch in denjenigen, in denen es menschelt, bei Kerner oder Beckmann. Für das politisch nicht interessierte Samstagabend-Publikum geht er zu Thomas Gottschalk. Dorthin werden nur Politiker eingeladen, von denen die Veranstalter annehmen, dass sie weit über ihre politische Agenda hinaus für ein Massenpublikum interessant sind. Ursula von der Leyen war auch schon da. Guttenberg ist mit seiner Frau Stephanie bei Gottschalk. Denn die Bildergeschichte von Karl-Theodor ist schon bald die von ihm und seiner – wie es die Boulevardzeitungen zu sagen pflegen – schönen Frau. Auch optisch funktionieren die beiden als Paar. Sie sind jung, sehen gut aus, haben als Adlige nichts Prinz-Charles-Mäßiges an sich. Sie sind auch optisch ein echter Volksadel mit Glamour-Faktor. Steht man im Zeitschriftenhandel vor einem Regal mit Hochglanzmagazinen, auf deren Titelseiten in der Regel unterschiedlichste Stars aus dem Showbusiness zu finden sind, so fällt es auf den ersten Blick gar nicht auf, wenn wieder einmal Karl-Theodor und Stephanie dabei sind. Sie passen geradezu perfekt in diese Art von Bildern. Ob neben Iris Berben, Anne Will oder »Kaiser« Franz Beckenbauer – nie wirkt es unpassend. Im Anzug sieht er ebenso gut aus wie im Smoking, sie trägt das Abendkleid so selbstverständlich wie die Jeans oder das modische Afghanistan-Outfit. Das Kameralächeln beherrscht ein Schauspieler auch nicht besser.

Alle Zeitungen bringen Guttenberg-Geschichten, wollen von diesem Ausnahmefall in Sachen Prominenz und Beliebtheit profitieren, wenn sie nicht ohnehin politisch über ihn berichten müssen. Doch wer sich annähernd täglich informieren möchte, wo die Guttenbergs den vorigen Abend verbracht haben, was der Verteidigungsminister an der Front in Afghanistan gesagt hat, wie der Stand der Debatte über die Finanzen der Hilfsorganisation seiner Frau ist, der kommt an der »Bild«-Zeitung nicht vorbei. Kaum mehr eine Ausgabe des Boulevardblattes erscheint ohne Bild des Ministers oder seiner Gattin oder gleich aller beider.

Warum? Der Mensch interessiere sich für nichts so wie für
andere Menschen, sagt »Bild«-Chefredakteur Kai Diekmann.
Geschichten über Menschen funktionierten daher im Boule-
vard. So viel zum Grundsätzlichen. »Allerdings lösen Politiker wenig Interesse bei den Menschen aus«, schränkt der erfahrene Journalist ein: »Schlagzeilen über Politiker erhöhen
die Auflage einer Boulevardzeitung in aller Regel nicht. Nicht
einmal, wenn es um deren Privatleben geht. Guttenberg ist da
eine der seltenen Ausnahmen.«
     Und warum »funktioniert« gerade Guttenberg? Noch ein-
mal Diekmann: »Kaum ein Politiker hat echten Glamour. Bei
Karl-Theodor zu Guttenberg ist das anders. Er sieht toll aus,
ist wirtschaftlich unabhängig, strahlt Kompetenz aus, hat eine
junge, attraktive, kluge Frau und wirkt bei alldem sehr au-
thentisch.« Für die »Bild« zahlt sich so ein Objekt der Berichterstattung aus: »Wenn wir einen Beitrag über Guttenberg
veröffentlichen, stößt das auf das Interesse unserer Leser, das
wird gekauft.«
     Und wieso gieren die Leser so sehr nach einem wie Gutten-
berg? Auch dafür hat der »Bild«-Chef eine Erklärung. Die
Menschen hätten ein Bedürfnis nach glaubwürdigen, authen-
tischen Vorbildern, deren Qualifizierung, Einfluss oder auch
Ausstrahlung überdurchschnittlich sei: »Man kann fast sagen,
es gibt ein Bedürfnis nach Elite. Das zeigt das Beispiel Guttenberg.« Schließlich schauten sich die Leute auch Zeitschriften an, in denen tolle Häuser oder schicke Autos präsentiert
würden, obwohl sie sich die nie leisten könnten.
     Selbstverständlich hat ihn auch das Satiremagazin »Titanic«
schon entdeckt. Erst taucht er alleine auf dem Titel auf, in den
Händen hält er einen handflächegroßen, rosaroten Krebs.
Darunter steht zu lesen: »Medizin-Nobelpreis für Guttenberg – Er hat den Krebs besiegt«. Doch nachdem er etwa ein
Jahr Verteidigungsminister ist, setzt die »Titanic« beide Guttenbergs auf den Titel. Zur Erklärung heißt es im Inneren des
Hefts: »Hinter jedem starken Mann steht eine durchgeknallte
Frau, die ihm irgendwann die Schau stiehlt.«[3] In der Tat ist

nach einem Jahr Guttenberg-Bildergeschichte nicht mehr zu
sagen, wer von den beiden häufiger und prominenter abgebildet wird.

Lieblingsbühne Afghanistan

Schon bald ist klar, dass der bevorzugte Hintergrund für die
inszenierten Bilder des Verteidigungsministers der Einsatz
der Bundeswehr ist. Diese Bilder entstehen mal auf einem
Luftwaffenstützpunkt in Deutschland, meistens aber in Afghanistan. Hier muss er ohnehin gelegentlich vorbeischauen.
Das haben seine Vorgänger auch gemacht. Er ist aber ganz
besonders oft am Hindukusch, und fast nie geht es ohne beeindruckende Bilder aus. »Guttenberg an vorderster Front«,
überschreibt die »Bild«-Zeitung ein riesiges Foto im November 2010, das den Minister mit ernstem Blick zwischen zum
Teil vermummten, mit Stahlhelm, Sicherheitsweste und Maschinenpistole ausgerüsteten Soldaten zeigt.[4] Solche Bilder
sind nicht selbstverständlicher Teil des politischen Alltags,
selbst bei Truppenbesuchen haben seine Vorgänger gezeigt,
dass es jede Menge andere, weniger martialische Motive gibt.
Von ihnen sind überwiegend Bilder an der Seite afghanischer
Politiker, bevorzugt des Präsidenten Karzai entstanden. Von
Guttenberg gibt es diese Aufnahmen kaum.

Besonders toll treibt der Minister es ein knappes Jahr nach
der Amtsübernahme. Der 28. August 2010 ist kein normaler
Tag in der Bildergeschichte des Karl-Theodor zu Guttenberg.
Was die »Bild«-Zeitung an jenem Samstag auf ihrer Titelseite
bringt, stellt alles bisher Dagewesene in den Schatten. Guttenberg ist in den Anzug eines Jet-Piloten der Bundeswehr geschlüpft, hält den zwei Kilo schweren Helm in der Hand und
lacht in die Kamera. Hinter ihm steht das Kampfflugzeug Eurofighter. Für diejenigen, die es immer noch nicht begriffen
haben, wird auf Seite zwei neben einem fast identischen Foto
auf den Film »Top Gun« hingewiesen.[5]

Guttenberg ist Tom Cruise, der Hauptdarsteller jenes 1986 in die Kinos gekommenen Actionfilms aus dem Jagdfliegermilieu, in dem es nur darum geht, wer wen vom Himmel schießt. In einem Text ist erklärt, dass der Minister plane, in einem »Eurofighter« mitzufliegen. Zitat Guttenberg: »Ich möchte selbst erfahren, welchen ungeheuren Belastungen unsere Piloten tagtäglich ausgesetzt sind.« Mit 2000 Kilometern in der Stunde soll Guttenberg durch die Luft fliegen. Der Spezialanzug sorgt dafür, dass das Blut nicht in die Beine absackt und der Minister ohnmächtig wird. 2000 Stundenkilometer sind selbst für einen wie Guttenberg eine neue Dimension. Am Ende des Textes wird noch darauf hingewiesen, dass der Minister sich im Notfall mit dem Schleudersitz aus dem Flugzeug katapultieren könnte.[6] Irgendwie erinnert die ganze Geschichte daran, mit welcher Geschwindigkeit Guttenberg Politik macht und wie oft es heißt, dass er ja zur Not aussteigen und vom Vermögen der Familie leben könnte.

Die Fotos erscheinen im 3-D-Format, wie alle Bilder jener Ausgabe. Eine einfache 3-D-Brille liegt bei, damit Guttenberg auch in der nötigen Tiefe betrachtet werden kann. Diejenigen unter den Lesern, die jetzt noch nicht verstanden haben, wer der Held der deutschen Spitzenpolitik ist, wissen es spätestens, wenn sie – in deutlich kleinerer Aufmachung – auf der zweiten Seite die Bundeskanzlerin hinter ihrem Schreibtisch im 3-D-Format betrachten.[7] Doch während die »Bild«-Zeitung ihren samstäglichen Lesern noch das Frühstück versüßt, ist der Held der Bildergeschichte längst unterwegs zu neuen Abenteuern. Im Laufe des Tages werden die Nachrichtenagenturen melden, Guttenberg sei zu einer geheim gehaltenen Reise nach Afghanistan aufgebrochen. Nun soll es endlich auch einmal ins Kampfgebiet gehen, ganz nach vorne. Wie im Eurofighter will Guttenberg selbst erfahren, wie es den Soldaten geht. Die afghanischen Politiker braucht er nicht. Er will die Truppe besuchen.

Der Doppelschlag aus 3-D-Bild und Reise wird zum medialen Erfolg. Schon am Sonntag beginnt das »Heute Journal«

mit dem Hinweis, dass erstmals ein deutscher Verteidigungsminister ins Kampfgebiet gekommen sei, und zeigt eindrucksvolle Aufnahmen. Am Montag sind die deutschen Zeitungen gut gefüllt mit Guttenberg-Fotos. Der Minister mit Schutzweste, Stahlhelm und Pilotenbrille. Von der Berliner »tageszeitung« bis zur »Morgenpost« drucken fast alle Blätter Reisebilder mit und ohne Sonnenbrille oder Helm. Sogar die weltweite Ausgabe der »New York Times« zeigt den deutschen Minister auf der Seite »World News« unter einem Hubschrauber im Großformat.[8]

Nur einige Zeitungen ziehen es vor, Guttenbergs Fotoshooting am Hindukusch nicht mitzumachen. So druckt die »Frankfurter Allgemeine Zeitung« auf der zweiten Seite ein ansehnliches Foto ab, das den ebenfalls nach Afghanistan gereisten Bundestagspräsidenten Norbert Lammert beim Händedruck mit Isaf-Kommandeur David Petraeus zeigt. Der zum ersten Mal an den Hindukusch geflogene Lammert macht auf dem Bild eine ordentliche Figur. Der Versuch der »Frankfurter Rundschau«, Guttenberg mit Lammerts Hilfe die Schau zu stehlen, geht dagegen für den Bundestagspräsidenten nicht so gut aus. Verloren wirkt er, ganz allein auf dem Foto, der Blick leer.

Geradezu böse treibt es die »Süddeutsche Zeitung« an jenem Montag. Nebeneinander druckt sie auf der Titelseite die Fotos von Guttenberg und Lammert. Jener sieht im Bundeswehr-T-Shirt, mit Helm, Weste und filmreifem Lächeln ausgezeichnet aus. Dieser indessen wirkt in seinem gestreiften Hemd, über dem die schwere Weste schlecht sitzt, mit dem nicht zugeschnallten Helm auf dem Kopf, der normalen Brille und dem etwas unglücklichen Blick geradezu fehl am Platz.[9]

Das Nebeneinander beider Bilder gibt tiefen Einblick in die Funktionsweise des Phänomens Guttenberg. Wenn er in einer solchen Verkleidung auftaucht, funktioniert das, wie die Fachleute sagen. Bei Lammert ist es so wie bei fast allen anderen Politikern: Es funktioniert nicht, es wirkt einfach nur albern. Deswegen versuchen viele Spitzenpolitiker, entsprechende

Szenen zu vermeiden. Als Guttenbergs Vorgänger Franz Josef Jung zum ersten Mal in Afghanistan war, bemühte sich sein Sprecher geradezu verzweifelt, Aufnahmen vom Minister mit Helm zu verhindern. Kritik an den Auftritten und Inszenierungen Guttenbergs ist lange nicht zu hören. Dass die Opposition zurückhaltend ist, versteht sich. Solange die Beliebtheitsumfragen derart eindeutig sind und Guttenberg auf dem ersten Platz fest gebucht ist, würde es nur nach schlechtem Verlierer aussehen, den so Erfolgreichen wegen der Bilder von ihm, die verbreitet werden, zu kritisieren. Auch die Medien halten sich verständlicherweise zurück, denn sie leben ganz gut mit dem prominenten Minister und seiner Frau. Die erste und einfachste Kritik bestünde darin, deren Bilder nicht mehr zu drucken. Doch das Gegenteil ist der Fall. Das gilt nicht nur für die zur Illustration gedruckten Fotos. Auch geworben wird mit Guttenberg. So schaltet der »Spiegel« eine zweiseitige Zeitungsanzeige mit gezeichneten Politikerköpfen. Angela Merkel ist abgebildet, Helmut Schmidt, Sigmar Gabriel oder auch Hamid Karzai, insgesamt mehr als zehn Porträts in der Größe von jeweils etwas mehr als einer Zwei-Euro-Münze. Das Konterfei Guttenbergs nimmt dagegen überlebensgroß eine ganze Zeitungsseite für sich ein.[10]

Was sagt es über einen Spitzenpolitiker, wenn er sich immer wieder bei Gelegenheiten und in Posen ablichten lässt, die mit der unmittelbaren Ausübung seines Amtes nichts zu tun haben? Das gilt für die Glitzerfotos von Bällen, Galaabenden und Spielshows im Fernsehen, das gilt aber noch mehr für die Afghanistanbilder. Er ist Verteidigungsminister, Politiker, aber eben kein Soldat. Es gehört zu seinen Pflichten, mit den Politikern in Kabul und Kundus zu sprechen und auch mit den Kommandierenden der Bundeswehr vor Ort. Sein Amt erfordert es nicht im mindesten, dass er halbuniformiert aus Hubschraubern springt oder sich in militärische Stellungen einweisen lässt, vom Mitfliegen in einem Kampfflugzeug ganz zu schweigen. Wenn das die von ihm so gern zitierte »verdammte Pflicht« wäre, so müsste er auch an der Front schießen und kämpfen, sonst wäre das Kennenlernen des soldatischen Geschäfts unvollständig. Abgesehen davon, verkleidet sich Verkehrsminister Peter Ramsauer auch nicht als Lokführer, und Gesundheitsminister Philipp Rösler versucht sich nicht an einer Herztransplantation. Angela Merkel hätte viel zu tun, wenn sie sich in das Alltagsgeschäft all jener Berufsgruppen einweisen ließe, für die sie durch ihr allumfassendes Amt der Bundeskanzlerin politisch Verantwortung trägt.

Ausgerechnet Oliviero Toscani, jener italienische Fotograf, der in den neunziger Jahren die provokative Werbung für den Modekonzern Benetton machte und mithin ein Experte in Sachen Inszenierung ist, äußert sich wenige Tage nach Guttenbergs Frontbesuch kritisch über diesen. Die Fotografie habe die »lächerliche Seite« des Verteidigungsministers preisgegeben. »Ich glaube nicht, dass er besonders schlau ist, wenn er sich so darstellt. Aber jeder muss selbst wissen, wie er aussehen will.«[11] Toscani versucht zu erklären, warum Guttenberg so auftritt: »Wenn er zu der Art Politiker gehört, die inszenierte Bilder lieben, heißt das vielleicht, dass er nicht so gern die Wahrheit sagt.«[12] Das ist bei Guttenberg weniger der Fall. Die Wahrheit sagt er gern und laut, auch wenn sie sich immer mal wandelt. Interessanter ist ein anderes Zitat, das der Italiener der ihn befragenden deutschen Journalistin liefert: »Wenn sich Ihr Verteidigungsminister nicht sicher ist, was er ist, dann gefällt es ihm, es zu inszenieren, was er nicht ist.«[13] Guttenberg schwankt zwischen Führungsanspruch und Rücktrittsdrohung, zwischen Begeisterung für die Wehrpflicht und deren Aussetzung – vielleicht ist er sich wirklich nicht so sicher, was er ist und was er sein will. Nur in einem, das zeigen die Bilder, ist er sich ganz gewiss: Er will populär sein. Solange es geht.

4
EIN BILD VON EINER FRAU:
STEPHANIE ZU GUTTENBERG

»Schaut nicht weg!«

Mehr als 200 Leute drängen sich im Kellergeschoss des Kultur-
kaufhauses Dussmann an der Berliner Friedrichstraße. Sechs
Fernsehkameras sind in Stellung gebracht. Es ist der Abend
des 15. September 2010. Stephanie zu Guttenberg zwinkert
auffällig-unauffällig Leuten im Publikum zu. Es ist ein beson-
derer Abend für sie, der erste große Auftritt in einer neuen
Rolle. Die Frau des Verteidigungsministers stellt an diesem
Abend ihr Buch vor. Es ist ihr ganz persönliches Projekt. Ihr
Mann hat nach eigenem Bekunden davon erst erfahren, als das
Manuskript schon im Lektorat war. Stephanie zu Guttenberg
verfolgt ihre Karriere mit dem Anspruch, eigenständig zu sein.
Und mit nicht weniger Selbstbewusstsein als ihr Ehemann.

Ihr Buch handelt von sexuellem Kindesmissbrauch und
was dagegen zu tun ist. Die Autorin hält eine zu Werbezwe-
cken hergestellte überdimensionale Version ihres Buches in
die Kameras. Es heißt »Schaut nicht weg!«. Dafür, dass hin-
geschaut werden muss, tut Stephanie zu Guttenberg viel. Sie
trägt an diesem Abend eine schwarze Bluse, große goldene
Ohrringe und einen kurzen Rock, der auf den ersten Blick
nur aus weißen und schwarzen Schnüren zu bestehen scheint.
Erst auf den zweiten Blick wird klar, dass das Streifengeflecht
an einem darunter liegenden Stoff befestigt ist. Dazu trägt sie
eng anliegende schwarze Wildlederstiefel, die am unteren
Ende in sehr hohe und ebenso dünne Absätze auslaufen, auf
denen sicher zu laufen es jahrelangen Trainings bedarf.

Diese Anmutung steht im krassen Gegensatz zu ihrem
streng gekleideten Gesprächspartner Manuel Herder. Der
Chef des katholisch geprägten Familienverlags, der auch Papst
Benedikt XVI. verlegt, hat in seinem braven braunen Anzug

und seiner betulichen Art so gar nichts von Party oder Club
an sich; der vierfache Familienvater erinnert eher an einen
Domkapitular. Eine inquisitorische Befragung seines Gegen-
übers findet allerdings nicht statt. Vielmehr will Herder von
seiner Autorin im Laufe der Veranstaltung dreimal wissen,
woher sie denn die Kraft nehme, sich mit dem Thema Kindesmissbrauch zu beschäftigen, eine Frage, mit der Stephanie zu
Guttenberg anscheinend wenig anfangen kann. Sie sagt dann:
»Es ist so entsetzlich, man kann sich nicht davor wegducken.«
Oder: »Es gibt nur wenige Menschen, die sich dem stellen.«
So die mutige Frau Guttenberg.

Trotz des ernsten Themas strahlt der Verleger. So viel öffentliche Aufmerksamkeit hat sein Haus samt dem ihm ange-
schlossenen Kreuz Verlag, in dem das Buch erschienen ist,
lange nicht gehabt. Geschrieben hat es zu großen Teilen Anne-Ev Ustorf, eine freie Journalistin aus Hamburg, die allerdings nur im Innenteil des Buches genannt wird. Aber das ist
üblich, wenn Prominente Bücher schreiben. Und Stephanie
zu Guttenberg ist längst eine Top-Prominente. Die erste Auflage des Sachbuchs wird binnen einer Woche ausverkauft sein.
Denn die Republik befindet sich im Guttenberg-Fieber. Und
es scheint, die führende Rolle hat in diesen Tagen die bessere
Hälfte des Gespanns übernommen.

Zwei Tage vor der Buchvorstellung hat die Buchautorin
zum ersten Mal die Seite eins der »Bild«-Zeitung geziert, solo,
ohne ihren Mann. »Stephanie zu Guttenberg: Pornographie
verdirbt unsere Kinder« titelt Deutschlands Massenblatt. Und
etwas kleiner: »Besorgte Minister-Gattin schlägt Alarm«.
Weiter hinten bringt die »Bild«-Zeitung einen Vorabdruck
aus ihrem Buch, reichlich garniert mit Bildern halbnackter
Pop-Sternchen, die sich in Latex, Netzwäsche und Stachel-
draht räkeln. »Die Idole unserer Kinder sehen aus wie Pornostars« steht darüber. Der Vorabdruck wird in den nächsten
Ausgaben fortgesetzt.

Denn Stephanie zu Guttenbergs Buch handelt nicht nur
von sexuellem Missbrauch an Kindern und was man dagegen

tun kann. Das Thema weitet sie aus zu einer Art Kulturkritik. Sie geißelt, dass heute Mädchen und Jungen mit Idolen aufwüchsen, die wie Pornostars aussähen. Selbst Vierfachmutter Heidi Klum inszeniere sich »in Overknee-Stiefeln und Lederkorsett, gleichermaßen knapp bekleidet sind die jungen Models ihrer Show«. In ihrer Kindheit, in den achtziger Jahren, sei es zwar für Popstars ebenfalls gut fürs Geschäft gewesen, sexy zu erscheinen – »doch wurde dabei die Grenze zum Ordinären nur selten überschritten«.[1] Heute sei die Pornographie mit ihrem fragwürdigen Frauenbild hingegen Bestandteil der Jugendkultur geworden. Folge dieser allgemeinen Sexualisierung seien psychische und körperliche Beeinträchtigungen, etwa Essstörungen und Depressionen bei Mädchen. Stephanie zu Guttenberg spricht damit vielen Eltern von Jugendlichen aus der Seele. Sie streitet aber auch nicht ab, dass sich das Sexualverhalten vieler Jugendlicher, etwa das Alter, in dem sie den ersten Geschlechtsverkehr haben, über die vergangenen Jahre kaum verändert hat.

Die Reaktionen auf ihr Buch sind denn auch zwiespältig. Nicht alle Pressekommentare halten dessen reißerische Vermarktung ausgerechnet im Busen-Blatt des Springer-Verlags für glaubwürdig – gerade für eine Autorin, die sich mit ihrem Buch offensiv gegen die übersexualisierten Medien wendet. Andere halten die Verdammung exzentrisch gekleideter Pop-Röhren wie Lady Gaga oder Madonna für übertrieben oder falsch – schließlich würden hier Künstlerinnen selbstbewusst ihr eigenes Bild von Weiblichkeit entwerfen. Oder sie weisen darauf hin, dass die Empörung der Autorin über die Diven des Popgeschäfts etwas seltsam anmutet, wenn man bedenkt, dass der Sänger der vom Ehepaar Guttenberg favorisierten Rock-Band AC/DC den »klassischen« Tod vieler Rocklegenden erlitten habe, als er an seinem eigenen Erbrochenen erstickte, oder dass der AC/DC-Song »Big Balls« eigentlich Pornographie pur sei.

Während ihrer Buchvorstellung kritisiert die Autorin denn auch die »leicht verengte Berichterstattung« der vergangenen

Tage. Ihr Buch handle ja nicht nur von Pornographie in den Medien, sondern vor allem von sexuellem Kindesmissbrauch. Sie verteidigt aber auch ihre Haltung zur übersexualisierten Kultur. Und sagt dazu einige Sätze, die den Zuschauer angesichts ihres eigenen Auftritts ins Grübeln bringen könnten. So sieht sie es als schlimm an, dass »viele Mädchen ihr Selbstbewusstsein nur aus dem Äußeren und der sexuellen Attraktivität ziehen«. Es sei ein Problem, dass »heute der größte Berufswunsch bei den Mädchen Topmodel« ist. Und sie kritisiert »ältere Mütter, die sich kleiden wie ihre Kinder«. Sind das die Erkenntnisse einer Frau, die selbst in jungen Jahren Erfahrungen als Model gesammelt hat? Und könnte es sein, dass sich auch nicht so »ältere Mütter« in einer Weise kleiden, die ihre sexuelle Attraktivität in den Vordergrund stellt? Diese Fragen werden an diesem Abend nicht gestellt.

Stephanie zu Guttenberg liest aus ihrem Buch vor, beantwortet harmlose Fragen, gibt den Leuten aus dem Publikum stets recht. Sicher, neue Gesetze mit härteren Strafen für die Täter wären gut, aber auch die bestehenden Gesetze müssten konsequenter angewendet werden. Gegen Ende der Veranstaltung redet die Autorin noch einmal Klartext: »Ich will jetzt mal Taten sehen von der ganzen Gesellschaft«, sagt sie. »Und die Überschrift in der ›Bild‹-Zeitung: Telekomchef René Obermann hat uns eine Million überwiesen.« Mal gerade öffentlich eine Spende von einer Million Euro für ihren Verein »Innocence in Danger« zu fordern hat etwas Nassforsches. Aber Obermann hat gerade eine schlechte Presse, wenige Tage zuvor wurde gemeldet, dass die Staatsanwaltschaft wegen Bestechungsverdachts sein Privathaus durchsucht hat. Da könnte er einmal etwas tun für sein Image.

Mittlerweile ist Unruhe im Saal entstanden, drei, vier Kameras haben sich nach hinten bewegt. Der Grund: Karl-Theodor zu Guttenberg hat sich in den Raum geschlichen und an eine Säule gelehnt. Er will durch seine Anwesenheit seine Frau unterstützen, sagt er in die Mikrophone. Irgendwie ist einen Moment lang für das Publikum und die Journalisten unklar,

wo nun eigentlich die Musik spielt. Zum Glück ist der Haupt-
teil der Veranstaltung vorbei. Stephanie zu Guttenberg si-
gniert vorne ihr Buch. Auch bei ihr hat sich eine kleine Schlan-
ge gebildet.

Der Minister im Abendkleid

Wenn Stephanie zu Guttenberg im knallig pinkfarbenen Kleid
und in Stöckelschuhen mit Pfennigabsatz mit ihrem Mann zu
einer Abendveranstaltung in der Hauptstadt auftaucht, dann
sticht sie aus dem schwarz, dunkelblau und grau getönten
Meer des Berliner Politik- und Business-Publikums heraus
wie ein Wesen von einem anderen Stern. Selbst langweiligen
Veranstaltungen verleiht sie den Glanz von ein bisschen High
Society. Schlank, 1,78 Meter groß, tipptopp gestylt, lange
blonde Haare – Stephanie zu Guttenberg erinnert an solchen
Abenden an den Traum vieler junger Mädchen, die Barbie-
Puppe. Allein das etwas hervorspringende Kinn stört dieses
Bild aseptischer Schönheit, gibt ihr etwas Trotziges und Ent-
schiedenes. Der Gedanke, dass es sich bei ihr nicht um eine
normale, in Deutschland stets zurückhaltende Ministergattin
handelt, sondern um jemanden, der sich zu inszenieren weiß,
ist auch Bundeskanzlerin Angela Merkel schon gekommen.
»Die sieht ja aus wie ein Model«, soll sie nach dem ersten Zusammentreffen mit Stephanie zu Guttenberg gegenüber Vertrauten geäußert haben.[2]

Verstößt Stephanie zu Guttenberg mit ihrem Auftreten gegen ein ungeschriebenes Gesetz der politischen Kultur in
Deutschland? Oder entwirft sie ein neues Bild der Politikergattin? Karl-Theodor zu Guttenberg hat jedenfalls seine Frau
von Anfang an ermuntert, sich auch bei politischen Anlässen
mit ihm zu zeigen, bei Veranstaltungen im Wahlkreis wie bei
anderen wichtigen politischen Anlässen. Er hat sich dabei,
wie in manchem, von seinen Erfahrungen in den Vereinigten
Staaten inspirieren lassen, wo die Ehepartner, in der Regel die
Ehefrauen, die Politiker bei öffentlichen Auftritten begleiten.

Wenn Guttenberg als Abgeordneter nach Amerika reiste, dann war seine Frau oft und selbstverständlich mit dabei – blond, Pferdeschwanz, tadellos. »Hamburger Standard«, lästerten damals manche Teilnehmer der Reisedelegationen über ihr Äußeres. Aber Stephanie zu Guttenberg will mehr als Standard sein.

Denn der Standard in Deutschland ist bisher: Frauen von Politikern halten sich im Hintergrund, sie spielen keine exponierte Rolle in der Öffentlichkeit. Sie treten zwar mitunter in Wahlkämpfen an der Seite ihres Mannes auf, geben auch einmal ein Interview. Doch das dient in der Regel allein dazu, ihren Mann zu unterstützen, ihn den Bürgern von seiner sympathischen, seiner menschlichen Seite zu zeigen. Meist berichten Politikerfrauen in diesen Fällen davon, wie harmonisch das Familienleben trotz des zeitraubenden Jobs des Gatten sei (was in der Regel nicht stimmt) und loben ihren Mann für diese oder jene Charaktereigenschaft. Zu einem eigenen Thema in der Berichterstattung werden Ehefrauen oft erst dann, wenn die Ehe scheitert oder der Mann sich einen nicht zu verbergenden Fehltritt erlaubt hat, wie etwa im Fall des unehelichen Kindes des CSU-Politikers Horst Seehofer.

In Frankreich, vor allem aber in den Vereinigten Staaten ist das anders; man denke nur an die Präsidentenfrauen Carla Bruni, Hillary Clinton und Michelle Obama oder früher an Jackie Kennedy. Allerdings hat es auch in Deutschland Ehefrauen von Bundespräsidenten und Bundeskanzlern gegeben, die bekannt und beliebt waren und die zugleich als Person für ihre eigene Sache standen. Die kürzlich verstorbene Loki Schmidt, von Beruf Lehrerin und Ehefrau des ehemaligen Bundeskanzlers Helmut Schmidt, machte sich als Pflanzen- und Naturschützerin und als Buchautorin einen Namen. Der 1985 verstorbenen Ärztin Mildred Scheel, Frau des früheren Bundespräsidenten Walter Scheel, gelang es, durch ihre Deutsche Krebshilfe ein bis dahin tabuisiertes Thema in der breiten Öffentlichkeit bekannt zu machen und so in den siebziger Jahren zu einer der bekanntesten Frauen Deutschlands zu werden. Anderen Frauen der Bundespräsidenten gelang das mehr oder weniger. Als First Lady der Nation hat die Frau des deutschen Staatsoberhauptes von jeher die gesetzlich nicht festgelegte, aber öffentlich erwartete Rolle zu spielen, sich sozialer oder gesundheitlicher Probleme der Gesellschaft in besonderer Weise anzunehmen. Auch die Frauen der Bundeskanzler haben das auf die eine oder andere Weise getan; der erste Kanzlergatte, Angela Merkels Ehemann Joachim Sauer, weigert sich indes konsequent, diese Erwartung zu erfüllen. Ehefrauen von Ministern haben eine solche öffentliche Rolle bisher in Deutschland nicht gespielt. Stephanie zu Guttenberg unterscheidet sich nicht nur dadurch von allen genannten deutschen Politikerfrauen. Sie ist binnen anderthalb Jahren zu einem Star geworden, der es in die wichtigsten Talkshows und auf die Seite eins der Boulevard- und Regenbogenpresse gebracht hat. Begonnen hat diese Karriere als Medienstar mit dem Aufstieg ihres Mannes. Als er CSU-Generalsekretär wird, gerät auch seine Frau in das Blickfeld des Boulevards. Kurz nach der Übernahme des Parteipostens gibt das Ehepaar sein erstes gemeinsames Interview und lässt dafür die »Bunte« ins Schloss Guttenberg für eine Home-Story. Schon da wird klar: Die beiden verkaufen sich zusammen besonders gut.

Die öffentliche Begeisterung für den Wirtschaftsminister Guttenberg rückt in der Folge auch seine Frau weiter ins Rampenlicht. Im Herbst 2009 folgt dann der erste Höhepunkt in der Präsentation des neuen Traumpaares. Gemeinsam sind sie im Oktober bei »Wetten, dass …?« mit Thomas Gottschalk zu Gast, der aus dem oberfränkischen Kulmbach stammt und daher Guttenberg auf kumpelhafte Weise duzt. Stephanie zu Guttenberg wird hinterher als der »heimliche Star« der Sendung beschrieben. Einen Monat später zeigt sie – abermals vor einem Millionenpublikum –, dass sie es mit ihrem Mann durchaus aufnehmen kann, wenn es um den öffentlichen Auftritt geht. Sie tut es in Vertretung seiner. In einem knallroten Abendkleid mit ausladendem Dekolleté tritt sie am 26. November 2009 bei der Verleihung des Fernsehpreises Bambi in Potsdam-Babelsberg auf die Bühne, da Guttenberg, seit wenigen Wochen Verteidigungsminister, wegen der am Morgen verkündeten Entlassung seines Staatssekretärs und des Generalinspekteurs der Bundeswehr in Berlin unabkömmlich ist. Wie sie die ungeprobte Rede hinkriegt, das beeindruckt. »Mein unmöglicher Mann hat mir vor anderthalb Stunden zirka dieses Redemanuskript zugesteckt, auf die politische Gemengelage verwiesen und irgendwie so ein ›Ich liebe dich‹ gemurmelt und betont, dass er die Rede im Zweifel frei gehalten hätte. Denken Sie sich einfach in den nächsten Worten Ihren Verteidigungsminister in dieses Abendkleid«, sagt sie. Dann verliest sie fehlerfrei die Laudatio auf den Fußball-Manager Uli Hoeneß.

Solche Auftritte tragen dazu bei, dass Stephanie zu Guttenberg binnen weniger Monate in ganz Deutschland bekannt und selbst zum Zugpferd für die Boulevardmedien wird. Spitzenauflagen lassen sich mit Fotos und Geschichten über sie ebenso erzielen wie mit ihrem Ehemann.

Woher rührt dieser Erfolg? Die Gründe liegen zunächst in der Person selbst. Stephanie zu Guttenberg weiß aufzutreten, sie hat einen berühmten Namen und eine reiche Herkunftsfamilie, sie hat viele Kontakte in die Welt der Schönen, Reichen und Einflussreichen. Das Kapital, aus dem sie schöpft, ist das gleiche, das auch ihr Mann nutzt. Und sie weiß sich zu inszenieren. Die Bedürfnisse des Boulevards hat sie nach dem Karrieresprung ihres Mannes aktiv bedient, wie Interviews in Zeitschriften wie »Bunte« oder »Gala« zeigen. Sie ist sich aber auch nicht zu schade, für kleinere, lokale Privatsender Interviews zu geben. Das seriöse Feuilleton bedient sie mit einem Sachbuch, die Regenbogenpresse mit Fotos von Bällen und Empfängen. Sie macht bei der Großgala »Ein Herz für Kinder« mit, aber sie fährt auch zu den Landfrauen des Bayerischen Bauernverbandes in Herrsching am Ammersee, spricht dort über das Thema »Mann und Frau – ein starkes Team«. Ähnlich wie ihr Mann bespielt sie das Publikum in seiner ganzen Breite.

»Ihr persönlicher Ehrgeiz ist es lediglich, den Mann zu stützen, den sie liebt«, hat ihre Freundin Anna von Bayern Anfang 2009 in der »Bild am Sonntag« geschrieben.[3] Doch das trifft nicht zu. Stephanie zu Guttenberg will sich nicht auf die Rolle der Politikergattin reduzieren lassen. Sie will nicht nur als interne Beraterin ihres Mannes gelten, eine Rolle, die auch andere Politikerfrauen wahrnehmen, die aber öffentlich nicht oder allenfalls in den Hintergrundberichten beleuchtet wird. Sie sucht ihren eigenen öffentlichen Erfolg. Sie ist diszipliniert und überlegt, wie sie vorgehen muss, um etwas zu erreichen. Dafür setzt sie auch auf ihren Glamour, auf auffällige Mode, auf ihre Ausstrahlung als Frau. Sie bekennt das mitunter freimütig: »Ich sag immer, man muss lernen, als Frau erfolgreich zu sein.« Dafür solle man nicht versuchen, Männer auf den Feldern zu übertrumpfen, in denen diese von Natur aus besser seien. Frauen hingegen hätten ihre Stärken in der Kommunikation, sie könnten »tausend Dinge gleichzeitig bewältigen« und hätten den längeren Atem. »Wir sollten bei uns bleiben und feminin auftreten«, sagt sie. Und nennt sich selbst eine »moderne Konservative«.[4]

Stephanie zu Guttenberg ist keine Intellektuelle, manche ihrer Äußerungen wirken eher floskelhaft. Selbst wenn sie sich zu ihrem Spezialthema, dem Kampf gegen sexuellen Kindesmissbrauch, äußert, klingen die zweifellos richtigen Dinge, die sie sagt, eher simpel. Ihrer Wirkung tut das freilich in breiten Schichten der Bevölkerung keinen Abbruch. Sie wirkt selbstbewusst, aber nicht abgehoben oder unnahbar. Beim Prominenten-Raten des RTL-Klassikers »Wer wird Millionär?« im November 2010 wird das besonders deutlich. So weiß sie besonders schnell, dass es bei den Schlümpfen, den Comic-Stars ihrer Jugend, nur eine Frau gibt, die Schlumpfine. Das hätten viele ihrer Altersgenossinnen auch gewusst. Als sie beim Raten schon weit gekommen ist – am Ende werden es 500 000 Euro sein –, bestellt sie ein großes Bier. Stephanie zu Guttenberg ist eben auch ganz normal. Für das Publikum heißt das: Da hat eine Frau Erfolg, die ist eigentlich wie du und ich. Es ist die Mischung aus Besonderheit und Normalität, aus Glanz und Durchschnittlichkeit, die sie zu einem Identifikationsobjekt für viele werden lässt.

Zu einem Bild, das Stephanie zu Guttenberg wild tanzend bei einer Wohltätigkeits-Party zeigt, schreibt die »Bild«-Zeitung Ende September 2010: »Hier rockt Deutschlands heimliche First Lady«. Die Lady tanzt nicht nur ausgelassen, sie reitet und joggt, geht gern in Clubs, mag Technomusik, aber auch Abba, Bruce Springsteen und klassische Werke. Sie fährt gern mit ihrem Mini einkaufen. Aber sie braust auch mit dem Geländewagen mit 180 Sachen über die Autobahn, an ihrem Mann vorbei, der im langsameren, gepanzerten Regierungswagen nur noch ihre Schlusslichter sieht.

Eine schwedisch-deutsche Familie

Wer aber ist diese Stephanie Freifrau von und zu Guttenberg, geborene Gräfin von Bismarck-Schönhausen? Wo stammt sie her? Zunächst einmal, das darf in keinem Artikel über sie fehlen, ist sie eine Ururenkelin von Otto von Bismarck, dem Eisernen Kanzler, der vom Kaiser 1871 den Fürstentitel verliehen bekam. Wie leitet sich die Verwandtschaft mit der Jahrhundertgestalt Bismarck her? Genealogie im Schnelldurchlauf: Bismarck hatte eine Tochter und zwei Söhne. Sein ältester Sohn Herbert hatte wiederum zwei Töchter und drei Söhne. Einer dieser Söhne ist Gottfried, der Großvater von Stephanie. Er hatte wiederum nur einen Sohn, Andreas Graf von Bismarck-Schönhausen – Stephanies Vater.

Die Kindheit des Kriegskinds – Andreas von Bismarck wird im Februar 1941 in Berlin geboren – ist überschattet durch den frühen Tod seiner Eltern. Am 14. September 1949 kommen Gottfried von Bismarck-Schönhausen und seine 15 Jahre jüngere Frau bei einem Autounfall in der Nähe von Bremen ums Leben. Stephanies Vater ist erst acht Jahre alt, als er Vollwaise wird.

Wie schon sein Vater wählt Andreas von Bismarck bei seiner ersten Heirat eine katholische Frau aus den Kreisen des ehemaligen österreichischen Adels. Im März 1965 ehelicht er in Wien Olivia Gräfin Larisch von Moennich. Er ist damals 24 Jahre alt, seine Frau 22. Im September wird die erste Tochter Christine geboren. Knapp zwei Jahre später kommt eine weitere Tochter, Tatjana Maria Agnes, zur Welt. Die Ehe wird nach neun Jahren im Juli 1974 geschieden.

Ein Jahr später heiratet Andreas von Bismarck wieder: die zehn Jahre jüngere Schwedin Charlotte Kinberg. Die Tochter eines Professors aus Stockholm arbeitet in Paris als Fotomodell, dort lernt Bismarck sie 1975 kennen. Die Hochzeit findet wenige Monate später, am 31. Juli 1975, in St. Moritz statt. Andreas von Bismarck setzt sich also über die Konventionen seiner Kreise hinweg, nach denen Ehen vorzugsweise unter Adligen zu schließen sind, und nimmt eine Bürgerliche, von Beruf Fotomodell, zu seiner zweiten Frau. Das Paar zieht nach München, im darauffolgenden Jahr kommt dort am 24. November 1976 die Tochter Stephanie zur Welt. Es wird das einzige Kind dieser Ehe bleiben – die Halbschwestern aus der ersten Ehe des Vaters wachsen mit ihrer Mutter in Brasilien und später in New York auf, sind aber im Winter mehrfach für einige Monate zu Besuch beim Vater und damit auch bei ihrer Halbschwester Stephanie. Sie leben heute in Portugal und in der Schweiz. Schwedisch lernt Stephanie als Kind zuerst; hört man genau hin, lässt sich eine Färbung in ihrem Deutsch erkennen. Wenn sie mit dem Flugzeug in Stockholm landet, dann empfindet sie nach eigenem Bekunden ein Gefühl von Heimat. In ihr schlage ein schwedisches Herz, sagt sie. Auch ihre Töchter sprechen schwedisch, Vater Karl-Theodor hat es aber über ein schwedisches Nachtgebet noch nicht hinausgebracht.

Anders als in der Familie ihres Ehemannes ist die Ehe ihrer Eltern intakt. Sie sei ihnen sehr dankbar dafür, dass »sie mir ermöglicht haben, in einer stabilen Familie aufzuwachsen, mit einer sicheren Bindung zu verantwortungsvollen Eltern, die

Andreas Graf von Bismarck-Schönhausen und seine Frau Charlotte mit ihrer
fünf Jahre alten Tochter Stephanie im Jahr 1982

immer zu mir hielten und mir die Freiheit und Sicherheit gaben, mich so zu entwickeln, wie ich wollte«, schreibt sie in
ihrem Buch.[5]

In München geht Stephanie bei katholischen Ordens-
schwestern zur Schule. Sie ist zwar protestantisch, aber in der
Familie gibt es, wie sie ja selbst später zeigen wird, keine Be-
rührungsängste mit Katholiken. Sie wird nach eigenen Angaben christlich erzogen, »aber ohne allzu strenge oder gar fun-
damentalistische Züge«.[6] Klare Regeln und Werte wie Höflichkeit, Anstand, Aufrichtigkeit und Leistungsbereitschaft
hätten in ihrem Elternhaus gezählt, aber sie sei zugleich mit
viel Liebe und Humor erzogen worden. Im Herzen Mün-
chens besucht sie die Mädchenschule der Armen Schulschwes-
tern von Unserer Lieben Frau, das Theresia-Gerhardinger-
Gymnasium am Anger. Trotz ihrer reichen Erfahrung mit
dem Katholizismus (oder gerade deswegen) ist ihr später die
Entscheidung, ihre beiden Töchter Anna und Mathilda nach

der Konfession ihres Mannes, also katholisch, zu erziehen, nicht leichtgefallen. Die Mädchen besuchen im Berliner Stadtteil Westend, wo die vier Guttenbergs in einer Villa gemeinsam mit zwei Hunden leben, eine katholische Grundschule, von der die Mutter sehr angetan ist.

Nach dem Abitur geht Stephanie zunächst für ein knappes Jahr nach Paris, studiert an der Sorbonne Geschichte und Politikwissenschaften. Doch in der französischen Hauptstadt will sie nicht bleiben. Im schottischen Edinburgh, wo sie drei Monate verbringt, lernt sie mit einem Computer umzugehen und mit zehn Fingern zu tippen. Schließlich entscheidet sie sich für ein Studium der Textilwirtschaft in Nagold im nördlichen Schwarzwald an der Fachakademie für Textil und Schuhe. Ihre Mutter hatte ein kleines Unternehmen für Inneneinrichtungen, Stoffe und Mode sind Stephanie vertraut. An der Lehrakademie des deutschen Textileinzelhandels in dem kleinen Ort mit den hübschen Fachwerkhäusern können Studenten in zwei Jahren Textilbetriebswirt werden. Ein bestimmtes Berufsziel verfolgt sie mit dieser Ausbildung nach eigenem Bekunden nicht. Ein Studium der Geschichte und Philosophie in Tübingen, das sie parallel angeht, schließt sie nicht ab.

Mit ihrem späteren Mann Karl-Theodor zu Guttenberg ist sie fünf Jahre zusammen, bevor sie Anfang 2000 heiraten. Ihre Kinder bekommt sie gut ein Jahr und zwei Jahre nach der Hochzeit, für heutige deutsche Verhältnisse früh, mit 24 und 26 Jahren. Sie sei die einzige ihrer Freundinnen gewesen, die damals mit Kinderwagen unterwegs gewesen sei, erinnert sie sich, und habe es nie bereut, früh Kinder bekommen zu haben. In jungen Jahren habe man noch mehr Kraft für kleine Kinder, und zudem könne sie sich nun, da ihre Töchter schon Schulkinder sind, für Dinge, die ihr auch wichtig seien, engagieren. Früh Kinder zu bekommen habe auch den Vorteil, dass mehrere Generationen sich noch über längere Zeit erleben könnten.

Die Bismarcks

Bevor Stephanie zu Guttenbergs Ehemann Minister in Berlin wird, haben die meisten Deutschen den Namen Guttenberg nie gehört. Manche Musikinteressierte kennen den Vater als Dirigenten, ältere Semester erinnern sich womöglich an den Großvater, den CSU-Politiker. In Oberfranken haben die Guttenbergs zwar einiges Gewicht, aber eine Familie von nationaler Bedeutung, gar eine Dynastie sind sie nie gewesen. Den Namen Bismarck kennt indes jeder. Das hat mit der historischen Leistung des ersten Reichskanzlers des Deutschen Reiches zu tun, aber auch mit der breiten Verehrung, die ihm nach seinem Tod zuteil wurde. Straßen, Türme, Burgen, Industrieanlagen, Schiffe, Berge, Gletscher, Mineralwasser und Pflanzen sind nach Bismarck benannt – allein in der Frage des Herings streiten sich die Gelehrten, ob der Reichsgründer wirklich der Namensgeber ist. Keine Frage, Bismarck ist eine Kult-Figur. Bismarcks Nachfahren haben von diesem Ruhm gezehrt, gemehrt haben sie ihn nicht. Zumindest aber haben sie immer wieder für Schlagzeilen gesorgt.

Stephanie zu Guttenbergs Vater, Andreas von Bismarck, ist in dieser Hinsicht eher eine Ausnahme. Er lebt in den vergangenen Jahrzehnten weitgehend zurückgezogen im Ausland oder im Münchner Raum, kümmert sich von dort um seine Geschäfte und Liegenschaften. Er und seine Frau gelten als pressescheu. Nur selten dringt etwas an die Öffentlichkeit wie etwa Anfang der achtziger Jahre, als der begeisterte Golfer das 1000 Hektar große Gut Silk in Reinbek bei Hamburg, das er besitzt, zu Deutschlands größtem Golfplatz machen will, mit 54 Löchern, einigen Tennisplätzen und bis zu 90 Appartements für die Golfer. Gegen die Pläne wehren sich Anlieger und Umweltschützer, sie gründen die »Interessensgemeinschaft Rettet Gut Silk«. Bismarck, der zuvor schon die Idee verfolgt hatte, eine Reiter-Pension oder einen Aqua-Zirkus aus dem Gut zu machen, ist auf die Gegner seines Golf-Projekts schlecht zu sprechen. Das sei, so sagt er damals, eine

Stephanie zu Guttenberg mit ihren Eltern im Februar 2010 während einer
Benefizauktion einer Münchner Galerie zugunsten des Vereins »Innocence in
Danger«

»klassenkämpferische Politaktion«, initiiert von der SPD, um
»ihrem fragwürdigen Ziel der Veränderung unseres Gesell-
schaftssystems näherzukommen«.[7] Schließlich hatte Bismarck
sogar ein »Jugendförderprogramm« versprochen; die Jugendlichen sollten zu ermäßigten Preisen die Golfanlage nutzen
dürfen. Doch die Gegner geben nicht klein bei. Der Streit
zieht sich jahrelang hin, am Ende untersagt ein Gericht den
Bau des Golfplatzes.

Heute wird Andreas und Charlotte von Bismarck öffentliche Aufmerksamkeit vor allem durch ihre Tochter Stephanie
zuteil. Die bunten Blätter bringen Fotos des Elternpaares
etwa von den Festspielen in Salzburg, die sie gemeinsam mit
Tochter und Schwiegersohn besuchen; die Bismarcks haben
in der Nähe in Fuschl ein Haus. Oder man sieht sie bei Veranstaltungen von »Innocence in Danger«, der Organisation gegen Kindesmissbrauch, der Stephanie zu Guttenberg vorsteht.

Die Eltern besuchen die Galaveranstaltungen der Organisation. Sie geben keine Interviews, bekunden aber gerne, dass sie auf ihre Tochter mächtig stolz sind.

Die relative Zurückgezogenheit, die für das Leben von Stephanies Eltern gilt, ist allerdings eher untypisch für die Großfamilie der Bismarcks. Deren Mitglieder pflegen oft einen abwechslungsreichen, ja schillernden Lebenswandel. Das zeigt sich schon beim Großvater von Stephanie, Gottfried von Bismarck-Schönhausen. Der 1901 geborene Enkel Otto von Bismarcks ist ein unsteter Geist: Nach dem Abitur tritt das vierte von fünf Kindern 1919 in den »Grenzschutz Ost« ein. Es sind Freiwilligenverbände, die die Ostgrenze bis zur endgültigen Grenzsicherung schützen sollen. Für viele junge Adlige sind die deutschnationalen Freikorps eine Möglichkeit, das Kriegserlebnis der älteren Brüder, an denen sie sich orientierten, »nachzuholen«. Gottfried von Bismarck studiert dann Jura in Heidelberg, München und Kiel, beendet 1924 das Studium mit dem ersten Staatsexamen. Danach ist er zeitweise für die Hamburg-Amerika-Linie in Hamburg und in New York tätig. Von einer Tätigkeit im Reichsverband der Deutschen Industrie wechselt er auf ein Gut bei Templin, wo er von 1930 an als Landwirt tätig ist. Mit der Machtübernahme der Nazis beginnt sein politischer Aufstieg. Erst wird er Landrat und NSDAP-Kreisleiter auf Rügen, dann Regierungspräsident in Stettin, später Regierungspräsident in Potsdam. Zudem sitzt er für die NSDAP von 1933 bis 1944 als Abgeordneter im Reichstag. Er gehört zum »Freundeskreis Reichsführer SS« und wird von Heinrich Himmler ehrenhalber zum SS-Oberführer ernannt. In Wien heiratet Gottfried von Bismarck 1937 die damals 21 Jahre alte Melanie Gräfin Hoyos, seine Cousine. Ihr Vater war Alexander Graf Hoyos. Dessen Schwester, Margerite Gräfin Hoyos, hatte Herbert von Bismarck-Schönhausen, den Vater von Gottfried, geheiratet. Mit Melanie bekommt Gottfried von Bismarck zwei Töchter und den Sohn Andreas, den Vater von Stephanie zu Guttenberg.

Wie viele Deutsche stellt Gottfried von Bismarck den Sinn

von Hitlers Krieg erst nach der Kriegswende von 1942 in Frage. Er unterhält persönliche Verbindungen zu einzelnen Mitgliedern des Widerstands, unter anderem zu Claus von Stauffenberg. Dass er »in den Widerstand« gegangen sei, ist wohl ein Teil der Bismarck'schen Familienlegende.[8] Seine Kontakte sind aber Grund genug, ihn in den Verdacht zu bringen, an der Verschwörung gegen Hitler beteiligt gewesen zu sein. Er wird am 29. Juli 1944 verhaftet, im August aus der SS ausgestoßen und aus dem Reichstag ausgeschlossen. Die Nationalsozialisten inhaftieren ihn im Konzentrationslager Sachsenhausen, doch ein Todesurteil wird durch den Volksgerichtshof nicht ausgesprochen. Gottfried von Bismarck überlebt so die letzten Kriegsmonate. Eine weitere Karriere ist ihm nicht vergönnt: Im September 1949 kommt er gemeinsam mit seiner Frau bei einem Autounfall ums Leben. Er ist damals 48, seine Frau 33 Jahre alt. Seine Tochter Vendeline ist elf, seine zweite Tochter Barbara zehn Jahre alt.

Auch Gottfrieds vier Jahre älterer Bruder Otto von Bismarck, der Chef des Hauses, ein Diplomat und während der Weimarer Republik Mitglied der Deutschnationalen Volkspartei (DNVP), schließt sich im Mai 1933 der NSDAP an. Hitler selbst hatte sich um die Bismarck-Brüder bemüht. Otto von Bismarck, seit 1928 mit der Schwedin Ann-Mari Tengbom, Tochter eines Hofarchitekten, verheiratet, ist 1937 bis 1940 führend in der Politischen Abteilung im Auswärtigen Amt tätig, dann bis 1943 als Botschafter in Rom. Nach kurzer politischer Abstinenz nach dem Krieg zieht er 1953 als Abgeordneter der CDU in den Bundestag ein, dessen Mitglied er bis zum Jahr 1965 bleibt, das Jahr, in dem ihm das Große Bundesverdienstkreuz verliehen wird. Während seiner Zeit als Bundestagsabgeordneter wird 1960 der zeitweilige Lagerkommandant von Auschwitz, Richard Baer, auf dem Gut Otto von Bismarcks verhaftet, wo er sich als Forstarbeiter unter dem falschen Namen »Karl Neumann« 15 Jahre lang versteckt hatte. Der Gutsherr Bismarck weigert sich auf Anraten seines Anwalts, dazu Aussagen zu machen.

Freilich lässt sich, wie fast immer in weitverzweigten Adelsfamilien, in der Verwandtschaft auch politisch anders gefärb-
tes Personal finden. Ein anderer Urenkel von Bismarck war
Heinrich Graf von Einsiedel. Seine Mutter Irene von Bismarck-Schönhausen ist eine Tochter von Bismarcks zweitem
Sohn Wilhelm. Als Jagdflieger wird Einsiedel 1942 an der Ostfront abgeschossen; in sowjetischer Kriegsgefangenschaft
wird er als Vizepräsident in dem von den Sowjets unterstütz-
ten Nationalkomitee Freies Deutschland aktiv, ruft in Ansprachen an die deutschen Soldaten diese dazu auf, den Kampf
für Hitler aufzugeben. Doch als er gegen den Rachefeldzug
der Roten Armee in Ostpreußen protestiert, gerät der »Ge-
nosse Graf« bei den Kommunisten in Misskredit. Die sowje-
tische Zone, wo er nach der Rückkehr aus der Gefangenschaft
zunächst als Journalist arbeiten will, verlässt er schon 1948,
arbeitet in den kommenden Jahrzehnten in der Bundesrepublik als Buch- und Drehbuchautor. Manch konservativen
Kreisen gilt er als Verräter, der mit den Sowjets gemeinsame
Sache gemacht hat. Immer wieder setzt sich Einsiedel dafür
ein, dass das Nationalkomitee Freies Deutschland als Widerstandsgruppe gegen Hitler anerkannt wird – ganz im Gegensatz zu Karl-Theodor zu Guttenbergs Onkel Franz Ludwig
von Stauffenberg, der genau das verhindern will. Einsiedel ist
damit schließlich erfolgreich; das Nationalkomitee Freies
Deutschland wird in der Gedenkstätte Deutscher Widerstand
gewürdigt. Nachdem er von 1957 bis 1992 Mitglied der SPD
ist, sitzt Einsiedel von 1994 bis 1998 für die Partei des Demokratischen Sozialismus (PDS) im Bundestag. Er stirbt 2007 in
München.

Von anderer Art als der »rote Graf« sind die meisten Mitglieder der Familie. Otto von Bismarck, der genannte Enkel
des gleichnamigen Reichskanzlers, hat mit seiner schwedischen Frau vier Söhne und zwei Töchter. Seine jüngste Tochter Gunilla Gräfin von Bismarck-Schönhausen macht als
wasserstoffblonder Star des internationalen Jetsets und als
ungekrönte Partykönigin von Marbella von sich reden, dem

südspanischen Ort, an dem viele Prominente sich Villen errichten lassen. Nach ihrem Studium in Paris wird Gunilla Ende der sechziger Jahre in dem ehemaligen Fischerort zu einer festen Größe der High Society. Sie organisiert Wohltätigkeitsgalas für den europäischen Hochadel, moderiert TV-Shows in Spanien und betreibt Restaurants; zugleich wendet sie sich gegen Drogen, Alkohol und Zigaretten. Der aktuelle »Fürst« der Familie ist Ferdinand von Bismarck, der im November 2010 seinen 80. Geburtstag feierte. Er wohnt auf Friedrichsruh im Sachsenwald, dem Gut, das Bismarck nach dem Sieg im deutsch-französischen Krieg 1871 vom Kaiser geschenkt bekam. Ruhe hat es im Familienleben der Bismarcks allerdings kaum gegeben. Vor allem Ferdinands zweiter Sohn Gottfried von Bismarck sorgt für stete Schlagzeilen in der Boulevardpresse: Der homosexuelle Londoner Dandy ist berüchtigt für seine ausschweifenden, von Drogenexzessen begleiteten Partys. Er stirbt 2007 mit 44 Jahren in der britischen Hauptstadt, angeblich an einer Überdosis Kokain. Sein älterer Bruder, Carl-Eduard von Bismarck, ein Unternehmer, zieht 2005 für die CDU in den Bundestag ein. Calle, wie man ihn ruft, wird von der »Bild«-Zeitung als »Deutschlands faulster Abgeordneter« bezeichnet, weil er selten im Bundestag zu sehen ist – was nach seinem eigenen Bekunden mit seiner Alkoholsucht zu tun hatte. 2007 legt der in dritter Ehe verheiratete Bismarck sein Mandat nieder, geht nach New York. Sein Bruder Gregor, der aus Italien nach Hause kommt, macht sich daran, das Erbe zu übernehmen. Doch Ende 2010 kommt es zum großen Familienkrach, nachdem Calle, der ältere der Brüder, nach Friedrichsruh zurückgekommen ist. Die Auseinandersetzungen zwischen den Brüdern gipfeln im Einsatz eines Sondereinsatzkommandos der Polizei, die, von Gregor alarmiert, auf Schloss Friedrichsruh einrückt und Calle vorübergehend in Handschellen legt.

Karl-Theodor zu Guttenberg hat sich schon 2008 deutlich von Calle, einem Cousin zweiten Grades seiner Frau, distanziert: »Wir unterscheiden uns von unserem Vetter, den wir schätzen, bereits in einem wesentlichen Punkt. Wir sind nicht Jetset.«[9] Der englische Begriff, im Deutschen wohl am ehesten mit Schickeria zu übersetzen, deutet auf reiche Leute hin, die das Flugzeug, also den Jet, benutzen, um in exklusiven Kreisen rund um den Globus Partys zu feiern und sich der Zerstreuung hinzugeben. Guttenberg hingegen reklamiert für sich und seine Frau Bodenhaftung: »Unser Grundanspruch ist, mit beiden Füßen auf dem Boden zu stehen – da spielt die Herkunft keine Rolle.«[10] Die Guttenbergs wollen als Paar gelten, das sich seiner gesellschaftlichen Verantwortung allzeit bewusst ist.

Unschuld in Gefahr

Das Ausmaß des sexuellen Missbrauchs von Kindern ist erst in den vergangenen Jahren einer breiten Öffentlichkeit in seiner ganzen Tragweite bewusst geworden. Entscheidend dafür ist die Aufdeckung des vielfachen sexuellen Missbrauchs von Kindern und Jugendlichen an katholischen Schulen und Internaten, aber auch an Einrichtungen der Reformpädagogik wie der hessischen Odenwald-Schule. Hunderte Kinder sind seit den siebziger Jahren missbraucht worden, viele trauen sich erst heute, darüber zu reden. Die Bundesregierung reagiert 2010 auf diese Entwicklung, indem sie eine Beauftragte benennt und einen runden Tisch einrichtet, an dem gleich drei Bundesministerinnen, nämlich die für Familie, Gesundheit und Bildung, teilnehmen.

Für einen Verein, der sich gegen sexuellen Missbrauch engagiert, sind das Zeiten, in denen er mit größerer öffentlicher Aufmerksamkeit rechnen kann als in den Jahren zuvor. In der Kombination mit einer Vorsitzenden, die zum Top-Promi aufgestiegen ist, ist es dem kleinen Verein »Innocence in Danger«, den zuvor nur wenige kannten, gelungen, bundesweite Bekanntheit zu erreichen. Was ist das für ein Verein, deren deutschen Ableger Stephanie zu Guttenberg als Präsidentin

leitet? »Innocence in Danger«, auf Deutsch »Unschuld in Gefahr«, ist eine Organisation gegen Kindesmissbrauch, die sich
vor allem den Gefahren des Missbrauchs durch die neuen Medien, besonders das Internet, widmet. Gegründet wurde sie
1999 anlässlich einer Konferenz der Unesco in Paris von Homayra Sellier, einer Exil-Iranerin, die in Nyon in der Schweiz
lebt. Ihr Mann ist Patrick Sellier, der zur Großfamilie des le-
gendären französischen Präsidenten Charles de Gaulle gehört
und als Finanzmakler sein Geld gemacht hat. Das Ehepaar
»gehört dem internationalen Jetset an«, schreibt die »Welt«
2003 anlässlich einer Gala in Berlin.[11] Wie sie zu ihrem Einsatz
gegen Kinderpornographie kam, erzählt Homayra Sellier, die
als Ehrenpräsidentin auf der Internet-Seite der deutschen
Sektion geführt wird, in der RTL-II-Serie »Tatort Internet«
wie folgt: Sie sei als Kind von sehr eleganten Männern und
Frauen angesprochen worden, die ihr und ihren Freundinnen
Geld angeboten hätten, um sie in die besten Lokale von Paris
mitzunehmen. Eine Freundin habe das Angebot eines Mannes angenommen, sei dann vergewaltigt worden und habe sich
später das Leben genommen. Sie habe sich daraufhin ge-
schworen, gegen so etwas anzugehen. Wie sie dieses Erlebnis
dazu gebracht hat, sich gerade gegen die Verführung von Kindern und Jugendlichen durch das Internet zu engagieren, erklärt die mondäne Iranerin nicht. Und auch ihre Aussage, sie
habe zunächst gedacht, dass Kindesmissbrauch nur in armen
Ländern stattfinde, passt so gar nicht zu den zuvor geschil-
derten Erfahrungen, die sie in Paris gemacht haben will. Auch
sonst wirkt das Auftreten der Gründerin von »Innocence in
Danger« exaltiert. So sagt sie über die Politiker: »Die Männer
und Frauen in unseren Regierungen haben keinen Mut. Sie
sind feige.« Sie klopften ihr zwar auf die Schulter, täten aber
nichts für die Kinder. Was Stephanie zu Guttenberg, Ehefrau
eines deutschen Regierungsmitglieds, wohl von solchen Aussagen ihrer Ehrenpräsidentin hält?[12]

Seit 2003 besteht die deutsche Sektion der Organisation. Sie
ist von Anfang an in »adliger« Hand. In den ersten Jahren

macht sie vor allem durch große Benefiz-Galadiners in Berlin
auf sich aufmerksam, die Isa Gräfin von Hardenberg, die
Grande Dame der Berliner High Society und Inhaberin der
Event-Agentur »Hardenberg Concept GmbH«, organisiert.
Sie finden 2003 im Schlüterhof statt, 2004 im Hotel Adlon,
2005 in der Orangerie des Schlosses Charlottenburg, 2006 im
Ritz Carlton Hotel. Die Gästeliste ist bei diesen Anlässen im-
mer mit Prominenten gespickt. Aber auch eine Person der
Zeitgeschichte, wie die Schah-Witwe Farah Pahlavi, wirbt
2008 in Berlin für die Organisation – zusammen mit Homayra
Sellier. Damals sitzen auch Ferdinand Fürst von Bismarck,
das Model Nadja Auermann und die Schmuckdesignerin Jette
Joop mit auf dem Podium. Wenn reiche und berühmte Leute
eine Gala besuchen und Geld für eine gute Sache spenden, gilt
das als ehrenvoll. Doch wohltätig zu sein ist auch ohne großes
Aufheben um die eigene Person möglich. Mildtätiges Wirken
kann wiederum dazu dienen, die eigene Bekanntheit zu erhalten und zu steigern. Den Stars werden bei solchen Galas oft
Gagen, Flüge und Übernachtungen bezahlt. Problematisch
sind solche Veranstaltungen insbesondere dann, wenn unklar
bleibt, wie viel Geld nun dem begünstigten Verein und der
guten Sache wirklich zufließt. Das ist aber nicht selten der
Fall. Öffentlich einsehbare Abrechnungen solcher Veranstaltungen gebe es in der Regel nicht, hat schon vor Jahren der
Deutsche Spendenrat moniert.

Stephanie zu Guttenberg ist seit 2004 für »Innocence in
Danger« aktiv. Soscha Gräfin zu Eulenburg, eine gute Bekannte und ehemalige Vizepräsidentin des Deutschen Roten
Kreuzes, gewinnt die junge Frau zu Guttenberg für die Arbeit. Der Grund sei gewesen, so Stephanie zu Guttenberg,
dass sie selbst Mutter sei und außerdem jung genug, um mit
der Welt des Internets vertraut zu sein: »Zudem war ich gut
vernetzt und somit in einer optimalen Position, um als Vorstand für Innocence in Danger e.V. Spenden eintreiben zu
können.«[13] Seit Februar 2009 ist Stephanie zu Guttenberg Präsidentin der deutschen Sektion der Kinderschutzorganisation.

Es ist der Monat, in dem ihr Mann Wirtschaftsminister wird. Da die Entscheidung, dass sie den Verein leiten solle, schon vorher gefallen sei, weist sie gern darauf hin, dass sie ihr Amt übernommen habe, bevor ihr Mann seine Ministerkarriere startete. »Wenn man so will, kann man sagen: Er hat mit seiner Karriere nachgezogen«, scherzt sie in einem Interview Ende 2009.[14] Der »Adel« dominiert weiter den kleinen Verein mit zweieinhalb Mitarbeiterstellen. Im Vorstand sitzen Ende 2010 – neben Stephanie zu Guttenberg – Dorothea von Eberhardt, Sylvester von Bismarck, Soscha zu Eulenburg, Christian von Hardenberg und Alexander von Kalckreuth. Geschäftsführerin ist Julia von Weiler. Die sieben »Adligen« werden von drei »Bürgerlichen« (Karl Matthäus Schmidt, Klaus Fehsenfeld und Sébastien Véron) komplettiert. Neben einer telefonische Beratung, die der Verein wesentlich unterstützt, werden Kunstwochen für traumatisierte Kinder, eine zwischen 2004 und 2007 erstellte Studie zur »Versorgung kindlicher und jugendlicher Opfer kinderpornographischer Ausbeutung in Deutschland« und ein Präventionsmodellprojekt als Aktivitäten des Vereins angeführt. Zudem sind mehrere neue Projekte geplant, so dass der Eindruck entsteht, dass der Verein unter der Leitung der neuen Präsidentin deutlich mehr Aktivitäten entwickelt als zuvor. Stephanie zu Guttenberg ist es gelungen, weit höhere Spenden als bisher für den Verein einzuwerben. »Meine Popularität sehe ich als eine Währung, die ich für ein gutes Ziel einsetzen will«, sagt sie. Durch das weit höhere Spendenaufkommen sei es nun möglich, die Arbeit des Vereins auszubauen und neue Projekte zu beginnen.

Ende November 2010 wird »Innocence in Danger« in Presseveröffentlichungen angegriffen. Unter den Überschriften »Gutfrau ohne Gütesiegel« und »Im Spendensumpf« wird in der »Frankfurter Rundschau« und der »Berliner Zeitung«, die beide im DuMont Verlag erscheinen, der Vorwurf erhoben, der Verein gebe über die Höhe seiner Spendeneinnahmen sowie über die Verwendung seiner Gelder keine Auskunft. Zudem besitze »Innocence in Danger« weder das Spendensiegel des Deutschen Zentralinstituts für soziale Fragen (DZI), noch gebe es einen öffentlichen Finanzbericht. Zudem wird am Sinn der Vereinstätigkeit gezweifelt. Sexueller Missbrauch, der über das Internet angebahnt werde, betreffe nur wenige Fälle im Jahr; der Verein unterhalte weder Kinderhäuser noch Beratungsstellen. »Dieser Verein lenkt von den wichtigen Problemen ab«, sagt Heinz Hilgers, der Präsident des Deutschen Kinderschutzbundes.[15]

Stephanie zu Guttenberg sieht die Veröffentlichung als Teil einer öffentlichen Kampagne, mit der ihre Glaubwürdigkeit angezweifelt werden soll. »Das ist eine Verleumdungskampagne«, sagt sie, spricht von haltlosen Vorwürfen und kündigt eine Strafanzeige gegen die Journalisten und die verantwortlichen Redakteure des DuMont-Verlags an.[16] Zumindest gerät »Innocence in Danger« in Rechtfertigungszwang. Der Vorwurf, man habe nicht das DZI-Gütesiegel, lässt sich entkräften mit dem Hinweis auf andere bekannte Vereine, die auf das Siegel verzichten, um das Geld für dessen Erwerb zugunsten ihrer eigentlichen Ziele zu sparen. Schließlich gibt »Innocence in Danger« bekannt, dass der Verein 2009 rund 270 000 Euro Spenden bekommen habe sowie mehr als 100 000 Euro von Stiftungen und Lotterien. Später wird auch eine Jahresbilanz für das Jahr 2009 auf der Internet-Seite eingestellt, die die Einnahmen und Ausgaben aufführt. Das zumindest kann als Eingeständnis gewertet werden, dass »Innocence in Danger« sich zuvor nicht durch sonderlich große Transparenz ausgezeichnet hat.

»Tatort Internet«

Das positive Image von Stephanie zu Guttenberg ist durch die Vorwürfe, ihr Verein lasse es an Transparenz mangeln, nicht nachhaltig erschüttert worden. Weitaus heftiger ist indes die Kritik an einem Fernsehprojekt, das mit großem medialem

Show oder Aufklärung? Stephanie zu Guttenberg in einem Münchner Studio von RTL II während der Aufnahmen für »Tatort Internet«

Aufwand beworben wird und an dem die Ministerfrau mit-
wirkt. Anfang Oktober 2010 tritt Stephanie zu Guttenberg in
der Sendereihe »Tatort Internet« in RTL II als Co-Moderato-
rin auf. Die »Bild«-Zeitung widmet ihr zum Sendebeginn
wieder die Hauptschlagzeile auf der Titelseite: »Stephanie zu
Guttenberg jagt Kinderschänder im TV!«. In einer Schule in
Berlin-Charlottenburg präsentieren Stephanie zu Guttenberg
und der Fernsehsender am selben Tag erste Ausschnitte. Die
»Bild«-Zeitung mit ihrem eigenen Konterfei hält Stephanie zu
Guttenberg werbewirksam in die Höhe. »Wir brauchen solche Schlagzeilen!«, ruft sie den Reportern zu. Ihr Ehemann
sagt, dass er von ihrem Engagement für RTL II nichts gewusst
habe. In dieser Frage sei seine Frau von anderen beraten worden.

In der Sendereihe geht es vor allem um Cyber-Grooming,
also darum, wie sich Erwachsene an Kinder und minderjähri-
ge Jugendliche im Internet heranmachen, um sich dann mit
ihnen zu verabreden. »Tatort Internet« versucht, solche po-
tenziellen Täter zu überführen. Dafür chattet eine Journalis-

tin, Beate Krafft-Schöning, im Netz, gibt sich als 13 Jahre alte Jugendliche aus und verabredet sich dann mit den Männern. Eine 18 Jahre alte Schauspielerin mimt anschließend bei den Treffen in Cafés oder Wohnungen die Dreizehnjährige, bevor dann die strenge Journalistin auftaucht und den Täter in Verhörmanier zur Rede stellt. Aus Gründen des Persönlichkeitsschutzes werden die Täter verpixelt, also unkenntlich gemacht. Vorbild des Formats ist eine Serie aus Amerika – »To catch a predator«. Dort wartete oft schon der Sheriff auf die Überführten. Einer, der in dieser amerikanischen Serie zu sehen war, brachte sich um.

Mehrfach wird in der Öffentlichkeit moniert, dass gerade RTL II für eine solche Sendung mit Aufklärungsanspruch der falsche Sender sei. Schließlich lief die erste Folge von »Tatort Internet« zwischen der Sendung »Frauentausch« und dem Beitrag »Grenzenlos geil – Sexsüchtige packen aus«. Stephanie zu Guttenberg rechtfertigt die Senderauswahl damit, dass RTL II besonders gut auf die Zielgruppe passe, die man ansprechen wolle: »Wir wollten nicht nur Menschen erreichen, die sonst ausschließlich Dokumentationen auf Arte schauen.« Wichtig sei, dass man sich am Publikum orientiere und die Botschaften so sende, dass sie verstanden würden. Das klingt nach einer bewussten Auswahl von Format und Sender. Im gleichen Interview sagt sie allerdings, dass sie jahrelang nur Absagen von den öffentlich-rechtlichen wie privaten Sendern bekommen hätten – RTL II scheint dann doch wie eine Notlösung.[17]

Neben der Auswahl des Senders kritisierten Medien und Politiker, dass die Täter an einen »neuzeitlichen Pranger« gestellt würden. Zudem sei die Verfolgung von Straftätern Sache von Polizei und Justiz. Stephanie zu Guttenberg solle sich »bei ihrem Einsatz für unsere Kinder lieber ein Vorbild bei der Präsidentengattin Eleanor Roosevelt nehmen, die sich für Mütter und Kinder in Parlament und Regierung starkmachte, als bei den Lynchmobs des Ku Klux Klan«, schreibt sehr entschieden die »Süddeutsche Zeitung«.[18]

Ziel der Sendereihe, so argumentiert Stephanie zu Guttenberg, sei es, das »Sich-Ranmachen« an Kinder unter Strafe zu stellen. Jeder Ladendieb werde in Deutschland konsequenter bestraft als Leute, »die unseren Kindern Nacktfotos von sich schicken, sie zu sich nach Hause locken und Schlimmeres«.[19] Justizministerin Sabine Leutheusser-Schnarrenberger von der FDP stellt hingegen fest, dass die Anmache über das Chatten im Internet längst strafbar sei. »Cyber-Grooming« stünde seit 2004 unter Strafe »bezüglich aller relevanten modernen Kommunikationsmittel«, so die Ministerin. Insofern sei das angebliche Anliegen der Serie »völlig verfehlt«; die Sendereihe sei für deren Macher »kein Ruhmesblatt«.[20] Tatsächlich ist ein entsprechendes Gesetz am 1. April 2004 in Kraft getreten. Seitdem drohen Personen, die sich mit sexuellen Absichten im Internet an Kinder heranmachen, drei Monate bis fünf Jahre Gefängnis. Wie konsequent es angewendet wird, darüber lässt sich sicherlich streiten. Seine Existenz zu ignorieren ist bestenfalls eine Fahrlässigkeit der Serienmacher.

RTL II kann sich im Zweifelsfalle nicht einmal zugute halten, Täter überführt zu haben. Denn da der Chat und die Treffen ja nicht tatsächlich mit Dreizehnjährigen, sondern mit Erwachsenen stattfanden, ist der Straftatbestand nicht erfüllt. Fachleute sind zudem skeptisch, ob die Sendung den Anspruch der Aufklärung erfüllen kann. Jugendliche klärten sich heute selbst über die Gefahren im Internet auf. »Kernpädophile« suchten hingegen Kinder vor der Pubertät, die im Internet nicht in solch großer Zahl vertreten seien, so Rudolf Egg, Leiter der kriminologischen Zentralstelle in Wiesbaden. »Tatort Internet« verängstige und verwirre eher, als aufzuklären.[21]

Als einer der von RTL II gestellten Verdächtigen, ein 61 Jahre alter Leiter eines Würzburger Kinderdorfes, trotz der Verpixelung erkannt und von seinem Arbeitgeber, der Caritas, entlassen wird, verschwindet er für einige Tage. Es ist der Moment, da die Sache für Stephanie zu Guttenberg und ihren Verein schlecht auszugehen droht. Denn es wird befürchtet, der Mann habe sich etwas angetan. Die Schlagzeile, die Ministergattin und ihr Verein hätten in Verbindung mit einem Boulevardsender einen Mann in den Tod getrieben, hätte verheerend sein können. Die Erleichterung ist groß, als der Verbleib des Mannes schließlich bekannt wird. Ende 2010 werden die Ermittlungen gegen ihn wegen fehlenden Verdachts auf eine Straftat eingestellt.

Sie bereue ihr Engagement für »Tatort Internet« nicht, sagt Stephanie zu Guttenberg. Zahlreiche Zuschriften hätten ihr gezeigt, dass die Sendungen von vielen sehr verschiedenen Leuten gesehen worden seien. »Das Thema muss in die Masse«, rechtfertigt sie ihr Engagement in der »Bild«-Zeitung ebenso wie das bei RTL II. Die Kritik an «Tatort Internet« habe abermals gezeigt, dass es in Deutschland vor allem um die Rechte der Täter gehe. »Wir schützen immer die Täter und nie die Opfer«, sagt sie.

Die Regenbogenpresse hat sich auf ein anderes Thema eingeschossen. Da eine mit »Innocence in Danger« kooperierende Beratungsstelle nach der Ausstrahlung Beschimpfungen und Drohungen erhielt, die sich auch gegen Stephanie zu Guttenberg gerichtet haben sollen, wird sie nun als Kämpferin dargestellt, die sich durch ihren Einsatz gegen Kinderschänder selbst in Gefahr bringe. »Karl-Theodor zu Guttenberg. Angst um seine schöne Frau«, nimmt die »Bunte« die Drohungen zum Anlass, um das Glamour-Paar wieder einmal auf dem Titelblatt zu bringen.[22]

Ob das Engagement für »Tatort Internet« der Popularität von Stephanie zu Guttenberg geschadet hat, ist schwer abzusehen. Kurzfristig scheint das nicht der Fall gewesen zu sein. Immerhin 44 Prozent der Befragten finden nach einer Umfrage von Forsa zum Zeitpunkt der Ausstrahlung der ersten Folge, dass sie eine gute Familienministerin wäre; nur 22 Prozent sind gegenteiliger Ansicht. Das ist erstaunlich für eine Person, die gar keine Politikerin ist und die weder der CSU noch einer anderen Partei angehört.

Zu Hause in der Glitzerwelt

Bei den Salzburger Festspielen im August 2010 singt Starsopranistin Anna Netrebko die Titelpartie in Gounods Oper »Roméo et Juliette«. Karl-Theodor und Stephanie zu Guttenberg sitzen in Reihe acht. Eine Reihe vor ihnen sitzt Bundeskanzlerin Angela Merkel mit ihrem Ehemann Joachim Sauer. Nach der Oper ist die Kanzlerin schnell verschwunden, die Guttenbergs dinieren jedoch im »Goldenen Hirschen«, der Sänger Max Raabe ist dabei, auch Thomas Gottschalk mit seiner Frau. Die Boulevardpresse bringt die Guttenbergs auf der Titelseite. Die Stars dieser Festspiele sind nicht die Kanzlerin und ihr Mann, erst recht nicht Horst Seehofer mit Frau oder Außenminister Guido Westerwelle mit seinem Partner Michael Mronz – sondern die Guttenbergs, »das ungekrönte Königspaar der Society« und die »perfekte Kombination aus politischer Macht und gesellschaftlichem Glanz«, wie eine Boulevardzeitschrift schreibt.[23]

Die Guttenbergs zusammen verkaufen sich besonders gut. Sie werden als die »fränkischen Kennedys« gefeiert; sie seien gar Ausdruck »der Sehnsucht der Deutschen nach einer Königsfamilie«, hat »Zeit«-Chefredakteur Giovanni di Lorenzo befunden. Ob König oder nicht, jedenfalls gelten sie vielen Deutschen als Traumpaar, das privat beeindruckt und sich in der Politik vom vermeintlichen oder tatsächlichen Mittelmaß der anderen abhebt. »Wie schaffen das die Guttenbergs?«, bringt die »Bild am Sonntag« Mitte September 2010 eine Titelstory. Aber auch der seriösere »Spiegel« lässt sich die Sache nicht entgehen. Zum gleichen Zeitpunkt – die Debatte um einen möglichen Kanzler Guttenberg hat gerade Fahrt aufgenommen – bringt er den Titel »Die fabelhaften Guttenbergs: Paarlauf ins Kanzleramt«.

Als Paar sind die Guttenbergs also Thema für die seriösen wie die bunten Medien. Ob bei den Festspielen in Salzburg und Bayreuth oder beim Rockkonzert, beim Jubeln bei der Fußball-WM oder am Schießstand auf dem Oktoberfest, die

Die Dame trifft. Karl-Theodor und Stephanie zu Guttenberg am Schießstand
auf dem Münchner Oktoberfest im September 2009

Guttenbergs sind immer ein Bild und eine Story wert. Die
Regenbogenpresse nutzt die Paarthematik auf ihre Weise:
»Die Guttenbergs – sie sind mächtig und sexy« titelt »Bunte«,
»Unser schönstes Liebespaar« die »Frau im Spiegel«.

Vor allem die »Bild«-Zeitung hat Stephanie zu Guttenberg
neben und gemeinsam mit ihrem Mann über Monate beinahe
täglich vermarktet. Eine besondere Rolle spielt dabei die Journalistin Anna von Bayern, geborene von Sayn-Wittgenstein-
Berleburg. Sie gehört zu Stephanies besten Freundinnen seit
Kindertagen. Stephanie und Anna wachsen beide in München
auf. Beide haben schwedische Mütter, die eng befreundet sind.
Annas Mutter ist eine geborene Gräfin Wachtmeister af Jo-
hannishus. Die Mädchen sind zusammen in Spielgruppen und
auf Kinderspielplätzen. Später wird die zwei Jahre jüngere
Anna von Sayn-Wittgenstein die Patentante der ersten Gut-
tenberg-Tochter, die ebenfalls Anna getauft wird. Im August
2005 heiratet sie in der Nähe von Stockholm in Anwesenheit
der schwedischen Königsfamilie Manuel Prinz von Bayern.

Sie wird politische Redakteurin der »Bild am Sonntag« und trägt in vielen Geschichten für ihr Blatt und das Schwesterblatt »Bild« zur Popularität ihrer Freundin und deren Ehemanns durch bewundernde und garantiert kritikfreie Berichte bei. So begleitet sie etwa ihre Freundin Stephanie in ein Waisenhaus im nepalesischen Kathmandu. »Die Kinderverteidigungsministerin« heißt die rührende Reportage vom zu Hause angefeindeten zweijährigen blonden Mädchen Jenny, das die Besucherin aus Deutschland anlächelt. »Heute ist sie das erste Mal nicht allein mit ihren blonden Haaren. Und auch die anderen Kinder im Raum lächeln. ›Rambro, rambro‹, flüstern sie, das ist Nepalesisch und heißt ›schön‹.«[24] So bleibt die Berichterstattung über die Ministerfrau und das Ehepaar Guttenberg in der führenden Boulevardzeitung Deutschlands sozusagen innerhalb der Guttenberg'schen Großfamilie. Schließlich verfasst Anna von Bayern auch das erste Buch über Karl-Theodor zu Guttenberg, das sich vor allem durch das Faktum der persönlichen Freundschaft mit dem Glamour-Paar auszeichnet. Stephanie zu Guttenberg sieht die Berichterstattung durch ihre Freundin nicht als problematisch an. Es sei legitim, Freunde zu haben, sagt sie, und in einem Artikel wie dem über die Nepal-Reise gehe es um das gemeinsame Ziel, »Gutes zu tun und den Menschen zu dienen«.

Wie aber teilt das Karrierepaar seinen Erfolg? Sind die Guttenbergs nicht längst zu Konkurrenten um die Gunst der Öffentlichkeit geworden? Dass ihr Mann davon spricht, sie habe ihm von ihrem Buchprojekt nichts erzählt und habe sich auch für ihr Engagement beim Fernsehsender RTL II entschieden, ohne vorher mit ihm darüber zu sprechen, befremdet. Es widerspricht auch der Darstellung Stephanie zu Guttenbergs über das Verhältnis zu ihrem Mann: »Wir erzählen uns alles, was uns bewegt. Er lernt von mir und ich von ihm.«[25] Doch wenn es darum geht zu zeigen, dass seine Frau kein Anhängsel des Politikers Guttenberg ist, sondern ihre eigenen Erfolge und Fehler zu verantworten hat, dann ergibt Guttenbergs Aussage einen gewissen Sinn. Sie zeigt auch, wie die Guttenbergs sich ihre Aufgaben aufgeteilt haben. Er ist als Politiker zuständig für seine Partei, vor allem aber als Minister für sein Ressort, die Bundeswehr. Also spricht er allein in einer TV-Show in Afghanistan mit Soldaten. Er posiert vor einem Tornado, angeblich nur, um für die Arbeit bei der Bundeswehr zu werben. Er geht ins Kampfgebiet in Afghanistan, um den Einsatz an der Front kennenzulernen. Alle seine werbewirksamen Auftritte lassen sich aus dem politischen Amt heraus rechtfertigen.

Das Buch über sexuellen Kindesmissbrauch, die Fernsehauftritte bei RTL II, die Spendengalas mit der High Society sind hingegen Sache seiner Frau, für die er nicht haftbar gemacht werden kann. Einem liebenden Ehemann kann man es nicht verdenken, wenn er bei solchen Gelegenheiten zur Unterstützung seiner Frau auftaucht. Und ihr wiederum kann man kaum vorwerfen, wenn sie ihren Mann bei einer Preisverleihung oder beim Gebet für Soldaten vertritt. Wer das tut, etwa mit dem Argument, sie sei dafür nicht zuständig, begibt sich in die Gefahr, als kleinlich und neidisch zu gelten. »Wir sind ein Team«, sagt Stephanie zu Guttenberg, »wir werden immer Anteil nehmen am Leben des anderen.« Ministergattin behage ihr nicht als Rolle, aber sie bleibe immer die Frau ihres Mannes, unabhängig von dessen aktueller Tätigkeit.

Von der CSU ist sie schon mehrfach gefragt worden, ob sie sich nicht in der Partei engagieren wolle. Aber Stephanie zu Guttenberg versichert: »Ich bin keine Politikerin und möchte auch keine werden. Dafür bin ich viel zu ungeduldig und undiplomatisch. Außerdem finde ich: Ein Politiker in der Familie reicht.«[26]

Das findet sie mit gutem Grund. Die Guttenbergs ergänzen sich in ihrem Rollenverhalten ideal. Sie sind Konkurrenten um die Gunst der öffentlichen Meinung und zugleich Partner. Denn sie verstärken sich gegenseitig in der Wahrnehmung des jeweils anderen. Sie werden als Einheit wahrgenommen, aber sie grenzen sich zugleich voneinander ab und können so auch erfolgreich solo spielen.

Man muss die Inszenierungen der Guttenbergs nicht gut finden, um zu erkennen, dass sie wirkungsvoll sind. »Ein Paar in höchster Symbiose«, schreibt die »Süddeutsche Zeitung«, »das gab es in dieser Schlagkraft in Deutschland noch nie.« Allenfalls die Clintons in Amerika kämen für einen Vergleich, wie man »den perfekten politischen Familienbetrieb« organisiert, noch in Betracht.[27] Es ist die Kraft der Symbiose, die dem Paar die mediale Aufmerksamkeit sichert und den Boden bereitet für den Aufstieg nach ganz oben.

5
KRIEGSMINISTER

5
KRIEGSMINISTER

Kriegsähnliche Zustände

Trauerfeiern im neuen Stil

Wie das bei Spitzenpolitikern üblich ist, versucht auch Karl-Theodor zu Guttenberg, seine Kinder aus dem öffentlichen Rummel um seine Person herauszuhalten. Anfang April 2010 macht er eine kleine, aber viel beachtete Ausnahme von dieser Regel. Nicht dass er die Kinder vor die Kameras zerrt. Nein, er zitiert einen Satz, die Frage einer seiner Töchter, in einem Moment, da sich noch mehr Aufmerksamkeit auf ihn richtet als sonst. Im niedersächsischen Selsingen nimmt der Verteidigungsminister am 9. April an einer Trauerfeier für drei in Afghanistan gefallene Soldaten der Bundeswehr in der St.-Lamberti-Kirche teil. Guttenberg hält eine gefühlsbetonte Rede, es geht ihm offensichtlich darum, vor allem zu den Angehörigen der drei am Karfreitag gefallenen Soldaten zu sprechen, ihnen in ihrer Trauer Trost zuteil werden zu lassen. Am Ende sagt er den Satz: »Eine meiner kleinen Töchter, der ich versuchte, diesen Karfreitag und meine Trauer zu erklären, fragte mich, ob die drei jungen Männer tapfere Helden unseres Landes gewesen seien und ob sie stolz auf sie sein dürfte.« Und er fährt fort: »Ich habe beide Fragen nicht politisch, sondern einfach mit Ja beantwortet.«

Das sind bemerkenswerte Sätze, die in der medialen Öffentlichkeit unterschiedliche Reaktionen auslösen. Den einen missfallen sie, weil sie ihnen als zu pathetisch erscheinen, zu dick aufgetragen angesichts der besonderen politischen Kultur Deutschlands, das sich gerade bei allem Militärischen größte Zurückhaltung auferlegt hat. Den anderen aber gelten sie als Zeichen echter Anteilnahme des Ministers, mehr noch als ein Signal dafür, dass mit dem Tod deutscher Soldaten in Zukunft anders umgegangen werden soll als bisher, ehrlicher

und öffentlich. Klar ist: Einen ähnlichen Satz hätte Guttenbergs Vorgänger Franz Josef Jung niemals gesagt.

Die Bekanntgabe des Todes von Soldaten, die Ankunft von
Zinksärgen in der Heimat, die Trauerfeiern mit den Angehörigen der Gefallenen – all das waren bis dahin Momente, die
ein Politiker in führender Position, allen voran der Verteidigungsminister, besonders fürchten musste. Glänzen oder beeindrucken konnten Politiker in solchen Augenblicken nicht,
allenfalls die einigermaßen richtigen Worte finden. Öffentliche Auftritte auf solchen Trauerfeiern galten als gefährliches
Terrain. Und so waren sie in der Vor-Guttenberg-Zeit oft ab-
geschottete Veranstaltungen in einem Hangar auf dem Mili-
tärflughafen Köln-Wahn.

Mit Guttenbergs Amtsantritt ändert sich das. Der neue
Verteidigungsminister macht aus dem Gedenken an die in Afghanistan gefallenen Soldaten öffentlichkeitswirksame Veranstaltungen. In der Kirche in Selsingen sind die Särge vor großen Schwarzweißfotos der Gefallenen aufgebahrt. Die Trauerfeier wird im Fernsehen live übertragen, die Zeitungen
berichten ausführlich darüber. Denn nicht nur der Verteidigungsminister ist gekommen. Auch Bundeskanzlerin Angela
Merkel, die bisher solche Veranstaltungen gemieden hat, ist in
Selsingen dabei. Sie bricht, nach einiger Kritik an ihrem vermeintlichen Fernbleiben in der »Bild«-Zeitung, sogar ihren
Osterurlaub auf Gomera ab, um zur Trauerfeier zu kommen.
Und hält ebenfalls eine Rede. Sie spricht nüchterner als Guttenberg, aber dass sie redet, zeigt, dass sie sich dem unpopulä-
ren Thema nicht länger verweigern kann oder will.

Beherrscht freilich wird die Szene nicht von der Bundeskanzlerin, sondern von Guttenberg. Er steht im Mittelpunkt
des Medieninteresses, er sagt die Worte, die überall wahrgenommen, gesendet und aufgeschrieben werden. Zwar
wird auch von ihm in Berlin berichtet, er habe an jenem
Karfreitag seinen Familienurlaub in Südafrika nicht abbre-
chen wollen, sei erst in mehreren Telefonaten vom Kanzleramt dazu überredet worden. Doch das ist selbstverständlich

kein Thema bei der Trauerfeier in der kleinen Kirche in Selsingen. Zynisch sei es gewesen, dass die Aufständischen in Afghanistan ausgerechnet am Karfreitag die Bundeswehrsoldaten getötet hätten, sagt Guttenberg. Sie wollten damit eine fremde Kultur verhöhnen, doch verhöhnten sie in Wirklichkeit ihre eigene. Die Getöteten seien »treue Soldaten und echte Patrioten« gewesen, die »im Namen ihres Landes, also auch für uns, tapfer und mutig ihren Dienst geleistet« hätten. Was in Kundus geschehe, so sagt es der Minister in der Kirche, »bezeichnen die meisten Soldaten verständlicherweise als Krieg – ich auch«.

So kann und will die Bundeskanzlerin nicht sprechen. Ihre Rede ist nüchterner, bürokratischer, wie manche finden, aber auch politischer. Doch in der Kriegsfrage folgt sie ihrem Verteidigungsminister auf halbem Weg. »Im Völkerrecht nennt man das, was in Afghanistan in weiten Teilen herrscht, einen nichtinternationalen bewaffneten Konflikt. Die meisten Soldaten nennen es Bürgerkrieg oder einfach nur Krieg. Ich verstehe das gut«, sagt Angela Merkel.[1] Und auch sie spricht davon, dass die Soldaten ihr Leben für die Freiheit und Sicherheit Deutschlands gegeben hätten. »Ich verneige mich vor ihnen. Deutschland verneigt sich vor ihnen«, sagt die Kanzlerin, die seit ihrem Amtsantritt 2005 erst an einer einzigen Trauerfeier für gefallene Soldaten teilgenommen hatte – damals war ein ehemaliger Leibwächter von ihr in Afghanistan ums Leben gekommen. Nun nennen die Kanzlerin und der Verteidigungsminister mehrfach und demonstrativ die Namen der drei Toten.

Dass in diesem Frühjahr eine neue Ära im Umgang der Bundesrepublik mit ihren gefallenen Soldaten begonnen hat, wird auch zwei Wochen später bei einer Trauerfeier im bayerischen Ingolstadt klar. Wieder sind vier Bundeswehrsoldaten in Afghanistan durch zwei Anschläge getötet worden, sie hinterlassen Frauen und Kinder. Einer von ihnen war genauso alt wie der Verteidigungsminister, 38 Jahre. Im Liebfrauenmüns-

ter sind die Särge vor dem Altar in Schwarz-Rot-Gold ge-
hüllt. Die Helme der Toten liegen darauf. In der Kirche haben
sich rund 1000 Trauernde versammelt, weitere 3000 verfolgen
die Trauerfeier auf zwei Großleinwänden. Die Bundeskanzlerin ist wieder anwesend, auch der Außenminister und Vizekanzler Guido Westerwelle. Die Kanzlerin und ihr Stellvertreter nehmen in der Kirche zwei junge weinende Frauen
tröstend in den Arm; sie hatten sich zuvor mit den Angehörigen getroffen. An diesem Tag spricht nur der Verteidigungsminister. Er verbindet seine Trauerrede mit einem Bekenntnis
zur Bundeswehr als Einsatzarmee, die auch in Zukunft Tote
zu beklagen haben werde. Es habe ein glückliches Deutschland gegeben, in dem kein Kind habe sagen müssen, dass sein
Vater gefallen sei. Aber dieses Deutschland gebe es nicht mehr.
»Tod und Verwundung sind Begleiter unserer Einsätze. Und
sie werden es auch in den nächsten Jahren sein. Wohl nicht
nur in Afghanistan«, sagt Guttenberg. Das ist deutlich, geradezu hart angesichts der trauernden Angehörigen. Doch Guttenberg spricht auch diesmal persönliche Worte an die Familien der Gefallenen: »In politischer Verantwortung hat man
Sie, verehrte Angehörige, auch um Verzeihung zu bitten. Ent-
schuldigung wäre wohl ein unangebrachtes Wort, da Schuld
und die Fähigkeit zu zweifeln mit Verantwortung einherge-
hen – aber Verzeihung.«[2] Es ist eine Passage, die Guttenberg
im engen privaten Kreis vorher besprochen hatte.

Deutschland im Krieg

Die Trauerfeiern im April des Jahres 2010 sind ein Versuch
Guttenbergs, eine neue, öffentliche Kultur des Trauerns um
gefallene Soldaten zu begründen. Damit tun die Deutschen
sich immer noch schwer. Das hat mit ihrer Geschichte im 20.
Jahrhundert zu tun, auch mit der Geschichte der Bundeswehr.
Die Streitkräfte der Bundesrepublik hatten fast vier Jahrzehnte zwar eine wichtige Rolle im Rahmen des westlichen Bünd-

nisses zu spielen, aber die Bundeswehr war im Grunde nie dazu bestimmt gewesen, eingesetzt zu werden. Zwar befindet sich das geteilte Deutschland gerade an der Frontlinie, an der sich die hochgerüsteten Militärblöcke des demokratischen Westens und des kommunistischen Ostens gegenüberstehen. Und der Ernstfall wird auch in der Bundeswehr mit großem technischem und personellem Aufwand geübt. Aber ebenso klar ist, dass das Handwerk des Soldaten, zu kämpfen und zu töten, wohl nie angewendet werden muss. Die hohe gesellschaftliche Akzeptanz der Bundeswehr hing auch damit zusammen, dass deren Einsatz in einem Krieg über Jahrzehnte allenfalls hypothetisch möglich war. Deutschland wird, gerade im Zeichen der Friedensbewegung der achtziger Jahre, ein pazifistisches Land. Dass deutsche Soldaten getötet werden können und auch selber töten, war gerade im Angesicht der Schreckensszenarien eines Atomkriegs beinahe unvorstellbar. Wie soll denn auch der Krieg, an dem deutsche Soldaten teilnehmen, aussehen, wenn mit einem Atomschlag ohnehin alles zu Ende sein würde? Die Bundesrepublik schickt jedenfalls vor der Wiedervereinigung Deutschlands Soldaten allenfalls zu Hilfsmissionen bei Erdbeben- oder Hochwasserkatastrophen, doch nicht einmal an internationalen Blauhelm-Einsätzen nimmt die Bundeswehr teil.

Erst mit dem Ende des Kalten Krieges und dem Zusammenbruch der Sowjetunion geht diese Ära in den neunziger Jahren zu Ende. Im Jahre 1992 entsendet der damalige Verteidigungsminister Volker Rühe von der CDU 145 Sanitätssoldaten, allesamt Freiwillige, zu einer internationalen Friedensmission nach Kambodscha. Es ist der erste Auslandseinsatz der Bundeswehr. Ein Jahr später können Bundeswehrsoldaten in Somalia Brunnen bohren, 1995 beteiligen sich deutsche Soldaten an der von der Nato geführten Friedenstruppe für Bosnien-Herzegowina.

Diese Einsätze sind allerdings kaum Grund dafür, dass die Deutschen ihre grundsätzliche pazifistische Gesinnung und ihren Blick auf die eigene Armee und deren Aufgabe ändern.

Die Deutschen tun sich schwer mit dem Begriff Krieg. Für sie ist er mit Millionen Toten, mit zerstörten Städten, verlorener Heimat, nicht zuletzt auch mit dem Holocaust und dem Vernichtungsfeldzug Hitlers im Osten verbunden. Für Krieg sind die Deutschen deshalb nicht zu haben. Erst 1999, als sich deutsche Tornados am Krieg der Nato gegen Serbien beteiligen, kommt es zu einem merklichen Einschnitt. Der gerade ins Amt gekommene grüne Außenminister Joschka Fischer muss dafür aber die denkbar dickste Keule herausholen und den Satz »Nie wieder Auschwitz« aussprechen, um eine Beteiligung Deutschlands am Einsatz der Bundeswehr in Bosnien in seiner friedensbewegten Partei, aber auch in großen Teilen der deutschen Öffentlichkeit durchzusetzen. Und Bundeskanzler Gerhard Schröder stellt nach den Terroranschlägen vom 11. September 2001 die Vertrauensfrage, um im Bundestag eine eigene Mehrheit für den Einsatz der Bundeswehr in Afghanistan zu erzwingen.

Über den Sinn dieses Einsatzes wird seither gestritten. Allerdings mehr unter den Fachleuten in der Politik als in der Öffentlichkeit. Selbst die radikale Aussage des ehemaligen Verteidigungsministers Peter Struck »Deutschlands Sicherheit wird auch am Hindukusch verteidigt« führt nicht zu einer wirklich breiten und kontroversen Debatte darüber, was die Bundeswehr in Zukunft leisten soll und welche Opfer die Deutschen dafür zu bringen bereit sind. Das militärische Engagement Deutschlands in Afghanistan wird von vielen zunächst als eine Art bewaffnete Entwicklungshilfe gesehen, bei dem es um das Bohren von Brunnen, den Bau von Mädchenschulen und die Einrichtung demokratischer Institutionen geht. Deutschland macht sich lange Illusionen darüber, was in dem zerstörten Land überhaupt erreicht werden kann.

Dabei sind, als Guttenberg Verteidigungsminister wird, schon fast 40 Soldaten in Afghanistan ums Leben gekommen. Offiziell wird aber weiter nur vom »Stabilisierungseinsatz« gesprochen. Guttenberg macht sofort klar, dass er mit diesem Sprachgebrauch brechen will. Am 3. November 2009, also wenige Tage nach seinem Amtsantritt, erscheint in der »Bild«-Zeitung das erste Interview mit dem neuen Verteidigungsminister – und das ist spektakulär. Guttenberg ändert zwar nicht die Strategie des Bundeswehreinsatzes in Afghanistan, aber er verwendet eine völlig neue Begrifflichkeit: »In Teilen Afghanistans gibt es fraglos kriegsähnliche Zustände«, sagt der neue Minister. Nach einem kurzen Hinweis aufs Völkerrecht, demzufolge Krieg nur zwischen zwei Staaten stattfinden könne, stellt er sich auf die Seite derjenigen, die solche »notwendigen juristischen, akademischen oder semantischen Feinsinnigkeiten« nicht gelten lassen wollen: »Ich verstehe jeden Soldaten, der sagt: In Afghanistan ist Krieg, egal, ob ich nun von ausländischen Streitkräften oder von Taliban-Terroristen angegriffen, verwundet oder getötet werde.«[3]

Das sitzt. Bis zum Schluss seiner Zeit als Verteidigungsminister hatte sich Guttenbergs Vorgänger im Amt, Franz Josef Jung, gegen die Vokabel »Krieg« gewehrt. »Kampfeinsatz«, dazu hatte sich der Minister angesichts der Gefechte der Bundeswehr in Afghanistan nach einigem Zögern bewegen lassen. Aber »Krieg«? So weit, dieses Wort auszusprechen, geht Jung nicht, ganz gleich, was er im Innersten denken mag. Auch die Bombardierung zweier von den Taliban entführter Tanklaster bei Kundus im September 2009 auf Befehl des deutschen Oberst Klein ändert trotz der hohen Opferzahl daran nichts. Die erste Stellungnahme eines Sprechers des Verteidigungsministeriums, am Vormittag des 4. September 2009 vor der Bundespressekonferenz in Berlin abgegeben, liegt voll auf der alten Linie. Man bleibe bei der bisherigen Aussage: »Wir sagen immer: Es handelt sich in Afghanistan um einen Stabilisierungseinsatz, zugegeben einen recht robusten Stabilisierungseinsatz, der auch Kampfhandlungen mit einschließt.« Auf die Nachfrage, ob denn immerhin das, was in Kundus stattfinde, Krieg sei, ist die Antwort ebenso eindeutig: »Nein.«

Guttenberg, mit einem sicheren Instinkt für Stimmungen ausgestattet, weiß zwar, dass es der Öffentlichkeit eher gleich-

gültig ist, wie die Politik das Treiben der Bundeswehr am
Hindukusch nennt, weil grundsätzlich der Begriff vom
»freundlichen Desinteresse« der Bevölkerung an der Bundeswehr zutrifft, wie ihn der einstige Bundespräsident Horst
Köhler prägte. Aber er weiß auch, dass es grundsätzlich gut
ankommt, wenn ein Politiker klare Worte spricht. Und wenn
deutsche Soldaten immer öfter im Kampf getötet werden und
selbst töten müssen, dann leuchtet einer nur flüchtig mit sicherheitspolitischen Themen befassten Öffentlichkeit der Begriff »Krieg« oder »kriegsähnliche Zustände« mehr ein als
»Stabilisierungseinsatz«. Das gilt umso mehr, als von Stabilisierung in Afghanistan zumindest beim Blick auf Fern-
sehnachrichten und Zeitungsschlagzeilen nicht viel zu sehen
ist.

Wie reagiert die Politik auf Guttenbergs Vorstoß? Was in
den Tagen darauf die führenden Politiker sagen, die für Au-
ßen- und Sicherheitspolitik zuständig sind, ist höchst befrie-
digend für ihn. Schon am 7. November, vier Tage nach seinem
Vorpreschen in Sachen Kriegsrhetorik, unterstützt ihn der
Außenminister. Guido Westerwelle, nicht gerade ein Freund
Guttenbergs, pflichtet ihm uneingeschränkt bei: »Er hat gesagt, er versteht jeden Soldaten, der das als Krieg empfindet.
Das waren die richtigen Worte.«⁴ Es gelte, den Bürgern »in die
Augen zu schauen« und ehrlich zu sagen, wie die Lage ist. Der
Außenminister verbindet das mit einem vorsichtigen, aber
deutlichen Hinweis auf den Abzug aus Afghanistan. Es gelte
nun, mit den Verbündeten realistische Ziele festzulegen und
den Weg zu beschreiben, wie wir »selbsttragende Sicherheit in
Afghanistan erreichen«.

Nur weitere vier Tage dauert es, bis die Bundeskanzlerin
sich zu Wort meldet. Angela Merkel ist bis dahin äußerst zurückhaltend mit dem Wort »Krieg« gewesen. Als Verteidigungsminister wusste Franz Josef Jung sich stets einig mit
seiner Chefin, wenn er oder seine Sprecher vom Stabilisierungseinsatz sprachen. Nun aber schließt sich auch Merkel
ihrem neuen Minister an. Am 13. November 2009 – Gutten-

bergs Amtseinführung ist eben drei Wochen her – sagt sie: »Ich teile die Meinung von Verteidigungsminister zu Guttenberg, dass aus der Sicht unserer Soldaten kriegsähnliche Zustände in Teilen Afghanistans herrschen, auch wenn der Begriff ›Krieg‹ aus dem klassischen Völkerrecht auf die jetzige Situation nicht zutrifft.«[5] Ganz offenkundig übernehmen Außenminister und Kanzlerin dankbar einen Vorschlag, der einen Ausweg weist aus der verfahrenen Diskussion, wie denn ein Einsatz zu nennen sei, bei dem immer mehr Bundeswehrsoldaten sterben oder töten, der aber formal nicht Krieg genannt werden darf. Mit einem rhetorischen Kniff hat Guttenberg dieses Problem fürs Erste gelöst. In einer zentralen Frage zwei so wichtige Akteure in kurzer Zeit hinter sich gebracht zu haben, ist für den jungen Verteidigungsminister ein Erfolg, der geeignet ist, sein Selbstbewusstsein weiter zu stärken.

Noch einen Vorteil hat die Wahl der Worte »Krieg« und »kriegsähnlich«. Alle Umfragen belegen, dass der Afghanistan-Einsatz von einer deutlichen Bevölkerungsmehrheit abgelehnt wird. Wer – wie inzwischen alle führenden Außen- und Sicherheitspolitiker nicht nur in Deutschland – daran denkt, den Einsatz am Hindukusch zu beenden, tut sich leichter beim Finden von Argumenten, wenn er ihn als Krieg bezeichnet. Denn worin sollte der Sinn oder gar der Zwang bestehen, ein Engagement zu beenden, das der Stabilisierung eines instabilen Landes gilt? Guttenberg selbst mag Zweifel haben, was die Zweckmäßigkeit eines raschen Abzugs aus Afghanistan angeht. Aber er sieht, wie schwierig und unpopulär der Einsatz am Hindukusch ist. Auch seine eigene Partei, die CSU, dringt mindestens ebenso sehr wie die FDP darauf, Afghanistan so schnell wie möglich zu verlassen.

Auch in den folgenden Monaten greift Guttenberg das Wort vom »Krieg« immer wieder auf, gerade wenn es wieder Gefallene zu beklagen gilt. Am Ostersonntag 2010, also zwei Tage nachdem bei einem Gefecht drei Soldaten getötet wurden, spricht er offen von einem »Krieg«, auch wenn er das

Wort »umgangssprachlich« hinzufügt. »Auch wenn es nicht jedem gefällt, so kann man angesichts dessen, was sich in Afghanistan, in Teilen Afghanistans abspielt, durchaus umgangssprachlich – ich betone umgangssprachlich – in Afghanistan von Krieg reden«, sagt der Minister in Bonn, wo er am Abend auf dem Flughafen die Särge erwartet.[6] Wie weit er mit seiner Mission, den Kampf der Bundeswehr als »Krieg« zu bezeichnen, schon gekommen ist, erfährt Guttenberg im Juli 2010 bei einer Buchvorstellung in Berlin auf skurrile Art. Als er von »kriegsähnlichen Zuständen« in Afghanistan spricht, also den Begriff verwendet, den er ein halbes Jahr zuvor geprägt hatte, fragt ihn ein Journalist, ob er mit diesem Ausdruck nicht die Wirklichkeit in Afghanistan schönrede. Noch ein halbes Jahr später, kurz vor Weihnachten 2010, reist Angela Merkel mit Guttenberg nach Afghanistan. »Wir haben hier nicht nur kriegsähnliche Zustände, sondern Sie sind in Kämpfe verwickelt, wie man sie im Krieg hat«, sagt sie den Soldaten und erinnert daran, dass der Verteidigungsminister die Lage schon frühzeitig so beschrieben habe.

Hat Guttenberg also die Dinge vom Kopf auf die Füße gestellt, eine völlig neue Bewertung des Afghanistan-Einsatzes durchgesetzt? Betrachtet man die Dinge nüchtern, so hat sein Vorgänger Franz Josef Jung sogar mehr politische Schritte dafür unternommen, dass der Afghanistan-Einsatz öffentlich anders bewertet werden sollte als zuvor. Immerhin setzt Jung – wenn auch nach langem Anlauf und unter dem Druck der militärischen Wirklichkeit – durch, dass die in Afghanistan zu Tode gekommenen Soldaten als »Gefallene« bezeichnet werden. Und er schafft es, dass ein Ehrenmal für alle im Einsatz umgekommenen Soldaten der Bundeswehr errichtet wird – zwar nicht in der Nähe des Reichstags, wie viele Abgeordnete es für die Parlamentsarmee Bundeswehr wollten, aber immerhin auf dem Gelände des Bundesverteidigungsministeriums, wenn auch auf seiner Hinterseite. Jung führt auch eine Tapferkeitsmedaille ein für die Soldaten, die sich in außergewöhnlicher Weise hervorgetan haben. Im Sommer 2009 zeichnet die Bundeskanzlerin die ersten vier Soldaten mit dieser Medaille aus. Zu sagen, Jung hätte nichts getan, um den Afghanistan-Einsatz öffentlich aufzuwerten, wäre also falsch. Allerdings findet der joviale Mann aus dem Rheingau beim Thema Afghanistan nie den richtigen Ton. Und alles, was er unternimmt, macht er defensiv, ohne Aplomb und ein bisschen verdruckst.

Verdruckst ist Guttenberg nicht, sondern das Gegenteil. Sein Erfolg beruht auch darauf, Dinge beim Namen zu nennen. In der Regel sind es jene Dinge, die die Mehrheit der Bevölkerung schon längst verstanden hat, bei denen sie geradezu sehnsüchtig darauf wartet, dass jemand sie offen ausspricht. Guttenberg spürt das genau. Und seine Haltung »Das muss man doch einmal sagen« kommt dann besonders gut an. Wie er es geschafft hat, ein angeblich sicheres »Verliererthema« – nämlich Gefallene, Tod und Krieg – nicht nur unbeschadet zu überstehen, sondern seine Popularität in diesem Zusammenhang auch noch zu steigern, erklärt sich zu einem guten Teil durch dieses Gespür.

Achtmal am Hindukusch

Guttenbergs Rede vom »Krieg« in Afghanistan zielt nicht nur auf die deutsche Öffentlichkeit, sondern auch und vor allem auf die Bundeswehr selbst. Denn gerade in der Truppe kommt es gut an, wenn der verantwortliche Minister und Inhaber der Befehls- und Kommandogewalt – im Truppenjargon IBUK – den lebensgefährlichen Einsatz so nennt, wie ihn die Soldaten in Afghanistan tagtäglich erleben. Die haben sich jahrelang im Stich gelassen gefühlt, waren schockiert vom Duckmäusertum vieler Politiker, die von der Wirklichkeit des Einsatzes in Afghanistan wenig wussten, wissen wollten oder aber öffentlich nicht darüber sprachen. Guttenberg kennt diese weit verbreitete Stimmung.

Sein Gebrauch des Wortes »Krieg« ist deshalb auch mehr

als ein gelungener Schachzug um die richtige Wortwahl. In
Verbindung mit dem Vokabular, das Guttenberg in seinen Reden zur Beschreibung der in Afghanistan kämpfenden Soldaten verwendet, ist seine Rede vom Krieg mehr als nur ein
Wechsel der Tonalität. 65 Jahre nach dem Ende des Zweiten
Weltkriegs und der nationalsozialistischen Herrschaft gibt es
in Deutschland auf einmal öffentlich wieder, was es seitdem
nicht geben durfte: tapfere patriotische Soldaten, die als Helden in einem Krieg gefallen sind. Kriegshelden also. Guttenberg rehabilitiert damit einen Begriff vom Soldaten und vom
Soldatentod, der seit der Säkularisierung und der Französischen Revolution in Europa gang und gäbe geworden war.
Der Soldat war nicht mehr Söldner in einem Krieg, der für
einen Herrscher und in dessen Namen geführt wurde, sondern er kämpfte aus innerer Überzeugung für eine Gemeinschaft, die Nation. Sein Tod im Krieg wurde dadurch zum
Heldentod, zum Opfer für die Nation. Durch den Zweiten
Weltkrieg und den Nationalsozialismus schien diese Idee für
immer in Verruf geraten.[7] Guttenberg knüpft nun an die Zeiten vor 1945 an, nicht systematisch, aber en passant. Eigentlich hätten die Pazifisten bei den Grünen und den Sozialdemokraten in Rage geraten müssen, denn eine Heroisierung
deutscher Soldaten müsste ihnen ein Greuel sein. Doch seltsa-
merweise geschieht nichts dergleichen. Kein Hans-Christian
Ströbele drischt auf den Verteidigungsminister ein.

Dabei zeigt Guttenberg wie kein Verteidigungsminister zuvor, dass er sich für seine Soldaten im »Krieg«, für die mehr
als 4000 Männer und Frauen am Hindukusch, verantwortlich
fühlt. Im Laufe des Jahres 2010 fliegt er achtmal nach Afghanistan. Kein Zweifel: Guttenberg ist der Kriegsminister. Eigentlich hatte er sich vorgenommen, alle zwei Monate die Soldaten in Afghanistan zu besuchen – er hat diesen Plan überer-
füllt. Immer wieder sorgt er bei diesen Besuchen für
Schlagzeilen. Im August begibt er sich in die unmittelbare
Gefechtszone. Das hatte er bereits im Juli versucht, saß sogar
schon im Hubschrauber. Doch dann werden schwere Kämpfe

gemeldet, die Reise an die vorderste Frontlinie wird abgebrochen. Im August klappt es, ein Minister im durchgeschwitzten T-Shirt ist dort, wo er hinwollte, und natürlich gibt es jede Menge coole Fotos. Die meisten dieser »Überraschungsbesuche« des Ministers werden positiv in den Medien und der politischen Klasse aufgenommen, zeugen sie doch davon, dass sich Guttenberg um die schwierige Situation der Soldaten im deutschen Einsatzgebiet kümmert.

Die ersten sechs Besuche in Afghanistan verlaufen also für Guttenberg durchaus erfolgreich. Und dabei lässt er es nicht bewenden. Er schafft es ein ums andere Mal, keine Routine in seiner Behandlung des »Krieges« aufkommen zu lassen. Der siebte Besuch allerdings wird ein ganz besonderer. Am 13. Dezember 2010, einem Montag, macht sich der Verteidigungsminister wieder einmal auf den Weg zu den Soldaten der Bundeswehr in den Norden Afghanistans, nach Mazar-i-Sharif und nach Kundus. Doch diesmal wird es ein echter Überraschungsbesuch, denn Karl-Theodor zu Guttenberg hat einen ungewöhnlichen Gast dabei: seine Frau Stephanie. Die habe sich schon immer mal gewünscht, in Afghanistan dabei zu sein, erklärt der Minister die gemeinsame Reise. Und außerdem habe sich die Truppe gewünscht, er solle sie einmal mitbringen. Der Besuch solle zeigen, »dass der Einsatz nicht nur politisch getragen wird, sondern darüber hinaus«, sagt der Minister. Für das »darüber hinaus« steht also die Ehefrau des Ministers.

»Das ist kein spaßiger Ausflug, das ist bitterer Ernst«, sagt Stephanie zu Guttenberg, mit trendigen »Ugg«-Boots, Sandjeans, Parka mit Falschpelzkragen und kariertem Hemd gekleidet, zu ihrer Tour. Sie komme, »um als Bürger dieses Landes danke zu sagen«. Die übermittelten Bilder zeigen unter anderem, wie die Ministergattin zusammen mit Soldaten in der Kantine zu Mittag isst.

Die Guttenbergs haben peinlich darauf geachtet, politischen Gegnern und Medien keine Angriffsflächen zu bieten. Frau Guttenberg zahle die Reise, bei der sich noch ein freier

Stephanie zu Guttenberg
spricht im Dezember 2010
im afghanischen Kundus mit
einer Soldatin der Bundeswehr

Platz ergeben habe, aus eigener Tasche, versichert ein Ministe-
riumssprecher. Und auch beim Programm achten die Guttenbergs auf saubere Trennung. Während der Minister sich über
die militärische Lage informieren lässt, spricht Stephanie zu
Guttenberg mit Soldatinnen »von Frau zu Frau« und besucht
die leere Intensivstation des Einsatzlazaretts.

Trotz all dieser Bemühungen kommt die Reise im politischen Deutschland nicht gut an. Dass Guttenberg den TV-
Journalisten Johannes B. Kerner mitgenommen hat, um eine
Talkshow im deutschen Lager in Mazar-i-Sharif aufzuzeich-
nen, macht die Sache nicht besser. Guttenberg mache sich mit
dieser Entourage immer mehr zum »Staatsschauspieler«, kritisiert Andrea Nahles, die SPD-Generalsekretärin.

Doch solche Äußerungen gehören zum Geschäft von Op-
positionspolitikern. In der Presse ist die Tonlage freilich nicht

anders. Von einer Guttenberg-Show und einem »Ego-Feldzug« des Ministers ist die Rede, von einer peinlichen Inszenierung, von »unernstem Klamauk«, der die Soldaten verhöhne, sie zur Kulisse für Werbespots der Politik mache, auch davon, dass der Minister die Grenzen des guten Geschmacks verletzt habe. Showtime mit Glanz und Gloria dürfe es an der Front nicht geben. Der Politikberater Michael Spreng, einst Chefredakteur der »Bild am Sonntag« und Wahlkampfmanager des CSU-Kanzlerkandidaten Edmund Stoiber, empfiehlt Stephanie zu Guttenberg Zurückhaltung: »Politiker-Ehefrauen haben ja nur eine geliehene Autorität und geliehenen Glanz, der vom Amt und dem Erfolg ihres Mannes abfällt. Es ist aber die Frage, ob eine Ehefrau in der Öffentlichkeit so auftreten soll, als hätte sie ein eigenes Mandat.«[8]

Ist das der entscheidende Punkt? Müsste die Debatte nicht darum gehen, wie man Politik heute verkaufen muss, um wahrgenommen zu werden? Und was dabei erlaubt ist und was nicht? Nach welchen Kriterien dabei geurteilt werden soll? Dass nun auch einmal der viel gelobte Guttenberg heftig kritisiert wird, mag von der Unabhängigkeit der Presse zeugen. Doch manche Kritik an der Reise scheint wenig originell. Die Talkshow mit Johannes B. Kerner lässt zwar mehr die Soldaten als den Minister zu Wort kommen, die eingespielten Filmbeiträge beleuchten den Einsatz und seine Folgen für viele Soldaten, wie die schweren posttraumatischen Störungen, durchaus kritisch. Doch das spielt in der öffentlichen Wahrnehmung kaum noch eine Rolle, auch weil die Einschaltquote der zur Nachtzeit ausgestrahlten Sendung als »Flop« gilt.

Die Springer-Presse hält Guttenberg freilich die Treue. Die »Anteilnahme der Ministergattin, stellvertretend für Millionen von Bundesbürgern, hat eine Evidenz, die jede Kritik am showähnlichen Zuschnitt des Coups überragt«, schreibt die »Welt«.[9] Die »Bild«-Zeitung aber verteidigt Karl-Theodor und Stephanie zu Guttenberg geradezu mit verbaler Brachialgewalt. Zu einem Foto der Afghanistan-Besucherin, das die gesamte Titelseite ziert, heißt die Schlagzeile: »Wir finden die

GUTT! Nörgler, Neider, Niederschreiber. Einfach mal die Klappe halten!«. Auf Seite zwei hat die Zeitung dann elf Soldaten und Soldatinnen in Afghanistan aufgetan, die alle sagen, wie schön, beeindruckend und richtig der Besuch des Ministers gerade in Begleitung seiner Frau gewesen sei.[10] Die mediale Leibgarde der Guttenbergs hat zurückgeschlagen, mit breitem Säbel. Ihre Lieblings-Seite-Eins-Objekte will sich »Bild« nicht von den anderen Medien kaputt machen lassen. Wieder haben es die Guttenbergs geschafft, dass zwei, drei Tage lang alle von ihnen sprechen, senden und schreiben. Letztlich ist also Guttenbergs Rechnung wieder einmal aufgegangen. Sein gemeinsamer Besuch mit der glamourösen Ehefrau bei der Truppe am Hindukusch ist der äußerste Ausdruck seines Bemühens, das Thema Afghanistan, ja das Kriegsthema erfolgreich zu vermarkten. Selbst nach dem Afghanistan-Trip mit seiner Gattin steigen seine persönlichen Umfragewerte noch einmal an. Eines hat allerdings selbst Guttenberg nicht schaffen können: den Bundeswehreinsatz in Afghanistan populär zu machen. Eine deutliche Mehrheit der Deutschen lehnt ihn laut aller Umfragen ab und wünscht sich einen raschen Rückzug der Bundeswehr.

Ein Mann räumt auf

Ernstfall am Kundus-Fluss

Noch 24 Tage bis zur Wahl des Deutschen Bundestages. Es ist die Nacht vom 3. auf den 4. September 2009. Sieben Jahre ist es her, dass der Sozialdemokrat Gerhard Schröder vor der Bundestagswahl 2002 seinen Widerstand gegen den Irakkrieg der Amerikaner zum Wahlkampfthema machte und so viel Zustimmung erhielt, dass er den für seine Partei negativen Trend wenden und sich knapp als Kanzler behaupten konnte. Seither weiß Angela Merkel, die Sozialdemokraten können mit der Ablehnung eines Krieges Wähler mobilisieren, besser und glaubhafter als CDU und CSU.

Im September 2009 steht Deutschland nicht vor der Frage, wie es sich zu einem Krieg verhält, an dem es sich gar nicht beteiligen soll, wie damals, als der Irakkrieg bevorstand. Vielmehr kämpft die Bundeswehr seit sieben Jahren in Afghanistan einen zunehmend vergeblichen Kampf gegen die Taliban. Die Zustimmung in der deutschen Bevölkerung sinkt, je zweifelhafter es wird, ob das Ziel des Krieges, eine Stabilisierung des Landes am Hindukusch, je erreicht wird. Immer mehr Tote hat die Bundeswehr zu beklagen. Längst ist ein Raunen knapp unter der Oberfläche der offiziellen SPD-Verlautbarungen zu hören: Wie lange wird dieser Einsatz noch dauern? Wann können wir raus aus Afghanistan? In der Union fürchten sie, dass die Sozialdemokraten gegebenenfalls schnell eine Anti-Kriegs-Front im Wahlkampf errichten könnten.

Der Ernstfall tritt in jener Nacht vom 3. auf den 4. September in der Nähe der afghanischen Stadt Kundus ein. Hier ist der Kampf der Bundeswehr besonders hart, hier greifen die Taliban immer wieder an, verstricken die deutschen Soldaten ein ums andere Mal in Gefechte. Die Sorge ist groß, dass die

Oberst Georg Klein, hier im
August 2009 in Kundus,
gab den Befehl zum Angriff
am Kundus-Fluss

Aufständischen mit Treibstoff gefüllte Fahrzeuge als riesige
rollende Molotow-Cocktails gegen die internationale Schutztruppe Isaf einsetzen. In dieser angespannten Lage entführen
die Taliban zwei Tanklaster. Sie fahren sie allerdings in einem
Flussbett fest. Als der deutsche Befehlshaber, Oberst Georg
Klein, darüber informiert wird, ist er alarmiert. Zugleich erfährt er, dass sich einige jener Taliban-Anführer in der Nähe
der Wagen befinden, die ihm und seinen Leuten das Leben
besonders schwermachen.

   Klein ist entschlossen die Gelegenheit zu nutzen, die Tanklaster und die Taliban auf einen Schlag aus der Welt zu schaffen. Erst überfliegt ein amerikanischer B-1-Langstrecken-
bomber den Ort des Geschehens und funkt Informationen
ins deutsche Lager. Als dieser betankt werden muss, lösen ihn
zwei ebenfalls amerikanische F-15-Kampfflugzeuge ab. Klein
will, dass sie Bomben auf die Lastwagen werfen. Er weiß, dass
das viele Menschenleben kosten wird. Nach seinen Informationen handelt es sich bei den inzwischen um die Laster versammelten Afghanen ausschließlich um Taliban. Es beginnt
ein Gespräch zwischen Boden und Luft, das in der Fachspra-
che als »collateral damage estimate« bezeichnet wird, also eine
Abschätzung des Kollateralschadens, der entstehen könnte.

Zwei afghanische Sicherheitskräfte bewachen am 4. September 2009 einen der beiden ausgebrannten Tanklastzüge bei Kundus

Von dem politischen Kollateralschaden, der später Bundeskanzlerin Angela Merkel, ihren damaligen Verteidigungsminister Franz Josef Jung und schließlich dessen Nachfolger Karl-Theodor zu Guttenberg erreichen wird, ahnt noch niemand etwas. Die Amerikaner empfehlen, die Menschen durch Überfliegen der Szene zu verjagen, bevor sie ihre Bomben werfen. Klein lehnt das ab. Entgegen den Vorschriften informiert er auch seinen nächsten Vorgesetzten nicht. In dem Bericht an das Einsatzführungskommando in Potsdam heißt es zum entscheidenden Moment an jenem 4. September 2009 nüchtern: »01.49 Uhr. F-15E löst eine Bombe aus.« Eine zweite folgt. Menschen sterben. Wie viele, das ist bis heute ungeklärt, zum einen, weil ihre Körper durch die gigantische Hitze, die durch die Explosion der Tanklaster entsteht, völlig verkohlt oder eingeäschert sind. Zum anderen, weil die Afghanen wie immer in solchen Fällen sofort zum Tatort eilen und die Leichname oder deren Reste mitnehmen.

Die ausführlichste Untersuchung des Vorfalls wird von der Nato angestellt, das Ergebnis als Comisaf-Bericht bezeichnet. Die Größenordnung, die darin für die Zahl der Opfer genannt

wird, reicht von unter 20 bis zu mehr als 140. Der Bericht wird
große Bedeutung für Guttenberg bekommen. Noch wichtiger
wird allerdings jener am 9. September ohne jede Aufforderung aus Berlin von einem Oberstleutnant der Feldjäger namens Brenner geschriebene »Feldjägerbericht«. In ihm wird
das Verhalten Kleins sehr kritisch kommentiert.

Zunächst jedoch gehen die Vorfälle Guttenberg nicht mehr
an als jedes andere Mitglied der Bundesregierung. Er ist Anfang September Wirtschaftsminister, vor allem aber Wahlkämpfer. Und im Bundestagswahlkampf ist die Angelegenheit
nur ein Thema am Rande. Der sozialdemokratische Kanzlerkandidat Frank-Walter Steinmeier ist eben nicht der skrupel-
lose Kämpfer Schröder. Er ist viel zu wenig politisches Alpha-
tier, um den zu rot-grünen Zeiten unter seiner engen Mitwirkung beschlossenen Afghanistaneinsatz der Bundeswehr
plötzlich um des Wahlsiegs willen für Teufelswerk zu erklären.

Guttenberg reißt die Kundus-Affäre an sich

Und doch wird die Nacht von Kundus für Guttenberg noch
größte Bedeutung erlangen und sogar zu einer politischen
Detonation im eben von ihm übernommenen Verteidigungsministerium führen. Die Katastrophe bahnt sich früh an. Einen Tag nach Guttenbergs Amtsantritt am 28. Oktober 2009
kommentiert der höchste Soldat der Bundeswehr, Generalinspekteur Wolfgang Schneiderhan, öffentlich den kurz zuvor
im Ministerium eingetroffenen Comisaf-Bericht. Er verkündet, auch die Nato sei der Auffassung, Klein habe mit seinem
Befehl angemessen gehandelt. Das deckt sich mit der bisherigen Haltung der Bundesregierung. Damit hätte die Aufarbeitung des brisantesten Kapitels der deutschen Militärgeschich-
te seit dem Zweiten Weltkrieg beendet sein können.

Weder Jung noch Schneiderhan oder Staatssekretär Peter
Wichert drängen den Minister, das Thema Kundus neu zu be-

leben. Guttenberg selbst wird später sagen, bis zu seinem kurzen Übergabegespräch mit Jung am 26. Oktober, zwei Tage vor seinem Amtsantritt, sei ihm der Luftschlag bei Kundus und die darauffolgenden Ermittlungen der Nato »praktisch nur aus den Medien und der Debatte zur Regierungserklärung der Bundeskanzlerin« bekannt gewesen. Die Angelegenheit habe in dem »kurzen« Gespräch mit Jung nur insofern eine Rolle gespielt, als dieser darauf hingewiesen habe, dass der Untersuchungsbericht der Nato für die nächsten Tage erwartet werde.

Tatsächlich landet der ebenso umfassende wie kritische Bericht am Abend von Guttenbergs Amtseinführung im Posteingang des Verteidigungsministeriums. Guttenberg steht zu dieser Zeit auf einer Bühne in einem großen Saal des Ministeriums, in dem Ehrungen, Begrüßungen oder Abschiede stattfinden. Er hält eine freundliche Rede auf Jung, was bemerkenswert ist angesichts der Kälte, mit der er seinen Vorgänger vier Wochen später in den politischen Abgrund fallen lässt. Es seien »bedeutende, ja große Namen«, die dieses Amt geprägt hätten, sagt der neue Verteidigungsminister, und lässt damit seine Zuhörer aufhorchen, die sich fragen, wie er mit diesem Anlauf wohl bei Jung landen will. Erst nennt er Franz Josef Strauß, dann Helmut Schmidt – der eine wurde später Kanzlerkandidat, der andere Bundeskanzler. Dann sagt er: »Ab 2005 war der Hausherr Franz Josef Jung.« Guttenberg führt als Verdienst Jungs das öffentlich vor dem Reichstag durchgeführte Gelöbnis junger Bundeswehrsoldaten, die Einführung einer Tapferkeitsmedaille und die Errichtung eines Ehrenmals für die Gefallenen der Auslandseinsätze und die Toten der Wehrverwaltung auf. Jung und ihn verbinde, so fährt Guttenberg fort, dass sie beide den Wehrdienst abgeleistet hätten, was ihnen nicht geschadet habe. Man wisse immer, woran man bei Jung sei: »Auf sein Wort ist Verlass, auch auf seine Freundschaft ist Verlass.«

Guttenberg gibt an diesem Abend einen weiten Überblick über die sicherheitspolitische Großwetterlage, dringt aber ebenso in die deutsche Geschichte vor und vergisst auch den in späteren Reden immer wieder auftauchenden Hinweis auf den Widerstandskämpfer Stauffenberg nicht. Spätestens in dem Moment, da Jung das Wort ergreift, sich freut über die von ihm erzielten Erfolge beim Weiterbeschäftigungsgesetz für Soldaten oder bei der Einrichtung einer Schwerpunktstaatsanwaltschaft für Fälle aus dem Auslandseinsatz der Bundeswehr, wird klar, dass er und Guttenberg zwei sich ganz erheblich unterscheidende Kaliber sind.

Am nächsten Vormittag, dem ersten Arbeitstag des neuen Ministers, unterrichten ihn Generalinspekteur Schneiderhan und Staatssekretär Wichert in seinem Büro über die laufenden Einsätze der Bundeswehr. Monate später wird Guttenberg sich vor dem Untersuchungsausschuss des Bundestages an jenes eineinhalbstündige Gespräch mit den Worten erinnern: »Obwohl der Schwerpunkt die Lage in Afghanistan war, wurde der Luft-Boden-Einsatz bei Kundus in diesem Rahmen nicht behandelt.«[11]

Doch findet gleich darauf ein weiteres, kurzes Gespräch im kleinen Kreis im Ministerbüro statt. Wichert hat die englische Version des Comisaf-Berichts bei sich. Nach Guttenbergs Darstellung trägt Wichert »äußerst knapp, circa fünf Minuten lang« die Ergebnisse der über Nacht erstellten Auswertung vor. Dabei habe er deutlich gemacht, der Bericht falle für die Bundeswehr »sehr positiv« aus. Es gebe lediglich einige kritische Punkte, doch seien die kein Grund zur Sorge. Tatsächlich sagt der Minister später, es habe ihn überrascht, dass Wichert den Bericht schon nach fünf Minuten wieder »weggepackt« habe. Auch Wichert sagt nicht, dass man sich länger mit der Angelegenheit auseinandergesetzt habe. Allerdings kommt er zu der Feststellung: »Der neue Minister machte nach seinem Amtsantritt die Geschehnisse am 4.9. in Kundus nicht zu einem besonderen Thema.«

Schon früh stellt sich die Frage, wer hier in der Pflicht war: die erfahrenen Beamten, die den neuen Minister gleich hätten darauf hinweisen müssen, welche Bedeutung die Bombardierung bei Kundus hatte? Oder der außen- und sicherheitspolitisch nicht unerfahrene Minister, der von seinen Mitarbeitern umfassende Informationen zu einem Thema hätte einfordern müssen, dessen Bedeutung jeder Zeitungsleser seit Wochen kannte?

Etwas genauer will Guttenberg es doch wissen. Er weist den Staatssekretär an, ihm selbst eine schriftliche Auswertung des Berichts zukommen und diesen ins Deutsche übersetzen zu lassen und auch dem Bundestag zur Verfügung zu stellen. Guttenberg ist lange genug Bundestagsabgeordneter, um zu wissen, wie empfindlich die Parlamentarier reagieren, wenn sie den Verdacht haben, die Regierung enthalte ihnen brisante Dokumente vor. Schließlich fragt er in die kleine Runde, »ob es darüber hinaus noch weitere relevante Informationen gebe oder etwas anderes, was ich wissen müsste«.[12] Das sei verneint worden.

Schneiderhan verliest bei dem Zusammentreffen eine Stellungnahme, die er wenig später in einer Pressekonferenz vortragen wird. Die Einladung der Journalisten dazu erfolgt kurzfristig, nur mit zwei Stunden Vorlauf, was auf eine gewisse Brisanz des Themas hinweist. Gegen Viertel nach zwölf tritt Schneiderhan im Ministerium vor die Mikrophone. Der Mann mit den vier goldenen Sternen auf der Schulter ist geübt im öffentlichen Auftritt und findet Gefallen daran. Oft genug hatten die Journalisten es in langen, zähen Hintergrundgesprächen mit Minister Jung als befreiend empfunden, wenn endlich der bis ins Detail sachkundige und dazu eloquente Schneiderhan das Wort übernahm.

Gemessen daran wirkt der Generalinspekteur am Mittag des 29. Oktober 2009 nicht entspannt. Noch Wochen später ist er unglücklich über seinen hölzernen Auftritt, dessen einziges Ziel es doch ist, sich schützend vor Klein zu stellen. Schneiderhan verliest jenen später viel zitierten Satz, mit dem er hofft, das Kapitel Klein endgültig schließen zu können: »Bei Kenntnis des jetzt vorliegenden Untersuchungsergebnisses habe ich keinen Grund, daran zu zweifeln, dass die

deutschen Soldaten auf der Grundlage des Mandats der Vereinten Nationen angesichts der schwierigen Lage in operativer Hinsicht militärisch angemessen gehandelt haben.«[13]
Gerade einen Tag am neuen Schreibtisch, tritt Guttenberg am 30. Oktober einen Kurzurlaub an. Der soll ihm jenseits vom Tagesbetrieb die Gelegenheit zum Studium wichtiger Unterlagen geben, unter anderem dem des Comisaf-Berichts. Nach der Lektüre des mit Abkürzungen und Fachbegriffen gespickten Konvoluts kommt Guttenberg zu der Erkenntnis, dass er »als Nichtfachmann« eine umfassende Bewertung benötige, um zu einem eigenen abschließenden Urteil kommen zu können. Wenige Tage später, am 3. November, bekommt er die bereits im Gespräch mit Wichert und Schneiderhan eingeforderte Auswertung. Sie ist acht Seiten stark. Inhaltlich wird die bisherige Einschätzung bestätigt, dass Klein trotz einiger Verfahrensfehler »militärisch angemessen« gehandelt habe.
Der neue Minister will nicht hinter dem obersten Soldaten zurückstehen, er will der Truppe zeigen, dass er zu ihr steht, eben ein echter Soldatenminister ist. Das wirkungsvollste Signal dafür scheint ihm ein krachendes Bekenntnis zu Oberst Klein, das für den 6. November geplant ist. Nichts deutet auf eine Distanzierung von Schneiderhan hin. Im Gegenteil. Wie seine Vorgänger das in ähnlichen Fällen auch oft gemacht haben, wünscht der neue Minister, den Generalinspekteur bei diesem Auftritt an seiner Seite zu haben. Da der auf einer Auslandsreise ist, muss es bei einem Telefonat am Vorabend bleiben. An der Stelle von Schneiderhan wird am nächsten Tag dessen Stellvertreter, General Johann-Georg Dora, bei der Pressekonferenz des Ministers dabei sein.

Die geheimen Chefs: Schneiderhan und Wichert

Nicht erst mit dem Amtsantritt des neuen Ministers gibt es im Verteidigungsministerium genügend Stimmen, die hinter vorgehaltener Hand sagen, es sei Zeit für eine Ablösung des höchst selbstbewussten Generalinspekteurs. Es gehört bei Ministerwechseln dazu, dass Berufene und Unberufene durch die Gänge des Ministeriums huschen und raunen, der oder der gehöre nun endlich mal aufs Altenteil oder sonst wie entsorgt. Doch beim Amtsantritt Guttenbergs scheint die Zahl dieser Einflüsterer besonders groß gewesen zu sein. Guttenberg hatte von Anfang an keinen Mangel an übler Nachrede, die sich gegen Schneiderhan, allerdings auch gegen den vielen längst zu einflussreichen Staatssekretär Wichert richtete. Schneiderhan gilt vielen als SPD-Mann. Nicht im Sinne parteipolitischer Aktivitäten, wohl aber im Sinne einer gewissen Nähe. Er geht nach dem Abitur 1966 zur Bundeswehr und steigt nach Verwendungen bei der Truppe und im Verteidigungsministerium weit auf. Unter dem sozialdemokratischen Minister Rudolf Scharping wird er im Jahr 2002 Generalinspekteur. Schon bald wird die Stellung des GI, wie das Amt in der Truppe und im Ministerium genannt wird, durch den »Berliner Erlass« aufgewertet. Der Generalinspekteur ist seither nicht mehr bloß oberster militärischer Berater der Bundesregierung, sondern koordiniert zudem die Auslandseinsätze der Bundeswehr. Bis zu seiner Entlassung im Jahr 2009 gilt die ganze Energie des in einer Armee zur Verteidigung des Vaterlands groß gewordenen Schneiderhan dem Ziel, die Bundeswehr tauglich für Auslandseinsätze zu machen. Zum ebenfalls sozialdemokratischen Nachfolger Scharpings, Peter Struck, verbindet ihn ein enges Verhältnis. Doch besagt das nicht allzu viel. Denn auch der tief in der konservativen hessischen CDU verwurzelte Minister Franz Josef Jung verlässt sich angesichts fehlender eigener Kenntnisse auf dem Feld der Sicherheits- und Militärpolitik auf Schneiderhans Erfahrung, verlängert mehrfach dessen eigentlich abgelaufene Amtszeit.

Erst durch ihren gemeinsamen Zusammenstoß mit Guttenberg entsteht der Eindruck, dass Schneiderhan und Wichert stets ein Gespann gebildet hätten. Das stimmt so nicht, auch wenn sie vor allem zum Höhepunkt und Ende ihrer Laufbahn hin die beiden entscheidenden Männer des Verteidigungsmi-

nisteriums waren, die die relative Schwäche ihrer Minister zur
eigenen Machtentfaltung nutzten. Wichert, 1945 und damit
ein Jahr früher als Schneiderhan geboren, ist nur als Wehrpflichtiger bei den Panzergrenadieren Soldat. Er studiert Jura,
wird promoviert und geht zunächst als Finanzbeamter zur
Oberfinanzdirektion Köln. Sein Weg führt ihn ins Bundesfi-
nanzministerium, zum Internationalen Währungsfonds, wieder zurück ins Finanzministerium. 1984 wird der parteilose
Wichert Referent der Arbeitsgemeinschaft Finanzen der
CDU/CSU-Bundestagsfraktion, zwei Jahre später holt Bundesfinanzminister Gerhard Stoltenberg ihn wieder ins Ministerium. Erst als Stoltenberg 1989 Verteidigungsminister wird,
kommt Wichert in dieses Haus und wird Staatssekretär. Den
Posten behält er unter dem CDU-Mann Volker Rühe, später
unter dem Sozialdemokraten Scharping, der sich immer wieder lobend über ihn äußert. Im Jahr 2000 geht Wichert in den
einstweiligen Ruhestand. Aus diesem wird er mit dem Amtsantritt von Franz Josef Jung zurückgeholt.

Guttenberg hätte mit Schneiderhan und Wichert ohne Mühen so verfahren können, wie es der gleichzeitig mit ihm neu
ins Amt des Bundesinnenministers gekommene Thomas de
Maizière mit dem Staatssekretär August Hanning tut. Hanning war im Innenministerium ähnlich mächtig wie Schneiderhan und Wichert im Verteidigungsministerium. De Maizière will einen Staatssekretär mit einem solchen »Machtvor-
sprung« im eigenen Hause nicht haben und teilt ihm ohne
Nennung von Gründen – so ist es üblich – mit, dass er auf
seine Mitarbeit verzichten werde. Das sorgt wenige Tage für
einiges Aufsehen in den Medien, danach ist die Sache vergessen.

Guttenberg hätte auch einfach die paar Monate warten
können, bis die Amtszeiten des Generalinspekteurs und des
Staatssekretärs aus Altersgründen ohnehin beendet gewesen
wären, und sich in dieser Zeit in Ruhe um Nachfolger kümmern können. Vielleicht war das sogar sein Plan. Zwar gibt es
die glaubwürdige Darstellung, dass Guttenberg keineswegs

ein enges Verhältnis zu Schneiderhan und Wichert suchte. Doch liegen andererseits keine belastbaren Hinweise darauf vor, dass der Minister einen derart wüsten Streit mit dem Generalinspekteur und dem Staatssekretär, wie er Ende November losbrechen sollte, gezielt ansteuerte. Vielmehr stellt Guttenberg noch ein knappes halbes Jahr später vor dem Untersuchungsausschuss des Bundestages das Verhältnis zu den beiden Herren so dar, dass es bis zum 25. November zumindest untadelig gewesen sei: »Es gab für mich vorher keinen Anlass zu irgendeinem Misstrauen.«[14] Dass Guttenberg nach dem Rauswurf der zwei Spitzenleute nicht sofort Nachfolger benennt, spricht ebenfalls gegen eine von langer Hand geplante Operation. Er lässt einen Monat vergehen, bis er Volker Wieker zum neuen Generalinspekteur macht. Bevor Walther Otremba, den Guttenberg aus seiner kurzen Zeit im Wirtschaftsministerium kennt, neuer Staatssekretär im Verteidigungsministerium wird, vergehen sogar zwei Monate.

»Der Luftschlag musste sein«

Vor diesem Hintergrund also telefoniert am Abend des 5. November Guttenberg mit Schneiderhan, der sich in einem Hotelzimmer in Bratislava aufhält. Guttenberg teilt Schneiderhan mit, wie er sich am nächsten Tag zum Comisaf-Bericht und mithin zu Kleins Vorgehen zu äußern gedenke. Er sichert dem General zu, ihn nicht im Regen stehen zu lassen, wofür dieser sich bedankt. Guttenberg sagt also, er werde Schneiderhans Version nicht widersprechen. Vielmehr will er noch darüber hinausgehen, was er am Telefon ankündigt. Guttenberg schildert das Gespräch so: »Schneiderhan äußerte mir gegenüber keinerlei Einwände, auch nicht bezüglich einer der Formulierungen.«

Am nächsten Tag, einem Freitag, lässt Guttenberg die Journalisten für den frühen Nachmittag zur Pressekonferenz ins Ministerium rufen. Vor seinem Auftritt hat er allerdings noch eine Besprechung mit Wichert, bei der es um den Comisaf-Bericht geht. Wichert hebt bei diesem Gespräch zwei sehr wichtige Details des Nato-Berichts ausdrücklich hervor. Erstens werde dort eindeutig festgestellt, Oberst Klein habe bei der Anordnung der Bombardierung »die Menschen treffen wollen«. Dieser Aspekt ist zumindest in der öffentlichen Diskussion bis dahin völlig unterdrückt worden. Zweitens betont Wichert dem Minister gegenüber, die Nato komme zu dem Ergebnis, dass es bei Kleins Verhalten »zu Verfahrensfehlern« gekommen sei. Unmittelbar vor seinem Auftritt hat Guttenberg die Schwachpunkte im Verhalten Kleins also noch einmal sehr deutlich vor Augen geführt bekommen.

Doch der Minister bleibt bei seiner Linie und stellt sich wie angekündigt ausdrücklich vor seinen Generalinspekteur, was dessen Bewertung von Kleins Handeln angeht. Eine simple Wiederholung der Formulierung ist ihm allerdings zu wenig, er will eine eigene Botschaft übermitteln: »Selbst wenn es keine Verfahrensfehler gegeben hätte, hätte es zum Luftschlag kommen müssen.«[15] Das sitzt. Die Journalisten sind erstaunt. Wieso spitzt Guttenberg ohne Not das Thema Kundus noch einmal so provozierend zu? Jedenfalls hat er die Schlagzeilen des Freitags und des Samstags für sich. Später wird Guttenberg sagen, seine Festlegung gehe einzig und allein auf ihn selbst zurück. Es habe sich um eine Formulierung gehandelt, »die mir nicht vorgeschlagen wurde, sondern von mir persönlich stammt«. Kurz vor Guttenbergs Pressekonferenz fragt nur General Dora einmal nach, ob es dieser zusätzlichen Formulierung bedürfe. Des Ministers Gegenfrage, ob der General etwa eine andere militärische Einschätzung habe als er, der Minister, lässt den Versuch des Militärs, die Causa Klein etwas niedrigerzuhängen als von Guttenberg geplant, schnell in sich zusammenbrechen.

Mit Guttenbergs Auftritt ist der Versuch Schneiderhans beendet, die Verteidigung Kleins möglichst still vonstatten gehen zu lassen. In einem vordergründigen Sinne lässt der Minister seinen Generalinspekteur tatsächlich nicht im Regen stehen. Mittelbar beschert er ihm mit seinem Auftritt jedoch ein tobendes Unwetter. Doch zunächst legt sich wieder Ruhe über den Gegenstand.

Ein folgenreiches Gespräch

Alles ändert sich schlagartig am 25. November. An dessen Morgen teilt der Sprecher des Verteidigungsministeriums, Steffen Moritz, dem Minister mit, dass die Redaktion der »Bild«-Zeitung einen Bericht aus deutscher Quelle über die Nacht vom 3. auf den 4. September habe, der von den Feldjägern erstellt sei. Das Tagesgeschäft hindert Guttenberg zunächst daran, der Sache nachzugehen. Als er am frühen Nachmittag aus dem Verteidigungsausschuss ins Ministerium zurückkehrt, spricht er den Leiter des Planungsstabes, Ulrich Schlie, auf die Sache an. Der weiß nichts von dem Bericht, teilt dem Minister aber mit, dass er bereits am Vorabend von der Leiterin des Ministerbüros, Sabine Bastek, danach gefragt worden sei.

Guttenberg erfährt von Schlie, dass sein Vorgänger Jung angeordnet habe, keine nationalen Berichte zur Bombardierung bei Kundus anfertigen zu lassen. Das sei auf ausdrückliche Empfehlung Wicherts und Schneiderhans geschehen. Der Planungsstab habe eine andere Position vertreten. Das ist der Moment, da der junge Minister zum ersten Mal ahnt, dass nach dem 4. September keineswegs alles von der Spitze des Ministeriums getan wurde, um das Verhalten Oberst Kleins vollständig aufzuklären. Guttenberg kann bei aller nach außen getragenen Freundlichkeit, bei fast jungenhafter Offenheit und großem Charme, zugleich zutiefst misstrauisch sein.

Dieses Misstrauen ist nun geweckt. Guttenberg dürfte genug über die große Macht Schneiderhans und Wicherts zu Ohren gekommen sein, um plötzlich zu fürchten, diese könnten auch ihm etwas verheimlichen. Daher lässt er die beiden umgehend ins Ministerbüro holen, ohne ihnen zu sagen, was

der Gegenstand des Gesprächs sein werde. Das ist für die Einbestellten höchst ungewöhnlich. So müssen sie nicht nur aus
zeitlichen Gründen unvorbereitet erscheinen. Schneiderhan
und Wichert betreten um 14.20 Uhr Guttenbergs Büro mehr
oder minder ahnungslos.

Über den Verlauf der folgenden etwa zehn Minuten gibt es
höchst gegensätzliche Darstellungen. Monatelang beschäftigt
sich ein Untersuchungsausschuss des Bundestages damit,
Licht in den Nachmittag des 25. November zu bringen. So
viel zumindest ist schon am Tage selbst klar: Für den Generalinspekteur und den Staatssekretär wird es der wichtigste und
zugleich unerfreulichste Nachmittag ihrer langen beruflichen
Laufbahnen, die an jenem Tag ihr unfreiwilliges Ende finden.
Auch für Guttenberg kommt es gleich zu Beginn seiner Zeit
als Verteidigungsminister zu einer extrem heiklen Situation.
Überhaupt hat die bundesdeutsche Ministerialbürokratie so
viele Gespräche dieser Art noch nicht erlebt. Ein halbes Jahr
nach der »Opel-Nacht« mit Rücktrittsdrohung liefert Karl-
Theodor zu Guttenberg den nächsten Beleg dafür, dass er der
Mann für die ganz großen Überschriften ist.

Das Kuriose der Angelegenheit wird schon daran deutlich,
dass es unterschiedliche Angaben dazu gibt, wer an dem Gespräch im Ministerbüro überhaupt teilnimmt. Nicht etwa,
dass die Zahl zwischen 39 und 40 schwankt, was nachvollziehbar wäre. Nein, es geht um die Frage: vier oder fünf? Der Minister stellt es von Anfang an so dar, dass außer ihm, Schneiderhan und Wichert noch seine Büroleiterin, Sabine Bastek,
und sein Adjutant, Peter Braunstein, im Raum gewesen seien.
Guttenberg wird auch vor dem Untersuchungsausschuss bei
dieser Darstellung bleiben. Er schildert exakt, wer wo an dem
ovalen Tisch im Ministerbüro gesessen hat, wirkt während
dieser Schilderung völlig entspannt und bietet sogar an, eine
Skizze anzufertigen.

Schneiderhan und Wichert indessen behaupten, außer dem
Minister und ihnen sei nur noch Büroleiterin Bastek im Raum
gewesen. Ohne dass bislang offiziell Einigkeit über diesen

Punkt hergestellt wäre, spricht inzwischen manches dafür,
dass man tatsächlich an jenem Nachmittag zu fünft im Ministerbüro saß. Nachdem am Anfang kuriose, halb ernst-, halb
scherzhafte Mutmaßungen durch das politische Berlin wandern, vielleicht habe Braunstein ja hinter dem Vorhang gestanden oder im angrenzenden Ruheraum mitgehört, bestätigt dieser erst in der »Bild«-Zeitung, später vor dem Untersuchungsausschuss seine Teilnahme. In der Ausschusssitzung
vom 9. Juni 2010 berichtet er detailliert über den Gesprächsverlauf.

Wichert, der besonders hartnäckig darauf besteht, man sei
nur zu viert im Raum gewesen, wird das vor dem Untersuchungsausschuss wiederholen: »An dem Tisch war nach meiner Erinnerung keine fünfte Person. So ist mein Erinnerungsbild.« Auf die Frage des CDU-Abgeordneten Michael Brand,
ob er die Anwesenheit einer fünften Person ausschließen könne, antwortet er zunächst: »Ausschließen ist zu weit gegriffen;
aber so ist meine recht präzise Erinnerung.« Auf die Wiederholung der Frage antwortet er scherzend: »Ich kann nicht mal
ausschließen, Herr Abgeordneter, dass hier ein nordkoreanischer Spion im Raum sitzt.«[16]

Noch schwieriger als die Frage der Teilnehmerzahl ist die
nach dem Gesprächsverlauf zu klären. Er ist deswegen von
Belang, weil er Guttenberg als Grund dient, Schneiderhan
und Wichert wenige Stunden später das Vertrauen zu entziehen. Die Annahme, von einem so wichtigen Gespräch, an dem
offenbar sogar zwei enge Mitarbeiter des Ministers teilnahmen, gebe es ein exaktes Protokoll, das man nur einsehen
müsse, ist falsch. Zwar behauptet Guttenberg frühzeitig, es
hätten ja zwei der Anwesenden mitgeschrieben. Das zielt auf
Bastek und Braunstein. Doch ist der Werdegang von deren
Notizen höchst eigenartig. Während der monatelangen Tätigkeit des Untersuchungsausschusses taucht nie eine Zeile von
Braunstein auf. Im Juni liefert dieser eine ebenso banale wie
verblüffende Antwort auf die Frage, wo seine Notizen geblieben seien: »Die sind in den Reißwolf gegangen.«[17] Auch wenn

die Aufzeichnungen des Adjutanten noch so flüchtig und
kurz gewesen sein sollten, erstaunt das. Denn spätestens am
Abend des 25. November musste er wissen, dass am Nachmittag ein außerordentlich wichtiges Gespräch stattgefunden
hatte. Da pflegt man Notizen aufzubewahren, zumal als Adjutant des Ministers. Eine nachvollziehbare Erklärung, warum er das nicht tat, hat Braunstein bis heute nicht gegeben.

Nicht minder originell ist die Geschichte der Aufzeichnungen von Büroleiterin Bastek, die ja angeblich die Version Guttenbergs vom Ablauf des Gesprächs stützen sollen. Obwohl
sogenannte Vollständigkeitserklärungen von den Befragten
unterschrieben werden, die belegen, dass dem Untersuchungsausschuss alle relevanten Unterlagen übergeben wurden,
taucht die Mitschrift der Büroleiterin des Ministers dort monatelang nicht auf. Angeblich, weil sie den Charakter privater
Notizen habe und somit nicht vorgelegt werden müsse. Erst
am 9. Juni 2010 erhalten die Ausschussmitglieder auf Anfor-
derung die faksimilierten Notizen Basteks vom Ministerium,
»ohne dass damit eine anerkennende Aussage zur Reichweite
des Untersuchungsgegenstandes getroffen würde«, wie es im
Begleitschreiben des Ministeriums heißt.[18]

Geradezu kurios mutet der Wortwechsel zwischen dem
Minister und dem SPD-Abgeordneten Rainer Arnold über die
Notizen Braunsteins und Basteks im Untersuchungsausschuss
an. Guttenberg: »Nach meiner Erinnerung haben sowohl
Frau Bastek als auch Oberst Braunstein auch Aufzeichnungen dieses Gespräches gemacht. Ich glaube, das kann man
nicht ein Protokoll nennen. Aber Aufzeichnungen wird es
wohl geben.« Arnold: »Diese Aufzeichnungen befinden sich
nicht in unseren Unterlagen, obwohl wir die angefordert haben. Können Sie uns dies erklären?« Guttenberg: »Die Aufzeichnungen, Herr Kollege Arnold, sind von Frau Bastek und
von Herrn Oberst Braunstein. Da müssen Sie schon selber
fragen, wo ihre Aufzeichnungen hin sind.« Arnold: »Nein,
Moment, Sie sind der Chef in diesem Büro, und natürlich entscheidet nicht Ihre Sekretärin, was mit Aufzeichnungen pas-

siert, Herr Minister, mit Verlaub.« Guttenberg: »Wenn Sie die
Aufzeichnungen der beiden Personen brauchen, werden Sie
sie als --- Ich weiß nicht, wo die Aufzeichnungen sind. Die
Aufzeichnungen --- Ich glaube, dass es Aufzeichnungen dieser beiden Gespräche gibt, und die wird man Ihnen im Zweifel auch vorlegen können.«[19] In dem Fall, in dem das noch
möglich war, geschah es. Dass sein Adjutant und seine Büroleiterin tatsächlich eigenmächtig und ohne Rücksprache mit
Guttenberg über Notizen zu einer derart wichtigen Unterredung entschieden haben sollen, wäre zumindest ein interes-
santes Detail. Letztlich wirkt es aber kaum glaubhaft.

Gegen 14.20 Uhr also betreten Schneiderhan und Wichert
das Ministerbüro. Bei aller Gegensätzlichkeit der Darstellung
dessen, was dann geschieht, ist so viel sicher: Guttenberg er-
öffnete die Unterredung mit dem Hinweis, dass er sich bei
seiner Bewertung der Vorgänge in der Nacht vom 3. auf den
4. September in Afghanistan bislang auf den Comisaf-Bericht
gestützt habe. Er will wissen, ob es noch andere, vor allem
deutsche Berichte gebe. Die »Bild«-Zeitung behaupte das.
Doch schon die Schilderungen dessen, was folgt, sind voll-
kommen gegensätzlich. Guttenberg wird unter anderem vor
dem Ausschuss behaupten, Schneiderhan und Wichert hätten
seine Frage verneint. Auch als er die Frage wiederholt habe,
sei ein Nein die Antwort gewesen, stellt Guttenberg die Ab-
läufe zunächst dar. Später wird er sagen, jedenfalls habe Wichert auch auf die zweite Frage mit Nein geantwortet. Er,
Guttenberg, habe insistiert und mit Hinweis auf die »Bild«-
Recherche gesagt, es müsse mindestens einen nationalen Bericht geben. Erst daraufhin habe der Generalinspekteur zunächst den Bericht von Oberst Klein genannt, anschließend
jenen des Rechtsberaters Oberst Neumann und schließlich
den Bericht der Feldjäger.

Schneiderhans und Wicherts Darstellung des Gesprächs
unterscheiden sich in einem entscheidenden Punkt stark von
der Guttenbergs. Sie hätten die Frage des Ministers nie verneint, behaupten sie steif und fest. Vielmehr habe Schneider-

han von sich aus die Berichte Kleins, Neumanns und der
Feldjäger erwähnt, Wichert die dem Minister bereits vorlie-
gende Darstellung des Internationalen Komitees vom Roten
Kreuz. Von Verweigerung keine Spur.

Was sagen die Notizen von Sabine Bastek? Das Wort
»Nein« taucht darin jedenfalls nicht auf. Stattdessen findet
sich gleich nach der Eingangsfrage des Ministers nach »weiteren Berichten« das Wort »Pause«. Anschließend hat Bastek
die Antwort Wicherts notiert: »Außerdem noch Bericht des
Intern. Roten Kreuzes. Kenne keinen weiteren Bericht.«
Gleich darauf weist Schneiderhan den Aufzeichnungen Basteks zufolge auf »die 1. Meldung von Oberst Klein« hin. Dann
allerdings muss der Minister mehrfach nachfragen. Wichert
sagt, Jung habe angeordnet, keinen eigenen Bericht zu erstel-
len, und fährt fort: »Es gibt keine eigenen Quellen.« Allmählich – so jedenfalls erscheint es in den Bastek-Notizen – taucht
in den Antworten »die Zuarbeit von deutschen Soldaten« auf,
der Name Neumann, die Darstellung des Untersuchungsteams
von Generalmajor Sullivan und schließlich, auf die Frage Guttenbergs, ob es »von unserer Seite vor Ort« eine Untersuchung gegeben habe, die Antwort Schneiderhans: »Es gab einen ›ungefragten Bericht‹ von Feldjägern.« Der Bericht sei
sehr ungünstig für Oberst Klein.[20]

Das einzige schriftliche Dokument, das während des Gesprächs entstand und noch erhalten ist, sorgt mithin nicht für
Klarheit. Beide Seiten können sich teilweise bestätigt fühlen.
Die Befragten haben Antworten gegeben und sie nicht verweigert. Der Minister musste allerdings einige Nachfragear-
beit leisten, bis er am Ziel war. Aber was war eigentlich sein
Ziel? Wohl kaum eine rasche und geräuschlose Antwort auf
die Frage, was es mit dem »Feldjägerbericht« auf sich habe.
Die hätte er auf direktem Wege simpler und schneller bekommen können. Auf diese Möglichkeit angesprochen, sagt Guttenberg später fast trotzig: »Ich habe mit den beiden Herren
so gesprochen, wie ich mit ihnen gesprochen habe.«

Der neue Herr im Haus

Guttenberg nutzt das Gespräch am 25. November – geplant oder nicht –, um herauszufinden, ob die Gerüchte über die heimliche oder sogar unheimliche Macht Schneiderhans und Wicherts im Verteidigungsministerium zutreffen. Der junge Minister empfindet vier Wochen nach seinem Amtsantritt zum ersten Mal ganz unmittelbar, dass nicht er der starke Mann im Ministerium ist, sondern zwei andere diese Position innehaben. Vielleicht ahnt er auch, was das für ihn bedeuten könnte. Seine drei unmittelbaren Vorgänger, Scharping, Struck und Jung, waren gegen ihren Willen und weitgehend ohne Vorkenntnisse auf dem Feld der Außen- und Sicherheitspolitik in ihr Amt gekommen. Wichert, mehr aber noch der machtbewusste Schneiderhan, füllten jeweils das Machtvakuum. Über weite Strecken steuerten sie die Geschäfte im Verteidigungsministerium.

Nun ist ein neuer Mann an die Spitze des Hauses getreten. Anders als seine Vorgänger muss man ihn nicht dorthin drängen. Er taugt nicht als Nummer zwei. Er will Chef »seines« Ministeriums sein. Das war für Schneiderhan und Wichert am Ende ihrer langen und erfolgreichen Dienstzeit eine neue Erfahrung.

Jenseits von diesem grundsätzlichen Problem ist sehr konkret der Umgang Schneiderhans mit dem Feldjägerbericht ein Musterbeispiel für die Machtentfaltung am damaligen Minister Jung vorbei. Am 9. September 2009, fünf Tage also nach der Bombardierung bei Kundus, wird der ohne Aufforderung vom Feldjäger-Oberstleutnant Brenner geschriebene Bericht fertig und dem Verteidigungsministerium in Berlin überstellt. Zwar schildert Brenner nicht in der Sache wirklich Neues aus der Nacht vom 3. auf den 4. September. Doch enthält sein Bericht zahlreiche sehr kritische Kommentierungen des Verhaltens Kleins. Damit überschreitet Brenner zwar seine Kompetenzen. Doch macht das die Ausführungen nicht weniger brisant. Schneiderhan bekommt sie allerdings erst nach seiner

Rückkehr von einer Afghanistanreise Mitte September in die Hände. Er ist später stocksauer, am Ort des Geschehens gewesen zu sein und die kritischen Darlegungen der eigenen Feldjäger noch nicht zu kennen.

Zurück in Berlin, erhält der General das brisante Papier. Es landet bezeichnenderweise weder beim Minister noch bei dem für die Auslandseinsätze zuständigen Staatssekretär Wichert, sondern im Einsatzführungsstab, der dem Generalinspekteur untersteht. Schneiderhan hält es auch für nicht erforderlich, Jung oder Wichert in Kenntnis zu setzen. Vielmehr lässt er den Einsatzführungsstab am 16. September eine Kurzauswertung anfertigen, die dem Feldjägerbericht vorangestellt wird. In dieser heißt es: »Würde der Bericht ohne begleitende fachliche Kommentierung in eine Untersuchung eingebracht werden, wären negative Implikationen nicht auszuschließen.«

Die etwas gestelzten Worte haben eine Bedeutung von brutaler Wucht. Schneiderhan, dessen berufliches Lebenswerk die Umformung der Bundeswehr von einer Armee des Kalten Krieges in eine Einsatzarmee ist, sieht eben dieses Lebenswerk in Gefahr. Sollte Brenners Bericht bekannt werden, könnte er denjenigen in die Hände spielen, die Kleins Verhalten verurteilen. Die bisherige Rechtfertigung des Verhaltens des Obersten durch die Bundesregierung könnte ins Wanken geraten – damals war noch nicht klar, dass Klein später juristisch und disziplinarisch von allen Vorwürfen freigesprochen werden würde.

Schneiderhan musste also für den schlimmsten Fall sogar befürchten, dass Klein ins Gefängnis käme. Welche Auswirkungen das für die Fortführung des Bundeswehreinsatzes hätte, war leicht auszumalen: Die deutschen militärischen Führer in Afghanistan würden zutiefst verunsichert, wenn einer der ihren, der seine Truppe und sich schützen wollte, im Gefängnis landete. Schneiderhans Entscheidung, den Feldjägerbericht unter der Decke zu halten, war hochpolitisch. Er wusste sich dabei im Einklang mit der Truppe. Auch andere führende Militärs sagten später, das Ziel sei es von Anfang an gewesen, Klein zu schützen. Als dieser Anfang des Jahres 2010 eine Art Ehrengast beim Jahrestreffen des Bundeswehrverbandes südlich von Berlin ist, scharen sich seine Kameraden geradezu demonstrativ um ihn.

Für Schneiderhan ist es kein Problem, Jung den Bericht nicht auf den Schreibtisch zu legen. Erst Anfang Oktober, knapp vier Wochen nach seinem Entstehen, setzt der General den Minister überhaupt davon in Kenntnis, dass es einen entsprechenden Bericht gibt. Doch beruhigt er ihn zugleich, indem er sagt, dieser fließe in die Untersuchung der Nato ein. Für Jung ist die Sache damit erledigt, eine weitere Beschäftigung mit dem Papier nicht erforderlich. Ende November wird es ihn sein neues Amt als Bundesarbeitsminister kosten, dass er sich nicht einmal die Mühe gegeben hat, den Bericht – wenn auch mit Verspätung – zu lesen.

Schneiderhan und Wichert waren so sehr daran gewöhnt, am jeweiligen Verteidigungsminister vorbei schalten und walten zu können, dass sie die Vorstellung, es könnte mal ein Minister anderen Schlags kommen, überraschen musste. Dieser andere sitzt jetzt vor ihnen und ist aufgewühlt. Nach etwa zehn Minuten, es ist gegen 14.30 Uhr an jenem Mittwochnachmittag, beendet Guttenberg das Gespräch mit dem Auftrag an die beiden, ihm umgehend alle Meldungen und Berichte zum Bombardement bei Kundus zusammenzustellen. Doch in seinem Inneren ist er offenbar längst einen Schritt weiter, geht es ihm nicht mehr um ein gründliches Studium der Unterlagen, die er eingefordert hat.

Dennoch sind diese auf dem Weg zu seinem Schreibtisch. »Relativ kurz nach dem Gespräch«, so die Darstellung Guttenbergs, bringt der Adjutant des Generalinspekteurs schon einmal den Feldjägerbericht ins Ministerbüro. Guttenbergs Adjutant spricht später von einer halben, »maximal« einer Stunde. Der Zeitablauf ist deswegen im Detail wichtig, weil bis 17 Uhr noch viel passieren wird. Frühestens um 15 Uhr hat der Minister also die Möglichkeit, den Feldjägerbericht zu lesen. Er umfasst acht eng beschriebene Seiten. Selbst wenn

Guttenberg ihn nur überfliegt, muss es darüber etwa 15.20 oder 15.30 Uhr werden. Eine ernsthafte Form der Auseinandersetzung mit dem Text, der ihm ja bis dahin nicht bekannt ist, dessen Brisanz er aber erahnt, ist in wesentlich kürzerer Zeit nicht denkbar.

Guttenberg ist empört. Er schildert seinen Gemütszustand später mit folgenden Worten: »Der Verlauf des Gesprächs und die Tatsache, dass mir erst auf mehrfache Nachfrage die Existenz des Feldjägerberichts sowie anderer einschlägiger Berichte bekanntgemacht wurde, hat mein Vertrauen in Staatssekretär Dr. Wichert und General Schneiderhan erschüttert.«[21] Die vom Einsatzführungsstab gegebene Warnung, der Bericht dürfe nicht in falsche Hände geraten, weil er Klein sonst schaden könnte, habe seine, Guttenbergs, Verunsicherung noch vergrößert. Er sieht die Schuldfrage eindeutig beantwortet. Nicht er hatte seiner Ansicht nach die Aufgabe (vor allem vor seiner öffentlichen Festlegung), alle wesentlichen vorhandenen Materialien einzufordern. Vielmehr hätten seine Mitarbeiter und Berater sie ihm vorlegen müssen: »Wer eigentlich hatte hier eine Bringschuld? Doch sicherlich nicht der Minister.«[22]

Rausschmiss im Ruck-zuck-Verfahren

Jeder Rekrut lernt in den ersten Tagen bei der Bundeswehr eine klare Regel für den Fall, dass er sich über einen Vorfall beschweren möchte. Er muss mindestens eine Nacht darüber schlafen. Guttenberg hat zwar auch gedient, aber diese Regel scheint sich ihm nicht eingebrannt zu haben. Er kann sich höchstens eine Stunde Zeit genommen haben, um zu entscheiden: Schneiderhan und Wichert müssen weg. Mit der ihm eigenen emotionalen Dynamik greift er zum Telefon und ruft sowohl den Bundespräsidenten als auch die Bundeskanzlerin an, um ihnen seinen Entschluss mitzuteilen.

Doch es kommt noch zu einem weiteren Gespräch an diesem nicht eben ereignisarmen Nachmittag. Dieses muss wichtiger gewesen sein als diejenigen mit dem Bundespräsidenten und der Kanzlerin. Denn Guttenberg weigert sich, den Namen seines Gesprächspartners preiszugeben. Im Untersuchungsausschuss bohrt der SPD-Abgeordnete Hans-Peter Bartels im April nach: »Mit wem haben Sie sich noch beraten?« Darüber müsse und werde er keine Auskunft geben, antwortet der Gefragte. Er werde sich nicht zu Gesprächen äußern, »wo ich das Gefühl habe, dass sie unmittelbares Regierungshandeln bzw. Personalentscheidungen auf dieser Ebene betreffen. Das ist etwas, wo ich auch zum Schutz jener, mit denen ich gesprochen habe, hier mich dazu nicht äußern werde und auch nicht äußern muss«.[23] Da beide Seiten nicht lockerlassen, muss an jenem 22. April die Zeugenvernehmung im öffentlichen Teil der Ausschusssitzung unterbrochen werden, um zu klären, ob Guttenberg seinen oder seine Gesprächspartner nennen muss. Nach mehr als einer Stunde Beratungen steht fest: Er muss nicht.

Die Weigerung des Ministers gibt zu denken. Die Gespräche mit Merkel und Köhler erwähnt er völlig ungefragt gleich zu Beginn seiner Einlassungen vor dem Ausschuss. Er berichtet indirekt sogar über den Inhalt beider Gespräche, als er sagt, dass er bereits vorher die »innere Entscheidung« getroffen habe, Schneiderhan und Wichert zu entlassen. Damit ist klar, dass er weder mit der Bundeskanzlerin noch mit dem Bundespräsidenten inhaltlich darüber diskutiert hat, ob die beiden Herren rauszuwerfen seien oder nicht. Das stand bereits fest. Wer aber könnte noch wichtiger für »unmittelbares Regierungshandeln« sein oder noch schützenswerter? Warum schweigt Guttenberg hier so eisern? Befürchtet er, die Nennung des Namens könnte am Ende zu einer Zeugenvernehmung vor dem Untersuchungsausschuss führen und für ihn unangenehm werden? Sollte er seine Entscheidung doch nicht so allein und spontan getroffen haben, wie er es darstellt?

Der SPD-Abgeordnete Rainer Arnold fragt im Ausschuss gezielt nach Kanzleramtsminister Ronald Pofalla. Stand Guttenberg möglicherweise unter Druck, seine positive Bewertung des Handelns von Oberst Klein zu korrigieren, und das Auftauchen des Feldjägerberichts war ihm bloß ein willkommener Anlass dazu? In einem Interview mit der »Frankfurter Allgemeinen Zeitung« im Januar 2010 weist Guttenberg solche Mutmaßungen zurück. Auf die Frage, ob Angela Merkel ihn zu seiner Neubewertung ermuntert habe, antwortet er: »Nein. Die Grundlage der zweiten Bewertung ist bekannt: die Gesamtschau aller, auch neuer Dokumente, Berichte und Meldungen. Diese Entscheidung habe ich getroffen.«[24]

Wie auch immer der Ablauf war: Gegen 17 Uhr an jenem 25. November erfahren Schneiderhan und Wichert in atmosphärisch nun wieder einigermaßen entspannten Einzelgesprächen vom Minister, dass dieser kein Vertrauen mehr zu ihnen habe. Zwischen dem Zustand, den Guttenberg später mit den Worten beschreibt, es habe keinen Anlass zu irgendeinem Misstrauen gegeben, und dem totalen Vertrauensverlust liegen nicht einmal drei Stunden. Karl-Theodor zu Guttenberg ist nicht der Typ des stets ruhig und lange Zeit wägenden Politikers. Er ist ein Mann schneller, gern auch spektakulärer Entscheidungen.

Nur für ein paar Stunden hat die »Bild«-Zeitung nach ihrem Erscheinen am 26. November mit der Schlagzeile »Die Wahrheit über den Luftangriff in Afghanistan« die Hoheit über die Nachrichtenlage. Dann schlägt Guttenberg zurück. Gleich am Vormittag, es ist 9.30 Uhr, tritt er im dunkelgrauen Anzug, von dem sich die rosafarbene Krawatte modisch abhebt, vor den Bundestag und verkündet, dass er den Generalinspekteur der Bundeswehr und einen seiner beiden Staatssekretäre an die Luft gesetzt hat. Die »Bild«-Zeitung und der Feldjägerbericht sind damit ins Vorprogramm gerutscht. Die eigentliche Story dieses und der nächsten Tage erzählt Karl-Theodor zu Guttenberg unter der imaginären Überschrift »Ein Mann räumt auf«. Er spielt die Hauptrolle, er ist die handelnde Person.

Nicht einmal 24 Stunden benötigt Guttenberg, um aus der

vollständigen Defensive, in die ihn eine Boulevardzeitung und
ein ihm unbekanntes Stück Vergangenheit aus seinem Ministerium gebracht haben, in die Offensive zu kommen. Eine sel-
tene Fähigkeit. Joschka Fischer konnte das in seinen starken
Momenten, etwa als der »Stern« – schon zu seinen Jahren als
Außenminister – seine gewalttätige Vergangenheit noch einmal reich bebildert thematisiert und Fischer daraus, wenn
auch mit etwas Mühe, eine Heldengeschichte macht, die alle
anderen mit einer weniger aus dem Ruder gelaufenen Vergangenheit als Langweiler dastehen lässt. Oder als er 1999 von
seiner eigenen Partei wegen des Kosovo-Krieges so bedrängt
wird, dass die frisch geschmiedete rot-grüne Bundesregierung
schon nach einem guten halben Jahr am Abgrund angekommen ist. In dieser Situation gelingt es Fischer auf einem Son-
derparteitag in Bielefeld, das Heft wieder in die Hand zu bekommen, den Grünen eine Zustimmung zu diesem Krieg ab-
zuringen. Dass ihm dabei ein Eiferer einen Beutel mit roter
Farbe aufs Ohr wirft, hilft ihm nur, die Dramatik des Kampfes
deutlich zu machen. Wäre dieser Verrückte nicht von sich aus
erschienen, Fischer hätte ihn glatt engagieren müssen. In den
beiden Regierungen Merkel hat außer Guttenberg höchstens
Ursula von der Leyen das Zeug zu solcher Wendung der öffentlichen Meinung. Wirkt es erst noch so, als drohe sie mit
ihrer allzu modernen Familienpolitik an den mächtigen alten
Männern der Union zu scheitern, so steht sie schon bald darauf als die Jeanne d'Arc der CDU da, die mit Erfolg für die
Berufstätigkeit der Frauen kämpft.

Nach seinem kurzen Auftritt setzt sich Guttenberg wieder
in die Regierungsbank. Er tauscht sich mit Merkel und Pofalla aus. Einige Plätze weiter sitzt jener Mann, dessen politische
Laufbahn sich durch den Auftritt Guttenbergs jäh ihrem Ende
zuneigt: Franz Josef Jung, der Arbeitsminister. Hatte Guttenberg ihn nicht bei seiner Amtseinführung noch dafür gelobt,
dass Verlass auf sein Wort sei? Guttenberg spricht es nicht
offen aus, aber mit seinem Auftritt und den Anwürfen gegen
Schneiderhan und Wichert stellt sich ganz selbstverständlich

eine weitere Frage: Wusste Jung damals Bescheid über den
Feldjägerbericht? Und wenn ja, warum hat er dann nichts gesagt, auch seinem Nachfolger nicht? Die Opposition erkennt
die Gelegenheit und drängt, Jung möge sich äußern. Der
scheint es zunächst gar nicht fassen zu können, dass die Angelegenheit für ihn zu einer existenziellen Bedrohung wird.
Nach einigem Hin und Her im Parlament tritt der Arbeitsminister um kurz nach halb zwölf doch ans Mikrophon und
sagt, er wolle »die Chance haben, die Unterlagen zu überprüfen«. Danach werde er sich vor den Abgeordneten äußern.

Um 18.15 Uhr ist es so weit. Jung spricht selbst sein politisches Todesurteil. Generalinspekteur Schneiderhan habe ihn
über die Existenz des Feldjägerberichts informiert, wenn auch
erst Anfang Oktober. Er habe eingewilligt, den Bericht für die
Nato-Untersuchung freizugeben. Allerdings habe er »keine
konkrete Kenntnis« vom Inhalt gehabt. Jung hat also seinen
Generalinspekteur nicht etwa getadelt, weil er ihm den Bericht nicht gegeben habe, sondern hat ihm blind vertraut und
das Papier nicht einmal gelesen. Schneiderhan hat den Minister bewusst in Unkenntnis gelassen, und dieser hat das hingenommen. Es dauert nicht mehr lange bis zu den ersten Rücktrittsforderungen.

Eine Nacht ist der einstige hessische Landespolitiker Jung
noch Mitglied des Bundeskabinetts. Am nächsten Morgen
wird er ins Kanzleramt gerufen. Angela Merkel macht ihm klar,
dass sie ihn nicht halten kann. Am Mittag folgt dann die nicht
überraschende Ankündigung einer Pressekonferenz im Arbeitsministerium. Es ist 13.30 Uhr. Jung, der ewig Freundliche,
lächelt noch einmal in die Hauptstadtkameras. Dann sagt er
knapp, er habe der Bundeskanzlerin mitgeteilt, dass er sein
Amt als Minister für Arbeit und Soziales zur Verfügung stelle.

Eine Woche später, am 3. Dezember, werden Wolfgang
Schneiderhan und Peter Wichert im Verteidigungsministerium mit einem Großen Zapfenstreich verabschiedet. Schneiderhan hält eine Rede. Er dankt allen Ministern, denen er gedient hat – nur Guttenberg nicht. Gut vier Wochen hat der

neue Minister gebraucht, die beiden Topleute des Ministeriums vor die Tür zu setzen und noch dazu seinen Amtsvorgänger aus dem neuen Amt zu katapultieren. Ein bemerkenswertes Tempo.

Ein bisschen Lüge

Die Angelegenheit ist damit nicht erledigt, schon weil ein Untersuchungsausschuss droht. Zunächst aber ist Guttenbergs Auftritt vor dem Bundestag am 26. November der Beginn einer Serie von Schuldzuweisungen und zum Teil harten Vorwürfen. Es ist nicht nur klar, wer das Opfer ist, sondern vor allem, wer die Bösewichte sind. In einer Offenheit, wie man sie bis dahin von einem Bundesminister noch nicht erlebt hat, schwärzt Guttenberg die an die Luft gesetzten Herren vor und hinter der Kamera an. Dass sie ihm wichtige Informationen und Berichte »vorenthalten« hätten, wird dabei zum Standardvorwurf.

Noch Anfang Dezember klagt Guttenberg in der Talkshow »Beckmann«, ihm seien wichtige Berichte vorenthalten worden. Die Sendung ist nicht gerade die ideale Bühne für politische Sachdebatten, schon gar nicht für die Erklärung von Personalentscheidungen. Guttenberg verbreitet bei solchen und ähnlichen Gelegenheiten, Schneiderhan habe ihm, dem Minister, sogar schriftlich bestätigt, dass er ihm Berichte »vorenthalten« habe. Richtig daran ist: Schneiderhan übernimmt in dem Schreiben, in dem er nach dem Zusammenstoß am 25. November den Minister um seine Entlassung bittet, die Verantwortung dafür, dass diesem Berichte »nicht vorgelegt« wurden. Er wählt mit Bedacht eine Passivkonstruktion, damit es gerade nicht wie das Eingeständnis eines bewussten Vorenthaltens aussieht. Dieses Wort, schlimmer noch die von Guttenberg im Gespräch mit Maybrit Illner in deren Talkshow benutzte Formulierung »unterschlagen«, finden nämlich Schneiderhan und Wichert zutiefst ehrenrührig.

Einer, der es gut mit den beiden meint, erzählt in diesem Zusammenhang eine Anekdote aus den Tagen des Verteidigungsministers Rudolf Scharping. Als dieser mit seinen Mitarbeitern in Streit über das »Herkules«-Projekt zur Modernisierung der Informationstechnologie der Bundeswehr geraten sei, habe er ein Machtwort gesprochen und verlangt, er wolle alle Unterlagen zu dem Thema haben. Zwei Stunden später hätten 60 Aktenordner auf seinem Tisch gelegen. Es geht bei dem Streit Guttenbergs mit Schneiderhan und Wichert darum, wie viele und welche Informationen ein hochrangiger Mitarbeiter seinem Minister vorlegen muss und inwieweit seine Aufgabe gerade darin besteht, das Wichtige vom Unwichtigen zu trennen und den Minister nur mit den wirklich entscheidenden Dingen zu behelligen.

Im Zuge seiner Fernsehauftritte belässt es Guttenberg zumeist bei pauschalen Vorwürfen, in denen die Worte »vorenthalten« oder »unterschlagen« auftauchen. Aber nach den Erschütterungen des 25. und des 26. November will der junge Minister hinsichtlich der Schuldfrage auf Nummer sicher gehen. In einem für Aufsehen sorgenden Artikel schildert der »Spiegel« das Gespräch im Ministerbüro am frühen Nachmittag des 25. November unter der Überschrift »Die Schweigespirale« einigermaßen detailliert. Es ist allerdings exakt die Fassung, die Guttenberg gut aussehen lässt. Dreimal, so ist gleich zu Beginn des Artikels zu lesen, habe der Minister den Generalinspekteur und den Staatssekretär nach weiteren internen Berichten über die Nacht bei Kundus befragt. Dreimal hätten sie die Existenz solcher Berichte abgestritten. Sogar das Wort »leugnen« wird benutzt. Als Quelle für diese Darstellung muss Guttenbergs »Umfeld« herhalten.[25]

Damit kann nach den Gepflogenheiten des medialen Betriebs in der Hauptstadt ein Pressesprecher, im Falle des Verteidigungsministeriums also Steffen Moritz, gemeint sein, aber auch ein anderer enger Mitarbeiter wie ein Büroleiter, ein persönlicher Referent, bei Militärs ein Adjutant. Gelegentlich steckt hinter dem Verweis auf das »Umfeld« allerdings auch nur der Versuch, die Spuren zur eigentlichen Quelle zu verwischen. Ein Minister oder ein Akteur von ähnlichem Rang will zwar ein bestimmtes Bild eines Vorgangs in der Öffentlichkeit erzeugen, möchte aber auf keinen Fall den Eindruck erwecken, er habe aus einem vertraulichen Gespräch berichtet. Unterredungen, bei denen es um Personalangelegenheiten geht, sind naturgemäß besonders vertraulich. Ein Gespräch, in dessen Folge ein Minister seine beiden ranghöchsten Mitarbeiter entlässt, erhebt in Sachen Vertraulichkeit äußerste Ansprüche. Als Guttenberg im April 2010 im Untersuchungsausschuss zu den Abläufen an jenem 25. November 2009 befragt wird, wird er die schönen Sätze sagen: »In diesem Zusammenhang will ich auch betonen, dass ich Grenzen darin sehe, was über interne Gespräche mit unmittelbaren engen Mitarbeitern nach außen mitgeteilt werden kann. Auch bedürfen Entscheidungen über die Versetzung von politischen Beamten und Generälen in den einstweiligen Ruhestand keiner Begründung und sind grundsätzlich nicht öffentlich zu erörtern.«[26] Dieses Zitat ist vor dem Hintergrund des »Spiegel«-Artikels und des über ihn entbrennenden Streits ausgesprochen pikant.

Wichert und Schneiderhan sind empört. In Absprache mit Schneiderhan schreibt Wichert dem Minister noch am Erscheinungstag des Artikels, dem 30. November, einen Brief, der vom Beginn an völlig unmissverständlich ist: »Sehr geehrter Herr Bundesminister, im heutigen ›Spiegel‹ werden über General Schneiderhan und mich Lügen verbreitet.«[27] Noch bevor Wichert auf die Inhalte dieser Lügen zu sprechen kommt, geht es ihm um die genannte Quelle, das »Umfeld«. Der vor die Tür gesetzte Staatssekretär glaubt davon kein Wort: »Dabei bin ich sicher, dass auch dies eine Lüge ist, jedenfalls wenn es sich auf Frau Bastek oder Herrn Moritz beziehen sollte, die ich aus Ihrem Umfeld kenne.« Da Wichert die Büroleiterin und den ohnehin beim Gespräch im Ministerbüro nicht anwesenden Pressesprecher Moritz ausschließt, er zudem behauptet, dass der Adjutant nicht teilgenommen habe, ist die Stoßrichtung der Formulierung eindeutig: Wichert verdächtigt den Minister, selbst einem Journalisten aus dem höchst vertraulichen Gespräch berichtet zu haben.

Eine Bitte Wicherts, die Darstellung im »Spiegel« solle noch während der allmontäglichen Zusammenkunft der Bundespressekonferenz richtiggestellt werden, wird von Büroleiterin Bastek zurückgewiesen. Stattdessen, so stellt es Wichert dar, habe sie angekündigt, der Minister werde ihn anrufen. Im weiteren Verlauf des Briefes schlägt Wichert »in Abstimmung mit General Schneiderhan« die Veröffentlichung einer Pressemitteilung des Verteidigungsministeriums vor, in der klargestellt werde, dass er und der Generalinspekteur keineswegs die Existenz weiterer Berichte bestritten, sondern diese vielmehr dem Minister genannt hätten, den Feldjägerbericht eingeschlossen. Ein »glasklares Dementi« sei erforderlich, da es sich um »letztlich ehrenrührige Vorwürfe« handele.

Nicht nur die geforderte Richtigstellung, auch der angekündigte Anruf Guttenbergs bleibt aus. Stattdessen verfasst der Minister unter dem Datum vom 2. Dezember einen handschriftlichen Brief. Die Zeilen ließen den uneingeweihten Leser nicht auf den Gedanken kommen, dass zwischen Absender und Adressat das herrscht, was Guttenberg mit Bezug auf Afghanistan einmal als »kriegsähnliche Zustände« beschrieben hatte.

»Sehr geehrter, lieber Herr Dr. Wichert«, beginnt Guttenberg: »Offenbar gibt es interessierte Kreise, die mit Setzen von vermeintlichen Zitaten und gezielten Unwahrheiten Unfrieden, ja Zwietracht säen wollen.« Die einzige im weiteren Verlauf auch nur ansatzweise auf einen Konflikt hindeutende Formulierung ist die von »unbestrittenen Informationspannen«, für die Wichert die Verantwortung übernommen habe. Sogar das wendet Guttenberg noch zum Guten, indem er beteuert, er weise überall darauf hin, »dass ich nicht ansatzweise davon ausgehe, dass man Ihnen hierfür Böswilligkeit unterstellen könnte«. Es geht noch weiter: »Ebenso wenig unerwähnt bleiben Ihre hohen Verdienste und das von mir uneingeschränkt als sehr angenehm empfundene menschliche Miteinander sowie der Wunsch, sich auch künftig fachlich austauschen zu können.« Dass Guttenberg sehr wohl bewusst ist, wie unerfreulich, ja rufschädigend der Artikel im »Spiegel« für seine beiden Mitarbeiter ist, macht sein letzter Satz klar: »Diese Zeilen machen Artikel nicht ungeschehen, mir war es gleichwohl ein Bedürfnis, Ihnen diesbezüglich zu schreiben.« Hatte Wichert seinen Brief distanziert mit der Formulierung »Hochachtungsvoll Peter Wichert« beendet, so schließt Guttenberg »mit herzlichen Grüßen«.

Karl-Theodor zu Guttenberg ist ein impulsiver Mensch, der sich schnell in eine Situation hineinsteigern kann. Das war am 25. November fraglos der Fall. Ein Gerhard Schröder oder ein Joschka Fischer konnten ebenfalls hochemotional reagieren, wenn ihnen im eigenen Hause etwas nicht passte. Als es der außenpolitische Berater des einstigen Bundeskanzlers, Michael Steiner, mit seinem selbstherrlichen Gebaren allzu weit trieb, zögerte auch Schröder nicht, ihn an die Luft zu setzen. Allerdings verband er das nicht mit öffentlichen Schuldzuweisungen, wie Guttenberg es im Falle Schneiderhans und Wicherts tat. Andererseits ist Guttenberg ein außergewöhnlich höflicher, auch freundlicher Mensch mit exzellenten Umgangsformen. Insofern ist der im genannten Briefverkehr dokumentierte Umgang mit Wichert keineswegs widersprüchlich.

Der gefeuerte Staatssekretär gibt sich allerdings mit der Antwort des Ministers nicht zufrieden. Am 11. Dezember wendet er sich abermals schriftlich an ihn und wiederholt, dass die im »Spiegel« zu lesende Darstellung, er und Schneiderhan hätten in dem Gespräch am 25. November mehrfach auf klare Fragen des Ministers falsche Antworten gegeben, nicht zutreffe. Zweimal kündigt Wichert an, er werde sich diese Schilderung seines Verhaltens nicht gefallen lassen, und drängt den Minister, sich zu äußern: »Bitte nehmen Sie zu der Frage Stellung, inwieweit Sie diese Aussagen des Artikels unterstützen oder sich hiervon distanzieren. Ich werde die

Veröffentlichung nicht hinnehmen.« Immer wieder taucht das
Wort »ehrkränkend« auf. Wichert wiederholt die Bitte, eine
Pressemitteilung des Ministeriums mit einer Richtigstellung
zu veröffentlichen. Alternativ dazu bittet er Guttenberg, ihn,
Wichert, von seiner Schweigepflicht zu entbinden: »Dann
hätte ich selbst die Möglichkeit, gegen die unwahren Behauptungen vorzugehen.« Wichert fordert von Guttenberg »eine
schriftliche Antwort in angemessener Zeit, auf jeden Fall aber
noch vor Weihnachten«.

Die bekommt er. Angesichts dessen, was Monate später bekannt werden soll, ist sie außerordentlich interessant. Am 18.
Dezember, sechs Tage vor Weihnachten, als längst Darstellungen in den Medien zu lesen waren, die Guttenbergs Schilderung des Gesprächsverlaufs widersprechen und Schneiderhan
und Wichert stützen,[28] antwortet der Minister dem Staatssekretär, diesmal nicht mehr handschriftlich. Auch fehlt das
»lieber« in der Anrede und die Grüße sind nicht mehr »herzlich«, sondern nur noch »freundlich«. Verbindlich im Ton
bleibt der Minister dennoch. Wicherts Brief veranlasse ihn zu
dem Hinweis, »dass ich mit meiner Entscheidung, Sie in den
einstweiligen Ruhestand zu versetzen, keineswegs eine Beein-
trächtigung Ihres Ansehens und Ihrer Integrität in der Öffentlichkeit verbunden haben möchte«. Guttenberg bedauert
ausdrücklich, dass Wichert sich durch die Veröffentlichung in
den Medien zu Unrecht angegriffen fühle, und äußert sein
Verständnis, dass Wichert dagegen seine Rechte geltend machen wolle. Der Minister entbindet im Anschluss den Staatssekretär a. D. von seiner Pflicht zur Verschwiegenheit, was
das Gespräch am 25. November angeht. Er erinnert daran,
dass dabei keine Informationen an die Öffentlichkeit gelangen dürften, die dem Wohle des Landes oder der Wahrnehmung der Aufgaben der Bundeswehr schaden würden.

So weit der weniger spektakuläre Teil des Schreibens. Brisant sind zwei andere Sätze Guttenbergs. Erst schreibt er, sein
»bisheriges Verständnis« sei gewesen, dass über den Inhalt
»unseres persönlichen Gesprächs« keine Information der Öf-

fentlichkeit erfolge. Dann bekräftigt er das: »Ich für meinen Teil werde weiterhin an der Vertraulichkeit festhalten, muss mir aber vorbehalten, meine Wahrnehmung des Gesprächs darzustellen, sollte dies erforderlich werden.« Damit ist klar: Guttenberg behauptet in zwei persönlichen Briefen an seinen ehemaligen Staatssekretär, keine Informationen an Journalisten weitergegeben zu haben.

An dieser Darstellung hat nicht nur Wichert von Anfang an schwere Zweifel. Doch bleibt sie lange Zeit unwiderlegt. Erst als am 22. April 2010 die Vernehmung des Zeugen Guttenberg im Untersuchungsausschuss schon viele Stunden dauert und sich der Abend über Berlin senkt, wird sich daran etwas ändern. Das ist im Übrigen der wohl interessanteste Moment des sich bis dahin mit nur mäßigem Erkenntnisgewinn dahinschleppenden Untersuchungsausschusses. Der SPD-Bundestagsabgeordnete Hans-Peter Bartels will vom Minister wissen, woher der »Spiegel« seine Darstellung der Geschehnisse am 25. November habe. An dieser Stelle gerät der in den zurückliegenden Stunden gewohnt smart und souverän agierende Guttenberg erstmals ins Schlingern. Auf Bartels' Frage, ob die Schilderung des Nachrichtenmagazins richtig sei, rückt Guttenberg vorsichtig von der bisher harten Festlegung ab, kein Wort über das Gespräch am 25. November nach außen getragen zu haben. Nachdem Bartels ihm die entsprechende Passage aus dem »Spiegel« vorgelesen hat, sagt der Minister: »Ich habe Ihnen doch vorhin meine Wahrnehmung und meine Darstellung gegeben. Ich kann nur feststellen: So, wie Sie es gerade vorlesen, so furchtbar weit sind die ja angesichts meiner Darstellung, die ich Ihnen gegeben habe, nicht auseinander.«[29]

Das ist eine für Guttenberg typische Szene. Der Mann, dessen Bild in der Öffentlichkeit von dem Eindruck lebt, hier spreche endlich jemand klare Worte und drücke sich nicht in Politikermanier um die Wahrheit herum, gerät in dem Moment rhetorisch völlig aus der Bahn, da es eng für ihn wird. Sobald seine Worte nicht mehr im weiten Raum des

Wohlklangs unanfechtbar dahinschweben, wirkt Guttenberg schnell unsicher. Bartels, im Übrigen einer der Wenigen im Untersuchungsausschuss, der den Minister mit einer gewissen Konsequenz und Zielgerichtetheit ins Gebet nimmt, will wissen, woher der »Spiegel« seine Informationen und ob der Minister mit Mitarbeitern des Blattes gesprochen habe. Nach einer rhetorischen Slalomfahrt bringt Guttenberg den Satz über die Lippen: »Ich habe in diesen Tagen mit Sicherheit auch mal mit ›Spiegel‹-Journalisten gesprochen.«[30] Da ist die Katze also aus dem Sack. Erst weist Guttenberg darauf hin, dass die Darstellung des »Spiegel« mit seiner übereinstimmt, dann gibt er zu, mit Journalisten, auch solchen vom »Spiegel«, gesprochen zu haben. Vergleicht man diese Version mit dem, was der Minister im Dezember seinem von ihm gefeuerten Staatssekretär mehrfach schriftlich zusicherte, nämlich strikte Vertraulichkeit über das Gespräch am 25. November zu wahren, dann wird klar: Guttenberg hat es mit der Wahrheit nicht so genau genommen.

Die Kehrtwende

Aus Guttenbergs Sicht könnte die ganze Causa Kundus mit dem Rauswurf Schneiderhans und Wicherts erledigt sein. Doch impulsiv und risikofreudig, wie der aristokratische Sponti nun mal ist, legt er sich selbst die Latte noch einmal höher auf für einen zweiten Sprung. Bei seinem Auftritt vor dem Bundestag am Morgen nach dem Zusammenprall mit dem Staatssekretär und dem Generalinspekteur macht er eine folgenschwere Ankündigung: »Ich werde selbstverständlich auch selbst eine Neubewertung der Fälle auf der Grundlage der Berichte, die mir in einer Gesamtschau gegeben sind, vornehmen. Auch das gehört sich.«[31] Das steigert die Fallhöhe. Ist erst einmal der Verdacht in der Welt, die beiden zuständigen Topleute des Ministeriums hätten durch ihr Verhalten dafür gesorgt, dass das folgenreichste militärische Vorgehen deutscher Soldaten seit dem Zweiten Weltkrieg falsch bewertet wurde, wäre ihr Rauswurf nicht nur leichter zu erklären, sondern geradezu selbstverständlich.

Guttenberg, der nicht als Aktenfresser bekannt ist, braucht nicht lange, um alle ihm bis dahin noch nicht bekannten Berichte auszuwerten. Nur eine Woche nach dem Auftritt vor dem Bundestag am 26. November erscheint er in derselben Angelegenheit wieder unter der Reichstagskuppel. Immerhin hat das einen schönen Nebeneffekt. Sind die Auftritte selbst von Kanzlern oder Ministern vor dem Hohen Haus meistens mäßig interessant, so lohnt es auf einmal wieder, dort hinzugehen.

Zunächst baut Guttenberg einen Schutzwall vor Oberst Klein auf. Dieser habe sein »volles Verständnis« dafür, dass er angesichts »kriegsähnlicher Zustände« um Kundus und anhaltender Gefechte, bei denen auch deutsche Soldaten verwundet worden seien, »subjektiv von der militärischen Angemessenheit seines Handelns ausgegangen« sei. Jeder, der aus der Distanz leise oder laut Kritik übe, möge sich fragen, wie er in der Situation selbst gehandelt hätte, wirbt Guttenberg um Nachsicht mit Klein.[32]

Dann kommt die Wende. Auch für ihn sei es nun, aus der Distanz und ausgestattet mit zahlreichen neuen Dokumenten, die ihm bei seiner ersten Bewertung am 6. November noch nicht vorgelegen hätten, »viel leichter«, sich ein Urteil über die Angemessenheit des Vorgehens Kleins zu bilden. Es folgt der Satz, mit dem Guttenberg begründen will, warum die für ihn neuen Berichte eine andere Bewertung erforderlich machten: »Diese weisen im Gesamtbild gegenüber dem gerade benannten Comisaf-Bericht deutlicher auf die Erheblichkeit von Fehlern und insbesondere von Alternativen hin.« Entscheidend ist das Wort »deutlicher«. Guttenberg kann nicht auf grundsätzlich neue Erkenntnisse über Kleins Verhalten verweisen. Wie auch? Alles hatte ja schon wenige Tage, spätestens in den ersten Wochen nach dem 4. September auf dem Tisch gelegen und in den Zeitungen gestanden. Die Regelver-

stöße Kleins, die Guttenberg im Übrigen selbst am 6. November thematisiert hatte; das bewusste Bekämpfen und Töten
von Menschen; die vermutliche Tötung ziviler Opfer; Kleins
Ausschlagen des Vorschlags der amerikanischen Bomber-Pi-
loten, doch erst durch Tiefflüge über den Tanklastern die
Menschen zu vertreiben und dann zu bombardieren. Guttenberg hat kein einziges starkes Argument, seine Bewertung zu
ändern.

Dennoch tut er genau das: »Obgleich Oberst Klein – ich
rufe das auch den Offizieren zu, die heute hier sind – zweifellos nach bestem Wissen und Gewissen sowie zum Schutz seiner Soldaten gehandelt hat, war es aus heutiger, objektiver
Sicht, im Lichte aller, auch der mir damals vorenthaltenen
Dokumente, militärisch nicht angemessen.«[33] Anschließend
beteuert Guttenberg, dass er zwar »mit Bedauern« seine Beurteilung korrigiere, dieses jedoch keine juristische Wertung
bedeute. Auch korrigiere er seine Beurteilung »nicht betref-
fend mein Verständnis bezüglich Oberst Klein«. Dann kommt
noch ein echter Guttenberg-Satz: »Das ist der Grund – das
sage ich auch an dieser Stelle –, weshalb ich Oberst Klein nicht
fallenlassen werde. Das würde sich nicht gehören.«

Der Auftritt ist objektiv beeindruckend. Ein neuer Minister vollzieht innerhalb eines Monats auf dem heikelsten und
schlagzeilenträchtigsten Kampfplatz seiner Agenda eine
180-Grad-Wendung. Das Quietschen der Reifen, das bei solchen Manövern ansonsten schrill in der Luft liegt, übertönt er
durch rhetorische Solidaritätsadressen an jenen Mann, den er
gerade in schwerste Bedrängnis bringt. Oberst Klein bekommt vor dem Deutschen Bundestag von seinem obersten
Dienstherrn die Bescheinigung schweren Fehlverhaltens und
gleichzeitig die Beteuerung, er werde nicht fallengelassen. Was
aber hätte Guttenberg ihm Schlimmeres antun können als
eine solche nachträgliche Bewertung der Bombardierungen
vom 4. September? Bei alledem macht der Minister sich wieder einmal zum Gralshüter von Moral und Anstand, indem er
darauf hinweist, was sich gehört und was nicht. Am meisten

beeindruckt jedoch, dass er nicht nur den in solchen Fällen üblichen Beifall der Abgeordneten der Regierungsfraktionen, also von CDU-, CSU- und FDP-Parlamentariern, bekommt. Auch in den Reihen der SPD wird geklatscht. Irgendwie entsteht der Eindruck: Der Mann kann zaubern.

Es fehlt das starke Argument

Guttenberg argumentiert in seinen öffentlichen Auftritten und Interviews immer gleich. Die erste Bewertung der Bombardierungen bei Kundus sei zustande gekommen in Unkenntnis vieler Berichte. Die Korrektur habe stattfinden müssen, nachdem ihm alle Papiere vorgelegen hätten. Doch die Opposition will sich nicht mit Reden und Interviews zufriedengeben. Schon bald nach dem 26. November wird die Einsetzung eines Untersuchungsausschusses beschlossen.

Joschka Fischer, der einzige deutsche Politiker der jüngeren Zeit, der einen ähnlichen Kultstatus wie Guttenberg besaß, brauchte immerhin fast sieben Regierungsjahre, bis er es schaffte, über die Praxis der Visumsvergabe des Auswärtigen Amtes zur »Ehre« eines Untersuchungsausschusses zu kommen. Guttenberg ist schon nach ein paar Monaten so weit. Erst wenn die Opposition zu der Überzeugung gelangt, dass die Prominenz eines Themas und desjenigen, der auf die politische Anklagebank soll, hinlänglich groß sind, damit ein Untersuchungsausschuss zumindest eine Zeitlang die Aufmerksamkeit der Medien weckt, strengt sie ihn an. Nimmt man den im Verlauf des Jahres 2009 raketenartigen Aufstieg Guttenbergs als Maßstab, so ist es keine Frage, dass er nicht nur im Wahlkampf die Menschen in die Bierzelte und schließlich an die Wahlurnen ziehen kann, sondern auch in einem Untersuchungsausschuss einige Attraktivität entwickeln wird.

Erst am 22. April 2010 vernimmt der Ausschuss den Zeugen Guttenberg. Der schleicht nicht, gedrückt von der Last der Vorwürfe, zu seinem Platz, sondern schreitet um 14 Uhr gewohnt dynamisch in den Saal. Mit einer gewissen Zufriedenheit in den Gesichtszügen sieht er, dass die wie ein Balkon über den Ausschussmitgliedern angeordneten Bänke für die Journalisten zum Bersten gefüllt sind. Kaum hat die Ausschussvorsitzende Susanne Kastner von der SPD ihn begrüßt und belehrt über die Verpflichtung, die Wahrheit zu sagen, hat ihn auf die ansonsten drohende Freiheitsstrafe von bis zu fünf Jahren hingewiesen, da hat Guttenberg fast ohne eigenes Zutun anerkennende Heiterkeit der Anwesenden auf seiner Seite. Kastner nämlich fordert ihn auf, seinen vollständigen Namen zu nennen. Weil alle Anwesenden wissen, dass er nun seine zehn Vornamen aufzählen müsste, wird spontan gelacht. Ganz gespielte Demut, fragt der Zeuge Guttenberg, ob er auf Vornamen verzichten dürfe – und tut es prompt. »Mein Name ist Dr. Karl-Theodor Freiherr zu Guttenberg.«

In den Monaten zwischen dem Rauswurf Schneiderhans und Wicherts und dem Auftritt vor dem Ausschuss ist Guttenberg eines völlig klargeworden. Er kann sein Vorgehen gegen die beiden Spitzenleute nicht mit den Berichten zur Bombennacht bei Kundus begründen, die er erst am 25. November auf Nachfrage bekommen hat. Mehrfach erläutert er im Ausschuss, dass es nicht ums Inhaltliche, sondern um das Prinzipielle gegangen sei: »Wie dargestellt, war es gerade nicht der Inhalt der neuen Dokumente, der den Grund für die Trennung gab – eine vernünftige Überprüfung hätte ja auch nicht innerhalb weniger Stunden am 25.11. erfolgen können; das wäre gar nicht möglich gewesen –, sondern die Erkenntnis, dass Dokumente und Berichte vor meiner ersten öffentlichen Erklärung mir gegenüber weder erwähnt noch mir vorgelegt worden waren.«

Doch auch für seine Neubewertung des Verhaltens von Klein gibt es nicht das eine, starke und auf Anhieb einleuchtende Argument. Daher behilft der Minister sich mit sechs Einzelargumenten. Die ersten beiden zielen darauf, dass die ihm bis zu seiner ersten Festlegung am 6. November vorgelegten Dokumente nicht annähernd so deutliche Aussagen

über zivile Opfer der Bombardierung bei Kundus enthalten
hätten wie diejenigen, die ihm seit dem 25. November vorgelegen hätten. Drittens habe er nicht gewusst, dass die Bewertung des Luftschlags im Ministerium und in der Bundeswehr
keineswegs so übereinstimmend gewesen sei, wie zunächst
behauptet. So hätten hochrangige Militärs auch die Überzeugung vertreten, man hätte auf den Luftschlag verzichten können. Dafür habe – viertens – auch die in Anlagen des Feldjägerberichts zu findende Einschätzung gesprochen, dass die
Tanklaster eventuell hätten ausgeschlachtet werden sollen und
damit eine geringere Gefährdung bestanden hätte. Fünftens
habe ihn die dem Feldjägerbericht vom Einsatzführungsstab
vorangestellte Bemerkung stutzig gemacht, dieser könnte
ohne fachliche Kommentierung in einer juristischen Untersuchung »negative Implikationen« haben. Darin erkennt Guttenberg offenbar den Versuch Schneiderhans, den Bericht unter der Decke zu halten, um Oberst Klein zu schützen. Sechs-
tens schließlich macht ihn die Aussage im Feldjägerbericht
stutzig, dass vor und nach der Bombardierung nicht adäquat
gehandelt worden sei, obwohl klar gewesen sei, dass es zahlreiche Tote und Verletzte gegeben habe. Guttenberg kommt
zu dem Schluss, dass er am 6. November, »was die Angemessenheit des Luft-Boden-Einsatzes betrifft, eine Fehleinschätzung abgegeben« habe. Und – ohne Pathos geht es bei ihm
nicht: »Für diese Fehleinschätzung trage ich die politische
Verantwortung.«

Im Verlauf der Vernehmung ändern sich die Argumente des
Ministers trotz zahlloser Nachfragen nicht. Die Berichterstat-
tung über Guttenbergs Auftritt ist gemessen an der einstigen
Aufregung über die Kundus-Affäre überschaubar und für den
Minister durchaus günstig, mindestens unproblematisch.
Auch seither sind keine neuen Argumente hinzugekommen.
Dennoch hat Guttenbergs Umgang mit Kleins Bombardie-
rungsbefehl vor dem Hintergrund seiner neuen Kriegsrheto-
rik enorme Bedeutung. Er hat innerhalb des ersten halben
Jahres als Verteidigungsminister gleich drei Kraft- und Macht-

proben bestanden: Erst hat er mit einem einzigen Interview die bisher gültige Bezeichnung des Kampfs der Bundeswehr in Afghanistan als Stabilisierungseinsatz weggewischt, ohne dass es Widerspruch gegeben hätte. Vier Wochen später hat er die führenden Mitarbeiter seiner drei Vorgänger mit zweifelhaften Gründen aus dem Amt gejagt – ebenfalls ohne ernsthaften Widerspruch. Schließlich hat er eine 180-Grad-Wende bei der Bewertung des größten militärischen Schlages der Bundeswehr seit ihrem Bestehen ohne erkennbaren Schaden überstanden. Spätestens jetzt weiß auch die Bundeskanzlerin, dass an ihrem Kabinettstisch ein außergewöhnliches machtpolitisches Talent sitzt.

Das Ende der Wehrpflicht

Paukenschlag in Hamburg

Es ist der 26. Mai 2010. Karl-Theodor zu Guttenberg ist nach Hamburg zur Führungsakademie der Bundeswehr gekommen, wo die Kommandeure der Streitkräftebasis tagen. Er will eine Grundsatzrede halten. Meistens sind solche Ankündigungen überzogen, doch diese trifft zu. Was Guttenberg bereithält, ist eine Sensation: der Anfang vom Ende der Wehrpflicht.

Der Minister hält die wichtigste Rede seines ersten Amtsjahres. Er belässt es nicht bei einer Attacke auf die sicherheitspolitischen Überzeugungen von CSU und CDU, indem er die Wehrpflicht in Frage stellt. Er erdreistet sich vielmehr, von Hamburg aus Zweifel zu streuen, ob die anderen Mitglieder der Bundesregierung ihrer Verantwortung gerecht würden.

Nach der Ankündigung, grundsätzlich zu werden, sagt Guttenberg, er habe sich »heute« entschlossen, seiner Rede »noch ein Teil (sic!)« hinzuzufügen. Offenbar hat der generell zum Spontanen neigende CSU-Politiker kurzfristig den Eindruck gewonnen, dass der Moment günstig sei, seine politische Umwelt mit der Infragestellung der Wehrpflicht zu konfrontieren. Ob seine Entscheidung wirklich erst »heute« gefallen ist, darf bezweifelt werden, denn die Rede führt systematisch auf das Thema hin.

Die Finanz- und die anschließende Wirtschaftskrise hat auch die deutschen Haushaltsplanungen durcheinandergewirbelt. Alle Ressorts, mit Ausnahme des Bildungsministeriums, müssen sparen. Eineinhalb Wochen später steht eine Sparklausur des Kabinetts an, in der jedes Ressort Unerfreuliches zu gewärtigen hat. Eine solche Lage verleite üblicherweise dazu, dass man die Dinge »abgeschwächt und etwas verschwurbelt« darstelle, um niemandem auf die Füße zu treten, bereitet Guttenberg seine Breitseite gegen den Rest des Kabinetts vor. Er ist aber natürlich ganz anders, verkündet heroisch die Bereitschaft, die Dinge offen anzusprechen, und: »Den offenen Diskurs zu suchen und möglicherweise auch mit dem Blick auf andere Kabinettsmitglieder und auf die gesamte Bundesregierung vielleicht ein Beispiel dahingehend zu setzen, dass man auch seiner Verantwortung versucht gerecht zu werden.«[34] Als seinen Zeugen ruft der junge Minister Gerhard Johann David von Scharnhorst auf. Wer nie etwas tue, was die Natur der Sache erfordere, aber in der eigenen Laufbahn noch nicht vorgekommen sei, wage vielleicht nie eine kühne Idee, zitiert Guttenberg jenen General und Heeresreformer, der in Preußen die allgemeine Wehrpflicht begründete. Je klarer im Verlauf der Rede wird, dass Guttenberg der Wehrpflicht das Licht ausblasen will, desto deutlicher wird zugleich, dass er sich als die Antwort auf Scharnhorst sieht. Einen Mangel an Kühnheit und Selbstbewusstsein kann man ihm nicht vorwerfen. Da ist das Vergil-Zitat »mens agitat molem« (Der Geist bewegt die Materie) nur noch eine rhetorische Nachspeise.

Noch bevor also das erste inhaltliche Wort gesprochen ist, hat der Redner klargestellt: Hier ist endlich mal einer, der seiner Verantwortung gerecht wird. Guttenberg distanziert sich von denjenigen, mit denen er von Berlin aus das Land regiert. Das tut er gern, wenn er außerhalb der Hauptstadt redet. Er macht sich gemein mit seinem Auditorium, seien es Offiziere in Hamburg an der Führungsakademie, sei es die bayerische Landbevölkerung im Bierzelt bei München. Er vermittelt seinem Publikum die Botschaft, er passe schon auf, dass in Berlin nicht allzu viel Unfug angestellt werde. Wenn er von der Berliner Politik spricht, benutzt er gern Ausdrücke wie »Zirkus« oder »Affen«.

So also steht Guttenberg an jenem Mittwoch, dem 26. Mai 2010, vor den Soldaten der Führungsakademie, beteuert, er lasse sich als Verteidigungsminister vom Prinzip »Klarheit und Wahrheit« leiten, und sagt dann Sätze wie diesen: »In einer Gesellschaft, in der Selbstverwirklichung, Kulturvergessenheit gelegentlich und Konsum großgeschrieben, Solidarität, Dienst am Allgemeinwohl und Vaterlandsliebe gerade mit Blick auf den Soldatenberuf für nicht wenige indes fremde, für manche verstörende Vokabeln sind, ist dieser Diskurs, dieses Suchen nach Antworten, keine Selbstverständlichkeit.«

Scharnhorst? Dienst am Allgemeinwohl? Vaterlandsliebe? Spricht so jemand, der die Wehrpflicht abschaffen will? Guttenberg nähert sich seinem Thema in weitem Bogen. Er beschreibt, dass die 250 000 Mann starke Bundeswehr schon mit dem Einsatz von 8000 Soldaten im Ausland überfordert und die Leistungsfähigkeit der Truppe mit den derzeitigen Strukturen nicht zu gewährleisten sei. Dann kommt er aufs Geld zu sprechen und auf den »absehbaren finanzpolitischen Canossagang« der Bundesregierung. Er kündigt Einschnitte bei den Fähigkeiten der Bundeswehr an, bei Betrieb und Strukturen, aber auch bei den Umfängen. Klar ist also: Die Bundeswehr wird schrumpfen. Guttenberg spricht von einer »dramatisch verschärften Ausgangslage« bei den Finanzen. Jedenfalls lässt der Bundesminister der Verteidigung keinen Zweifel daran, dass der Finanzrahmen über Umfang und Struktur der Bundeswehr entscheiden wird: »Der mittelfristig höchste strategische Parameter, quasi als Conditio sine qua non, unter dem die Zukunft der Bundeswehr gestaltet werden muss, ist die von mir schon apostrophierte Schuldenbremse, ist das globalökonomisch gebotene und im Verfassungsrang verankerte Staatsziel der Haushaltskonsolidierung, ein Ziel, das uns immer mittelbar wie unmittelbar auch trifft.«[35]

Der junge Amtschef wählt ein Vorgehen, das sich grundsätzlich von dem seiner Vorgänger unterscheidet. Über Jahrzehnte gehörte es zu den Gepflogenheiten von Verteidigungsministern, während der Haushaltsberatungen den Löwen zu spielen, der sich schützend vor seine Truppe stellt und den Finanzminister anbrüllt, um anschließend verkünden zu kön-

Der Aufschlag ist gemacht: Der Verteidigungsminister bei einer Pressekonferenz am 26. Mai 2010 nach seiner Grundsatzrede an der Führungsakademie der Bundeswehr in Hamburg

nen, welche Kürzung er heldenhaft abgewendet habe. Guttenberg hingegen sagt: »Unstrittig ist, dass auch der Verteidigungsetat einen Beitrag zur Konsolidierung des Bundeshaushaltes leisten muss.« Auch hier lässt er keinen Zweifel, dass er

mit dieser Vorgehensweise zum Musterschüler wird:»Ich sage
das mit aller Offenheit. Manche haben sich gewundert, dass
ich das so früh gesagt habe. Damit begibt man sich aber keiner
Handlungsoption, sondern damit setzt man hoffentlich den
einen oder anderen Maßstab auch für Kollegen.«[36] Mit dem
»Blick Richtung Griechenland« weist er auf die finanziellen
Bürden angesichts der globalen Finanzkrise hin, warnt vor
»Weichzeichnen«, bringt die Verantwortung wieder ins Spiel
und warnt schließlich vor »politischer Nostalgie«. Die Botschaft ist klar: Wenn es alle so machen würden wie ich, ginge
es dem Land besser!

Dann kommt die Wehrpflicht an die Reihe. Diese, so sagt
Guttenberg, habe in der Vergangenheit ganz entscheidend
dazu beigetragen, die Bundeswehr in die Gesellschaft einzubinden. Es folgt ein echter Guttenberg-Satz, nach dessen Ge-
nuss sich die Frage aufdrängt, ob der Minister das Recht hat,
anderen »verschwurbelte« Darstellungen vorzuwerfen, wie er
es zu Beginn seiner Rede tat:»Ich erwarte, dass bei einer Aus-
gestaltung, der die Haushaltsfrage noch nicht zugrunde lag,
dass dies auch mit dem auf sechs Monate ehrgeizig verkürzten
Wehrdienst der Zukunft so bleibt.«[37] In diesem einen, etwas
vielschichtig geratenen Satz hält Guttenberg einerseits an der
sechs Monate währenden Wehrpflicht fest, bringt aber andererseits die schlechte Finanzlage ins Spiel. Mit dem Einwand,
das Gesetz zur Verkürzung der Wehrpflicht auf sechs Monate
müsse sich in der Praxis erst noch bewähren, deutet er schon
an, dass sich vielleicht doch noch etwas ändern werde. Die
Diskussion darüber gewinne an »Schubkraft«, weil plötzlich
»einige« das sehr eng verknüpfen mit der Haushaltsfrage.

Einige? Vor allem er selbst tut das. Mit den jetzt bekannt
gewordenen Zahlen werde der Fortbestand der Wehrpflicht
»zur Gretchenfrage hochstilisiert«. Seine Argumentations-
kette ist zwar noch etwas undeutlich, aber durchaus erkennbar. Er zielt darauf, dass er aufgefordert worden sei, mehr als
acht Milliarden Euro in den nächsten vier Jahren einzusparen,
und er zu diesem Zweck die Zahl der Zeit- und Berufssolda-

ten um 40000 verringern müsse. Da Guttenberg sich zu vor-
bildlichem Sparverhalten entschlossen hat, kommt er zu der
Überzeugung, die Wehrpflicht sei in einer so kleinen Truppe
nicht mehr zu halten, weil sie viel Personal zur Ausbildung
binde und damit zu aufwendig sei, zu teuer und zudem ein
Ungleichgewicht entstünde, wenn bei den Zeit- und Berufssoldaten so dramatisch gekürzt würde, die Wehrpflicht aber
bliebe.
    Wer verlangt diese Sparanstrengungen von ihm? Das Fi-
nanzressort, selbstverständlich, das ist für den Haushalt zuständig. Aber es gibt Hinweise, dass Minister Schäuble gar
nicht auf starke Sparmaßnahmen bei der Bundeswehr dringt,
weil er weiß, wie unterfinanziert die Truppe ist. Vielmehr sollen der FDP-Vorsitzende Westerwelle und CSU-Chef Seehofer Druck gemacht haben, Guttenberg solle sparen. Es ist
nicht abwegig zu unterstellen, dass beide nicht nur aus au-
ßen-, sicherheits- und finanzpolitischen Gründen so argu-
mentieren. Denn für sie ist Guttenberg der Topkonkurrent.
Ihm Fußfesseln anzulegen, um seine Schritte etwas kürzer
werden zu lassen, könnte durchaus ein Motiv der beiden Par-
teioberen sein. Am Ende ist das aber nachrangig: Guttenberg
soll sparen.
    Wo er in Hamburg vor den Kommandeuren schon mal da-
bei ist, heilige Kühe zu schlachten, geht er auch noch das heik-
le Thema der besonders unter Kommunal- und Landespoliti-
kern so beliebten Bundeswehrstandorte an. Er kündigt größere Belegungszahlen für die Kasernen an und droht kleineren
Standorten mit der Schließung. Den zu erwartenden Protes-
ten tritt er schon mal mit Entschlossenheit entgegen: »Regio-
nalpolitische Gesichtspunkte, die mit voller Wucht einschlagen können, mit voller Wucht, werden dabei leider kaum
prioritär sein können.«[38]
    Zumindest in einer Hinsicht ist Guttenbergs Darlegung
klar, nämlich was die Reihenfolge der Argumente angeht. Weil
er sparen will, wird die Bundeswehr kleiner, und die Wehrpflicht fällt weg. Erst danach stellt er die Frage nach den si-

cherheitspolitischen Notwendigkeiten: »Sparbereitschaft hört allerdings dort auf, wo die Grundfragen nationaler Sicherheit berührt sind und wo die Grundfragen der Sicherheit im Einsatz und unseres Einsatzauftrages berührt sind.«[39] Die Erklärung, worin denn die »Grundfragen nationaler Sicherheit« bestehen, bleibt Guttenberg in seiner ausführlichen Rede schuldig. Das bringt ihm schon kurz darauf den Vorwurf aus den eigenen Reihen ein, er betreibe eine Sicherheitspolitik »nach Kassenlage«.

Als Rudolf Scharping Verteidigungsminister wurde, machte ein Scherz die Runde, der auf seine etwas langsame und behäbige Art zu sprechen und sich zu bewegen anspielte: Nun könnten die Deutschen wenigstens keinen Blitzkrieg mehr führen. Guttenbergs politischer Stil ist dagegen der fleischgewordene Blitzkrieg. Fast alle wichtigen Entscheidungen in der CSU, als Wirtschafts- und als Verteidigungsminister, hat er im Handstreich getroffen: Abgeordneter werden, Bezirksvorsitz erobern, Opel mit Insolvenz drohen, die Bombardierungen vom 4. September bewerten, Schneiderhan und Wichert feuern, den 4. September neu bewerten. Alles geht ruck, zuck, ohne lange Überlegung, aus dem Bauch heraus und meistens zur Überraschung der Umstehenden. Von Hamburg also startet er den nächsten Blitzkrieg.

Dass es auch dieses Mal ziemlich schnell gehen wird, war nicht von Anfang an zu erwarten. Denn CDU und CSU scheinen so gar nicht darauf eingerichtet, von ihrer über Jahrzehnte verteidigten Haltung zur Wehrpflicht abzurücken. »Die Allgemeine Wehrpflicht bleibt von zentraler Bedeutung für unsere nationale Sicherheitsvorsorge.« So steht es im Grundsatzprogramm der CSU, der Partei Karl-Theodor zu Guttenbergs. Und weiter sogar: »Angesichts der vielfältigen Gefahren für unsere Sicherheit und aus Gründen der Gerechtigkeit gegenüber der jungen Generation strebt die CSU eine Ausdehnung der Allgemeinen Wehrpflicht zu einer sicherheitspolitisch begründeten Dienstpflicht für Männer, die den Dienst auch im Zivil- und Katastrophenschutz ermöglicht, sowie

eine bessere Anrechnung von Freiwilligendiensten an.« Als
Guttenberg Ende Oktober 2009 das Amt des Verteidigungsministers übernimmt, gibt es keinerlei Hinweis, dass er diesen
Grundsatz in Frage stellt. Wie die überwältigende Mehrheit
von CSU- und CDU-Politikern behauptet er, ein Anhänger
der Wehrpflicht zu sein.

Zunächst ist das ja auch noch gar kein Thema für jenen
Mann, der als Wirtschaftsminister in den Wahlkampf 2009 gegangen ist. Für die Aushandlung des verteidigungspolitischen
Teils der schwarz-gelben Koalitionsvereinbarung ist er nicht
zuständig. Das macht für die Union jener Mann, der die letzten vier Jahre das Amt des Verteidigungsministers bekleidet
hat, der CDU-Politiker Franz Josef Jung. Er entstammt der
konservativen hessischen CDU. Hier muss gar nicht betont
werden, dass die Wehrpflicht zum Selbstverständnis gehört.
Aber Jung hat einen schweren Auftrag in den Verhandlungen. Zu den Problemzonen der öffentlich so sehr herbeige-
sehnten Koalition mit der FDP, die schon vorab bekannt sind,
gehört die Wehrpflicht. Denn ebenso wie die Union an ihr
festhält, wollen die Liberalen sie loswerden. Von Anfang an
ist klar, dass nicht nur die längst auf der Strecke gebliebene
Wehrgerechtigkeit und die eingeschränkte Verwendbarkeit
der Wehrpflichtigen in einer Einsatzarmee, zu der die Bundeswehr geworden ist, es der Union immer schwieriger machen, an ihrer Überzeugung festzuhalten. Jetzt muss sie auch
noch einen Kompromiss mit einem Koalitionspartner finden,
der angesichts eines sensationellen Wahlergebnisses von fast
15 Prozent vor Kraft kaum gehen kann. Jung bekommt es in
den Koalitionsverhandlungen mit der Sicherheitspolitikerin
Birgit Homburger zu tun, die durchaus mit dem Ehrgeiz antritt, aus den Koalitionsverhandlungen mit einem herausge-
hobenen Amt hervorzugehen.

Die Einigung der angeblichen Wunschkoalitionäre ist ein
gequältes Sowohl-als-auch. Erst später wird sich herausstel-
len, dass die FDP ihrem Ziel viel näher gekommen ist, als es
zunächst aussieht. Die Koalition einigt sich zwar darauf, an

der Wehrpflicht festzuhalten. Allerdings soll sie von neun auf sechs Monate verkürzt werden. Kaum ist das beschlossen, befürchten im Verteidigungsministerium die Anhänger der Wehrpflicht, deren Totenglöckchen werde nun geläutet. Tatsächlich wird es später so kommen, und die FDP kann einen ihrer nicht eben zahlreichen Erfolge in der Zusammenarbeit mit der Union verbuchen.

Doch der neue Minister hat erst einmal andere Sorgen, ihm fliegen die Splitter der Bomben von Kundus um die Ohren. Die Strukturreform der Bundeswehr muss warten. Immerhin wird eine Kommission unter Leitung des Chefs der Bundesagentur für Arbeit und Obersten der Reserve, Frank-Jürgen Weise, eingesetzt, die sich mit dem Umbau der Bundeswehr und des Ministeriums beschäftigen soll. Guttenberg geht zunächst den im Koalitionsvertrag vorgezeichneten Weg und arbeitet auf die sechsmonatige Wehrpflicht hin. Ende März 2010 legt er den Koalitionsfraktionen einen entsprechenden Gesetzentwurf vor und präsentiert ihn mit der ihm eigenen Wucht. »In sechs Monaten kann ein erstklassiges Ausbildungs- und Tätigkeitsfundament geschaffen werden, das für viele Funktionen in der Bundeswehr ausreicht.« Schließlich solle niemand in einem halben Jahr »bereits zum General ausgebildet werden«.[40] Keines von seinen Worten deutet auf das spätere Ende der Wehrpflicht hin. Im Gegenteil. Guttenberg droht dem Koalitionspartner sogar mit einem Festhalten an der neunmonatigen Dienstzeit: »Mit mir ist die Abschaffung der Wehrpflicht nicht zu machen. Sollten aber einige in der FDP tatsächlich versuchen, die Verkürzung der Wehrdienstzeit etwa zu verzögern oder das Konzept inhaltlich so zu verwässern, dass es einem Ausstieg immer näher käme, dann würden sie damit etwas ganz anderes erreichen: Dann bleibt es bei der bestehenden Rechtslage und damit bei einer Wehr- und Zivildienstpflicht von neun Monaten, die allerdings auch zu optimieren wäre.«[41]

Exkurs: Die Union und die Wehrpflicht

Die Wehrpflicht hat in Deutschland eine lange Tradition. Sie geht auf den preußischen Heeresreformer Scharnhorst zurück. Ein Jahr nach seinem Tod, 1814, wurde sie als allgemeine Wehrpflicht eingeführt. Im 19. Jahrhundert wurde sie zwar beibehalten, aber das Ideal des für die Freiheit kämpfenden Staatsbürgers blieb auf der Strecke. Auch die Massen deutscher Soldaten, die vor Verdun starben, waren Wehrpflichtige. In den Materialschlachten des Ersten Weltkriegs wurden die Männer geradezu verheizt. Die Weimarer Republik versäumte es, sich eigene, loyale Streitkräfte zu schaffen. Die Reichswehr als kleine Berufsarmee lieferte sich 1933 Hitler aus. Der kehrte zur Wehrpflicht zurück und führte mit ihr den Zweiten Weltkrieg – unter anderem gegen Stalins Rote Armee. Auch sie war eine Wehrpflichtigenarmee.[42] Das zeigt, dass das politische System für den Charakter einer Armee wichtiger ist als die Form der Rekrutierung der Soldaten. Um es zuzuspitzen: Die Berufsarmee eines demokratischen Staates ist der Wehrpflichtarmee einer Diktatur allemal vorzuziehen.

Auch in der Nachkriegszeit lässt sich kein eindeutiger Zusammenhang zwischen politischem System, Wehrpflicht und Charakter der Truppe herstellen. Die Vereinigten Staaten verzichten seit 1973 darauf, ihren hohen Bedarf an Soldaten durch einen staatlichen Pflichtdienst zu decken. Der Vietnamkrieg wurde also mit einer Wehrpflichtigenarmee begonnen, aber nicht beendet. Hätte der zweite Irakkrieg nicht stattgefunden, wenn die Wehrpflicht in Amerika noch gegolten hätte? Wohl kaum. 23 der 28 Nato-Armeen kommen ohne Wehrpflicht aus. Es wäre nicht überzeugend, sie entlang dieser Grenze in aggressivere und weniger aggressive zu unterscheiden.

Die Unionsparteien betrachten die Bundeswehr, durchaus zu Recht, als ihr »Baby«. Als die Amerikaner mit dem Ausbruch des Koreakrieges 1950 Druck auf die junge deutsche Demokratie machten, eigene Streitkräfte aufzustellen, um der Bedrohung durch den Kommunismus zu begegnen, waren es vor allem der CDU-Kanzler Konrad Adenauer und der CSU-Politiker Franz Josef Strauß, die die Bundeswehr mit Macht auf den Weg brachten. Adenauers Motiv war die von ihm angestrebte Westbindung der Bundesrepublik. Er fürchtete, Deutschland könnte zwischen die Fronten geraten, wenn es sich nicht fest und eindeutig auf die Seite des Westens stellte – militärisches Engagement eingeschlossen. Bei Strauß war darüber hinaus der Wunsch, Verteidigungsminister zu werden, ein nicht unerhebliches Motiv.[43]

Die Wiederbewaffnung stieß in der Bundesrepublik auf viele Probleme und auf politischen wie gesellschaftlichen Widerstand bis weit in die Unionsparteien hinein. Der Krieg mit all seinem Grauen war in der Nachkriegsgesellschaft noch sehr präsent. Wie bei der Aufstellung der Bundesministerien, so war es aber auch im Falle der Armee kaum möglich, auf die Soldaten der ehemaligen Wehrmacht Hitlers ganz zu verzichten. Man brauchte Expertise, wollte man schnell eine schlagkräftige Truppe aufbauen. Sollte die junge Bundesrepublik, die ein demokratisches Staatswesen werden wollte, aber wirklich mit Hitlers Offizieren weitermachen, als sei nichts gewesen?

Erschwerend kam hinzu, dass 1954 der Versuch scheiterte, eine deutsche Armee in ein europäisches System einzubinden, nach dem Vorbild der Europäischen Gemeinschaft für Kohle und Stahl, der späteren EG und heutigen EU. Paris wollte eine solche EVG, eine Europäische Verteidigungsgemeinschaft, am Ende nicht. Jahre waren verstrichen, der Druck zur Aufstellung deutscher Truppen weiter gewachsen. Mit dem Nein der Franzosen zur EVG war klar, dass die Bundesrepublik der Nato beitreten würde. Das geschah 1955. In der Angst, ein dritter Weltkrieg stehe bevor, wollte Washington eine halbe Million deutscher Soldaten bis zum Ende der fünfziger Jahre aufgestellt sehen.

Am 12. November 1955 fand in der Bonner Ermekeilstraße endlich der Gründungsakt der Bundeswehr statt. Verteidigungsminister Theodor Blank, ein Gewerkschafter und CDU-Mitbegründer vom Arbeitnehmerflügel, hatte 101 Soldaten, nur zwölf davon in Uniform, in die Kraftfahrzeughalle der sogenannten Dienststelle Blank kommen lassen. Diese war der Vorläufer des späteren Verteidigungsministeriums. 18 ehemalige Oberstleutnants waren dabei, 30 Majore und 40 Hauptleute aus der Wehrmacht. An der Spitze dieses Trüppchens standen die Generale Hans Speidel und Adolf Heusinger. Letzterer bezeichnete die Veranstaltung nicht zu Unrecht als »Schaunummer«.[44]

Diese etwas holprige Gründung der Bundeswehr wurde von dem CDU-Mann Blank nicht von ungefähr auf den 200. Geburtstag des Ahnherrn der Wehrpflicht, General Scharnhorst, gelegt. Das war ein deutliches Symbol dafür, dass er eine Armee wollte, die aus »Bürgern in Uniform« besteht, nicht aus einer verschworenen Schar von Berufssoldaten. Das war das politische Argument für eine Wehrpflicht, das auch von den Parteien zunächst übergreifend geteilt wurde. Der Historiker Hans-Peter Schwarz schreibt: »Eigentlich war man sich im Bundestag anfänglich einig gewesen, dass schon aus innenpolitischen Gründen nur eine Armee von Wehrpflichtigen, eingefügt in die Kader von Berufssoldaten, in Frage komme. Die Reichswehr in der Weimarer Republik hatte nur deshalb zum Staat im Staat werden können, weil sie eine reine Berufsarmee gewesen war.«[45]

Mithin gab es Mitte der fünfziger Jahre zwei gute Argumente für die Wehrpflicht: ein politisches vor dem Hintergrund der jüngsten deutschen Geschichte und ein praktisches, denn per Wehrpflicht war es möglich, eine große Armee aufzustellen, ohne im Übermaß auf ehemalige Soldaten der Wehrmacht zurückgreifen zu müssen. So war das Ziel, die Plangröße von 485 000 Mann nur mit einer Wehrpflichtigenarmee zu erreichen. Auf diese Weise wollte man auch sicherstellen, dass dauerhaft frische Personalreserven verfügbar waren.

Gab es unter den Parteien zunächst einen Konsens über die Einführung der Wehrpflicht, so sollte sich das 1956, als es auf die Entscheidung im Bundestag zuging, ändern. Denn SPD und Teile der FDP entdeckten die Attraktivität einer Berufs-

armee. Als Grund nannten sie das geänderte Verteidigungs-
konzept der Nato, das einen frühzeitigen Einsatz von Atom-
waffen vorsah. In ein solches Szenario wollten die plötzlich
erwachten Wehrpflichtgegner den »Bürger in Uniform« nicht
hineinziehen.[46] Vielleicht war es auch der heraufziehende
Wahlkampf des Jahres 1957, für den man sich mit einer Abkehr von der in der Bevölkerung wenig beliebten Pflicht rüs-
ten wollte, um endlich der Union und Kanzler Adenauer etwas entgegensetzen zu können. Jedenfalls kam es nach einer
schier endlosen Debatte in den frühen Morgenstunden des
7. Juli, eines Samstags, zu einer keineswegs einmütigen Verabschiedung des Gesetzes zur Einführung der Wehrpflicht. Sowohl die SPD als auch der Gesamtdeutsche Block und ein
Drittel der FDP stimmten dagegen.[47] Von Anfang an können
CDU und CSU also die Wehrpflichtarmee Bundeswehr als ihr
Geschöpf betrachten.

Den Aufbau der Bundeswehr exekutierte dann allerdings
nicht mehr Theodor Blank. Das besorgte jener CSU-Politiker,
der schon länger auf Blanks Posten schielte und nichts aus-
ließ, den Amtsinhaber zu zermürben. Franz Josef Strauß
wollte unbedingt Verteidigungsminister werden, was ihm
1956 gelang. Noch kurz vor dem Ausbruch des Koreakrieges
hatte er wütend gegen die Wiederbewaffnung Front gemacht
und gesagt:»Wir sind nicht bereit, mit unserem Blute die
Grenze zu verteidigen, die die Dummheit der anderen geschaffen hat.«[48] Doch zeigt er sich ähnlich beweglich wie der
einzige andere Verteidigungsminister, den die CSU je gestellt
hat, ein gutes halbes Jahrhundert später. Strauß baut nämlich
in sechs Jahren zehn der zugesagten zwölf Divisionen auf.
Was die Strukturen der Bundeswehr angeht, so haben die beiden CSU-Minister bisher den größten Einfluss gehabt. Und
noch eine hübsche, kleine Parallele. Die Männer, die sie aus
dem Verteidigungsministerium drängen, landen in demselben
Ressort. Blank wird nach einer kleinen Unterbrechung seiner
Ministertätigkeit Bundesarbeitsminister – wie im Jahr 2009
der CDU-Politiker Franz Josef Jung.

»Eine Nase, aber keinen Plan«

Von Karl-Theodor zu Guttenbergs Fanfarenstoß in Hamburg bis zum Gegenangriff seines Parteivorsitzenden dauert es nicht einmal zwei Wochen. Horst Seehofer meldet sich zu Wort und macht unmissverständlich deutlich, was er vom Vorstoß des CSU-Jungstars hält: nichts. Es bleibe bei den eben erst gesetzlich festgelegten sechs Monaten Wehrpflicht. Und weiter: »Ich lege größten Wert auf Verlässlichkeit und Vertrauen in politische Entscheidungen. Wir können nicht alle paar Monate unsere politischen Entscheidungen verändern. Das gilt für die Wehrpflicht genauso wie für die anderen Bereiche.«[49] Die grundsätzliche Äußerung klingt aus Seehofers Mund reichlich komisch, angesichts der zahllosen Haken, die er in seinem politischen Leben schon geschlagen hat – und schlagen wird. Um ein Beispiel zu nennen: Nur wenige Monate später wird er die von seiner Partei mit beschlossene Rente mit 67 in Frage stellen. Doch abgesehen davon, scheint sein Veto gegen den Vorstoß Guttenbergs zwingend. Die CSU sieht sich ebenso wie die CDU seit Jahrzehnten als Schutzherrin der Wehrpflicht.

Seehofers Gegenschlag ist genau terminiert. Der CSU-Vorsitzende meldet sich an jenem Wochenende zu Wort, da das Bundeskabinett sich zur Sparklausur trifft. Die zweitägige Zusammenkunft beginnt am Sonntag, dem 6. Juni. Guttenberg hatte bereits in Hamburg auf das Treffen hingewiesen. Schon vor Seehofers Einspruch hat er Signale des Widerstands von führenden Leuten der eigenen Partei erhalten. Bayerns Innenminister Joachim Hermann begleitet die Klausur mit den Worten, eine Spardiskussion dürfe kein Anlass sein, die Wehrpflicht in Frage zu stellen. Thomas Silberhorn, ein junger CSU-Bundestagsabgeordneter, der als Nachwuchstalent gilt wie einst Guttenberg, fordert ebenfalls ein Festhalten an der Wehrpflicht. Entsprechende Begleitmusik kommt vom Vorsitzenden der CSU-Fraktion im bayerischen Landtag, Georg Schmid. Auch CDU-Landesgrößen gehen auf Guttenberg los. Der neue baden-württembergische Ministerpräsident Stefan Mappus wünscht sich, dass nicht jeder Minister vor einer solchen Klausur »etwas absondert, das dann tagelang herumwabert«.

Die Gegenwehr aus der CSU-Führung kommt nicht nur aus inhaltlichen Gründen, sondern viel mehr noch, weil der Vorstoß Guttenbergs nicht mit dem Parteivorsitzenden abgesprochen ist. Seehofer hat jahrzehntelange Erfahrung mit politischen Machtkämpfen und weiß sofort, dass es Guttenberg nicht nur um eine Bundeswehrreform geht. Der Shootingstar aus Oberfranken testet seine Macht. Es ist ein offenes Geheimnis, dass viele in der Partei in ihm den Nachfolger Seehofers im CSU-Vorsitz sehen. Nur wann Guttenberg es werde, sei noch ungewiss, heißt es in der kleinen Unionspartei.

Guttenberg hat sich die Sache gut überlegt und lässt sich durch ersten Widerstand von seinem Vorhaben nicht abbringen. Im Gegenteil. Er nutzt die Sparklausur für den ganz großen Aufschlag mitten in der Regierung. Er tritt mit einem Ansatz auf, der geradezu erpresserisch genannt werden kann. Wenn er denn sparen solle wie verlangt, nämlich in einer Größenordnung von 40 000 Zeit- und Berufssoldaten, dann sei die zwingende Folge die Abschaffung der Wehrpflicht, erklärt er kategorisch. Das Zitat eines Sitzungsteilnehmers macht die Runde, Guttenberg habe sich wie ein »Rumpelstilzchen« aufgeführt. Auch von Rücktrittsdrohungen des Ministers, der eben ein halbes Jahr im Amt ist, ist die Rede. Lachend soll ein Teilnehmer gesagt haben, nun habe er »wieder« mit seinem Rücktritt gedroht.

Aus der CDU schallt Guttenberg nach seinem Auftritt in der Sparklausur der Vorwurf entgegen, er habe kein durchdachtes Konzept für eine Bundeswehrreform und auch keine Zahlen vorgelegt. Über seinen Auftritt gibt es viel Kopfschütteln unter Kabinettsmitgliedern, aber auch bei Beamten und anderen Teilnehmern. Guttenberg sei nach der Methode »trial and error« vorgegangen, berichtet später ein Kabinettsmitglied. Erst habe er seine Sparbereitschaft angekündigt, dann aber gesagt, ohne Abschaffung der Wehrpflicht könne er nicht sparen. »Das geht nicht«, habe Guttenberg aufgebracht in den Saal gerufen. Wer kritisch nachfragt, wie etwa Innenminister Thomas de Maizière, dem fährt Guttenberg über den Mund. Auf manche wirkt seine Argumentation alles andere als stringent. Nach seiner Feststellung, die Wehrpflicht müsse fallen, wenn er 40 000 Zeit- und Berufssoldaten einsparen solle, kommt die Frage, wie viele von diesen denn durch die Ausbildung der Wehrdienstleistenden gebunden würden. 12 000 sei die Antwort des Ministers gewesen. Die Entgegnung, dann seien ja noch weitere 28 000 übrig, die an anderer Stelle entfallen müssten, kann er nicht entkräften. Auch eine Absprache mit Familienministerin Kristina Schröder, was denn aus dem Zivildienst werde, wenn die Wehrpflicht falle, hat es vor der Klausur nicht gegeben. Sein Umgang mit dem Thema Wehrpflicht wird später so bewertet werden: »Er hat die richtige Nase gehabt, aber keinen Plan.«

Die Bundeskanzlerin ist zwar nicht begeistert von Guttenbergs Vorgehen. Aber dennoch gehört sie nicht zu den lautstarken Kritikern. Das kann sie auch nicht, denn sie weiß frühzeitig, was Guttenberg auf der Klausur präsentieren wird, allerdings nicht, mit welcher Wucht er das tun wird. In einem fast zweistündigen Gespräch im Gästehaus der Regierung in Meseberg hatte Guttenberg ihr und Kanzleramtsminister Pofalla am Samstag vor der Klausur mitgeteilt, dass er entschlossen sei, der Wehrpflicht zu Leibe zu rücken. Allerdings sagt Merkel beim gemeinsamen Frühstück der Unions-Teilnehmer vor der Sparklausur auch, was nicht geht: die Wehrpflicht nur aus finanziellen Gründen abzuschaffen. Guttenberg fehlt bei dieser Vorbesprechung. Während der Klausur sind Merkel und Schäuble diejenigen, die sich vorsichtig auf Guttenbergs Seite stellen.

Hat der wenig erfahrene, nicht mal 40 Jahre alte Karl-Theodor zu Guttenberg sich vergaloppiert? Sicher, er ist etwas ungestüm vorgegangen. Allerdings ist er alles andere als naiv, er weiß, wie eine Provokation gelingt. Was sein Ressort angeht, so wäre wohl nur die Forderung, aus der Nato auszutreten oder einen Angriffskrieg gegen Frankreich vorzubereiten, noch besser geeignet, die eigene Regierung auf die Palme zu bringen. Guttenbergs politische Sensoren funktionieren gut genug, um zu erkennen, was ein kühner, aber nicht unrealistischer Vorschlag und was politischer Irrsinn ist. Er ist der Überzeugung, dass die Beendigung der Wehrpflicht kühn, aber machbar ist.

Guttenberg besitzt auch hier eine scharfe Witterung. Die Methode, mit der er seine politischen Erfolge erzielt, ist nicht das lange Anlaufnehmen auf ein Amt oder ein inhaltliches Ziel. Nicht Beharrlichkeit und die Fähigkeit, auch nach der fünften Niederlage wieder aufzustehen und weiterzukämpfen, zeichnen ihn aus, sondern ein bislang sehr sicherer Instinkt. Hat der ihn diesmal nicht getrogen? Die eigene Partei und die CDU beschimpfen Guttenberg, und nur die Wehrpflichtgegner von der FDP klatschen. Das Kabinett trifft trotz seines großzügigen Sparangebots keine Entscheidung zur Bundeswehrreform inklusive Ausstieg aus der Wehrpflicht. Aber es gibt ein ausgesprochen wichtiges Signal zu seinen Gunsten von höchster Stelle. Bundeskanzlerin Merkel spricht zwar während der Klausur auch deutliche Worte zu Guttenberg. Doch bleibt ihr Kommentar weit hinter dem Seehofers zurück. Sie kündigt eine »großangelegte Streitkräftereform« an. Die Veränderungen für die Bundeswehr würden nicht »marginal« sein. Ausdrücklich lässt sie wissen, dass der Verteidigungsminister »keine Denkverbote« habe. Bis zum September soll er klären und erklären, wie eine Verringerung der Truppenstärke um 40 000 Mann zu bewerkstelligen wäre. Das ist nach einem solchen Auftritt und einer derart grundstürzenden Forderung schon ein kleiner Sieg für den Minister. Der weiß, dass es jetzt sein Job ist, die Mitglieder und Funktionsträger in CDU und CSU davon zu überzeugen, dass ihr bisheriges Eintreten für die Wehrpflicht ein bedauerlicher Irrtum war. Zweitens muss er seine Argumentation vom Kopf auf die Füße stellen und sich eine sicherheitspolitische Begründung für seine Reformpläne ausdenken, der dann die finanzielle folgen kann.

Das Tabu fällt

Der politische und der mediale Betrieb nicht nur in Berlin, sondern auch in den Landeshauptstädten, in den Kreisverbänden und Ortsvereinen der Parteien pflegt zahlreiche Tabus. Bei diesen, so lautet der ungeschriebene Konsens, braucht nicht einmal diskutiert zu werden, die Umstände sind in Granit gemeißelt. Die Wehrpflicht ist bis zum Frühsommer 2010 solch ein Tabu. Die Forderungen der FDP und der Grünen, sie abzuschaffen oder auszusetzen (was in der Praxis dasselbe ist), gelten seit jeher als wirklichkeitsferne Wünsche von Klientelparteien, die zuverlässig durch die Volksparteien abgewiesen werden. Selbst als die SPD einige Jahre früher als Guttenberg das Modell einer freiwilligen Wehrpflicht entwirft, weil man die Defizite der Wehrpflichtpraxis erkannt hat, erreicht dieser Vorschlag nicht im Entferntesten ein Stadium, dass der Verwirklichung auch nur nahe kommt. Für die Union ist das damals undenkbar. Und jetzt wird ausgerechnet aus deren Mitte der Dolch zum Todesstoß geführt?

Die Debatte des Jahres 2010 verläuft in zwei Hauptsträngen. Der eine ist eine reflexhafte Zurückweisung von Guttenbergs Vorstoß. Dessen Verhalten in der Klausur ist nicht geeignet, diesen Reflex abzuschwächen. Unter Parteifreunden, Kabinettsmitgliedern und Beamten hat sein Auftritt zu Verstimmung geführt. Ausgerechnet er, der seine Zuhörer so gern darüber belehrt, was gutes Benehmen sei, was der Anstand gebiete, gebärdet sich als politischer Schläger. Diese Verärgerung und der inhaltliche Widerstand sind die Quellen für die Ablehnung der Guttenberg'schen Offensive.

Der zweite Strang der Debatte ist die Merkel-Linie, auf der sich eine schnell wachsende Zahl von Unionspolitikern bewegt. Skepsis angesichts einer so radikalen Abwendung vom eigenen Programm verbindet sich mit der Ahnung, dass Guttenberg recht haben und die Zeit reif sein könnte, auch in Deutschland die Ära der Wehrpflicht zu beenden. Es gibt sogar Anzeichen dafür, dass der erfahrene Seehofer nach dem ersten Schrecken schnell begreift, Guttenberg könnte auf dem richtigen Weg sein. Er zeigt sich vorsichtig bereit zu einer Grundsatzdebatte.

Am 11. Juni, nur wenige Tage nach der Kabinettsklausur, verkündet Guttenberg vor dem Bundestag, er werde die Aussetzung der Wehrpflicht »ergebnisoffen« prüfen. Für wie offen er das Ergebnis hält, darf allerdings hinterfragt werden. Denn seinen Generalinspekteur Volker Wieker und die Inspekteure der Teilstreitkräfte hat er angewiesen, Modelle für eine radikale Verkleinerung der Truppe auszuarbeiten. Eine Modellrechnung soll eine Truppengröße von 150 000 Soldaten zur Grundlage haben, also eine Kürzung um 100 000 Mann, und die Aussetzung der Wehrpflicht.

Nun muss Guttenberg werben und warten. Werben für seinen Plan in der Regierung, der Union und in der Öffentlichkeit. Und warten darauf, dass die Erkenntnis sich durchsetzt, die Wehrpflicht sei nicht zu halten. Für beides braucht er Mitstreiter. Jetzt muss sich zeigen, ob er neben seiner Popularität und seinem Redetalent auch ein tragfähiges politisches Netz besitzt. Ein erstes wichtiges Zeichen dafür kommt aus der Landesgruppe der CSU im Bundestag. Deren Vorsitzender, Hans-Peter Friedrich, lobt als erster prominenter CSU-Politiker ausdrücklich den Vorschlag des Ministers: »Ich glaube, dass der Verteidigungsminister eine wichtige Debatte angestoßen hat. Ich tendiere zu seiner Meinung, dass man die Wehrpflicht aussetzen sollte.«

Es ist kein Zufall, dass ausgerechnet Friedrich dem Minister beispringt. Wie Guttenberg kommt er aus Oberfranken. Er hat zweieinhalb Jahre zuvor die Kandidatur Guttenbergs für den in der CSU so wichtigen Bezirksvorsitz unterstützt. Die Wehrpflichtdebatte ist der erste große Test auf die Belastbarkeit des Gespanns Guttenberg-Friedrich, bei dem klar ist, wer dominiert. Das Netz hält. Sogar der vom CSU-Vorsitzenden herausgegebene »Bayernkurier« erwähnt Friedrichs Unterstützung für Guttenberg, noch bevor die kritischen Stimmen und Horst Seehofers »Ja zur Wehrpflicht« zitiert werden.[50] Gleich darauf schärfen sowohl die Bundeskanzlerin als auch der Verteidigungsminister ihre Positionen öffentlich nach. Merkel bestätigt den Prüfauftrag an Guttenberg »ohne Denkverbote«. Alle Überlegungen seien an der Sicherheit Deutschlands und seinen Bündnisverpflichtungen auszurichten. Dann kommt der entscheidende Satz: »Ich bin im Übrigen eine Anhängerin der Wehrpflicht, die der Bundeswehr und der Bundesrepublik Deutschland gutgetan hat.«[51]

So genau, wie Angela Merkel ihre Interviews vor deren Veröffentlichung bearbeitet und bearbeiten lässt, ist auszuschließen, dass das letzte Wort ein Zufall ist. Die Wehrpflicht »hat« der Bundesrepublik gutgetan, sagt die Kanzlerin. So spricht nicht, wer wild entschlossen ist, mit der Wehrpflicht in eine große sicherheitspolitische Zukunft aufzubrechen. Guttenberg darf zuversichtlich sein, Merkel an seiner Seite zu haben. Doch auch er hat seine Lektion schnell gelernt. Die finanziellen Notwendigkeiten dürften »auf keinen Fall der Grund für Reformen sein«, dreht der Minister sein bisheriges Argumentationsmuster um. Die Wehrpflicht habe sich über 50 Jahre bestens bewährt, weshalb er jetzt so mit sich ringe. Es dürfe »natürlich nicht das fatale Bild entstehen, dass die Wehrpflicht nur wegen eines Sparwochenendes fällt«.[52] Was die Begründungszusammenhänge angeht, so ist die Hamburger Rede Guttenbergs schon nach wenigen Wochen Vergangenheit.

Anfang Juni 2010 kann also auch eine breite Öffentlichkeit annehmen, dass es dieses Mal ernst ist mit der Diskussion über die Wehrpflicht. Junge Männer im wehrtauglichen Alter dürfen sich berechtigte Hoffnung machen, noch leichter als bisher um die Pflichtmonate in Uniform oder auch um den Zivildienst herumzukommen. Allerdings schwindet auch die letzte Hoffnung eines (ohnehin nur noch kleinen) Teils der

Mütter in Deutschland, dass eine höhere Instanz ihren Jungs das Bettenmachen beibringt. Der Bund scheint sich endgültig aus der Erziehung der jungen Männer zurückziehen zu wollen. Und was denkt die vor derartigen Neuerungen stehende Bevölkerung? Anfang Juni lässt das Meinungsforschungsinstitut Forsa tausend Personen befragen. Nur eine knappe Mehrheit von 51 Prozent spricht sich für die Abschaffung der Wehrpflicht aus, 45 Prozent sind dagegen, vier Prozent unentschieden. Unter den Anhängern der Unionsparteien ist eine Mehrheit von 57 Prozent für die Beibehaltung der Wehrpflicht, allerdings ist dieser Wert bei der FDP auch nur drei Punkte geringer. Auch hier gibt es keine Mehrheit für das Ende des Zwangsdienstes mit der Waffe. Selbst ein gutes Drittel der Grünen-Anhänger würde lieber an der Wehrpflicht festhalten.[53] Doch wahrscheinlich bedeutet das nicht, dass die Menschen sich schwertun, in einer polarisierenden Debatte eine Meinung zu finden, sondern deutet vielmehr auf das viel zitierte »freundliche Desinteresse« hin. Wie Guttenberg von jetzt an noch oft erklären wird, macht es ja ohnehin längst keine Schwierigkeit mehr, den Dienst fürs Vaterland zu umgehen.

Horst Seehofer erkennt schnell, dass er sein krachendes erstes Nein nicht durchhalten kann. Als am 22. Juni in München der Parteivorstand zusammentritt, sagt der Vorsitzende der CSU zwar, die Wehrpflicht sei für seine Partei eine »Identitätsfrage«. Doch legt er sich nicht auf eine Antwort auf diese »Identitätsfrage« fest. Vielmehr kündigt er an, eine Entscheidung werde auf dem Parteitag Ende Oktober fallen. Doch die vorsichtige Öffnung der Vorsitzenden der beiden Unionsparteien bedeutet mitnichten, dass Guttenberg seinen Blitzkrieg schon gewonnen hat. Namhafte CDU-Politiker melden sich in den kommenden Wochen zu Wort und werben für ein Festhalten an der Wehrpflicht. So etwa die Ministerpräsidenten von Niedersachsen, Sachsen, Thüringen und des Saarlandes, David McAllister, Stanislaw Tillich, Christine Lieberknecht und Peter Müller. Später kommt Peter Harry Carstensen, der schleswig-holsteinische Regierungschef hinzu. Auch bekannte CDU-Parlamentarier wie Wolfgang Bosbach melden sich entsprechend zu Wort. Die Union fühlt sich überfahren. Besonders diejenigen, die die Wehrpflicht zum selbstverständlichen Inventar des eigenen Wertevorrats zählen. Das sind oft diejenigen, die ohnehin der Ansicht sind, unter der Parteivorsitzenden Merkel würden allzu viele dieser Werte über Bord geworfen. Sie spüren sofort, dass die Kanzlerin nach der ersten Überraschung bereit ist, ihrem Verteidigungsminister zu folgen. Ende Juni sitzen einige dieser Unionsmitglieder, häufig als Konservative bezeichnet, während der Bundesversammlung zur Wahl eines neuen Bundespräsidenten beieinander. Die Kanzlerin kommt in ihrer Nähe vorbei. Sie kann hören, was gesprochen wird: »Als nächstes nimmt sie uns noch die Wehrpflicht weg.«

Zu einem lautstarken Verteidiger der Wehrpflicht schwingt sich der Vorsitzende der Unionsfraktion im Bundestag, Volker Kauder, auf. Er hat nicht vergessen, wie die Bundeskanzlerin am 20. Juli 2008 anlässlich eines öffentlichen Rekrutengelöbnisses gesagt hat, sie »bekenne« sich zur Wehrpflicht. Interessanterweise ist es ausgerechnet Kauder, der im Spätsommer, als das Aus für die Wehrpflicht längst beschlossene Sache ist, Guttenberg für sein Vorgehen lobt und dieses als gelungenes Beispiel für Führung in der Demokratie preist. Das ist der Stand der Debatte in der zweiten Julihälfte des Jahres 2010. Wieder naht der Tag, an dem des Widerstands gegen Adolf Hitler gedacht wird. Angela Merkel bietet das die Gelegenheit, sich abermals für die Wehrpflicht einzusetzen. Tut sie das?

Es ist der Abend des 20. Juli 2010. Zwischen Reichstag und Bundeskanzleramt findet an diesem lauen Sommertag, 66 Jahre nach dem Attentat auf Hitler, ein feierliches Gelöbnis von Bundeswehrsoldaten statt. Dort, wo sonst die Touristen flanieren, ist der Platz weiträumig abgesperrt, und wer hineinkommen will, muss mehrere Sicherheitskontrollen der Polizei und der Bundeswehr durchlaufen. Wirklich öffentliche

Gelöbnisse will die Bundeswehr nicht mehr abhalten – Trillerpfeifenkonzerte und Sprechchöre linker Gegendemonstranten hatten solche Veranstaltungen in Berlin immer wieder gestört. Nur an einer Seite des Platzes hat man eine Zuschauertribüne errichtet. Dort sitzen die geladenen Gäste – Familienangehörige der Rekruten, Nachfahren der Widerstandskämpfer, Offiziere, Vertreter wichtiger Verbände und natürlich ranghohe Politiker, allen voran die Bundeskanzlerin. Sie hat, im blauen Blazer und mit weißer Hose, gleich neben dem Verteidigungsminister in der ersten Reihe ihren Platz. Auf einer seitlichen Tribüne für die Presse stehen acht Kameras und einige verlorene Journalisten.

Die 420 Rekruten des Wachbataillons marschieren auf, dann beginnt das lange und seltsam anmutende Zeremoniell. Beim feierlichen Einmarsch der Truppenfahne spielt das Musikkorps, die Soldaten marschieren auf der Stelle. Dann folgen Dutzende Male die Befehle »Augen rechts!«, »Präsentiert das Gewehr!«, »Das Gewehr ab!«, »Rührt euch!«. Die Rekruten exerzieren perfekt, die Zeremonie läuft wie eine geölte Maschine. Ist das der selbstbewusste Bürger in Uniform? Oder ist es der Soldat, der lernen muss, Befehlen blind zu gehorchen, um im Ernstfall auch voll einsatzfähig zu sein, wenn es, etwa in Afghanistan, um Leben und Tod geht? Sind dafür die jungen, hochgewachsenen Kerle vor dem Reichstag die richtigen? Oder braucht die Bundeswehr andere Soldaten als diese Wehrpflichtigen? Das sind die Fragen, die Karl-Theodor zu Guttenbergs Vorstoß aufgeworfen hat.

Nun schreitet er mit seinem federnden Gang die Reihen der Gelöbnisaufstellung ab. Es ist eine lange Runde, aber Guttenberg wirkt selbst bei diesem steifen Zeremoniell sportlich und freundlich, er lächelt, nickt, grüßt die Soldaten. Am Morgen des symbolträchtigen Tages war er bei der Kanzlerin, hat ihr seine Sicht der Dinge dargelegt. Dass sie an diesem Abend dabei ist, sich kurzfristig den Termin hat frei machen können, liegt nicht nur daran, dass sie, so heißt es, das feierliche Zeremoniell mag. Es ist vielmehr in dieser Situation ein Zeichen dafür, welche hohe Bedeutung sie der Frage der Wehrpflicht und der Zukunft der Bundeswehr gerade jetzt beimisst. Sie will das Thema nicht dem Verteidigungsminister überlassen. Doch das ist nicht der Ort, an dem man den Streit fortführen kann. Guttenberg erwähnt deshalb in seiner Rede die aktuelle Diskussion mit keinem Wort. Er sagt das, was ein Verteidigungsminister an einem 20. Juli zu sagen hat, ruft das Bekenntnis der Bundeswehr zur Tradition des Widerstands gegen Hitler ins Gedächtnis. Er erinnert vor dem Reichstag daran, dass der Bundestag über den Einsatz der Soldaten entscheidet. Und er spricht auch die deutsche Einheit an, die 20 Jahre zuvor errungen wurde. »Es ist erst, und wenn man auf Ihr Alter blickt, schon zwanzig Jahre her«, sagt er zu den 19, 20 oder 21 Jahre alten Rekruten.

Nach Guttenberg spricht Ewald Heinrich von Kleist. Er ist 88 Jahre alt, aber seine Stimme ist fest. Als junger Leutnant wurde er von Claus Schenk Graf von Stauffenberg in die Attentatspläne auf Hitler eingeweiht. Sein Vater wurde am 9. April 1945 in Berlin-Plötzensee umgebracht. Er begnügt sich nicht damit, die Männer des 20. Juli 1944 zu ehren. Vielmehr kritisiert er, dass der Widerstand der Militärs gegen Hitler zu spät gekommen sei. Schon nach dem 30. Juni 1934, dem »Röhm-Putsch«, hätte die Reichswehr eingreifen müssen. »Der deutsche Staat wurde zum ersten Mal zum Mörder. Das war für alle erkenntlich«, sagt Kleist. Die Führung der Reichswehr habe nicht gehandelt, obwohl auch zwei ihrer Generäle ermordet worden seien. Kleist nennt das ein »äußerst befremdliches Verhalten«. Von da an habe Hitler gewusst, dass ihm »aus dieser Ecke keine Gefahr drohte«. Nachdem die Spitzen der Militärs nicht eingegriffen hätten, habe eine schrecklich tatenlose Zeit begonnen. Erst die tiefe Scham und das Entsetzen, dass die Verbrechen in deutschem Namen verübt wurden, hätten die Männer des 20. Juli zum Handeln gezwungen. Sie hätten verstanden, dass es Wichtigeres gibt als ihr eigenes Dasein. Und wenn ihr Attentat geglückt wäre, hätte es geholfen, viele Opfer zu vermeiden, sagt Kleist und erinnert daran, dass im Zweiten Weltkrieg nach dem 20. Juli 1944 mehr Menschen umgekommen seien als in den Jahren zuvor. Zu sagen, die Männer des 20. Juli 1944 hätten aus Opportunismus gehandelt, sei »eine extrem absurde Behauptung«, so Kleist. »Man stirbt nicht aus Opportunismus.« Er spricht auch von anderen Toten, den gefallenen deutschen Soldaten in Afghanistan. »Jeder einzelne Verlust ist für uns sehr schmerzlich, und wir wollen uns nicht daran gewöhnen.«

Aussetzen, nicht abschaffen

Viele derjenigen Staaten, die ohne Wehrpflicht auskommen, haben sich entschieden, diese nicht abzuschaffen, sondern nur auszusetzen. Damit kann sie im Fall der Fälle ohne neue Gesetzgebung wiederbelebt werden. So will es auch Angela Merkel haben. Darauf verständigt sie sich im Juli mit ihrem Verteidigungsminister. Dahinter steht weniger die Sorge, in absehbarer Zukunft wieder ein Massenheer zur Verteidigung Deutschlands oder der Nato gegen feindliche Truppen zu brauchen. Davon geht in der Bundesregierung niemand aus, auch wenn Guttenberg gern betont, dass er keine prophetischen Gaben besitze und nicht wisse, was in der Zukunft passiere. Auch ist jedem Beteiligten klar, wie schwierig es würde, eine seit fünf, zehn oder 20 Jahren ausgesetzte Wehrpflicht zu reaktivieren. Hinter der Formulierung »Aussetzen« steckt vor allem der Wunsch der Kanzlerin und des Ministers, die Widerstände in den eigenen Reihen gegen ein Ende der Wehrpflicht nicht noch dadurch zu erhöhen, dass man die Mehrheit für eine Grundgesetzänderung zusammenbekommen muss.

Hätte im Sommer 2010 jemand vorausgesagt, dass die CSU ein Vierteljahr später auf ihrem Parteitag in München gerade eine halbe Stunde brauchen sollte, um unter dem begeisterten Beifall für den gefeierten Verteidigungsminister und ganz ohne Debatte die Wehrpflicht in den Mülleimer der Geschichte fallen zu lassen, wäre dieser Prophet bestenfalls für verrückt erklärt worden. Immerhin drängt Guttenberg mächtig nach vorne. Im Juli präsentiert er fünf Modelle, wie die künftige Bundeswehr aussehen könnte. Doch das ist im Grunde nur Show. Über vier der fünf Modelle redet niemand ernsthaft, schon gar nicht der Minister. Er legt sich von Anfang an auf dasjenige fest, das eine Verkleinerung der Bundeswehr auf 150 000 bis 160 000 Zeit- und Berufssoldaten vorsieht, zusätzlich 7500 bis 15 000 freiwillig Dienende und eine Aussetzung der Wehrpflicht.

Die Dinge sind inzwischen so sehr in Bewegung geraten, dass sie kaum mehr aufzuhalten sind. Der Widerstand aus der Union ist überschaubar. Immer wieder heben einzelne Ministerpräsidenten die Bedeutung der Wehrpflicht hervor. Doch ändern die Mahnungen ihren Charakter. Statt die Position Guttenbergs glatt abzulehnen, mehren sich die Aufrufe, so etwas nicht im kleinen Kreis auszuhandeln, sondern gründlich darüber zu diskutieren. Horst Seehofer betont noch einmal, es handele sich bei der Wehrpflicht um eine Identitätsfrage für seine Partei. Im CSU-Vorstand sagt er, das Thema habe eine »noch größere Bedeutung als die Gesundheitsreform«. Wenn man bedenkt, welches leidenschaftliche Verhältnis der einstige Gesundheitsminister Helmut Kohls zu diesem Thema hat, ahnt man, wie ernst es ihm ist. Aber ein krachendes »nur über meine Leiche« ist auch von ihm nicht zu hören. Vielmehr wittert er Unruhe an der Basis. Doch seine Witterung täuscht ihn böse. Während die Basis den Gedanken, sich von der Wehrpflicht zu verabschieden, fast gleichgültig aufnimmt und kaum jemand dagegen aufbegehrt, empört sie sich zugleich über das Vorhaben des Parteichefs, nicht nur die Mitgliedsbeiträge um einen Euro im Monat zu erhöhen, sondern auch noch eine Frauenquote bei Vorstandswahlen einzuführen. Seehofer, der der CSU im Geburtsjahr Guttenbergs, 1971, beitrat, kennt seine Partei nicht so gut wie der junge Mann, der so wenig von einem Parteisoldaten hat.

Mitte August macht die in Bayern beheimatete »Süddeutsche Zeitung« einen interessanten Feldversuch. Die Journalisten fragen eine größere Zahl von CSU-Kommunalpolitikern zwischen Bayreuth und Kempten nach ihrer Meinung zur Wehrpflicht. Nur einer der neun, deren Stellungnahme abgedruckt wird, wendet sich gegen die Position Guttenbergs. Die anderen sind einverstanden. Die meisten führen inhaltliche Gründe an. Doch steckt noch mehr dahinter. Rita Maier, die 67 Jahre alte Vorsitzende der Frauen-Union Unterschleißheim, sagt: »Ich bin da ganz der Meinung unseres Verteidigungsministers. Was der macht, finde ich generell gut.«[54] Guttenberg hat nicht nur das geeignete Thema gefunden, um ein Beispiel für seine Politik des klaren Kurses zu liefern. Es komme, so sagt Monate später eine Ortsverbandsvorsitzende, die nicht genannt sein will, schlichtweg darauf an, wer einen bestimmten Vorschlag macht. Sie lobt Guttenberg für die Stringenz seines Kurses und ist ganz überrascht zu erfahren, dass er noch im Frühjahr der FDP mit der Rückkehr zum neunmonatigen Dienst gedroht hat, sollte diese die Verkürzung auf ein halbes Jahr als Einstieg in den Ausstieg aus der Wehrpflicht missbrauchen wollen. An der CSU-Basis zeigt sich: Guttenberg kann fast fordern, was er will – Hauptsache, *er* fordert es.

Auch wenn der Aufstand von unten ausbleibt, gibt es immer wieder ablehnende Stimmen. Sogar Seehofer weicht im August von seiner selbstgesetzten Vorgabe ab, sich bis zum Herbst mit öffentlichen Äußerungen zu dem Thema zurückzuhalten. Vor der Jungen Union, wo etablierte Politiker gern zeigen, dass sie mit der Faust auf den Tisch hauen können, rät er seiner Partei davon ab, die Wehrpflicht abzuschaffen. Wer sie aber aussetze, schaffe sie ab, fügt er hinzu. Seehofer leidet in jenen Wochen im Sommer 2010, je mehr er sieht, dass er Guttenbergs Wende wohl oder übel nachvollziehen muss.

Am 21. August, einem Freitag, übermittelt Guttenberg seine Vorschläge offiziell der Bundeskanzlerin. Am Sonntag verkündet Angela Merkel im ZDF, was nur als politischer Sieg ihres Ministers gewertet werden kann. Das ist schon deswegen bemerkenswert, weil sowohl Merkels Fachleute im Kanzleramt als auch der Finanzminister Zweifel haben, ob sich mit Guttenbergs Plänen die Sparvorhaben für den Verteidigungshaushalt von 8,3 Milliarden Euro bis zum Jahr 2014 erreichen lassen. Aber der finanzpolitischen Argumentation hatte Guttenberg auf Drängen Merkels ja längst den Rücken zugewandt. Die Kanzlerin wiederholt öffentlich, dass es bei der Bundeswehrreform keine Denkverbote gebe und fügt an, das gelte auch für »ein Neudenken der Rolle der Wehrpflicht«. Sie werde jede Entscheidung befördern, die die Bundeswehr zukunftsfähig mache. Die Modelle Guttenbergs zeigten, dass es gute Gründe gebe, »auch neu zu denken«. Aus dem Grundgesetz werde die Wehrpflicht jedoch keinesfalls gestrichen.

Mit derartiger Prokura ausgestattet, stellt Guttenberg einen Tag später auch den beiden Koalitionsfraktionen seine Pläne offiziell vor. Er weiß, was Merkel hören will: »Wir richten uns nach den sicherheitspolitischen Gegebenheiten aus. Es wird keine Bundeswehr nach Kassenlage künftig geben, sondern eine, die die sicherheitspolitischen und verteidigungspolitischen Herausforderungen bewältigen kann.« Und weiter: »Bei der Frage der Wehrreform, der künftigen Gestaltung der Wehrpflicht, ist es mir außerordentlich wichtig, dass wir die Wehrpflicht im Grundgesetz behalten.«[55]

Guttenberg kann in diesen Sommerwochen davon ausgehen, dass die Kanzlerin sein Vorhaben unterstützt, auch wenn sie sich natürlich noch nicht abschließend erklärt. Alles soll endgültig erst auf den Parteitagen von CSU und CDU Ende Oktober und Mitte November festgelegt werden. Allerdings kann da nur die Linie der Parteien beschlossen werden. Am Ende muss der Bundestag zustimmen. Daher bemüht sich die Kanzlerin frühzeitig, den Vorsitzenden der Unionsfraktion, ihren Vertrauten Volker Kauder, von seinem harten Nein abzubringen. Letztlich mit Erfolg. Guttenberg aber muss durchs Land ziehen, muss in der Bundeswehr Überzeugungsarbeit leisten und in der Union.

Ein Werbefeldzug

Es ist Donnerstag, der 2. September 2010. Der Tag fällt in Berlin eher frühherbstlich als spätsommerlich aus. Auf dem Plan des Verteidigungsministers steht der Besuch des Aufklärungsbataillons 6 »Holstein« in Eutin. Für den Flug nach Schleswig-Holstein ist ein Hubschrauber geordert. Die »Cougar«, die dem Minister und zwei Handvoll seiner Mitarbeiter Platz bietet, hat den Vorteil, im Innenhof des Ministeriums landen und starten zu können. So entfallen zeitraubende Autofahrten zum militärischen Teil des Berliner Flughafens Tegel, von wo aus die Flugzeuge der Regierungsmitglieder starten. Der Minister muss von seinem Büro nur ein paar Schritte gehen, steigt in den Hubschrauber und landet genau da, wo er hinmuss.

Guttenberg will um 11.50 Uhr die Hauptstadt verlassen. Nur einen Innenhof von demjenigen des Bendlerblocks entfernt, in dem bald der Hubschrauber landen wird, herrscht Stille. Hier ist die »Gedenkstätte deutscher Widerstand«. Hier wurde am 21. Juli 1944 der Widerstandskämpfer Claus Graf Schenk von Stauffenberg erschossen, der Vater des Mannes, den eine Tante Guttenbergs geheiratet hat. In der Nähe der Stelle, an der Stauffenberg und seine Mitverschwörer hingerichtet wurden, ist eine Gedenktafel in den Boden eingelassen: »Ihr trugt die Schande nicht, Ihr wehrtet Euch. Ihr gabt das große, ewig wache Zeichen der Umkehr, opfernd Euer heißes Leben. Für Freiheit, Recht und Ehre.«

Plötzlich zerreißt das Donnern der Rotoren die Stille. Die »Cougar« schwebt über das Ministerium. Die Bäume biegen sich bei der Landung wie in einem Tropensturm. Der Minister erscheint. Wie üblich hat seine Adjutantur einen »Dress-Code« ausgegeben, also gesagt, welche Kleidung bei dem bevorstehenden Termin angemessen sei. Das Ergebnis ist – originell. Karl-Theodor zu Guttenberg trägt einen blauen Anzug, ein offenes weißes Hemd und helle »Desert Boots«, wie man sie von seinen Afghanistanbesuchen kennt. Auch wenn

die geplante Abflugzeit schon um ein paar Minuten überschritten ist, geht der Minister vor dem Einsteigen an die offene Cockpit-Tür und begrüßt die Piloten per Handschlag.
Die »Cougar« hat hinter den Piloten vier Plätze für den Minister, seine engen Mitarbeiter oder Gäste. Weiter hinten sind
noch einmal etwa zehn Sitze für die Sicherheitsbeamten und
weitere Mitarbeiter. Guttenberg sitzt in Flugrichtung rechts
in den blauen Ledersitzen. Der Hubschrauber startet rück-
wärts, er drückt sich vom Boden ab nach hinten in den Himmel, kippt dann, als ausreichend Höhe gewonnen ist, nach
vorne und zieht sich durch die Luft über die Stadt. Guttenberg schaut aus dem Fenster und schwärmt von der Hauptstadt. Keine Frage: Sosehr er auf seine fränkischen Wurzeln
verweist, wann immer er in Bayern auftritt – seine Stadt ist
Berlin.

Schnell ist der Tiergarten überflogen, rechter Hand steht
der Reichstag mit den großen Deutschlandfahnen, in Sekun-
den liegt das Schloss Bellevue, der Sitz des Bundespräsidenten, hinter dem alles überfliegenden Guttenberg. In zweihun-
dert Metern Höhe geht es über Brandenburg, Mecklenburg-
Vorpommern und Schleswig-Holstein. Während des Fluges
gibt es Canapés, Obst und Mineralwasser. Guttenberg nimmt
einen Kaffee dazu. Zu seiner rechten Hand ist ein Telefon in
den Tisch eingelassen. Allerdings stört es die Technik des
Hubschraubers auch nicht, wenn während des Fluges das
Mobiltelefon benutzt wird. Trotz des Lärms ist ein Gespräch
möglich. Der Minister bespricht einige Details mit seinen
Mitarbeitern.

Guttenberg hat Besuch mit nach Eutin in die Rettberg-Kaserne gebracht. Oder besser: Er hat den CDU-Bundestagsabgeordneten Ingo Gädechens, zu dessen Wahlkreis Eutin gehört, mit von Berlin in dessen Heimat genommen. Gädechens
war früher Berufssoldat. Der Mitflug im Hubschrauber des
Ministers ist für den CDU-Mann von Nutzen. Später, wenn
der wirklich harte Teil der Guttenberg'schen Wehrreform beginnt und es um die Verkleinerung oder gar Schließung von

Bundeswehrstandorten geht, wird Gädechens gegebenenfalls sagen können, er habe gekämpft, habe es sogar bis in den Ministerhubschrauber geschafft, aber ein paar Opfer müssten eben gebracht werden. Auch für Guttenberg hat es Vorteile, Parlamentarier mit an Bord zu nehmen. Gädechens könnte dem Minister nun kaum mehr vorhalten, dieser habe ihn nicht angehört, sich nicht um seine Belange gekümmert.

Im Innenhof der Rettberg-Kaserne gelandet, gibt es zunächst eine erfreuliche Überraschung für den Besuch aus Berlin. Die Limousine von Peter Harry Carstensen rollt auf den Kasernenhof. Es war bis zum Schluss offengeblieben, ob der schleswig-holsteinische Ministerpräsident seinem Unionsfreund Guttenberg die Ehre erweisen würde. Carstensen hatte erst kürzlich Kritik an Guttenbergs Plänen zum Umbau der Bundeswehr und der Abschaffung der Wehrpflicht geäußert. Der Verteidigungsminister kann Carstensens Auftauchen als gutes Zeichen werten, dass dieser es mit der Konfrontation nicht zu weit treiben will.

Carstensen kommt also mit in die Kaserne und nimmt gemeinsam mit Guttenberg Platz neben Landtagsabgeordneten, Bürgermeistern und Soldaten, um dem Vortrag des Bataillonskommandeurs zu lauschen. Oberstleutnant Matthias Henkelmann präsentiert zu Beginn seiner Ausführungen ein altes Foto, das einen reitenden Hauptmann zeigt. Anscheinend gehört dieser zum historischen Inventar des Bataillons. Noch heute besuche der hochbetagte einstige Soldat die Kaserne. Guttenberg muss gar nicht lange rätseln, worauf der Kommandeur mit seiner Anekdote zielt. Es ist die gute Einbindung des Bataillons in die Region, die Henkelmann immer wieder loben wird, bis hin zu der Bemerkung, dass die Bewerberlage gut sei. Das ist wichtig für eine Bundeswehr ohne Wehrpflicht, die sich besonders wird anstrengen müssen, Nachwuchs zu finden, wenn dieser nicht mehr »gezogen« wird.

Eine der großen Sorgen von Soldaten und Kommunalpolitikern angesichts dessen, was bisher von Guttenbergs Plänen

bekannt geworden ist, gilt weniger der Abschaffung der
Wehrpflicht als vielmehr dem drastischen Abbau der Truppenstärke einschließlich der Verkleinerung oder gar Schließung von Standorten. Soldaten, die vielleicht gerade ein Haus
in der Nähe ihres Standorts gekauft haben, müssen dann pen-
deln, Gewerbetreibende, die von der Kaserne profitierten,
werden Einbußen hinzunehmen haben.»Wenn man nahezu
der letzte Heeresverband in Schleswig-Holstein ist, sollte man
das nicht leichtfertig aufgeben«, fleht Henkelmann in Richtung des Ministers. Der lächelt verständnisvoll.»Einmal muss
ich das sagen«, setzt der Oberstleutnant hinzu, die um ihn
versammelten regionalen Verantwortungsträger klopfen zu-
stimmend auf den Tisch.

Als Henkelmann fertig ist, erhebt sich der Verteidigungsminister. Er dankt, auch für die »sehr liebevoll verpackten
Botschaften«. Guttenberg lobt den Standort, behauptet, ein
Wort des ehemaligen Bundespräsidenten Horst Köhler auf-
nehmend, in Eutin habe die Bevölkerung »kein freundliches
Desinteresse« an der Bundeswehr. Der Minister versichert, er
achte genau darauf, dass auch eine reformierte Bundeswehr
»in der Fläche verankert« sei, spricht aber kein Wort, das auch
nur im Entferntesten als Bestandsgarantie interpretiert werden kann. Später wird ein örtlicher Journalist ihn löchern, ob
die Aufklärer in Schleswig-Holstein sich Sorgen machen
müssten. Der Minister lobt zwar die »ausgezeichnete Truppe«, bleibt aber hart: Standortentscheidungen würden nicht
vor Mitte 2011 getroffen. Als der Reporter nachfasst und wissen will, ob denn die Eutiner Soldaten sich in der Region ihre
Häuser bauen könnten, weicht Guttenberg abermals einer
Antwort aus, »auch wenn Sie es noch so elegant versuchen«.

Am frühen Nachmittag geht es zur unvermeidlichen Vor-
führung soldatischer Aktivitäten ins Gelände. Weil es ein paar
Mal »Bumm« macht, liegen auf jedem Stuhl für die Gäste gel-
be Ohrstöpsel. Guttenberg ignoriert sie und schaut sich ohne
Schutz die nachgestellte kleine Szene an. Sie zeigt, wie Soldaten des Aufklärungsbataillons von Taliban angegriffen wer-

den. Über die sanften, grünen Hügel vor den Toren Eutins
turnen ein paar Männer in halbwegs bunten Gewändern, die
die afghanischen Aufständischen spielen, Militärfahrzeuge
fahren vor und zurück, es knallt ein paarmal. Nur deswegen
wirkt die Szene nicht lächerlich, weil sie das nachstellt, was
Soldaten des Eutiner Bataillons am 17. Februar 2010 tatsächlich erlebten.

Guttenberg steigt von der Tribüne herab, die zur Betrachtung des Spektakels aufgestellt worden war, und mischt sich
unter die Soldaten. Er berichtet von seinem Truppenbesuch in
Afghanistan am zurückliegenden Wochenende. Erstens tut er
das grundsätzlich gern, um den Soldaten zu zeigen, wie ernst
er sie nimmt. Zweitens hatten die etwas martialischen Bilder
von seinem Abstecher an die vordere Kampflinie einige Tage
zuvor manchen spitzen Kommentar hervorgerufen. Gegen
diese will er sich wehren. Gern sagt er in diesen Tagen dann,
es sei doch selbstverständlich, dass ein Minister die Truppe
besuche und nicht nur vom Schreibtisch in Berlin aus beob-
achte.

Der Verteidigungsminister nimmt sich viel Zeit für das Gespräch mit den Soldaten. Wie die Kameradschaft in Kundus
sei, will er wissen. Die wenig überraschende Antwort: »Sehr
gut.« Durch den Wechsel eines Telefonanbieters habe man
bessere Möglichkeiten für die Soldaten geschaffen, mit der
Heimat zu kommunizieren, teilt Guttenberg mit. »Weil die
Verbindung beschissen war«, fügt er wenig vornehm, aber gut
verständlich hinzu und legitimiert die direkte Ausdruckswei-
se postwendend: »Das darf man mal sagen.« Darf man. Und
wenn es der Minister sagt, wird natürlich gelacht. Als das Gespräch ins Stocken kommt, ermuntert der Kommandeur seine
Leute zu Fragen: »Einmalige Chance«, sagt er. Und bekommt
prompt vom Minister einen kleinen Seitenhieb ab: »Einmalig
nicht. Etwas länger als einige Wochen plane ich schon noch,
im Amt zu bleiben.«

Guttenberg hält seine Methode zur Sympathiegewinnung
durch und wendet sie in unterschiedlichsten Situationen kon-

sequent an. Er, der Bundesminister, der mediale Superstar, stellt sich immer auf die Seite der Kleineren und Schwächeren und leistet sich von dort aus Spott gegen den Rest der Führung. Der Kommandeur bekommt in Gegenwart der Soldaten eins ab; an der Parteibasis spricht er schlecht über den politischen Betrieb in Berlin, und vor den Offizieren der Führungsakademie rügt er die Bundesregierung. Das soll eine augenzwinkernde Solidarität schaffen nach dem Motto: Ich kenne eure Sorgen und stehe euch bei.

Das will Guttenberg anschließend auch einer Runde von vielleicht hundert Vertrauensleuten, Kompaniechefs und anderen Verantwortungsträgern des Bataillons klarmachen. Die Presse ist nicht zu der Veranstaltung zugelassen. Weniger, um den Minister zu schützen. Vielmehr sollen die Soldaten so die Möglichkeit bekommen, ungeschminkt zu fragen oder gar Kritik zu üben. Aber Soldaten neigen nicht zum Aufstand, schon gar nicht gegen den Minister. Nicht jeder ist ein kleiner Stauffenberg. Sie sind gewohnt, Hierarchien zu akzeptieren. Die Fragen, die auf seinen frei und schwungvoll gehaltenen Vortrag folgen, kann Guttenberg leicht beantworten. Die Soldaten werden beim Umbau der Bundeswehr nicht das Problem sein.

Ungewissheiten gibt es da eher noch in seiner eigenen Partei. Während der Minister hoch im Norden Deutschlands auf Truppenbesuch ist, äußert der Vorsitzende der CSU-Landesgruppe im Bundestag, Hans-Peter Friedrich, in einem Hintergrundgespräch mit Journalisten die Auffassung, der CSU-Vorsitzende Horst Seehofer sei in der Wehrpflichtdebatte im Grunde schon auf den Kurs Guttenbergs eingeschwenkt. Wie es manchmal so ist, gelangen die Äußerungen vom Hintergrund in den Vordergrund und werden von einer Nachrichtenagentur in Umlauf gesetzt. Das kann Guttenberg nicht gefallen. Friedrich unterstützt den Minister offensiv in seinen Reformbemühungen. Und was er sagt, ist das, was Guttenberg hofft. Doch ist es nicht gut, dem selbstbewussten Parteivorsitzenden und bayerischen Ministerpräsidenten den Ein-

druck zu vermitteln, man halte seinen Widerstand gegen eine
Abschaffung der Wehrpflicht schon für gebrochen. Denn
selbst wenn das so sein sollte, muss Horst Seehofer doch vor
seiner Partei den Eindruck erwecken, dass er die Kehrtwende
der ungestümen Zukunftshoffnung aus Oberfranken nicht
einfach nachvollziehe.

Das also treibt Guttenberg um, als er Eutin am Nachmittag
wieder verlässt und der Hubschrauber Richtung Berlin startet. Lange bearbeitet er sein Mobiltelefon, um die durch Friedrichs Äußerung entstandene Unruhe unter Kontrolle zu bekommen. Man merkt ihm die Sorge an, Seehofer könnte doch
im letzten Moment noch auf seiner alten Position beharren
und sich dem Verteidigungsminister in den Weg stellen. So
beschäftigt ist Guttenberg, dass er gar nicht den herrlichen
Blick auf den spätsommerlich beschienenen Timmendorfer
Strand genießen kann. Als die wichtigsten Botschaften ver-
sandt sind, gibt es zum Trost noch ein weiteres, höchst selte-
nes Naturschauspiel. In feuchter Luft spannt sich ein Regen-
bogen über die »Cougar« und begleitet sie für eine Weile.

Am Abend, Guttenberg ist schon wieder seit zwei Stunden
in Berlin, sitzt in einem der zahllosen Berliner Konferenzzim-
mer ein hochrangiger CSU-Politiker und räsoniert über die
vom Parteifreund Guttenberg vom Zaun gebrochenen Um-
baupläne für die Bundeswehr. Nachdem er alle Schwierigkeiten genannt hat, die seine Partei damit hat, kommt er zu der
Erkenntnis, dass man wohl nicht einfach bei der Gesetzeslage
bleiben könne, nach der der Wehrdienst künftig sechs Monate
dauere. Dafür habe Guttenberg sich schon zu weit vorgewagt.
Durch die Art seines Vorgehens habe es der Verteidigungsminister dem CSU-Vorsitzenden nicht leichter gemacht, ihm zu
folgen. Am Ende werde aber ein Formelkompromiss heraus-
kommen. Guttenbergs Argumente seien außerordentlich
schwerwiegend. Dann kommt ein unter CSU-Leuten bis in die
Gegenwart geradezu unschlagbares Argument: Vielleicht wäre
ja Franz Josef Strauß unter den gegenwärtigen Umständen
selbst auf die Idee gekommen, die Wehrpflicht abzuschaffen.

»Die beste Rede seit Franz Josef Strauß«

Dem einstigen Verteidigungsminister Franz Josef Strauß kann Guttenberg seine Pläne nicht mehr zur Begutachtung vorlegen. Wohl aber seiner Tochter, Monika Hohlmeier, die bei der Europawahl 2009 Spitzenkandidatin des CSU-Bezirks Oberfranken war. Nur zwei Tage nach seinem Besuch in Eutin weilt der Bundesminister der Verteidigung im oberfränkischen Kulmbach, in seinem Wahlkreis. Zum Schloss Guttenberg sind es nur zehn Autominuten. An jenem Samstag, dem 4. September, rollen um 10.22 Uhr die beiden schwarzen Dienstlimousinen Guttenbergs die Schlossallee entlang, vor das herrschaftliche Anwesen. Guttenberg hat die Nacht auf dem Familiensitz verbracht und wird nun abgeholt.

Es ist ein sonniger Spätsommermorgen, der Lust zum Wandern macht. Der Minister hat allerdings anderes vor. Er ist einer Einladung der bayerischen Frauen-Union, einer der wichtigen CSU-Organisationen, gefolgt. »Zukunft der Bundeswehr – eine gesamtgesellschaftliche Herausforderung« steht auf den Plakaten, die auf die Veranstaltung hinweisen. Die langhaarige Schönheit mit Model-Pose, die darunter abgebildet ist, lässt allerdings eher an ein Fotoshooting denken als an eine »Fachkonferenz« zur Sicherheitspolitik. Da ein Polit-Popstar erwartet wird, darf es offenbar ein bisschen poppig zugehen.

Im Inneren der Stadthalle kündigt die Vorsitzende der Frauen-Union, die Europaparlamentarierin Angelika Niebler, »unseren Verteidigungsminister« an. Als es um 12 Uhr endlich so weit ist, werden die im Schnitt eher über denn unter 60 Jahre alten 250 Gäste von Popmusik beschallt. Aus den Lautsprechern tönt Fleetwood Macs »Don't stop«. In Deutschland sind solche musikalisch untermalten Einzüge von Politikern bislang nur bei ganz großen Auftritten, meistens solchen von Kanzlerkandidaten im Wahlkampf, üblich. Aber Guttenberg wird so etwas auch zu Beginn einer samstäglichen Fachtagung gegönnt. Der Minister nimmt es mit strahlendem Gesicht, schreitet zur Bühne und winkt ins Publikum. Diesmal ist er mit Krawatte unterwegs, auch die Stiefel hat er zu Hause gelassen.

Es ist die erste große Veranstaltung, in der die CSU sich mit Guttenbergs Plänen für eine Wehrreform beschäftigt. Schon Nieblers Einleitung macht klar, dass das Treffen nicht als Zusammenrottung gegen den Minister geplant ist. Im Gegenteil. Noch bevor Guttenberg ein Wort sagen kann, dankt die Vorsitzende der Frauen-Union ihm dafür, dass er die Debatte über die Bundeswehrreform angestoßen habe: »Du hast uns als Mitdiskutanten auf deiner Seite«, ruft sie Guttenberg und dem Publikum zu. Das sei es, was ihn so auszeichne, schwärmt Niebler: »Dass du den Mut hast, heilige Kühe auf den Prüfstand zu stellen.« Das sei der Mut, der von Politikern erwartet werde. Applaus.

Es ist naheliegend, in Oberfranken damit zu beginnen, die Basis von der Überflüssigkeit der Wehrpflicht zu überzeugen. Obwohl auch hier die CSU seit Jahrzehnten ganz selbstverständlich dafür ist, jungen Männern diese Pflicht aufzuerlegen, hat der Bezirk im Nordosten des Freistaats von einer Verkleinerung der Bundeswehr und Abschaffung der Wehrpflicht wenig zu befürchten. Es gibt nur noch einen Bundeswehrstandort in ganz Oberfranken. Hinzu kommt, dass Kulmbach Guttenbergs Wahlkreis ist. Hier wäre die CSU doppelt leichtsinnig, wenn sie ihr prominentestes Mitglied brüskieren würde.

Der freundliche Empfang kann den Minister also nicht überraschen. Bevor er zum Thema der Tagung kommt, gönnt der Gast sich noch einen kleinen Schlenker. Es sind die Tage, da es eine breite öffentliche Diskussion über die Thesen des Bundesbankvorstands und Sozialdemokraten Thilo Sarrazin zu den Versäumnissen der Integrationspolitik gibt. Eine Woche ist es her, da hatte Guttenberg zusammen mit der Kanzlerin, dem Bundespräsidenten und einer Reihe von Kabinettsmitgliedern auf Sarrazin eingedroschen, hatte von einer Grenze gesprochen, die erreicht sei. In den folgenden Tagen aber merkt er, dass bis tief hinein in die Reihen der Union Sarrazin viel Zuspruch erfährt. Man müsse über seine Thesen debattieren, geht er auf die Stimmung ein. Mit einem Seitenhieb auf Forderungen, Sarrazin solle den Bundesbankvorstand ebenso verlassen wie die SPD, sagt der Minister: »Die Politik sollte die Diskussion mit offenem Visier aufgreifen und nicht nur irgendwelche Ämter in Frage stellen.« Dafür gibt es den erwarteten Beifall. Das Publikum ist nicht nachtragend und nimmt gern die neue Linie Guttenbergs auf.

Das ist ein hübscher kleiner Test der Beweglichkeit seiner Zuhörer, was seinen Kurswechsel in der Wehrpflichtfrage angeht. Denn auch vor den eigenen Leuten muss er an diesem Samstag eine Steilkurve fahren. Er habe, beteuert er ins etwas dämmrige Licht der Kulmbacher Stadthalle hinein, »ein sehr erfüllendes Jahr« bei der Bundeswehr gehabt vor zwanzig Jahren. Dann hält er – frei, routiniert und in lässiger Pose hinter dem Pult – jenen Vortrag, den er schon in Eutin gehalten hat, zwei Tage später in einem Bierzelt in der Nähe von München halten wird, den er landauf, landab nicht müde wird zu präsentieren, vor allem vor dem Publikum der Union, wo es zu werben, zum Teil auch noch zu überzeugen gilt.

Guttenberg beginnt mit einem Hieb auf seine Vorgänger, ohne diese beim Namen zu nennen. Die Debatte über die Wehrpflicht habe geruht, als er sein Amt übernommen habe. Schon nach wenigen Wochen habe er jedoch gespürt, dass das »Bild von der Bundeswehr an wesentlichen Stellen korrekturbedürftig« sei. Für den zweiten Teil seiner Kritik fügt es sich, dass jener Samstag in Kulmbach der 4. September ist, also der erste Jahrestag des Bombardements von Kundus. Wie habe es passieren können, dass bei der Aufarbeitung dieser Ereignisse so viele Defizite zutage getreten seien, fragt der Minister rhetorisch. Nur um mitzuteilen, dass er gleich zu Beginn seiner Amtszeit eine Defizitanalyse in Auftrag gegeben habe, was nicht überall auf Begeisterung gestoßen sei. Das Sankt-Florians-Prinzip sei durchaus verbreitet, beschreibt er den damaligen Zustand des Ministeriums. Die Botschaft, die mitschwingt, ist eindeutig: Ich traf auf einen Augiasstall, als ich mein neues Amt antrat. Ausmisten war das Gebot der Stunde. Diese Grundbotschaft durchzieht auch den weiteren Teil seiner Rede. Er habe eine »dramatisch unterfinanzierte« Bundeswehr vorgefunden, die zum Teil noch für die Aufgaben des Kalten Krieges gerüstet gewesen sei. Heißt: Es wurde versucht, ein zu großes und nicht mehr aktuelles Aufgabenspektrum mit zu wenig Geld abzudecken. Dadurch, so Guttenbergs Argumentationslinie in diesen und anderen Reden, habe es bislang eine Bundeswehr »nach Kassenlage« gegeben. Auch hier also wieder das Schema: Nicht ich betreibe eine Sicherheitspolitik nach Kassenlage, sondern ich sorge endlich dafür, dass das nicht mehr so ist. Ein Mangel an Beweglichkeit ist Guttenberg wahrlich nicht vorzuwerfen.

252 000 Soldaten habe die Bundeswehr, ruft der Minister in den Saal, und schon die Entsendung von 7000 in den Auslandseinsatz sei »auf Kante genäht«. Der Minister sieht falsche Schwerpunkte gesetzt. Jenseits der Ostgrenzen von Oberfranken, der Oberpfalz und Niederbayern stünden keine »potenziell millionenstarken Panzerheere« mehr. Dennoch würde diese Bedrohungslage in der Bundeswehr »noch abgebildet«. Das sind die Strukturen des Kalten Krieges, die er ändern will. Er sagt das an diesem Ort nicht ausdrücklich, schon um niemanden ohne Not frühzeitig zu erschrecken, aber die Panzereinheiten der Bundeswehr dürfen sich bei solchen Sätzen schon mal auf harte Zeiten einstellen. Der Verteidigungsminister hält die reale Piratenbekämpfung für dringlicher als die potenzielle Abwehr starker Panzerverbände. Er macht klar, dass provinziell denkt, wer das nicht so sieht. Kurz in bayerische Tonlage wechselnd, sagt er, man könne natürlich fragen, was uns das »juckt«, da unten am Horn von Afrika. Dann, wieder in schriftdeutscher Aussprache, damit auch jeder außerhalb der Halle versteht, dass jetzt die Version für diejenigen kommt, die sicherheitspolitisch auf Ballhöhe sind, die Antwort: »Das juckt uns sehr.«

Nachdem die Dimension des Themas umrissen ist, macht

der Minister klar, dass er den Stier bei den Hörnern packen werde. Natürlich könne er sagen, das Thema sei schwierig, er lege für die verbleibenden drei Jahre der Legislaturperiode die Füße hoch und warte, bis sein Nachfolger das Problem löse. Doch dann – selbstverständlich: »Das ist nicht meine Herangehensweise.« Nachdem also der gordische Knoten beschrieben und für alle erkennbar ist, wer ihn durchschlagen wird, kommt Guttenberg auf die Details zu sprechen. Etwa 165 000 Berufs- und Zeitsoldaten seien die untere Grenze der künftigen Truppenstärke. Nach oben sei Spielraum.

Das ist ein simpler, aber wirkungsvoller Trick, der es ihm leichter macht, sich durchzusetzen. In CDU und CSU ist die große Mehrheit der Mitglieder erstens der Bundeswehr gegenüber positiv, ihrer Verkleinerung gegenüber naturgemäß negativ eingestellt und zweitens aus Überzeugung für die Wehrpflicht. Die meisten haben jedoch Guttenbergs sicherheitspolitische Analyse rasch – auch öffentlich – nachvollzogen. Die Bundeskanzlerin ist schon so weit, der CSU-Vorsitzende steht Anfang September kurz davor. Der Koalitionspartner FDP ist zwar schon lange für das Ende der Wehrpflicht. Dieses von einem CSU-Mann geschenkt zu bekommen ohne jeden eigenen Kampf ist aber für eine Partei, die bei der Bundestagswahl annähernd 15 Prozent der Stimmen erhalten hat, etwas dürftig. Und so können Unions- wie FDP-Leute mit der Forderung nach einer Korrektur der vom Minister genannten Truppenstärke noch ein bisschen Kampfesmut zeigen. Guttenberg kann mit einem nach oben korrigierten Umfang der Truppe bestens leben, weil dann die Einschnitte bei Karrieren und Standorten weniger schmerzhaft werden.

Eine halbe Stunde hat er schon geredet, bevor er die Wehrpflicht im Detail zerlegt. Nachdem er noch einmal kurz auf die Zeit zurückgeblickt hat, da er ein überzeugter Anhänger des Erfolgsmodells Wehrpflicht war, erklärt er, warum jetzt Schluss sei. Nur noch 13 bis 16 Prozent eines männlichen Jahrganges leisteten ihren Wehrdienst ab. Dagegen entschieden sich 25 bis 30 Prozent für den Zivildienst. »Böse Zungen

sagen, wir haben mittlerweile eine Zivildienstpflicht mit der
Möglichkeit zum Wehrdienst«, witzelt Guttenberg. Dieser
Scherz taucht in annähernd jeder seiner Reden auf. Zwar habe
es ihm damals auch nicht geschadet, während des Wehrdiens-
tes »noch ein Stück mehr Disziplin zu lernen, als mein ge-
strenger Vater mir beigebracht hat«, doch könne heute jeder
junge Mann, der weder Wehr- noch Zivildienst leisten wolle,
sich mit Hilfe von Google mühelos die Sätze heraussuchen,
die er sagen müsse, um der Pflicht zu entgehen.

Aber Karl-Theodor zu Guttenberg hat noch mehr Ge-
schosse gegen die Wehrpflicht in seinem rhetorischen Muniti-
onsdepot. Bei allem grundsätzlichen Lob auf die Wehrpflicht,
die die Soldaten zu einem Teil der Gesellschaft gemacht habe,
dürfe nicht vergessen werden, dass sich auch die Zeit- und
Berufssoldaten zu Recht als Teil der Gesellschaft empfänden.
Ohnehin hält er, der so gern Stauffenberg zitiert, die Gefahr,
dass ohne Wehrpflicht die Armee zu einem Staat im Staate
werde, nicht mehr für gegeben. Zudem beschreibt er die
Wehrpflicht als eine Art Nullsummenspiel für die Truppe.
Etwa 8000 Wehrpflichtige würden sich derzeit entscheiden,
Berufs- oder Zeitsoldat zu werden. Zur Ausbildung aller
Wehrpflichtigen würden aber 10 000 Soldaten benötigt – in der
Sparklausur war noch von 12 000 die Rede. »Wir ziehen unse-
re Wehrpflichtigen ein zur Regeneration ihrer eigenen Ausbil-
der.« Dass dieser Mechanismus sich noch verschärft, wenn die
Wehrpflicht auf sechs Monate verkürzt wird, bedarf keiner
besonderen Erklärung. Bleibt Guttenbergs Drohung, dass angesichts der fehlenden Gerechtigkeit bei der Belastung der
nachwachsenden männlichen Jahrgänge eines Tages über die
Zukunft der Wehrpflicht vor Gericht entschieden werden
könnte. Da hält er es für besser, rechtzeitig eine Zeit ohne
Wehrpflicht zu gestalten, als dieses Hals über Kopf nach einem Gerichtsurteil tun zu müssen.

Und der Zivildienst? Guttenberg behauptet zwar, Sympathien für die Einführung eines Pflichtdienstes zu haben, verwirft diese Option jedoch gleich wieder mit dem Verweis auf

die fehlende verfassungsändernde Mehrheit. Stattdessen wirbt er für die Freiwilligkeit, wissend, dass es längst eine hohe Nachfrage unter jungen Männern und Frauen nach einem sogenannten Sozialen oder Ökologischen Jahr gibt. Einen solchen freiwilligen Dienst an der Gesellschaft zu fordern, verkauft Guttenberg mühelos als »konservativen Gedanken«. Der Minister bezeichnet es als »höchste Zeit«, die Debatte über die Bundeswehr und die Wehrpflicht zu führen. Manche »juxten« sie zu einer Machtfrage hoch. Doch sei er auf dem besten Wege, mit Seehofer zu einer gemeinsamen Haltung der CSU zu kommen. Am Ende wird beides geschehen: Es kommt zu einer einheitlichen Haltung der CSU und auch der CDU. Und dennoch ist die Abschaffung der Wehrpflicht Teil des Machtkampfes in der CSU zwischen Seehofer und Guttenberg.

Wie reagiert das Publikum in Kulmbach? So wie später anderes Publikum an anderen Orten auch. Es gibt großen Beifall für den Redner. Die Fragen in der anschließenden Diskussion bleiben harmlos. Hinweise auf Nachwuchsprobleme thematisiert eine Frau mit Verweis auf ihre Söhne, die Gebirgsjäger seien. Ein junger Mann will wissen, ob denn Studienplätze bei der Bundeswehr wegfielen. Ein älterer Herr, dessen Frau in einem Kreiswehrersatzamt tätig ist, fragt sich und den Minister, ob denn die Bundeswehr demnächst zu 80 Prozent aus Türken bestehe. Ein Aufstand jedenfalls sieht anders aus. Was Guttenberg hier erlebt, entspricht dem, was ihm an anderen Orten begegnet. Sowohl in einer breiteren Öffentlichkeit als auch im politischen Umfeld formiert sich kein ernsthafter Widerstand gegen seine Pläne. Dieses Phänomen belegt besser als alle Zahlen und Argumente, dass er mit sicherem Instinkt ein Thema aufgegriffen hat, das überfällig war.

Den nächsten Beleg dafür sammelt Guttenberg zwei Tage später ebenfalls vor einem bayerischen Publikum. Nach dem Auftritt in der Heimatregion Oberfranken begibt er sich in die Nähe von München, in das östlich der bayerischen Landeshauptstadt gelegene Örtchen Keferloh. Hier wird alljähr-

lich im Spätsommer politische Top-Prominenz in ein Bierzelt
eingeladen. Einige hundert überwiegend nicht mehr ganz junge Männer und Frauen erfreuen sich beim Bier an einer politischen Bühnenshow, die so nur in Bayern und dort vor allem
von der CSU geboten wird.

Eigentlich ist das nicht das bevorzugte Spielfeld des pro-
movierten Juristen, zu dem das fließende Englisch besser
passt als die Nachahmung bairischer Dialekte. Guttenberg
sieht etwas albern aus, als er mit dem ortsüblichen Strohhut
auf dem gegelten Haar in das bis zum letzten Stehplatz gefüllte Zelt spricht – und zwar das, was er schon in Eutin, in Kulmbach oder an vielen anderen Orten der Republik gesagt hat
oder noch sagen wird zur Zukunft der Bundeswehr. Doch
auch in der bierseligen Atmosphäre dieses Montagnachmit-
tags wird ihm seine Argumentation begeistert und mit viel
Beifall abgenommen. Im Vorjahr waren Merkel und Seehofer
hier aufgetreten. Gleichwohl wird einer der Gäste, ein Mann
in seinen Sechzigern, der als traditioneller CSU-Wähler durch-
geht, am Ende von Guttenbergs Rede zufrieden seine Maß
leeren und bekunden, das sei die beste Rede in diesem Zelt seit
dem Auftritt von Franz Josef Strauß gewesen. Eine höhere
Auszeichnung für einen CSU-Politiker gibt es aus der eigenen
Partei im Grunde nicht.

Auf der Zielgeraden

Bei der Operation Bundeswehrreform kommt Karl-Theodor
zu Guttenberg nicht nur sein politischer Instinkt zugute. Der
Mann, so sagen es diejenigen, die ihn lange und gut kennen,
pflegt seine Arbeitstage minutiös zu strukturieren. Hinzu
kommt eine große Einsatzbereitschaft. Er ist kein Aktenfresser, sondern jemand, der sich viel bewegt und überall auftritt.
Im Kampf für die Aussetzung der Wehrpflicht ist er ständig
unterwegs, während der Woche wie auch am Wochenende,
bereist das Land von Norden nach Süden und von Osten nach

Westen. In der Union, aber auch in der Bundeswehr, entkommt kaum jemand seinem Werbefeldzug.

Auch Seehofer nicht. Zwischen seinen Auftritten in Eutin und in Kulmbach fliegt Guttenberg zum CSU-Vorsitzenden. Da erhält er endlich das Signal, dass Seehofer sich seinen Plänen nicht in den Weg stellen wird. An allen Ecken sickert es jetzt aus der CSU heraus: Man wird Guttenberg folgen. Der Vorsitzende der CSU-Landtagsfraktion, Georg Schmid, sagt, die »Tendenz« gehe klar in die von Guttenberg vorgegebene Richtung. Schmid sagt öffentlich, was Landesgruppenchef Friedrich kurz zuvor noch in einer Hintergrundrunde, nicht für die Öffentlichkeit bestimmt, geäußert hatte: Auch Seehofer sei auf Guttenbergs Linie eingeschwenkt. Auf dem Parteitag im Oktober werde es ein »klares gemeinsames Signal« der CSU geben. Der Vorgänger Seehofers im Parteivorsitz, Erwin Huber, spricht von einer »sehr starken informellen Meinungsbildung zugunsten der Aussetzung«. Am Wochenende darauf ist es dann amtlich: Der CSU-Vorsitzende und bayerische Ministerpräsident verkündet: »Eine sicherheitspolitische Notwendigkeit für die allgemeine Wehrpflicht ist nicht mehr gegeben.«[56] Mit Bezug auf die sicherheitspolitische Begründung des Verteidigungsministeriums sagt Seehofer: »Damit besteht aus meiner Sicht verfassungsrechtlich jetzt überhaupt kein Handlungsspielraum mehr.«

Seehofer, der sich mächtig ärgert, dass Guttenberg für seine Wende in der Wehrpflichtfrage bejubelt, ihm, Seehofer, jedoch Wankelmut vorgeworfen wird, erklärt sein Verhalten damit, dass die »Sicherheitsanalyse der Bundesregierung« erst seit knapp zwei Wochen vorliege. Diese Fakten habe er erst gebraucht, um zu entscheiden: »Ich möchte, dass man Entscheidungen, die man trifft, auch dauerhaft durchhalten kann. Wenn ich mich entschieden habe, bin ich sehr, sehr verlässlich.«[57] Doch ganz einfach so geschlagen geben will sich Seehofer seinem jungen Rivalen nicht. Ein kleines Nachtreten muss sein. Deswegen sagt er, wer die Wehrpflicht aussetze in Friedenszeiten, der schaffe sie für Friedenszeiten auch ab. Genau diese Debatte hatten Guttenberg und Merkel verhindern wollen. Allerdings sorgt sie auch in der CSU nur für leichte Verärgerung unter den Guttenberg-Freunden. Zu einer neuen Diskussionslage führt sie nicht.

Nachdem Seehofer zugestimmt hat, geht alles schnell. Am 18. September erscheint der »Bayernkurier« mit der Schlagzeile auf der Seite eins: »Für eine moderne Bundeswehr – CSU treibt Reform der Truppe voran – Analyse der Bundesregierung legt Zukunft ohne Wehrpflicht nahe«. Darunter zeigt ein Foto den Verteidigungsminister und den CSU-Vorsitzenden lachend Seite an Seite, die Bildunterschrift lautet: »Sie treiben die Reform der Bundeswehr voran: CSU-Chef Horst Seehofer und Bundesverteidigungsminister Karl-Theodor zu Guttenberg«.[58] Das ist zwar eine reichliche Verzerrung der Wirklichkeit. Es ist aber das Signal an die CSU-Mitglieder, dass die Linie des Verteidigungsministers nun auch diejenige seiner Partei ist. Schluss mit dem Streit.

Das gilt für die gesamte Union. Ende September treffen sich die Präsidien beider Parteien zu einer seit langem geplanten gemeinsamen Sitzung in Berlin. Guttenbergs Plan stößt auf einhellige Zustimmung. Nicht eine kritische Anmerkung gibt es. Die Kanzlerin fasst es in die Worte: »Die augenblickliche Sicherheitslage lässt es zu, auf die Wehrpflicht zu verzichten.« Die vier und sechs Wochen später anstehenden Parteitage von CSU und CDU werden nun in der Union nicht mehr als bedrohlich wahrgenommen. Dass es zu Saalschlachten zwischen den Befürwortern und den Gegnern einer Aussetzung der Wehrpflicht kommt, gilt als ausgeschlossen.

Wenige Tage bevor die CSU sich Ende Oktober in München zu ihrem Parteitag trifft, bekommt der Verteidigungsminister in Berlin allerdings eine Ahnung davon, was ihm nach der politischen Grundsatzentscheidung über die Verkleinerung der Bundeswehr und die Abschaffung der Wehrpflicht in den langen Monaten der Umsetzung seiner Reform blüht – die Mühen der Ebene. Es ist ein Mittwochabend im Konrad-Adenauer-Haus an der Berliner Klingelhöferstraße. Es tagt die kommunalpolitische Vereinigung von CDU und CSU. Rund 200 Bürgermeister und Landräte, Stadtverordnete und Kreisräte, Kämmerer und Sozialdezernenten haben sich versammelt, um den Verteidigungsminister zu hören. Sie kommen aus ganz Deutschland, von Lemgo bis Fürstenfeldbruck, vom Emsland bis zum Elbe-Elster-Kreis. Es sind bodenständige, pragmatische Leute, oft seit vielen Jahren politisch engagiert. Sie wollen wissen, was die Aussetzung der Wehrpflicht für ihre Kommunen bedeutet, woher sie demnächst die Zivildienstleistenden für ihre Altenheime und Behindertenzentren bekommen werden, was mit den Kreiswehrersatzämtern geschehen wird und ob auch der Bundeswehrstandort in ihrer Region dem Guttenberg'schen Spardiktat zum Opfer fallen wird. Der Empfang für den Minister ist daher verhalten, auch wenn sein Erscheinen per Lautsprecher etwas effekthascherisch angekündigt wird: »Begrüßen Sie mit uns den Bundesminister der Verteidigung ...«

Die Kommunalpolitiker pflegen den alten Stil, man will erst einmal sehen und hören. Der Abend ist kein Selbstläufer für Guttenberg. Das verunsichert den Minister etwas. Ziemlich am Anfang seiner Rede weist er denn auch darauf hin, dass er ja selber Kreisrat sei. Er kenne die Probleme der Kommunalpolitik, will er damit sagen. Und immer wieder macht der Festredner, als der er begrüßt wird, die eine oder andere abfällige Bemerkung über das hauptstädtische Raumschiff Berlin, in dem es sich so abgehoben von den wahren Problemen durchs politische All sausen lässt. Dabei steht er in der Parteizentrale der CDU, im Vereinshaus Angela Merkels sozusagen.

Also muss er doch als Bewohner dieses Raumschiffes reden, als der Minister, der sich plötzlich etwas Neues ausgedacht hat. Guttenberg erklärt wortreich die Defizite in der sicherheitspolitischen Analyse, er spricht davon, dass »der Russ' nicht mehr an der oberpfälzischen Grenze steht«, auch wenn manche immer noch so täten. Und er sagt, dass es zuletzt statt Wehrgerechtigkeit nur noch Drückebergerei gegeben habe. Anders als früher müsse man »nicht mehr Zahnpasta fressen oder den Urin vom Großonkel mit dem Tauchsieder erwärmen«, um sich die Ausmusterung zu erschleichen – heute müsse niemand mehr zur Bundeswehr, der nicht wolle, so leicht lasse sich die Wehrpflicht umgehen. Trotz seiner recht volkstümlichen Beispiele will der Funke nicht auf die Leute von der kommunalen Front überspringen.

Erst als Guttenberg nach zwanzig Minuten den Satz sagt: »Meine Meinung war es immer, dass es noch keinem jungen Menschen geschadet hat, wenn er sich für diese Gesellschaft engagiert«, bekommt er den ersten Beifall. Begeisterung sieht anders aus. Guttenberg spürt die Skepsis. Er legt rhetorisch nach – und überzieht. »Wenn mir einer vor einem Jahr gesagt hätte: Guttenberg, du musst einmal die Wehrpflicht aussetzen, ich hätte ihn aus dem Raum getreten.« Hoppla, ein Gewaltmensch? »Sonst bin ich schon zu höflicheren Formen der Kommunikation fähig«, fügt er rasch hinzu. Am Schluss der Rede gibt es doch einigen Beifall, Guttenberg lacht jetzt, irgendwie wirkt er wie ein erleichterter Primaner nach der gelungenen Abi-Rede.

Der Bürgermeister aus Mittenwalde bei Berlin hellt die Stimmung weiter auf. Er beglückwünscht den Minister zu seinem Entschluss, »Bonn zu schließen« – vor wenigen Tagen hat die von Guttenberg eingesetzte Weise-Kommission den Vorschlag gemacht, den Standort der Bundeswehr auf der Hardthöhe in Bonn einzusparen und die Ministeriumsführung in Berlin zu konzentrieren. Guttenberg sagt, es gebe ja noch das Bonn-Berlin-Gesetz, das könne er »nicht einfach von der Bühne treten«, aber er werde sich schon genau anschauen, wie man das interpretieren könne.

Doch das ist nur ein Randthema an diesem Abend. Um Fragen muss der Minister hier nicht lange bitten. Eine Kommunalpolitikerin aus Berlin will wissen, ob denn die Wehrpflicht nicht doch ein Grundwert der Union sei. Von zwei Kasernen in ihrer Stadt, die in den vergangenen Jahren schon geschlossen worden seien, berichtet eine Kämmerin aus Celle.

Nun zögen auch noch 5000 Briten ab. Der Minister solle doch dafür Sorge tragen, dass wenigstens die letzte Kaserne mit 1200 Mann nicht dichtgemacht werde. Eine Lehrerin sagt, es müsse darum gehen, den Patriotismus wieder in die Jugend zu tragen. »Ich denke, das könnte gerade Ihnen gelingen, weil Sie in der Jugend akzeptiert sind.« Ein Bürgermeister macht sich für eine allgemeine Dienstpflicht stark. »Wir werden die Feuerwehr sonst nicht mehr bestücken können«, sagt er.

Mit seinen Antworten macht Guttenberg an diesem Abend Boden gut. Wieder spielt er den Part des Politikers, der anders als die anderen bereit ist, die harte, ungeschminkte Wahrheit auszusprechen. Für die, die das noch nicht verstanden haben, macht er es noch einmal klar. »Dann muss man eben auch mal von Krieg reden statt immer nur von Stabilisierungseinsatz«, lobt er sich selbst. Schwärmen werden die meisten Kommunalpolitiker nach der Veranstaltung nicht für Guttenberg. Ihm in die Parade fahren oder den Aufstand proben werden sie aber auch nicht. Guttenberg hat zumindest den Eindruck hinterlassen, dass er nicht kneift, sich den Fragen stellt, nicht immer nach dem Mund redet. Ein hart erkämpfter Punktsieg für den Champion.

Zwei Tage später, am Freitag, dem 29. Oktober, treffen sich mittags in München die Delegierten des CSU-Parteitages, um bis zum Samstagmittag zu beraten. Längst ist klar, dass die Reform der Bundeswehr einschließlich der Abschaffung der Wehrpflicht nicht zu einer Zerreißprobe zwischen Guttenberg und Seehofer führen wird. Dennoch gibt es nur ein Thema bei dem Treffen: Wie stark wird der Parteivorsitzende aus der Veranstaltung hervorgehen, wie stark der Nachfolger der Herzen? Die Organisatoren des Parteitages wissen um diese Wahrnehmung mindestens der Medien. Sie haben kein Interesse an der Schlagzeile »Jubel für Guttenberg, Pfiffe für Seehofer«.

Die Debatte über die Bundeswehrreform wird auf den fortgeschrittenen Freitagnachmittag gelegt, in der Hoffnung, dass die öffentliche Aufmerksamkeit da schon etwas nachgelassen hat. Ganze sieben bis acht Minuten gibt die Regie dem Verteidigungsminister, um seine Pläne zu erläutern. Sonst hat er in den zurückliegenden Wochen und Monaten immer rund eine Stunde gebraucht, um sein Reformpaket zu erklären. Da er zahlreiche Auftritte vor Unionspublikum hatte, konnte jeder Interessierte seinen Vortrag gehört haben. Doch das ist nicht der wahre Grund für die kurze Redezeit. Der liegt vielmehr darin, dass man den Delegierten nicht zu viel Gelegenheit geben will, ihrem Idol zuzujubeln. Guttenberg ist das ganz recht. Der von ihm selbst kräftig unterstützte Kult um ihn und seine Frau ist ihm in jüngerer Zeit dann doch etwas unheimlich geworden. Ein Parteitag, auf dem er schon als heimlicher Vorsitzender gefeiert und Seehofer damit in äußerste Bedrängnis gebracht würde, käme ihm nicht zupass. So weit ist es noch nicht. Tatsächlich hält der Verteidigungsminister sich fast an seine Redezeit, kommt mit zwölf Minuten aus, um das vermeintliche Identitätsthema seiner Partei zu erledigen. Diskussionsbedarf haben die Delegierten nicht, nach einigen Einlassungen zu den Folgen für den Zivildienst ist dieser Tagesordnungspunkt erledigt. In einer halben Stunde verabschiedet sich die CSU von der Wehrpflicht. Zwei Wochen später wird die CDU auf ihrem Parteitag in Karlsruhe nicht wesentlich länger brauchen.

SCHLUSS:
WARUM GUTTENBERG?

Karl-Theodor zu Guttenberg ist der Märchenprinz, auf den die Deutschen gewartet haben. Er ist selbstbewusst und reich, jung und gutaussehend. Er wirkt männlich und sportlich. Sein Auftritt ist energiegeladen, sein Schritt kraftvoll. Guttenberg sticht allein durch sein Äußeres hervor. Schon dadurch ist klar: Er ist anders als die anderen Politiker.

Ob in Kampfuniform und mit Pilotenbrille im Bundeswehrtransporter, ob in legerer englischer Freizeitkleidung, in Kaschmirjacke und Freizeithose am Hindukusch, im Smoking in Bayreuth, in der Montur eines Jet-Piloten oder im Rollkragenpulli – Guttenberg sieht immer so perfekt aus, als sei seine Kleidung gerade für ihn gemacht. Ein Dressman in der Politik. Was bei anderen lächerlich wirken würde, das schmückt ihn. »Ich bin der Einzige, der zu einem Stahlhelm eine Dior-Krawatte tragen kann«, hat Guttenbergs Double Stefan Murr das im satirischen Singspiel auf dem Nockherberg auf den Punkt gebracht. Manche Modezeitschriften küren ihn schon im Sommer 2009, da ist er gerade vier Monate Minister, zum bestangezogenen deutschen Politiker, das Männer-Magazin »GQ« wählt ihn im Herbst des Jahres zum »bestangezogenen Deutschen«. Die Jury schwärmt: »Er und seine Kleidung wirken wie ein erstklassiger Reiter auf seinem Lieblingspferd: Sie verschmelzen völlig miteinander. Und genau das macht Eleganz aus.« Und natürlich hat Guttenberg auch in Umfragen zu dem »Sexiest Man in Politics« die Nase vorn, bei denen die Spitzenpolitiker der Parteien zur Auswahl standen. Guido Westerwelle und Cem Özdemir landen weit abgeschlagen.

Zu alledem hat der Märchenprinz auch noch eine ebensolche Prinzessin, jung, reich, attraktiv. Es ist Stephanie zu Guttenberg, geborene Gräfin von Bismarck-Schönhausen. Als

Karl-Theodor zu Guttenberg ein halbes Jahr Wirtschaftsminister ist, begrüßt ihn der Mittelständler Hasso von Blücher auf einer Veranstaltung in Erkrath mit einer launigen Rede. »Im Spiel der medialen Fiktionen können Sie mit einigen sehr realen Versatzstücken operieren: einem Schloss, einem Forst, einem Pferd, einem Hund, einigen Jagdgewehren, einer schönen Frau und dazu noch mit einem juristischen Doktortitel der Universität Bayreuth«, sagt Blücher in seinem kurzen Entree. Zu Beginn des bundespolitischen Wirkens Guttenbergs ist Stephanie eben nur »die schöne Frau« an der Seite des Ministers, groß, blond, Anfang 30, modisch gekleidet, bestens geeignet für gemeinsame Fotos und Interviews in der bunten Presse – in den kommenden Monaten werden beide immer mehr deren Titelseiten zieren. Bald vertritt sie den verhinderten Ehemann aber vor einem Millionenpublikum bei der Bambi-Verleihung und wird allgemein für ihren Auftritt bewundert.

Binnen eines Jahres wird Stephanie zu Guttenberg von der Ministergattin zur Top-Prominenten. Alle kennen sie, ihre Wirkung ist ähnlich groß und breit wie die ihres Mannes. Mit ihrem Buch über sexuellen Kindesmissbrauch und mit ihrem Auftritt in der umstrittenen Serie »Tatort Internet« bei RTL II hat sie wochenlang die Feuilletons der deutschen Zeitungen beschäftigt. Spätestens zu diesem Zeitpunkt ist klar: Die Marke Guttenberg gibt es zweimal. Eine sich verstärkende Doppelprominenz, die beide gewinnbringend einsetzen. Ein solches Glamour-Paar hat es in der deutschen Politik noch nicht gegeben. Ob in Bayreuth oder in Salzburg, auf dem Münchner Oktoberfest oder auf den roten Teppichen der Hauptstadt – die Guttenbergs glänzen, wo immer sie auftauchen. Es scheint, Deutschland hat zum ersten Mal eine Antwort auf Barack und Michelle Obama gefunden und zugleich auf Nicolas Sarkozy und Carla Bruni.

Beide Guttenbergs beziehen ihren Glanz aus der gleichen Quelle: eine adlige Familie mit weitreichenden Verbindungen. Bei ihm ist es ein uradliges fränkisches Reichsrittergeschlecht, bei ihr steht ein Superpromi der deutschen Geschichte, der Eiserne Kanzler und Ururopa Otto von Bismarck, an der Wiege. Vom Adel geht auch heute noch eine Faszination aus, auch wenn es ihn im juristischen Sinne nicht mehr gibt. Herkunft und Familie sind für den Adel das A und O. Werte, Normen und Gepflogenheiten verbinden. Religiosität, soziales und karitatives Engagement, Pflege des kulturellen Erbes und ein ausgeprägtes Geschichtsbewusstsein gehören dazu. Immer noch sind adlige Kreise gut vernetzt, auch wenn der Adel als Gruppe wohl zu klein ist, um politisches Gewicht zu gewinnen.

Karl-Theodor zu Guttenberg besticht nicht zuletzt durch sein hohes Maß an Selbstbewusstsein. Es gründet in seiner Herkunft und seiner Erziehung. Ihre Grundlage ist die Überzeugung, dass man zur Elite gehört. Sein Großvater, der CSU-Politiker, hat diese Überzeugung geteilt und verkörpert, sein Vater, der Dirigent, tut es ebenso. Beide haben versucht, in ihrem Leben ein Höchstmaß an Unabhängigkeit zu erreichen, beide haben sich gegen Widerstände durchgesetzt. Der Vater hat Guttenberg mit Strenge beigebracht, was man tut, was sich gehört, was Pflicht und Verantwortung sind. So hatte er es von seinem eigenen Vater erfahren, so war es über Generationen weitergegeben worden. Für Guttenberg ist das Elitebewusstsein mit dem Anspruch verbunden, etwas Besonderes zu werden. Dem Vater, dem Musiker und Dirigenten, wollte er beruflich nicht nacheifern. Dem Großvater, dem Politiker, konnte er hingegen folgen; auf der Karriereleiter ist er längst weiter oben angekommen.

Wie seine Vorfahren pocht Guttenberg auf seine Unabhängigkeit, ja er thematisiert sie ständig. Er will nur für sich stehen. Fast schon rituell besteht er darauf, dass er auf die Politik nicht angewiesen sei, spricht offen und verdeckt Rücktrittsdrohungen aus. Das alles ist ein Teil seiner Souveränitäts-Show. Das Gefühl, dass da einer besonders unabhängig agiert, überträgt sich auf seine Außenwelt. Manch ein Regierungsmitglied hat sich, nachdem Guttenberg anderthalb Jahre im

Kabinett war, gewundert, dass er nicht schon viel länger dabei sei. Souveränität bedeutet auch, so aufzutreten, als gehörte man ganz selbstverständlich schon immer dazu.

Nicht nur das Bewusstsein einer Familie, die sich seit Jahrhunderten als Elite versteht, ist Quelle dieser Souveränität, sondern sie hat auch einen realen, finanziellen Hintergrund. Guttenberg könnte wirklich sofort etwas ganz Anderes machen. Das Wissen um seine ökonomische Ungebundenheit macht es ihm leicht zu verkünden, er könne ja jederzeit gehen. Denn es ist einfacher, niemandes Knecht zu sein, wenn man Millionen im Rücken hat.

Guttenbergs eigene Prägung durch seine Herkunft ist nur eine Seite der Adelswirkung. Die andere hat mit den Phantasien und Sehnsüchten zu tun, die auf den Adel gerichtet sind. Für Adelsromantiker ist schon die Vorstellung von jemandem, der auf einem Schloss aufgewachsen ist und dort wohnt, der Pferde hält, auf die Jagd geht und Ländereien besitzt, ein Faszinosum. Dass die Familie Guttenberg seit Jahrhunderten an einem Ort lebt, der dazu genauso heißt wie sie, weckt Assoziationen von Beständigkeit, Zuverlässigkeit und einer besonderen, tief reichenden Verwurzelung in der Geschichte. Tatsächlich können die Guttenbergs sich auf 850 Jahre Geschichte berufen.

Adel weckt aber auch Sehnsüchte anderer, quasipolitischer Art, nach einer Gesellschaft, in der die Führung sich durch Tugenden wie Mut und Anständigkeit leiten lässt, sich allein dem Wohl der ihr Anvertrauten verpflichtet fühlt, Verantwortung übernimmt, ohne dem Volk nach dem Mund zu reden. Das trauen viele Bürger den »normalen« Politikern nicht mehr zu, einem Adligen, der ganz anders ist, aber offensichtlich schon. Gerade junge Leute in Deutschland können heute der Monarchie mehr abgewinnen als die Älteren. Dahinter steht Verdruss an der Demokratie und eine Sehnsucht nach Führungspersonen, die sich von der Mehrheit der Politiker abheben, die oft als grau, selbstgenügsam und unehrlich empfunden werden und die an ihrem Stuhl kleben, solange es geht.

Guttenberg hingegen werden Charisma, Leidenschaft und Ehrlichkeit zugeschrieben. Er scheint die Sehnsucht nach einer Führungsfigur anderen Typs auf sich zu ziehen. Guttenbergs Erfolg resultiert also nicht so sehr aus dem, was er getan hat, sondern aus dem, wofür er steht und was auf ihn projiziert wird. Dafür spielt seine Herkunft eine wichtige Rolle. »Die Leute wollen zu jemandem aufschauen können. Es gibt die Sehnsucht nach dem guten König, nach demjenigen, der nah und doch unerreichbar ist«, sagt einer aus der Bundesregierung.

Die Familienhistorie der Guttenbergs befördert, dass ein solches Aufschauen möglich ist. Mitglieder der Familie waren im Widerstand gegen Hitler, kamen gar ums Leben, das scheint nahezulegen, dass Adlige aufrecht und unerschütterlich für eine gute Sache kämpfen. Indem er diese Vorfahren als seine Vorbilder bezeichnet, stellt sich Guttenberg in deren Tradition, nimmt die gleiche Haltung für sich in Anspruch. Notfalls für eine Sache sterben zu können, gehört dazu. Die verwandtschaftliche Beziehung zu den Stauffenbergs verstärkt dieses Bild. Denn der Hitler-Attentäter Claus Schenk Graf von Stauffenberg ist die Lichtgestalt der deutschen Geschichte des 20. Jahrhunderts. Guttenberg selbst hat sich zwar zu Fragen nach solchen Vorbildern stets, wie er selbst sagen würde, »in aller gebotenen Demut« geäußert; aber er hat auch diejenigen kritisiert, die mit einer – seiner Ansicht nach – allzu kritischen Herangehensweise solche Denkmäler vom Sockel stoßen wollten. Zu Stauffenberg, dem Heros des Widerstands, gesellt sich durch Guttenbergs Frau noch der große Deutsche des 19. Jahrhunderts, Otto von Bismarck. So stehen die Guttenbergs in einer Reihe mit zwei großen Helden der jüngeren deutschen Geschichte: Stauffenberg und Bismarck – mehr historischer Glanz geht nicht.

Klarheit und Wahrheit

Karl-Theodor zu Guttenberg ist ein außergewöhnlich höflicher, sogar ein freundlicher Mensch. Das hat viel mit seiner Erziehung zu tun, ist aber wohl auch eine Charaktereigenschaft. Er pflegt Menschen per Handschlag zu begrüßen, sofern das machbar und die Fülle der ihm Begegnenden nicht zu groß ist. Besteigt er den Hubschrauber, der ihn so häufig befördert, begrüßt er zuvor an der Cockpit-Tür die Piloten persönlich. Der Flugbegleiterin nimmt er den Kaffee ab, den sie ihm gerade bringt. Er hält Damen die Tür auf und trägt ihnen, aber auch Herren, selbstverständlich schwere Taschen. Es sind Formen der Höflichkeit, die auch in Deutschland früher einmal üblich waren, aber im Zeichen von Feminismus und der Verachtung von Sekundärtugenden verdrängt wurden. Viele finden es überraschend und beeindruckend, solche Höflichkeit von einem vergleichsweise jungen Mann zu erleben.

Guttenberg führt sich also nicht auf wie ein Superpromi, der seine Umwelt nur noch als Apparat wahrnimmt, der funktionieren muss und dem man sich nur dann verärgert zuwendet, wenn mal etwas nicht gleich wie gewohnt oder wie gewünscht abläuft. Es gibt über ihn keine Anekdoten, wie sie von anderen Spitzenpolitikern erzählt werden, die mit Aktenordnern oder Laptops nach Mitarbeitern geworfen haben.

Natürlich zelebriert Guttenberg diese Höflichkeit. Betritt er das Podium eines Parteitags, so reicht er jedem der dort sitzenden Politiker die Hand, und seien es 20. Dass dabei eine kaum geringere Zahl von Kameras läuft, nimmt er gern in Kauf. Es kann schließlich nicht schaden, wenn jeder sieht, dass er beste Umgangsformen hat.

Doch zelebriert Guttenberg sein Benehmen nicht nur, er thematisiert es zudem ausgiebig. In kaum einer Rede von ihm bleibt das aus. Fliegt er unter großem Aufwand an Transport und Sicherheitsmaßnahmen an die vorderste Kampflinie in Afghanistan und lässt dabei wirkungsvolle Bilder des unerschrockenen Ministers schießen, so verteidigt er das später gegen Kritik mit den Worten, »es gehört sich« für einen Verteidigungsminister, nicht nur vom Schreibtisch aus zu beurteilen, was die Soldaten machten, sondern das auch im Einsatzgebiet zu erleben. Mit solchen selbstbewussten Behauptungen lässt sich mancher Unsinn überspielen. Denn die optimal abgesicherten Stippvisiten des Ministers in Afghanistan haben mit der Einsatzwirklichkeit des einfachen Soldaten bis hin zum Kampf um das eigene Leben nicht viel zu tun.

Die guten Umgangsformen und die zur Schau gestellte Pflichterfüllung sind für Karl-Theodor zu Guttenberg eng verbundene Motive, die ebenso dazu taugen, eine ordentliche Begrüßung zu begründen wie eine politische Handlung zu erklären. Dahinter steckt die in der Erziehung weitgehend aus der Mode gekommene Maxime, dieses und jenes »tut man nicht« – oder eben doch.

Solches Verhalten wirkt unmittelbar im persönlichen Umgang – mit Parteifreunden, Parlamentariern oder Soldaten. Es transportiert sich aber auch über Medien. Guttenberg strahlt es über Reden und Bilder geradezu aus. Die Illustrierten der Regenbogenpresse präsentieren ja nicht einen Politiker, der den Umbau der Bundeswehr vorantreibt und darüber nachdenkt, ob das Verteidigungsministerium einen oder zwei beamtete Staatssekretäre braucht. Nein, es geht um einen Mann, der den Eindruck erweckt, als wisse er, was gut und was schlecht ist, im Umgang mit Menschen ebenso wie in der Politik. Die Höflichkeit gehört genauso dazu wie die Parole, dass es noch keinem jungen Menschen geschadet habe, seinem Vaterland einen Dienst zu erweisen – wie es die Wehrpflicht schließlich jahrzehntelang vorschrieb.

An dieser Stelle lässt sich zugleich die Doppelbödigkeit dieser Präsentation aufzeigen. Denn der Mann, der den Dienst am Vaterland in die Kategorie des guten staatsbürgerlichen Benehmens einordnet, ist schließlich verantwortlich dafür, dass er abgeschafft wurde, jedenfalls als Pflicht. Doch kriegt er auch diesen Bogen hin, indem er anschließend das freiwilli-

ge Ableisten eines Dienstes als geboten einfordert nach dem
Motto: Pflicht oder nicht, Hauptsache die Leute wissen, was
sich gehört, und handeln danach. Aus der im Grundgesetz
festgeschriebenen Pflicht wird eine moralische Verpflichtung
gemacht.

Auch bei den Umgangsformen gab es freilich Entgleisungen. Als sich Guttenberg gleich zu Beginn seiner Zeit als Verteidigungsminister von den beiden wichtigsten Mitarbeitern
des Ministeriums, Staatssekretär Peter Wichert und Generalinspekteur Wolfgang Schneiderhan, trennt, da tut er das nicht
mit der in der Ministerialbürokratie üblichen Geräuschlosigkeit, sondern mit einem Paukenschlag vor dem Bundestag
nebst anschließender medialer Schuldzuweisungen in diversen Talkshows. Im Vergleich zu allem, was andere Minister
sich in ähnlichen Situationen geleistet haben, ist das ein unmögliches Benehmen. Und als Guttenberg im Frühsommer
2010 dem Rest des Kabinetts auf einer Klausurtagung ankündigt, dass er auf die Wehrpflicht verzichten will, tut er das
nicht etwa mit ruhiger Argumentation, sondern tritt derart
offensiv auf, dass schon bald das Zitat vom »Rumpelstilzchen« die Runde macht.

Wann also gutes Benehmen angesagt ist oder welches Benehmen als gut zu bewerten ist, das entscheidet Guttenberg
situationsabhängig. Es ist für seinen Erfolg ohnehin gleichgültig. Denn wahrgenommen wird er als Adliger mit tadellosen bürgerlichen Umgangsformen, als Muster an Benehmen
und Korrektheit. Das nimmt viele Menschen für ihn ein.

Die Offenheit, Klarheit und Akkuratesse seines Benehmens
findet sich zugleich in seinen politischen Verhaltensweisen
wieder. Guttenberg gewinnt dadurch, dass er Entwicklungen,
die offenbar sind und doch von niemandem angesprochen
werden, geradeheraus benennt. Wenn die führenden Politiker
von SPD und Union sich einig sind, dass Opel mit Staatsgeldern geholfen werden muss, und gar nicht mehr merken, dass
die Menschen im Land das nicht wollen, dann spricht er für
eine Insolvenz des Autobauers. Wenn alle Deutschen sehen,

dass die Bundeswehr in Afghanistan an einem Krieg teilnimmt, aber kein Politiker sich traut, das zu sagen, dann tut
Karl-Theodor zu Guttenberg das. Mit der Wehrpflicht hat er
es nicht anders gemacht: Die Tatsachen angesehen, analysiert
und dann schnell gehandelt. Guttenbergs Qualität ist es bislang nicht, eigene Ideen zu haben, politische Projekte zu entwickeln.

Sein Vorgänger als Verteidigungsminister, Franz Josef Jung,
hat vieles getan, um der Situation der Bundeswehrsoldaten in
Afghanistan Rechnung zu tragen und den Soldaten die ihnen
zustehende Anerkennung zukommen zu lassen. Er hat eine
Tapferkeitsmedaille eingeführt, die Toten Gefallene genannt
und ihnen ein Mahnmal errichtet. Aber immer halblaut, immer in der Sorge, es könnte Proteste geben. Was macht Guttenberg? Er nennt die Toten die Helden eines Krieges und hält
die Trauerfeiern in der Kirche ab statt in einem Hangar. Da
muss sogar die Kanzlerin hin und eine Ansprache halten, und
weitere Minister des Bundeskabinetts erscheinen in den Got-
teshäusern. Guttenberg führt sie alle vor. Jeder kann sehen:
Merkel und die anderen haben einfach nicht den Schneid, die
Wirklichkeit beim Namen zu nennen. Nicht von ungefähr
taucht in den Reden des Ministers immer wieder die Formulierung auf, etwas »müsse doch mal gesagt werden dürfen«.

Er ist wie der Stürmer einer Fußballmannschaft, der den
Ball nicht so lange hin und her spielt, bis die Chance zum
Schuss endgültig vorbei ist, sondern die Gelegenheit riecht
und sofort nutzt. Er baut das Spiel nicht über eine lange Strecke auf, arbeitet sich nicht mühsam nach vorne, Rück- und
Umwege eingeschlossen. Er schießt. Manche nennen so etwas
einen Abstauber. Andere sagen, da hat einer Instinkt. Jedenfalls werden diese Spieler mehr beklatscht als die im defensi-
ven Mittelfeld.

Wieso darf Guttenberg all das nicht nur, sondern erntet damit auch noch so viel Zustimmung? Es ist noch nicht lange
her, dass in Deutschland eine Regierung, die rot-grüne, daran
zu zerbrechen drohte, dass sie die Bundeswehr in Militärein-

sätze auf dem Balkan und in Afghanistan schickte. Sie musste das schwerste argumentative Geschütz auffahren, das der deutschen Politik zur Verfügung steht, um den Kosovo-Krieg gegen Kritik in den eigenen Reihen und der Bevölkerung durchzusetzen: Nie wieder Auschwitz! Hätten sich Schröder, Fischer oder gar der damalige Verteidigungsminister Rudolf Scharping nach dem Tod eines Bundeswehrsoldaten in eine Kirche neben dessen Sarg gestellt und ihn einen Kriegshelden genannt, wären sie in kürzester Zeit unter einer linksliberalen Empörungswelle, erzeugt von Parteien, Öffentlichkeit und Medien, begraben worden. Selbst die nachfolgende große Koalition rang mit der Terminologie, scheute die Klarheit im Umgang mit Tatsachen, die andere Länder seit jeher beim Namen nennen. In Amerika werden gefallene Soldaten selbstverständlich als Kriegshelden bezeichnet und auf Ehrenfriedhöfen beigesetzt, ihre Namen werden vom Pentagon veröffentlicht, so dass jeder Amerikaner sehen kann, wer für das Land gekämpft hat und gestorben ist.

Es hieße, Guttenberg zu überhöhen, wenn man es nur auf sein Charisma zurückführen würde, dass ihm so etwas gelingt. Wichtiger dafür, dass er statt der düstersten Seite der deutschen Geschichte, Auschwitz eben, deren hellere zitiert, also Stauffenberg, ist sein Alter. Er gehört einer Generation an, die nicht mehr mit dem VW-Käfer groß wurde, also einem Auto mit Wurzeln in der Hitlerzeit, sondern mit dem Golf. Guttenbergs Vater konnte bei Tisch nicht von den eigenen Erfahrungen im Schützengraben oder in der Kriegsgefangenschaft erzählen, sein Großvater starb zu früh, als dass der junge Karl-Theodor von ihm Geschichten aus dem Krieg hätte hören können.

Guttenberg ist der erste prominente deutsche Politiker, der die Generation Loveparade verkörpert. Wenn er die Geschichte vom tapferen deutschen Soldaten erzählt, so hat das nichts Revanchistisches, sondern beschreibt die Wirklichkeit des endenden ersten Jahrzehnts des 21. Jahrhunderts. Die Geschwindigkeit und Selbstverständlichkeit, mit der andere, ältere Politiker ihm folgen, hat noch einen anderen Grund als die Sorge, der populäre Guttenberg könnte ihnen vollends davoneilen. Es scheint, als seien sie erleichtert, dass ein unverdächtiger junger Politiker diese Restlast der deutschen Geschichte auf politisch völlig korrekte Weise aus dem Weg räumt. Da riecht nichts streng, diesen Weg kann jeder Demokrat mitgehen, ohne in den Verdacht zu kommen, etwas verdrängen zu wollen.

Seinen Erfolg hat Guttenberg also nicht in der eigentlichen Außen- und Sicherheitspolitik. Den Einsatz der Bundeswehr in Afghanistan beeinflusst sein Handeln ja nicht wirklich. Er gewinnt nicht den Krieg in Afghanistan, indem er die Truppenzahl verdreifacht oder die Strategie ändert, er beendet ihn nicht, indem er die Bundeswehr abzieht. Er führt eine innenpolitische Debatte über außen- und sicherheitspolitische Vorgänge. Der Verteidigungsminister verändert die Wirklichkeit in Deutschland, nicht die in der Welt.

Hätte er auch auf anderen Feldern so wirken können oder könnte es in Zukunft? Das ist eine theoretische Frage. Zweifellos lässt sich Wucht besonders gut entwickeln, wenn es um Krieg und Frieden, Leben und Tod, Vergangenheit und Zukunft des Landes geht. Aber das seinem Handeln innewohnende Versprechen, die Wirklichkeit des Landes zu verändern, mindestens mal auf den Stand der Zeit zu bringen, wie bei der Wehrpflicht, ließe sich auch auf andere politische Felder sinnvoll anwenden. Seit acht Jahren gibt es eine Hartz-Debatte über den Sozialstaat, die günstigstenfalls nach der Devise zwei Schritte vor, einen zurück verläuft. Da mag mancher an die sieben Monate denken, die zwischen der ersten Ankündigung des Verzichts auf die Wehrpflicht bis zum Einziehen der letzten Rekruten vergingen. Der Bildungsföderalismus, das Gesundheitswesen, das Steuersystem – gordische Knoten gibt es in Hülle und Fülle für jemanden, der sie zerschlagen kann.

Guttenberg nennt sich einen modernen Konservativen. Stimmt das? Nur weil er mit einer adligen Frau verheiratet ist und zwei Kinder hat, macht ihn das noch nicht konservativ. Zur katholischen Kirche hat er kein übertrieben inniges Verhältnis, dem katholischen Mystizismus und Fundamentalismus, den Teile seiner Verwandtschaft praktizierten oder praktizieren, ist der Mann einer protestantischen Ehefrau anscheinend folgenlos entkommen. Und zu anderen Themen, an denen gemeinhin eine konservative Gesinnung abgelesen wird – Familienpolitik, Abtreibung oder Genforschung –, äußert er sich kaum. Altgriechisch im Original lesen und Klavier spielen mag konservativ sein, AC/DC-Hardrock hören nicht. Karl-Theodor Freiherr von und zu Guttenberg kommt von Herkunft und Habitus her als Konservativer durch, gleichzeitig aber als weltoffener, gesellschaftspolitisch moderner Politiker. Kein Label bleibt wirklich an ihm hängen. Diese Beliebigkeit macht es schwer, ihn anzugreifen. Noch ist er zu beliebt, als dass jemand offen von Prinzipienlosigkeit sprechen würde.

Die Botschaft Klarheit und Wahrheit versucht Guttenberg auch in seinen Reden zu verkörpern. Viele halten ihn für einen brillanten Redner. Das kann im Ernst aber nur sagen, wer ihm ein-, höchstens zweimal zugehört hat – also die meisten derjenigen, die bei den Umfragen seine Beliebtheitskurve nach oben steigen lassen.

Guttenberg hält seine Reden in der Regel frei. Damit kokettiert er gern, indem er von seinem Redemanuskript spricht, das sich aber, als er es hochhebt, bloß als eine weiße Serviette entpuppt, die neben dem Wasserglas lag. Ich brauche so etwas nicht, soll das heißen. Schon das ist ein Hinweis, dass es nicht etwa mühsam ist, dem Verteidigungsminister zuzuhören. Im Gegenteil. Der Schwung, mit dem er die Podien seiner Auftritte zu betreten pflegt, setzt sich während der Rede fort. Körperhaltung, Gestik und Mimik passen perfekt zueinander und zu den Inhalten. Er hält Augenkontakt mit dem Publikum, er artikuliert sehr genau, spricht klar und akzentuiert. Empört er sich darüber, dass dieses oder jenes doch nun wirklich mal gesagt werden müsse, ruft er sein »Ja, wo kommen wir denn da hin!« in den Saal, so strahlen Körperhaltung und Mimik die Entrüstung ebenso aus wie die mitschwingende Ankündigung einer klaren Richtungsbestimmung. Karl-Theodor zu Guttenberg sagt, wo es langgeht.

Die meisten Reden, die der Verteidigungsminister in seinem ersten Amtsjahr hält, gelten dem großen Thema Reform der Bundeswehr nebst Abschaffung der Wehrpflicht. Das ist naheliegend, ja zwingend, weil er vor allem die eigenen Unionsreihen von seinen Plänen überzeugen muss, was für seine Zuhörer die Abkehr von einer Art politischem Heiligtum bedeutet. Diese Reden hat Guttenberg schnell in eine rundum einsatzfähige Form gebracht, die kann er mühelos präsentieren, ohne sich allzu sehr anstrengen zu müssen. Gern würzt er sie mit einem Scherz über seine gegelten Haare oder die Missgeschicke der politischen Konkurrenz.

Wenn der Verteidigungsminister aber diesen sicheren Boden verlässt, kann es mit der inhaltlichen Trittfestigkeit schnell vorbei sein. Ende November 2010 spricht er im noblen Berliner Hotel Adlon auf einer Konferenz der »Süddeutschen Zeitung« vor Wirtschaftsfachleuten, unter denen sich einige hochrangige Manager befinden. Mit Blick auf seine Monate im Wirtschaftsministerium scherzt er zu Beginn, er freue sich, als »fleischgewordene wirtschaftspolitische Altlast« eingeladen worden zu sein. So etwas kommt gut an. Dann reiht er eine halbe Stunde Gemeinplätze aneinander – zur Bedeutung der Energieversorgung, des Klimawandels und der Sicherheit der Meere. Garniert wird alles mit dem ein oder anderen weiteren Witzchen und einigen Empörungsformeln. Guttenberg dringt an keiner Stelle wirklich tief ein, begnügt sich mit Leerformeln. Aber er hat eine halbe Stunde Präsenz gezeigt und kann dann sofort wieder wegrauschen.

Es gab in der jüngeren Vergangenheit in der deutschen Spitzenpolitik brillantere Redner als Karl-Theodor zu Guttenberg. Aber sie hatten alle schwerwiegende Nachteile. Oskar Lafontaine konnte einen Saal mitreißen wie kaum jemand sonst, redete sich 1995 gar an die Spitze der SPD. Doch er rutschte schnell ab ins Demagogische, schon zu Zeiten, als er noch bei der SPD war, anschließend, als er immer weiter nach links driftete, umso mehr. Joschka Fischer konnte sein Publikum ebenfalls begeistern, führte seine aus der Friedensbewegung kommende Partei sogar in den Kosovokrieg, überwiegend durch die Kunst der Rede. Aber er wurde das Belehrende, gelegentlich Arrogante des von sich überzeugten Welterklärers nicht los. Guido Westerwelle hielt als Oppositionspolitiker vor der FDP, aber auch im Bundestag durchaus amüsante, bisweilen mitreißende Reden. Doch seit dem Moment, da er Regierungsverantwortung als Außenminister übernommen hat, ist ihm die Kraft des Wortes über weite Strecken abhandengekommen.

Guttenbergs Reden sind anders. Sie sind schnell, aber nicht überdreht. Die Rhetorik ist solide, bisweilen witzig, aber doch kaum je verletzend. Auf seinem Fachgebiet liefert er für alle verständliche Fakten, doch überfordert er seine Zuhörer nicht mit Tiefenbohrungen, die keiner versteht und die beim Publikum den Eindruck eigener Unzulänglichkeit hinterlassen. Da ist für den Akademiker und den Intellektuellen genauso etwas dabei wie für diejenigen, die ihr Wissen über Guttenberg und seine Frau aus den Artikeln in Klatschblättern ziehen, wo sie zwischen den Geschichten über Thomas Gottschalk und Florian Silbereisen stehen. Seine Neigung, mitunter kaum verständliche Schachtelsätze zu konstruieren, hat er merklich reduziert.

Kurzum: Guttenbergs Reden sind massentauglich. So wie seine Auftritte in Talkshows oder die Teilnahme seiner Frau an der Ratesendung von Günther Jauch »Wer wird Millionär …?«. Wie keiner sonst erreicht der Aristokrat aus der Kleine-Leute-Partei CSU das ganze Volk.

Der Anti-Politiker

In den gerade mal zwei Jahren, die er Minister ist, hat Guttenberg sein Gefühl für das Volk noch nicht getrogen. Und der Mann mit dem jahrhundertealten Stammbaum ist sich seines direkten Drahts zu den Massen bewusst. Er pflegt ihn, minutiös. In Afghanistan trifft er vor allem die Truppe, weniger die dortigen Politiker. Besucht er eine Kaserne, spricht er viel mit den Soldaten und schießt dabei gern eine kleine Spitze gegen die Vorgesetzten ab. Hält er seine Reden, sei es außerhalb Berlins oder in der Hauptstadt, so tut er so, als gehöre er nicht in den Kreis der politischen Führung des Landes. Immer wieder spottet er über den Berliner Betrieb, profiliert sich auf Kosten der anderen Politiker. Die Botschaft ist eindeutig: Ich bin keiner von denen, die da oben, fern vom Volk, regieren, ich bin einer von euch. Deutschlands beliebtester Politiker teilt mit seinen Fans ein Geheimnis: In Wirklichkeit ist er gar kein Politiker. Jedenfalls tut er so.

Seit Jahrzehnten sieht der durchschnittliche Lebenslauf eines deutschen Spitzenpolitikers so aus: Engagement für die Gemeinschaft bei gleichzeitiger Profilierung der eigenen Person in der Schülermitverwaltung. Eintritt in eine Partei und damit deren Jugendorganisation, dort Aufstieg in eine erste Führungsposition. Kandidatur für ein Parlament, sei es erst auf kommunaler oder Landesebene oder gleich für den Bundestag. Dabei stets in der Heimatregion geblieben, die Kreise nicht zu weit gezogen, immer in den Hinterzimmern der eigenen Parteibasis abgesichert. Nach Jahren des politischen Dienens Parlamentarischer Staatssekretär, wenn es gut läuft, Minister.

Diese Karrieren haben Politiker erzeugt, die sich ständig absichern. Wer so mühsam aufsteigt, will nicht einen Zentimeter Höhe dem Leichtsinn preisgeben. Lieber ein Kompromiss zu viel als einer zu wenig mit dem Risiko eines Rückschlags. Nie alles auf eine Karte setzen, weil die Gefahr zu groß ist, es könnte die letzte sein, die man spielt. Daraus entsteht ein unendliches Hin und Her politischer Versprechen, die nicht gehalten werden, von Ankündigungen, die am Widerstand der Opposition scheitern, von halbherzigen Einigungen zwischen politischen Konkurrenten, die ein jeder nur auf die Umfragen schielen und im Zweifelsfall von heute auf morgen alles vergessen, was sie versprochen haben, nur weil es für eine politische Minute opportun scheint.

Was Wunder, dass das Volk sich da abwendet. Ein kleiner Teil steckt seine politische Energie in Demonstrationen gegen Bahnhöfe oder Atomtransporte. Viele zucken die Schultern und gehen nicht mehr zur Wahl. Und der Rest wartet auf eine rettende Lösung. Das ist der Moment, da ein gutaussehender junger Adliger aus Oberfranken mit einer jungen Frau vom Schloss herabsteigt, dem Volk zuzwinkert und die Botschaft aussendet: Ich bin der, auf den ihr gewartet habt. Das ist Karl-Theodor zu Guttenberg.

DANK

Diese Biographie wäre nicht entstanden ohne die Hartnäckigkeit von Stefan Ulrich Meyer. Seit wir vor zwei Jahren ein Buch über die erste Regierung Merkel mit ihm als Lektor geschrieben haben, hat er uns nicht mehr in Ruhe gelassen. Nie kam er nach Berlin, ohne vorher anzurufen und sich mit uns zu treffen, immer sprachen wir über Ideen für ein neues Buch. Während wir diskutierten, passierte etwas Erstaunliches: Ein junger Minister stieg über Nacht und ohne offensichtlichen Grund zum Liebling der Deutschen auf. Um der Sache auf den Grund zu gehen, beschlossen wir, ein Buch über diesen Karl-Theodor zu Guttenberg zu verfassen. Diesen Prozess hat Stefan Ulrich Meyer bis zum Ende mit der erwähnten Hartnäckigkeit, mit Anregungen, Kritik und Ermunterung begleitet. Dafür danken wir ihm.

Karl-Theodor zu Guttenberg bietet hinlänglich Anschauung, um ihn zu beschreiben. Wir haben ihm im Bierzelt zugehört ebenso wie im Untersuchungsausschuss des Bundestages, wenn er zu Soldaten sprach oder zu Kommunalpolitikern. Er hat zudem in mehreren Gesprächen auf unsere Fragen geantwortet, in seinem Büro ebenso wie im Hubschrauber oder im Auto, er hat über Politik mit uns gesprochen, aber auch über seine Grundschulzeit oder seine Familie. Dafür sei ihm gedankt. Ebenso seiner Ehefrau Stephanie, die auf unsere Fragen geantwortet hat. Besonderer Dank gebührt dem Vater des Ministers, Enoch zu Guttenberg. Er nahm sich im Schloss der Familie einen Tag lang Zeit, um unsere Neugierde zu stillen.

Die Biographie eines Politikers kann sinnvoll nur entstehen, wenn man mit Weggefährten, Freunden wie Konkurrenten aus Gegenwart und Vergangenheit spricht. Fünf Mitglieder des Bundeskabinetts schilderten uns ihre Eindrücke von dem selbstbewussten Minister, mehrere Bundestagsabgeordnete, Landespolitiker, hohe Beamte und Soldaten. Wir danken allen für Gesprächsbereitschaft und Offenheit.

Auch in Oberfranken, wo die Guttenbergs herkommen, ihren Familiensitz haben und wo der Wahlkreis des Ministers liegt, haben wir nach dessen Spuren gesucht, haben mit Kommunalpolitikern, mit politischen Weggefährten Guttenbergs gesprochen ebenso wie mit Konkurrenten. Allen, die sich die Zeit genommen haben, auf unsere Fragen zu antworten, sei herzlich gedankt.

Der Aufstieg Karl-Theodor zu Guttenbergs ist unzweifelhaft auch ein Medienphänomen. Der Chefredakteur der »Bild«-Zeitung, Kai Diekmann, hat uns Einblicke gegeben, wie es funktioniert. Dafür gilt ihm unser Dank.

Unsere Frauen mussten ertragen, dass viel private Zeit, Sonn- und Urlaubstage auf die Arbeit an einem Buch verwandt wurden. Dass sie das nicht nur mitgemacht haben, sondern immer wieder mit uns über das Objekt unserer Recherchen diskutierten, zum Glück nicht immer unserer Meinung waren und am Ende das Manuskript kritisch lasen, dafür sagen wir Dank. Wir verbinden das mit der Zusage, nicht gleich das nächste Projekt in Angriff zu nehmen. Jochen Golz sind wir verbunden für das genaue Lesen der Druckfahnen.

Solch ein Buch lässt sich nicht schreiben ohne die Unterstützung der Zeitung, für die wir beide seit langem arbeiten. Allen Mitarbeitern und Kollegen der »Frankfurter Allgemeinen Zeitung« und der »Frankfurter Allgemeinen Sonntagszeitung«, die uns durch Ratschläge, kritische Anmerkungen, Diskussionen und viel praktische Hilfe zur Seite standen, sei hier ganz herzlich dafür gedankt.

Dass es uns zum zweiten Mal gestattet worden ist, neben unserer Tätigkeit als Korrespondenten ein Buch zu schreiben, wissen wir sehr zu schätzen.

Eckart Lohse und Markus Wehner,
Berlin, im Januar 2011

ANMERKUNGEN

Einleitung:
Deutschland findet den Superstar

1 Vorsprung von Union und FDP schrumpft, »Süddeutsche Zeitung«, 9.5.2009
2 Guttenberg vor Merkel, »Süddeutsche Zeitung«, 25.7.2009
3 Herr Guttenberg – können Sie auch über Wasser laufen?, »Bunte«, 13.8.2009
4 Der Deutsche des Jahres, »Superillu«, 9.12.2010
5 Geht Guttenberg? »Frankfurter Allgemeine Sonntagszeitung«, 13.6.2010
6 Der Deutsche des Jahres, »Superillu«, 9.12.2010
7 CSU träumt von Kanzler Guttenberg, »Spiegel Online«, 24.7.2009
8 CSU träumt von Kanzler Guttenberg, »Spiegel Online«, 24.7.2009
9 Bei Merkel-Rücktritt sollte Guttenberg Kanzler werden, »Stern.de«, 23.6.2010
10 Fällt Stuttgart, könnte Merkel taumeln, »Frankfurter Allgemeine Zeitung«, 13.10.2010

1
Die Guttenbergs

1 http://www.infratest-dimap.de/umfragen-analysen/bundesweit/umfragen/aktuell/zwei-drittel-sehen-in-guttenberg-ein-vorbild-fuer-andere-politiker/
2 Eckart Conze: Von deutschem Adel. Die Grafen von Bernstorff im 20. Jahrhundert. Stuttgart, München 2000, S. 400
3 Stephan Malinowski: Vom König zum Führer. Sozialer Niedergang und politische Radikalisierung im deutschen Adel zwischen Kaiserreich und NS-Staat. Berlin 2003, S. 44
4 Endlich österreichische Verhältnisse, »Süddeutsche Zeitung«, 24.12.2010
5 Minister Guttenberg erklärt seine vielen Vornamen, »Bild«, 11.2.2009
6 Karl Theodor Freiherr zu Guttenberg: Fußnoten. Stuttgart 1971, S. 213

7 »Er ist ein Delphin im Haifischbecken«, »Süddeutsche Zeitung«, 15.7.2009

8 Dynastien, ARD, 22.11.2010

9 Zitiert nach: http://de.wikipedia.org/wiki/Adel

10 Guttenberg, Fußnoten, S. 171

11 Elisabeth zu Guttenberg: Beim Namen gerufen, Frankfurt/M., Berlin 1994, S. 267–268

12 Helmut Schmidt: Er war ein Gegner, nicht ein Feind, »Die Zeit«, 13.10.1972

13 Ihre Liebe begann auf der Loveparade, »Bunte«, 13.11.2008

14 Dynastien, ARD, 22.11.2010

15 »Wenn man nur schmutziges Wasser hat, trinkt man eben dies«, »Welt«, 30.10.2010

16 Zitiert nach: Sebastian Fischer: Politik im blauen Blut. »Cicero«, 27.2.2009

17 Dynastien, ARD, 22.11.2010

18 »Wir waren alle im Widerstand«. Interview mit Stephan Malinowski. »Frankfurter Allgemeine Sonntagszeitung«, 18.7.2010; Conze, S. 399

19 Malinowski, S. 589

20 Zitiert nach: Malinowski, S. 481–482

21 Guttenberg, Fußnoten, S. 13

22 Guttenberg, Fußnoten, S. 17

23 Anna von Bayern: Karl-Theodor zu Guttenberg. Aristokrat, Politstar, Minister. Köln 2010, S. 27; »Er ist ein Delphin im Haifischbecken«, »Süddeutsche Zeitung«, 15.7.2009; Jens Jessen: Die Guttenbergs, »Zeit«, 23.7.2009

24 Dynastien, ARD, 22.11.2010

25 Maria Theodora von dem Bottlenberg-Landsberg: Karl Ludwig Freiherr von und zu Guttenberg, 1902–1945. Ein Lebensbild. Berlin 2003, S. 19

26 Malinowski, S. 257

27 Helmuth James von Moltke: Briefe an Freya 1939–1945. Herausgegeben von Beate Ruhm von Oppen. München 1991, S. 383

28 Zitiert nach: Heinrich August Winkler: Der lange Weg nach Westen. München 2002, S. 103

29 Karl-Theodor zu Guttenberg: Das Erbe von Stauffenberg, »Welt am Sonntag«, 18.1.2009

30 Karl-Theodor zu Guttenberg: Mit Tom Cruise im Bendlerblock, »Süddeutsche Zeitung«, 24.9.2007

31 Elisabeth zu Guttenberg, Beim Namen gerufen, S. 63

32 Guttenberg, Fußnoten, S. 36

33 Konstanze von Schulthess: Nina Schenk Gräfin von Stauffenberg. Ein Porträt. Zürich und München 2008, S. 167

34 Guttenberg, Fußnoten, S. 208

35 »Er soll seine Finger von meinem Vater lassen«, »Süddeutsche Zeitung«, 22.6.2007

36 »Stern online«, 26.1.2009 http://www.stern.de/politik/deutschland/berlin-vertraulich-horst-koehler-scheut-die-konkurrenz-652613.html

37 Elisabeth zu Guttenberg, Beim Namen gerufen, S. 255

38 Enoch zu Guttenberg: Mit eigenen Augen. München 2006, Bd. I, S. 5

39 Dynastien, ARD, 22.11.2010

40 Enoch zu Guttenberg: Mit eigenen Augen. München 2006, Bd. I, S. 5

41 Wolfgang Lechner: Kein Taktiker. »Zeit-Magazin«, 22.3.1991

42 »Guttenbergs verlassen die CSU«, »Süddeutsche Zeitung«, 7.11.1992

43 Wolfgang Lechner: Kein Taktiker. »Zeit-Magazin«, 22.3.1991

44 Dynastien, ARD, 22.11.2010

45 »Ich habe Heimweh«, »Cicero« 1/2010

46 »Ich habe Heimweh«, »Cicero« 1/2010

47 Guttenberg, Fußnoten, S. 69–70

48 »Ich habe Heimweh«, »Cicero« 1/2010

49 Dynastien, ARD, 22.11.2010

50 Dynastien, ARD, 22.11.2010

51 Guttenberg, Fußnoten, S. 211–213

52 Elisabeth zu Guttenberg, Beim Namen gerufen, S. 278

53 Joachim C. Fest: Das Gesicht des Dritten Reiches. Profile einer totalitären Herrschaft. München, Zürich 1993, S. 241–256

54 So der spanische Winzer Vito Olazabal, http://www.agoodnose.com/index.php?action=page&p=quinta_do_vale_meao__page_1. Heruntergeladen am 9. 10. 2010

55 »Der Bürgerkönig«, »Spiegel«, 18.10.2010

56 Ein Dirigent als Dompteur, »Welt«, 27.10.2002

57 Ein Dirigent als Dompteur, »Welt«, 27.10.2002

58 Töpfe, Blumen und Finanzen, »Süddeutsche Zeitung«, 21.7.2010

59 http://www.kath-kirche-eltville.de/Exequien_Graf_Eltz.pdf

60 »Er ist ein Delphin im Haifischbecken«, »Süddeutsche Zeitung«, 15.7.2009; Ein Dirigent als Dompteur, »Welt«, 27.10.2002

61 »Wir reiben uns sehr«, »Focus«, 16.8.2010

62 »Wir reiben uns sehr«, »Focus«, 16.8.2010

63 Hauptsache, Haltung!, »Stern«, 28.2.2009; Guttenberg und die Griechen, »Frankfurter Allgemeine Zeitung«, 7.7.2009

64 Anna von Bayern, Guttenberg, S. 104–105

65 Der Überflieger, »Focus«, 13.12.2010

66 Interview mit Philipp zu Guttenberg für die österreichische Zeitschrift »Format«, zitiert nach: http://www.format.at/articles/0941/525/252715/

brauchen-markt-verantwortung-karren-umweltschutz, heruntergeladen am 25.10.2010

67 »Ich habe Heimweh«, »Cicero« 1/2010
68 »Ich habe Heimweh«, »Cicero« 1/2010
69 Ihre Liebe begann auf der Loveparade, »Bunte«, 13.11.2008
70 Ihre Liebe begann auf der Loveparade, »Bunte«, 13.11.2008

2
Aufstieg

1 »Auch Muslime können in die CSU«, »Frankfurter Allgemeine Sonntagszeitung«, 25.11.2007
2 Politiker von Union und SPD suchen Konsens mit Amerika in Iran-Politik, »Frankfurter Allgemeine Zeitung«, 19.2.2005
3 Karl-Theodor zu Guttenberg: Transatlantische Festigkeit gegenüber Iran, »Neue Zürcher Zeitung«, 14.9.2005
4 Karl-Theodor zu Guttenberg und Hans-Ulrich Klose: Ein einziges Mandat für Afghanistan, »Frankfurter Allgemeine Zeitung«, 29.6.2007
5 Karl-Theodor zu Guttenberg und Hans-Ulrich Klose: Ein einziges Mandat für Afghanistan, »Frankfurter Allgemeine Zeitung«, 29.6.2007
6 Karl-Theodor zu Guttenberg und Hans-Ulrich Klose: Ein einziges Mandat für Afghanistan, »Frankfurter Allgemeine Zeitung«, 29.6.2007
7 Struck und Jung für Verlängerung des OEF-Mandats, »Frankfurter Allgemeine Zeitung«, 30.6.2007
8 Karl-Theodor zu Guttenberg: Aufsichtsrat, nicht Vorstand, »Frankfurter Allgemeine Zeitung«, 2.2.2007
9 Türkische Gemeinde droht mit Wahlaussage gegen Union, »Welt«, 13.10.2004
10 Offenes Rennen um Schnappauf-Nachfolge, »Nürnberger Zeitung«, 7.12.2007
11 Guttenberg und der Maßstab des Herzens, »Süddeutsche Zeitung«, 10.12.2007
12 Stimmen zur Wahl, »Fränkischer Tag Kronach«, 10.12.2007
13 »Schwarz-Gelb im Bund ist möglich«, »Welt am Sonntag«, 2.11.2008
14 »Es geht nicht darum, einen Kuschelkurs zu fahren«, »Bayernkurier«, 8.11.2008
15 »Schwarz-Gelb im Bund ist möglich«, »Welt am Sonntag«, 2.11.2008
16 »Obama sollte Guantanamo schließen«, »Handelsblatt«, 6.11.2008
17 »Es geht nicht darum, einen Kuschelkurs zu fahren«, »Bayernkurier«, 8.11.2008
18 »Ich bin kein Experiment«, »Focus«, 10.11.2008

19 Wo Landräte zu Feudalherren werden, »Frankfurter Allgemeine Zeitung« (Rhein-Main-Zeitung), 26.1.2009

20 Drama-Nacht wg. Opel, »Bild am Sonntag«, 31.5.2009

21 Die Nacht, in der Opel russisch wurde, »Zeit«, 4.6.2009

22 Münteferings ziellose Rhetorik hilft der SPD nicht, »Welt-Online«, 17.6.2009

23 Guttenberg dringt auf schnelle Quelle-Entscheidung, »Welt«, 26.6.2009

24 Warum werden Sie Verteidigungs- und nicht Innenminister, Herr Guttenberg?, »Bild am Sonntag«, 25.10.2009

25 Guter Brauch und manche Überraschung, »Frankfurter Allgemeine Zeitung«, 26.10.2009

3
Ein Bild von einem Mann:
Guttenberg und die Öffentlichkeit

1 »Das Licht war Glückssache«, »Tagesspiegel«, 16.11.2009

2 Stresstest bestanden, »Frankfurter Allgemeine Zeitung«, 24.7.2010

3 Der Türke in uns, »Titanic« 2010/11

4 Guttenberg an vorderster Front, »Bild«, 5.11.2010

5 »Bild«, Titelseite, 28.8.2010

6 Hier trainiert Minister Guttenberg für seinen 1. Eurofighter-Flug, »Bild«, 28.8.2010

7 »Bild«, 28.8.2010

8 Germany moves to shred Cold War relic, »International Herald Tribune/The Global Edition Of The New York Times«, 30.8.2010

9 Zwei in Afghanistan, »Süddeutsche Zeitung«, 30.8.2010

10 »Frankfurter Allgemeine Zeitung«, 12.10.2010

11 Inszenierung der »condition humaine«, »Süddeutsche Zeitung«, 2.9.2010

12 Inszenierung der »condition humaine«, »Süddeutsche Zeitung«, 2.9.2010

13 Inszenierung der »condition humaine«, »Süddeutsche Zeitung«, 2.9.2010

4
Ein Bild von einer Frau:
Stephanie zu Guttenberg

1 Stephanie zu Guttenberg: Schaut nicht weg! Was wir gegen sexuellen Missbrauch tun müssen. Freiburg im Breisgau 2010, S. 132–133

2 »Und plötzlich ist dein Mann Minister«, »Bild am Sonntag«, 15.2.2009

3 »Mein Mann, der junge Minister«, »Bild am Sonntag«, 15.2.2009

4 Schön und gut, »Welt am Sonntag«, 15.11.2009; Diese Frau kann First Lady, »Bunte«, 11.3.2010

5 Stephanie zu Guttenberg: Schaut nicht weg!, S. 153

6 Diese Frau kann First Lady, »Bunte«, 11.3.2010

7 Vom Grün zum Green, »Zeit«, 29.4.1983

8 Anna von Bayern, Guttenberg, S. 42

9 Ihre Liebe begann auf der Loveparade, »Bunte«, 13.11.2008

10 Ihre Liebe begann auf der Loveparade, »Bunte«, 13.11.2008

11 »Internationaler Jetset bei der ›Innocence in Danger‹-Gala«, »Welt«, 19.9.2003

12 Alle Zitate nach Tatort Internet, RTL II, 25.10.2010

13 Stephanie zu Guttenberg: Schaut nicht weg!, S. 7

14 »Ich brauche nicht viel Firlefanz«, »Gala«, 12.11.2009

15 Im Spendensumpf. Die fragwürdigen Methoden des Vereins »Innocence in Danger«, »Frankfurter Rundschau«, 27./28.11.2010

16 Leumund in Gefahr, »Tagesspiegel«, 1.12.2010; Stellungnahme von Stephanie zu Guttenberg vom 29.11.2010, http://www.innocenceindanger. de/fileadmin/user_upload/Downloads/Pressemitteilungen/PM_Stellungnahme_Innocence_in_Danger.pdf

17 Bedroht und beschimpft, »Spiegel«, 11.10.2010

18 Andrian Kreye: Fernsehen als Bürgerwehr, »Süddeutsche Zeitung«, 9.10.2010

19 Stephanie zu Guttenberg jagt Kinder-Schänder im TV, »Bild«, 7.10. 2010

20 Quote statt Sachaufklärung, »Spiegel«, 25.10.2010

21 Wem nützt ein medialer Pranger?, »taz«, 8.11.2010

22 Mutig kämpfen sie an allen Fronten, »Bunte«, 14.10.2010

23 Unser schönstes Liebespaar!, »Frau im Spiegel«, 18.8.2010

24 Die Kinderverteidigungsministerin, »Bild am Sonntag«, 12.12. 2010

25 Wir dürfen nie aufgeben zu kämpfen, »Welt«, 7.11.2009

26 »Ein Politiker in der Familie reicht«, »Focus«, 13.12.2010

27 Stephanie zu Guttenberg: Ministergattin, Buchautorin und engagiert gegen Pädokriminelle, »Süddeutsche Zeitung«, 16.9.2010

5
Kriegsminister

1 Ganz in Schwarz. »Frankfurter Allgemeine Sonntagszeitung«, 11.4.2010

2 Guttenberg: Tod und Verwundung sind Begleiter unserer Einsätze, »Frankfurter Allgemeine Zeitung«, 26.4.2010

3 »Ich verstehe jeden, der sagt, in Afghanistan ist Krieg«, »Bild«, 3.11.2009

4 Darf die Kanzlerin Ihnen reinreden, Herr Westerwelle?, »Bild«, 7.11.2009

5 »Das Land muss endlich die Dimension des Krieges begreifen«, »Frankfurter Allgemeine Zeitung«, 14.11.2009

6 Guttenberg: Umgangssprachlich »Krieg« in Afghanistan, »Focus-online«, 4.4.2010

7 Claude Haas: Krieg ist plötzlich ein tröstendes Wort. »Zeit«, 24.4.2010

8 »Kulisse für die Guttenberg-Show«, »Frankfurter Rundschau«, 14.12.2010

9 Mit den Waffen einer Frau, »Welt«, 14.12.2010

10 Soldaten verteidigen ihren Minister, »Bild«, 15.12.2010

11 Stenografisches Protokoll (vorläufige Fassung) der 18. Sitzung des Verteidigungsausschusses als 1. Untersuchungsausschuss, 22.4.2010 (künftig zitiert als: Protokoll der Vernehmung Karl-Theodor zu Guttenbergs), S. 5

12 Protokoll der Vernehmung Karl-Theodor zu Guttenbergs, S. 5 f.

13 Bundesministerium der Verteidigung, Pressestatement des Generalinspekteurs zum Comisaf-Untersuchungsbericht, 29.10.2009

14 Protokoll der Vernehmung Karl-Theodor zu Guttenbergs, S. 69

15 Bundesministerium der Verteidigung, Pressestatement des Ministers zu Guttenberg zum Thema Isaf-Untersuchungsbericht zum Luftangriff am 4.9.2009 im Raum Kunduz, 6.11.2010

16 Stenografisches Protokoll (Vorläufige Fassung) der 14. Sitzung des Verteidigungsausschusses als 1. Untersuchungsausschuss, 18.3.2010 (künftig zitiert als: Protokoll der Vernehmung Peter Wicherts), S. 33

17 Stenografisches Protokoll (Vorläufige Fassung) der 22. Sitzung des Verteidigungsausschusses als 1. Untersuchungsausschuss, 9.6.2010 (künftig zitiert als: Protokoll der Vernehmung Peter Braunsteins), S. 25

18 Bundesministerium der Verteidigung, Ulrich Birkenheier, Beauftragter des Bundesministeriums der Verteidigung im Verteidigungsausschuss, Schreiben an den Sekretär des Verteidigungsausschusses, Enrico Brissa, vom 9.6.2010. Beigefügt sind die Notizen der Büroleiterin des Verteidigungsministers, Sabine Bastek, über das Gespräch am 25.11.2010 (künftig zitiert als: Notizen Sabine Basteks).

19 Protokoll der Vernehmung Karl-Theodor zu Guttenbergs, S. 62

20   Notizen Sabine Basteks
21   Protokoll der Vernehmung Karl-Theodor zu Guttenbergs, S. 10
22   Protokoll der Vernehmung Karl-Theodor zu Guttenbergs, S. 10
23   Protokoll der Vernehmung Karl-Theodor zu Guttenbergs, S. 45/46
24   »Afghanische Sicherheitskräfte in der Fläche ausbilden«, »Frankfurter
     Allgemeine Zeitung«, 25.1.2010
25   Die Schweigespirale, »Spiegel«, 30.11.2009
26   Protokoll der Vernehmung Karl-Theodor zu Guttenbergs, S. 9
27   Der Briefwechsel zwischen Staatssekretär Peter Wichert und Bundes-
     minister Karl-Theodor zu Guttenberg liegt den Autoren vor.
28   Guttenbergs Kampf um seine Macht, »Frankfurter Allgemeine Sonn-
     tagszeitung«, 13.12.2009
29   Protokoll der Vernehmung Karl-Theodor zu Guttenbergs, S. 55
30   Protokoll der Vernehmung Karl-Theodor zu Guttenbergs, S. 55
31   Deutscher Bundestag, Stenografisches Protokoll, 17. Wahlperiode,
     7. Sitzung, 26.11.2009, S. 390
32   Deutscher Bundestag, Stenografisches Protokoll, 17. Wahlperiode,
     9. Sitzung, 3.12.2009, S. 682
33   Deutscher Bundestag, Stenografisches Protokoll, 17. Wahlperiode,
     9. Sitzung, 3.12.2009, S. 682
34   Bundesministerium der Verteidigung, Presse- und Informationsstab
     BMVg, 26.5.2010, Minister hält Grundsatzrede an der Führungsakade-
     mie der Bundeswehr, Ausschriftung
35   Bundesministerium der Verteidigung, Presse- und Informationsstab
     BMVg, 26.5.2010, Minister hält Grundsatzrede an der Führungsakade-
     mie der Bundeswehr, Ausschriftung
36   Bundesministerium der Verteidigung, Presse- und Informationsstab
     BMVg, 26.5.2010, Minister hält Grundsatzrede an der Führungsakade-
     mie der Bundeswehr, Ausschriftung
37   Bundesministerium der Verteidigung, Presse- und Informationsstab
     BMVg, 26.5.2010, Minister hält Grundsatzrede an der Führungsakade-
     mie der Bundeswehr, Ausschriftung
38   Bundesministerium der Verteidigung, Presse- und Informationsstab
     BMVg, 26.5.2010, Minister hält Grundsatzrede an der Führungsakade-
     mie der Bundeswehr, Ausschriftung
39   Bundesministerium der Verteidigung, Presse- und Informationsstab
     BMVg, 26.5.2010, Minister hält Grundsatzrede an der Führungsakade-
     mie der Bundeswehr, Ausschriftung
40   Über dieses Interview werden sich (fast) alle jungen Männer freuen,
     »Bild am Sonntag«, 28.3.2010
41   Über dieses Interview werden sich (fast) alle jungen Männer freuen,
     »Bild am Sonntag«, 28.3.2010

42 Diener vieler Herren, »Süddeutsche Zeitung«, 12.6.2010
43 Hans-Peter Schwarz: Die Ära Adenauer 1949–1957. Stuttgart 1981, S. 287 ff.
44 Bewegliche Antwort, »Frankfurter Allgemeine Zeitung«, 4.11.2005
45 Hans-Peter Schwarz: Die Ära Adenauer 1949–1957. Stuttgart 1981. S. 287 f.
46 Hans-Peter Schwarz: Die Ära Adenauer 1949–1957. Stuttgart 1981. S. 300
47 Wehrpflicht mit 104 Stimmen Mehrheit, »Frankfurter Allgemeine Zeitung«, 9.7.1956
48 Bewegliche Antwort, »Frankfurter Allgemeine Zeitung«, 4.11.2005
49 »Wir sind nicht der Störenfried«, »Spiegel«, 7.6.2010
50 »Wir sind eine Partei der Bundeswehr, wir sagen ja zur Wehrpflicht«, »Bayernkurier«, 12.6.2010
51 Fühlen Sie sich von der FDP erpresst, Frau Bundeskanzlerin?, »Bild am Sonntag«, 13.6.2010
52 »Geist des Kalten Krieges«, »Spiegel«, 14.6.2010
53 Schwarz-gelbe Wähler wollen Wehrpflicht erhalten, »Stern«, 17.6.2010
54 »Die Basis sieht das ganz locker«, »Süddeutsche Zeitung«, 18.8.2010
55 Bundesministerium der Verteidigung, Das Statement des Ministers vom 23. August zur Strukturreform der Bundeswehr im Wortlaut
56 »Die Wehrpflicht wird abgeschafft«, »Spiegel«, 13.9.2010
57 »Die Wehrpflicht wird abgeschafft«, »Spiegel«, 13.9.2010
58 Für eine moderne Bundeswehr, »Bayernkurier«, 18.9.2010

BILDNACHWEIS

NAMENSREGISTER

Adenauer, Konrad 11, 51 f., 79, 196, 309, 311
Arco-Valley, Anton von 58
Arenberg, Ana von 45
Arenberg, Robert-Prosper von 63 f., 68
Arenberg, Rosa Sophie von 63
Aretin, Erwein von 58
Arnold, Rainer 274, 281
Auermann, Nadja 228

Bach, Johann Sebastian 79
Baer, Richard 223
Bahr, Egon 53
Bartels, Hans-Peter 281, 291 f.
Barzel, Rainer 46 f.
Bastek, Sabine 271 ff., 276, 287 f.
Bauer, Thomas 172
Bayern, Anna von siehe auch Sayn-Wittgenstein-Berleburg, Anna von 128, 215, 236 f.
Bayern, Manuel von 236
Bayern, Rupprecht von 56, 60
Beck, Kurt 11
Beckenbauer, Franz 197
Beckmann, Reinhold 24, 197, 285
Beckstein, Günther 151 f., 166, 171
Benedikt XVI. 80, 89, 108, 110, 207
Berben, Iris 197
Bernstorff, Albrecht von 68
Beust, Ole von 38
Biagioni(-Guttenberg), Ljubka 104–108, 115, 140
Biagioni, Eligio 104 f., 108
Biden, Joe 156
Bismarck, Barbara von 223
Bismarck, Carl-Eduard von 225
Bismarck, Ferdinand von 225, 228
Bismarck, Gregor von 225

Bismarck, Otto von (Reichskanzler) 56, 135, 216, 220, 222, 224, 353, 355
Bismarck, Sylvester von 39, 229
Bismarck, Vendeline von 223
Bismarck-Schönhausen, Andreas von 216 ff., 220 ff.
Bismarck-Schönhausen, Charlotte von siehe auch Kinberg, Charlotte 221
Bismarck-Schönhausen, Christine von 217
Bismarck-Schönhausen, Gottfried von 216, 222 f., 225
Bismarck-Schönhausen, Gunilla von 224 f.
Bismarck-Schönhausen, Herbert von 216, 222
Bismarck-Schönhausen, Irene von 224
Bismarck-Schönhausen, Otto von 223 f.
Bismarck-Schönhausen, Stephanie von siehe auch Guttenberg, Stephanie zu 137, 139
Bismarck-Schönhausen, Tatjana Maria Agnes von 217
Bismarck-Schönhausen, Wilhelm von 224
Blank, Theodor 309 ff.
Blücher, Hasso von 352
Boeselager, Albrecht von 76 f., 111, 130
Boeselager, Philipp von 77, 101 f., 130
Bohlen, Dieter 27
Bonhoeffer, Dietrich 66
Bonhoeffer, Klaus 66
Bosbach, Wolfgang 320
Brand, Michael 273
Brandt, Willy 46, 53 f.
Braunstein, Peter 272 ff.

Brenner (Oberstleutnant) 262, 277 f.
Brüderle, Rainer 181
Bruni, Carla 212, 352
Buhl, Franz von 136
Buhl, Frieda Piper zu 136
Bush, George W. 155, 158

Canaris, Wilhelm 63, 66, 68
Carstensen, Peter Harry 319, 329
Castro, Fidel 11
Clinton, Bill 22, 239
Clinton, Hillary 212, 239
Conze, Eckart 35
Cruise, Tom 69 ff., 77, 200

Degollado, Marcial Maciel 109
Delbrück, Justus 66
Diekmann, Kai 198
Ditfurth, Jutta 38
Dohnanyi, Hans von 66, 68
Dohnanyi, Klaus von 38
Dora, Johann-Georg 266, 270

Eberhardt, Dorothea von 229
Egg, Rudolf 233
Einsiedel, Heinrich von 224
Eisner, Hans 58
Eltz, Benedikta zu 92
Eltz, Christiane zu siehe auch
    Ribbentrop, Christiane von;
    siehe auch Guttenberg, Christiane
    zu 81, 89 ff., 94–98, 101, 103, 114,
    117
Eltz, Georg zu 92
Eltz, Johann Jakob zu 39, 91 ff., 108
Eltz, Johanna zu 92
Eltz, Johannes zu 92, 108 f.
Eltz, Karl zu 92
Eltz, Ladislaja zu 92 f.
Eltz, Lidvine zu 92
Eltz, Maria Franziska zu 37
Eltz, Marie Assunta zu 92
Eltz, Michael zu 92, 109
Eulenburg, Soscha zu 228 f.
Eutermoser, Hildegard 81

Fahrenschon, Georg 172
Fehsenfeld, Klaus 229
Feilitzsch, Karl von 81
Fest, Joachim 98
Fischer, Joschka 23, 188, 191, 193, 195,
    248, 283, 289, 295, 360, 364
Friedel, Dieter 121
Friedrich, Hans-Peter 162, 317 f., 332,
    342
Fromme, Jochen-Konrad 17 f.

Gabriel, Sigmar 26, 202
Gädechens, Ingo 328 f.
Galilei, Galileo 82
Gauck, Joachim 28
Gaulle, Charles de 227
Gauweiler, Peter 76
Geis, Norbert 27
Genscher, Hans-Dietrich 191
George, Stefan 69
Glos, Michael 16 f., 136, 153 f., 171 f.,
    193
Goerdeler, Carl 67
Göring, Hermann 73
Gottschalk, Thomas 197, 213, 235, 364
Gruhl, Herbert 82
Grzimek, Bernhard 82
Gutknecht, Gil 155
Guttenberg, Alexandra Louisa zu
    131 f.
Guttenberg, Anna zu 107, 140, 218
Guttenberg, Benedikta zu 34
Guttenberg, Christiane zu siehe auch
    Ribbentrop, Christiane von; siehe
    auch Eltz, Christiane zu 33, 54,
    96 f., 113 ff., 117
Guttenberg, Elisabeth Freiin zu 47, 57,
    72, 101, 107
Guttenberg, Elisabeth zu 34, 64, 74,
    109
Guttenberg, Georg Enoch zu
    (der Ältere) 33, 57 ff., 62 f., 65, 69,
    72, 135 f.
Guttenberg, Georg Enoch zu
    (der Jüngere) 33 f., 40, 51 f., 61 f.,

64, 74, 76, 78–89, 91, 94 ff., 101,
104 ff., 112–122, 125 f., 134, 136 f.,
143, 145, 160, 194, 353, 360
Guttenberg, Johann Gottfried von 42
Guttenberg, Johann zu 106 f.
Guttenberg, Karl Ludwig zu 63–69
Guttenberg, Karl Theodor zu
(der Ältere) 33, 39 f., 45–54, 57,
60–64, 68, 73 f., 78 f., 83, 88, 94, 97,
115, 134, 143, 145, 152, 160, 353,
360
Guttenberg, Mathilda zu 107, 140, 218
Guttenberg, Maximilian zu 57
Guttenberg, Michaela zu siehe auch
Heereman, Michaela von 34, 109
Guttenberg, Paulinus zu 106 f.
Guttenberg, Philipp Franz zu 39, 61,
63, 95, 105, 107, 113, 115 ff., 120,
129–133, 137 f.
Guttenberg, Praxedis zu 34, 76, 109,
111
Guttenberg, Rosa Sophie zu 34, 45, 49,
63, 83 ff., 93, 115
Guttenberg, Stephanie zu siehe auch
Bismarck-Schönhausen, Stephanie
von 22 f., 26, 30, 71, 106, 138 ff.,
164, 197, 207–222, 226–238, 255 ff.,
351 f., 364, 366
Guttenberg, Therese zu 69

Häberle, Peter 127
Habsburg, Felix 38, 45
Haderthauer, Christine 166
Hanning, August 268
Hardenberg, Christian von 229
Hardenberg, Isa von 228
Hassel, Ulrich von 66
Heereman von Zuydtwyck, Johannes
Nepomuck von 109 ff.
Heereman, Vincenz von 109 f.
Heereman, Michaela von 109 f., 117
Heereman, Nina von 110
Heereman, Sylvester von 109
Heereman, Vincenz von 109
Heike, Jürgen 162

Henckel von Donnersmarck, Florian
36 f., 71
Henckel von Donnersmarck, Maria
Lazarus 37
Henderson, Fritz 174
Henkell, Anna Elisabeth »Annelies«
siehe auch Ribbentrop, Annelies
von 98 f.
Henkell, Otto 98, 102
Henkelmann, Matthias 329 f.
Herder, Manuel 207 f.
Hermann, Joachim 312
Heusinger, Adolf 310
Hilgers, Heinz 230
Himmler, Heinrich 222
Hindenburg, Paul von 59
Hitler, Adolf 14, 53, 55 f., 59–64, 66,
68–74, 76, 98 ff., 102 ff., 223 f., 248,
308 f., 320, 322, 355
Hoeneß, Uli 214
Hohenlohe-Waldenburg-Schillings-
fürst, Konrad zu 92
Hohlmeier, Monika 334
Holmes, Katie 70
Homburger, Birgit 306
Honecker, Erich 149
Hoyos, Alexander von 222
Hoyos, Margerite von 222
Hoyos, Melanie von 222
Huber, Erwin 149, 151 f., 161, 165 f.,
171, 342

Illner, Maybrit 285

Jauch, Günther 14, 27, 364
Joop, Jette 228
Jung, Franz Josef 123, 193, 202, 244,
249 f., 252 f., 261–265, 267 f., 271,
276 ff., 283 f., 306, 311, 359

Kaiser, Joachim 85
Kalckreuth, Alexander von 229
Kapp, Wolfgang 58
Kappeler, Michael 190
Karl I. 45

Karzai, Hamid 199, 202
Kastner, Susanne 296
Kauder, Volker 12, 320, 326
Kennedy, Jackie 212
Kerner, Johannes B. 23, 30, 197, 256 f.
Kiesinger, Kurt Georg 51, 53 f.
Kinberg, Charlotte *siehe auch*
    Bismarck-Schönhausen, Charlotte
    von 217 f.
Kinkel, Klaus 193
Kipping, Katja 38
Kirchhof, Paul 179
Klaeden, Eckart von 154 f., 158
Klein, Georg 249, 260 ff., 265 f.,
    269 ff., 275–280, 282, 293 f., 296 f.
Kleist, Ewald Heinrich von 322 f.
Klose, Hans-Ulrich 157 ff.
Klum, Heidi 209
Koch, Roland 175, 177 f.
Kohl, Helmut 9, 11, 52, 106, 147, 150,
    193, 324
Köhler, Horst 28, 250, 280 f., 330
Koschyk, Hartmut 162 ff.
Krafft-Schöning, Beate 231
Kyl, John 156

Lady Gaga 209
Lafontaine, Oskar 363
Lambsdorff, Otto Graf 37 f.
Lammert, Norbert 201
Larisch von Moennich, Olivia 217
Lenin 66
Leopold I. 41
Lerchenfeld, Rudolf von 62
Leutheusser-Schnarrenberger, Sabine
    233
Leyen, Ursula von der 28, 193, 197,
    283
Lieberknecht, Christine 319
Lippert, Ruth (Lulla) 115 f.
Lorenzo, Giovanni di 235
Löw, Jogi 27
Löwenstein, Alois Konstantin zu
    (Anki) 169 f.

Macdonald, Alexandra Louisa *siehe*
    auch Guttenberg, Alexandra Louisa
    zu 131
Macdonald, Claire Macdonald of 131
Macdonald, Godfrey James
    Macdonald of 131
Madonna 209
Maier, Rita 325
Maizière, Thomas de 177, 268, 314
Malinowski, Stephan 35
Mappus, Stefan 313
Marogna-Redwitz, Rudolf von 64, 67
Mayr-Melnhof, Friedrich (Bruder von
    Ladislaja) 92
Mayr-Melnhof, Friedrich (Vater von
    Ladislaja) 92
Mayr-Melnhof, Ladislaja 92 f.
McAllister, David 319
McCain, John 167
Meran, Maria-Anna von 92
Merkel, Angela 9–16, 22, 25–29, 86,
    108, 132, 143, 147, 150, 167, 171 f.,
    174–179, 181, 188 f., 192, 194 f.,
    200, 202 f., 211, 213, 235, 244 ff.,
    250 ff., 259, 261, 280–284, 298,
    314 ff., 318, 320 f., 323, 325 f., 335,
    338, 341, 343 f., 359
Merz, Friedrich 173
Meyer-Landrut, Lena 27
Mißfelder, Philipp 9
Moltke, Freya von 67
Moltke, James von 67
Moritz, Steffen 271, 286 f.
Mronz, Michael 235
Müller, Peter 319
Münch, Eugen 134 f.
Müntefering, Franz 180
Murr, Stefan 351

Nahles, Andrea 256
Netrebko, Anna 235
Neumann (Oberst) 275 f.
Niebel, Dirk 183
Niebler, Angelika 334 f.
Niemöller, Martin 99

Obama, Barack 21, 167, 176, 352
Obama, Michelle 212, 352
Obermann, René 210
Oster, Hans 66, 68
Otremba, Walther 181, 269
Özdemir, Cem 351
Özil, Mesut 27

Pahlavi, Farah 228
Papen, Franz von 99
Paumgartner, Bernhard 80
Petraeus, David 201
Pieck, Wilhelm 76
Pius XII. 63
Plassenberg, Gundeloh von 41
Plassenberg, Heinrich von 41
Pofalla, Ronald 25, 281, 283, 314
Polenz, Ruprecht 156, 159
Preußen, Anastasia von 169
Preußen, August Wilhelm von 59
Protzner, Bernd 152 f.

Putin, Wladimir 191

Raabe, Max 235
Ramsauer, Peter 203
Ratzinger, Joseph 82
Ribbentrop, Adolf von 98–104, 107
Ribbentrop, Annelies von siehe
  auch Henkell, Anna Elisabeth
  »Annelies« 99, 102
Ribbentrop, Barthold von 99, 102
Ribbentrop, Bettina von 99
Ribbentrop, Christiane von siehe
  auch Eltz, Christiane zu; siehe
  auch Guttenberg, Christiane zu
  103, 132
Ribbentrop, Dominik von 103
Ribbentrop, Friedrich von 103
Ribbentrop, Gertrud von 98
Ribbentrop, Joachim von (der Ältere)
  98–102
Ribbentrop, Joachim von (der Jüngere)
  103
Ribbentrop, Richard 98

Ribbentrop, Rudolf von (Sohn von
  Adolf) 103
Ribbentrop, Rudolf von (Sohn von
  Joachim dem Älteren) 99 f., 102
Ribbentrop, Ursula von 99 f.
Roosevelt, Eleanor 232
Rösler, Philipp 203
Röttgen, Norbert 162, 193
Rühe, Volker 76, 247, 268
Rüttgers, Jürgen 177

Sachsen-Coburg und Gotha, Carl
  Eduard von 59
Sarkozy, Nicolas 352
Sarrazin, Thilo 27, 335 f.
Sauer, Joachim 213, 235
Sawitzki, Kurt 68
Sayn-Wittgenstein-Berleburg, Anna
  von siehe auch Bayern, Anna von
  236
Scharnhorst, Gerhard Johann David
  von 300 f., 308, 310
Scharping, Rudolf 187, 196, 267 f., 277,
  286, 305, 360
Schäuble, Wolfgang 304, 314, 326
Scheel, Mildred 212
Scheel, Walter 196, 212
Schleicher, Kurt von 60
Schlie, Ulrich 271
Schmid, Georg 312, 342
Schmidt, Arno 118
Schmidt, Helmut 47, 50, 202, 212, 263
Schmidt, Karl Matthäus 229
Schmidt, Loki 212
Schmidt, Ulla 18
Schnappauf, Werner 153, 160, 162 f.
Schneider, Reinhold 66
Schneiderhan, Wolfgang 262, 264–273,
  275–290, 292, 296 f., 305, 358
Schneppenhorst, Ernst Wilhelm 68
Schockenhoff, Andreas 158
Scholz, Olaf 176
Schönbohm, Jörg 129
Schöppner, Klaus-Peter 28
Schramm, Henry 143, 153, 160 ff.

Schröder, Gerhard 23, 25, 154, 168,
179, 192 f., 248, 259, 262, 289, 360
Schröder, Kristina 193, 314
Schwarz, Hans-Peter 310
Schwarzenberg, Karl zu 81
Schwarzenberg, Therese zu *siehe auch*
Guttenberg, Therese zu 66, 68
Seehofer, Horst 10 f., 15 f., 29, 147,
149 f., 152, 166 ff., 171 f., 212, 235,
304, 312 f., 315, 317 ff., 324 f.,
332 f., 338, 340 ff., 346 f.
Sellier, Homayra 227 f.
Sellier, Patrick 227
Silbereisen, Florian 364
Silberhorn, Thomas 312
Söder, Markus 149, 167, 170
Solms, Hermann Otto 38
Speidel, Hans 310
Spreng, Michael 257
Stalin, Josef 51, 105, 308
Stauffenberg, Alfred Klemens von 72
Stauffenberg, Berthold von 72, 77,
101
Stauffenberg, Claus von 55, 61, 64,
69 ff., 77, 101, 223, 264, 322, 327,
339, 355
Stauffenberg, Clemens von 72 ff.
Stauffenberg, Elisabeth von *siehe*
auch Guttenberg, Elisabeth Freiin
zu 72 f.
Stauffenberg, Franz Ludwig von 74 ff.,
101, 107, 130, 224
Stauffenberg, Haimeran von 101
Stauffenberg, Melitta von 73
Stauffenberg, Nina von 73 f., 76
Steinbrück, Peer 16, 171, 178, 180 f.
Steiner, Michael 289
Steinmeier, Frank-Walter 16, 22, 168,
174, 178, 262
Stenglein, Claus 162
Stern, Horst 82
Stoiber, Edmund 15, 17, 19 f., 147,
149 ff., 159, 164 f., 257
Stoltenberg, Gerhard 268

Strauß, Franz Josef 17, 46 f., 50–54,
147, 149 f., 160, 167, 182, 263, 309,
311, 333 f., 341
Streibl, Max 83
Strempel, Heribert von 102
Strempel, Marion von 102
Ströbele, Hans-Christian 254
Struck, Peter 158, 248, 267, 277
Sullivan, Charles S. 276

Taubert, Regina 153
Tengbom, Ann-Mari 223
Teufel, Erwin 159
Tillich, Stanislaw 319
Toscani, Oliviero 203
Tresckow, Henning von 77

Uhl, Hans-Peter 28
Ulbricht, Walter 50, 76
Ustorf, Anne-Ev 208

Verdi, Giuseppe 89
Vergil 300
Véron, Sébastien 229
Vettel, Sebastian 27

Wagoner, Rick 174
Waigel, Theo 75
Wehner, Herbert 50 ff.
Weigel, Günter 140
Weiler, Julia von 229
Weimer, Wolfram 129
Weinzierl, Hubert 82, 86
Weise, Frank-Jürgen 307
Weizsäcker, Ernst von 64
Westerwelle, Guido 16, 23, 27, 182 f.,
235, 246, 250 f., 304, 351, 364
Wichert, Peter 262, 264, 266–273,
275–292, 296, 305, 358
Wieker, Volker 269, 317
Wilders, Geert 12
Wilhelm II. 169, 216
Will, Anne 197
Wulff, Christian 28, 335